Eist… …ru

MAL… …RAU

2 0 0 3

CYFANSODDIADAU
a
BEIRNIADAETHAU

Golygydd:
J. ELWYN HUGHES

Cyhoeddir gan Wasg Dinefwr
dros Lys yr Eisteddfod Genedlaethol

ISBN 0 904323 05 7

Argraffwyd gan Wasg Dinefwr
Heol Rawlings, Llandybïe, Sir Gaerfyrddin

CYNGOR YR EISTEDDFOD GENEDLAETHOL 2003

CYMRODYR

W. Emrys Evans
W. R. P. George
Gwilym E. Humphreys
Norah Isaac
James Nicholas

SWYDDOGION Y LLYS

Llywydd
R. Alun Evans

Is-Lywyddion
Robyn Léwis (Archdderwydd)
Gwynn ap Gwilym (Cadeirydd Pwyllgor Gwaith Maldwyn a'r Gororau)
John Hughes (Cadeirydd Pwyllgor Gwaith Casnewydd a'r Cylch)

Cadeirydd y Cyngor
D. Hugh Thomas

Is-Gadeirydd y Cyngor
Dafydd Whittall

Cyfreithwyr Mygedol
Philip George
Emyr Lewis

Trysorydd
Eric Davies

Ymgynghorydd Ariannol
W. Emrys Evans

Cofiadur yr Orsedd
Jâms Nicolas

Ysgrifenyddion
Huw Davies
151 Heol Saron, Saron, Rhydaman, Sir Gaerfyrddin, SA18 3LN
Geraint R. Jones
Gwern Eithin, Glan Beuno, Bontnewydd, Caernarfon, Gwynedd

Cyfarwyddwr
Elfed Roberts
40 Parc Tŷ Glas, Llanisien, Caerdydd, CF14 5WU (029 20763777)

Trefnydd yr Eisteddfod
Hywel Wyn Edwards

RHAGAIR

Wrth gyflwyno i chi'r gyfrol hon o Feirniadaethau a Chyfansoddiadau Eisteddfod Genedlaethol Maldwyn a'r Gororau, 2003, hoffwn ddiolch i'r rhan fwyaf o'r beirniaid eleni am barchu'r gofynion o safbwynt cyflwyno'u beirniadaethau. Llwyddodd nifer i gyflwyno'u beirniadaethau yn ôl y patrwm a geir yn y gyfrol hon bob blwyddyn (er bod cyfrol y *Cyfansoddiadau a Beirniadaethau* yn dal yn rhyfeddol o ddieithr ac anghyfarwydd i ambell un!). Mae'n amlwg i ryw ddwsin o feirniaid gamddarllen y cyfarwyddiadau clir a anfonwyd atynt a chymryd nad *Mai* 15 ond *Mehefin* 15 oedd y dyddiad cau ar gyfer derbyn beirniadaethau. O ganlyniad, bu'n rhaid i'r Swyddfa a minnau ffonio a gohebu â sawl un i erfyn am eu gwaith – hyd at *dair* wythnos ar ôl y dyddiad penodedig! Hen gân, wrth gwrs, ond mae'n werth ei hailganu – pe na bai ond ar gyfer y rhai fydd yn cytuno i gadw'n *glòs* at yr amodau yn y dyfodol. Ni chyrhaeddodd un feirniadaeth mewn pryd i'w chynnwys yn y gyfrol – siom, yn sicr, i'r cystadleuwyr.

Yn groes i'r arfer diweddar, ni chafwyd ond oddeutu tri chwarter y beirniadaethau ar ddisg neu drwy'r e-bost eleni a'r gweddill ar bapur (er mai ar brosesydd geiriau y lluniwyd cyfran go dda o'r rheini!). Wrth lwc, llwyddwyd i sganio nifer o'r beirniadaethau 'papur' ond ychwanegai hynny oriau at y broses olygu (heb sôn am orfod aildeipio'r rhai a gynhyrchwyd ar deipiaduron). Ar y llaw arall, mae'n ddyledus arnaf i ddatgan fy ngwerthfawrogiad diffuant i sawl beirniad am eu cydweithrediad cadarnhaol – a hynaws – ar yr adegau hynny y bu'n rhaid i ni drafod, dros y ffôn, ryw faniach neu'i gilydd ynglŷn â'u beirniadaethau. Diolchir hefyd i Eifion Lloyd Jones, Alwyn R. Owens, a Siân Summers am gytuno i gamu i fylchau beirniadu ar y funud olaf.

Fel y llynedd, gosodwyd 67 o gystadlaethau yn y gwahanol feysydd a gynhwysir o fewn cloriau'r gyfrol hon (Barddoniaeth, Rhyddiaith, Drama, Dysgwyr, Cerddoriaeth, Gwyddoniaeth, etc.). Ni fu cystadlu ar 7 cystadleuaeth. O'r 60 sy'n weddill, ataliwyd y wobr ar 5 achlysur, gan adael 55 o gystadlaethau lle dyfarnwyd gwobrau. Denwyd rhyw 684 o gystadleuwyr (o gymharu â thua 517 y llynedd yn Nhyddewi) a chawsant eu cloriannu gan 70 o feirniaid. Mae yn y gyfrol hon eleni ychydig dros 101,000 o eiriau.

Hwyluswyd fy ngwaith golygu gan drefniadaeth drylwyr ac effeithiol Lois yn Swyddfa'r Gogledd a chan gydweithrediad effeithlon y Trefnydd, Hywel Wyn Edwards. Unwaith eto, hoffwn ddiolch i Dylan Jones, Cyhoeddiadau Nereus, Y Bala, am gysodi'r emyndôn fuddugol.

Gwerthfawrogaf gydweithrediad hynaws Eddie John yng Ngwasg Dinefwr – mae ef a'i gydweithwyr wedi cynhyrchu cyfrol deilwng a phroffesiynol ei diwyg, yn ôl eu harfer.

J. Elwyn Hughes

CYNNWYS

(Nodir rhif y gystadleuaeth yn ôl y *Rhestr Testunau* ar ochr chwith y dudalen)

* * *

ADRAN LLENYDDIAETH

BARDDONIAETH

TESTUNAU A GWOBRAU ARBENNIG LLYS YR EISTEDDFOD GENEDLAETHOL

RHYDDIAITH

192. **Cyfrol o storïau doniol, cyfoes i oedolion.**
Gofynnir am sampl o ddwy stori ac amlinelliad o'r gweddill. Dylid anelu at gyfrol gyflawn o tua 35,000-45,000 o eiriau yn cynnwys tua 6-8 stori. Telir £150 i'r buddugol i fynd rhagddo â'r gwaith pan roddir y comisiwn iddo. Telir £350, sef gweddill yr arian, ar ôl i'r Eisteddfod dderbyn y gwaith gorffenedig ac ar ôl i feirniad y gystadleuaeth ei gymeradwyo fel gwaith teilwng. Bydd Cyngor Llyfrau Cymru'n ystyried cyfrannu swm pellach o hyd at £1,500 (cyfanswm o hyd at £2,000 yn cynnwys comisiwn yr Eisteddfod). Os cyhoeddir y gwaith, bydd taliadau breindal yn ychwanegol.
Gwobr: £500 (Gwobr Goffa Edward Rhys-Price).
Beirniad: Harri Parri.
Buddugol: *Banjar* (Geraint Jones, Hyfrydle, Trefor, Caernarfon, Gwynedd, LL54 5HN). 171

ADRAN DRAMA

109. **Drama hir agored** o leiaf awr a hanner o hyd *neu* **Cyfres o ddramâu** ac iddynt gysylltiad, heb fod yn llai nag awr a hanner o hyd.
Gwobr: £4,200 i'w ddyfarnu gan y beirniad. Ar gyfer y gystadleuaeth arbennig hon y mae swm o arian hyd at £3,000 (yn ychwanegol at y wobr arferol o £1,200) yn rhoddedig gan Gwmni Theatr Cymru.
Beirniaid: Gwynne Wheldon Evans, Sioned Wiliam. 174
Atal y wobr.

110. **Drama fer agored 30-40 munud o hyd.**
Os bydd teilyngdod gobeithir llwyfannu'r dramâu gorau.
Gwobr: £500 i'w ddyfarnu gan y beirniaid (Rhodd John, Mari a Glyn, Abergele, er cof am Rhiannon).
Beirniaid: Gwynne Wheldon Evans, Sioned Wiliam.
Dyfarniad: £400 i *Rhododendron* (Dafydd Llewelyn, Yr Hofal, 19 Graig Lwyd, Radur, Caerdydd, CF15 8BG) a £100 i *Terfyn* (Dyfed Edwards, 17 Rallt Isaf, Gerlan, Bethesda, Gwynedd, LL57 3TD). 177

111. **Trosi drama i'r Gymraeg.**
Un o'r canlynol: (i) *Weekend Breaks*, John Godber; (ii) *Dolly West's Kitchen*, Frank McGuinness; (iii) *The Communication Chord,* Brian Friel.
Gwobr: £400 (Cronfa I. D. Hooson).
Beirniad: Siân Summers.
Dyfarniad: £300 i *Cerveza* (Lyn Jones, Tŷ'r Castell, Crwbin, Cydweli, Sir Gaerfyrddin) a £100 i *Ap Madog* (Darrell Griffiths, 22 S. Barkway Lane, State College, Pennsylvania 16801, UDA). 181

Rhif *Tud.*

ADRAN FFILM A THELEDU

ADRAN DYSGWYR

Cyfansoddi i Ddysgwyr

YSGOLION

Blwyddyn 7, 8 a 9

Blwyddyn 10 ac 11

Blwyddyn 12 a 13

PARATOI DEUNYDD AR GYFER DYSGWYR
Agored i ddysgwyr a siaradwyr Cymraeg

ADRAN CERDDORIAETH

IEUENCTID

Cystadleuaeth i ddisgyblion ysgolion uwchradd a cholegau trydyddol dan 19 oed

92. **Dau ddarn cyferbyniol** i unrhyw gyfrwng na chymerant fwy na 5 munud i'w perfformio.
Gwobr: £200 (Gwobr Nansi a J. R. Evans, Llanbadarn Fawr, Aberystwyth).
Beirniad: Sioned Webb.
Dyfarniad: £150 i *Seren* (Claire Jones, Llys yr Awel, Clos y Gafel, Crymych, Sir Benfro, SA41 3QN) a £50 i *Myrddin* (Aeron Glyn Preston, Wtra-wen, Clatter, Caersws, Powys, SY17 5NW). 229

ADRAN CERDD DANT

27. **Gosod ysgrifenedig**. Dau osodiad cyferbyniol.
Gwobr: £150 i'w rannu yn ôl doethineb y beirniad.
Beirniad: Bethan Bryn.
Atal y wobr. 233

ADRAN DAWNS

102. **Cyfansoddi Dawns** i dri neu bedwar o drioedd (bachgen a dwy ferch).
Gwobr: £150.
Beirniad: Valerie James.
Buddugol: *Maldwyn* (Eddie Jones, Dryslwyn, Bow Street, Ceredigion, SY24 5BJ). 234

ADRAN GWYDDONIAETH A THECHNOLEG

YMCHWILIO DADANSODDI A CHREU

Disgyblion oedran Cyfnod Allweddol 2
Gwaith unigolyn neu grŵp

142. **Cynllunio a chreu model o beiriant amaethyddol neu arddwriaethol** sydd ei hun yn symud neu'n symud gwrthrych. Dylid cynnwys y nodiadau cynllunio. Arddangosir y rhain yn y babell dros wythnos yr Eisteddfod. Ni ddylai'r cyfan o'r model fod wedi ei wneud o git adeiladu masnachol.
Gwobr: £150 i'w rannu yn ôl doethineb y beirniad (£70 Cronfa Cymdeithas Diogelu Cymru Wledig [er cof am Ifor Lewis – Ifor o Wynfe]).
Beirniad: David Whitfield Jones.
Ni fu cystadlu.

143. **Llunio Poster neu Collage** ar y thema 'Y ffermwr yn warchodwr cefn gwlad' *neu* 'Teithio mewn trefi yn y dyfodol'.
Gwobr: £150 i'w rannu yn ôl doethineb y beirniad.
Beirniad: Rhian Medi Puw.
Ni fu cystadlu.

Disgyblion oedran Cyfnod Allweddol 3
Gwaith unigolyn neu grŵp

144. **Cyflwyniad ar gyfrifiadur neu mewn unrhyw ddull arall** ar asidau ac alcalïau, gan gynnwys ynddo agweddau amaethyddol neu/ac amgylcheddol.
Gwobr: £150 i'w rannu yn ôl doethineb y beirniad.
Beirniad: Alun Ogwen.
Ni fu cystadlu.

145. **Cyflwyniad ar gyfrifiadur neu mewn unrhyw ddull arall** ar drefn ddosbarthu ac amrywiaeth pethau byw, gan gynnwys ynddo agweddau amaethyddol neu/ac amgylcheddol.
Gwobr: £150 i'w rannu yn ôl doethineb y beirniad.
Ni fu cystadlu.

146. **Cyflwyniad ar gyfrifiadur neu mewn unrhyw ddull arall** ar egni a grymoedd, gan gynnwys ynddo agweddau amaethyddol neu/ac amgylcheddol.
Gwobr: £150 i'w rannu yn ôl doethineb y beirniad.
Beirniad: Gwyn Roberts.
Ni fu cystadlu.

Disgyblion oedran Cyfnod Allweddol 4 a 5
Gwaith unigolyn neu grŵp

147. **Cyflwyniad (er enghraifft ar fideo, *Power Point*, tudalen ar y We)** ar egwyddor wyddonol i ddisgyblion o unrhyw oedran. Dylid nodi'r oedran.
Gwobr: £300 i'w rannu yn ôl doethineb y beirniad.
Beirniad: Gareth T. Jones.
Ni fu cystadlu.

ADRAN LLENYDDIAETH

BARDDONIAETH

Awdl mewn cynghanedd gyflawn heb fod dros 200 llinell: Drysau

BEIRNIADAETH MYRDDIN AP DAFYDD

Daeth naw i'r gystadleuaeth eleni. Am y rheswm hwnnw'n unig, mae'n haws arnom ni, feirniaid y Gadair, nag ar feirniaid y Goron. Ond mae'r hawddfyd yn ddyfnach na mathemateg hefyd – mae'r canllawiau crefft yn llawer iawn mwy pendant wrth ofyn am gerdd ar gynghanedd. Mae gofyn am ddisgyblaeth a meistrolaeth arbennig cyn medru canu'n gaeth ac, at ei gilydd, mae'n haws adnabod dawn o fewn patrymau o'r fath. Eto i gyd, chwilio am *gerdd* y Gadair y mae'r beirniaid a chamgymeriad fyddai tybio mai arddangosfa o grefft eiriol yn unig ydi'r gystadleuaeth. Mae gen i lawer i'w ddweud wrth ddyfyniad a ddarllenais yn ddiweddar sy'n siarsio bardd i fod yn ofalus o'i grefft – pluen i yrru dy saeth adref ydi dy grefft, medd y dyfyniad, nid pluen yn dy het.

Mae *Tomos Wyn* yn ei dorri ei hun allan o'r gystadleuaeth gan ei fod wedi anwybyddu'r amod fod angen cynghanedd ym mhob llinell o'i gerdd.

Jac: Dau gariad o gefndiroedd gwahanol yw man cychwyn y gerdd hon. Mae un yn wladwr, hithau'n ferch ysgol fonedd. Drysau'n agor i'w croesawu, drysau'n cau'n rhagrithiol wrth ddeall ei bod yn feichiog cyn priodi a gawn ni wedyn. Baledol ydi naws y gerdd ac er ei bod hi'n stori dreuliedig braidd, mae 'na ambell lygedyn golau yn y dweud. Er hynny, os am awdl storïol, mae'n rhaid i'r dweud fod yn gynilach a'r symud yn siarpach – gwell stori fer o awdl nag epig o awdl. Byddai'n well hepgor yr hir-a-thoddaid cyntaf yn ei grynswth, er enghraifft.

Dal yn y Glôb: Cyn-fyfyriwr yn cofio rhoi'r byd yn ei le uwch cwrw Bangor Ucha' a gawn ni ar ddechrau'r gerdd. Mae ganddo ambell drawiad da; ambell un rhy ffwrdd-â-hi hefyd. Mae'n gallu canu'n delynegol iawn, fel dechrau ei gywydd i deithio afon Menai a hithau'n haf yr arholiadau. Mae'r ymadroddi chwithig o dro i dro a'r mân frychau cynganeddol yn awgrymu mai rhywun yn dechrau ar y daith o'i fynegi ei hun ar gerdd dafod sydd yma. Os felly, dalied ati.

Gwleidydd: Dyfyniad digon anaddawol gan Aneurin Bevan ydi trothwy'r gerdd – mae'n swnio'n fwy o destun traethawd gwleidyddol nag o ysbrydoliaeth i awdl. A dilyn gwleidydd yn ystod ei ymgyrch etholiadol yn curo drysau i geisio cefnogaeth ydi corff y canu. Mae sôn am y drysau gwydr 'yn ddiobaith o ddwbwl' yn dda ond prin ydi'r cyffyrddiadau hynny mewn cerdd nad yw'n llwyddo i'n cyffroi i gydymdeimlo yn daer o blaid nac yn daer yn erbyn y gwleidydd druan.

Ar y Bar: Mae cysgodion drysau agored Seithennyn ar yr awdl hon – awdl am fywyd y tai ar y tywod a'r diwylliant newydd yn graddol ddisodli'r un cynhenid. Mae'n dipyn o gleciwr cynganeddol ac er bod hynny'n sioncio'r dweud ar brydiau, mae'r glec weithiau yn medru bod yn gloff o ran ei gwerth barddonol. Tua'i chanol, mae'r awdl yn troi'n fawl i'w rieni ac i'w llaw sicr hwy ar y llyw wrth lywio'r cwch i'r harbwr diogel. Mae delweddau Cantre'r Gwaelod yn dechrau cawlio erbyn hyn ac ofnaf fod gwead y gerdd yn datod hefyd.

Taeog: Gweledydd ydi'r ymgeisydd hwn. Mae'n sefyll ar wahân ac ar gyrion ei genedl, yn gweld ei chamau gwag hi ac yn eu hedliw iddi yn huawdl a hendestamentaidd. Mae'n dangos ei 'weld' inni, nid yn ddiriaethol ond yn llawn delweddau ac ymadroddion barddonol. Mae ganddo fesurau newydd a llinellau cyrhaeddgar ond mae'n gorbentyrru ei drosiadau nes bod ei gerdd yn mynd yn llinellau yn hytrach na lluniau.

Camden: Cerdd *vers libre* gynganeddol a gawn ni gan *Camden*, sy'n deg o fewn gofynion y gystadleuaeth. Mae gen i f'amheuon personol am y mesur hwn ar gyfer awdl, fodd bynnag, gan nad ydi'r gynghanedd yn cael ei bodloni oni bo'r brifodl yn cael ei chynnal ryw fodd neu'i gilydd – ond fy marn fach bitw i ydi honno ac mi rof fy rhagfarnau o'r neilltu am y tro! Mae llinellau byw ac effeithiol gan y bardd hwn wrth ddarlunio un digartref yn nrysau siopau Llundain. Mi all gofynion mesurau traddodiadol arwain ambell fardd i ychwanegu llinellau er mwyn cwblhau'r mesur ond mae *Camden* yn manteisio ar ryddid ei fesur i fod yn ddiwastraff ei linellau. Er hynny, mae'n rhy eiriog er mwyn cwblhau'r gynghanedd o fewn ambell linell. Mae'n dal fy niddordeb, yn ennyn fy nghydymdeimlad ond eto ofnaf nad yw'n rhoi'r sgrytiad angenrheidiol honno i wreiddiau blew bach fy ngwar.

Bryn Morfydd: Telyneg o awdl yn agor y llidiart ar atgofion am fro mebyd yw hon. Mae'n ddigon cyfforddus gyda'i gyfrwng i ddefnyddio ymadrodd bach fel 'boed felly' yn ei gerdd. Mae'n cynganeddu'n ddisylw ond nid yn ddisylwedd. Daw rhai o awdlau mawr y saith degau i gof gydag ambell ddarlun. Dôr arall sy'n agor iddo yw un i fyd addysg ac yntau'n cael cyfle i gael ei hudo gan awen a llên. Braidd yn gatalogaidd yw'r darn hwn, efallai. Mae'r disgrifiad o awch y gwmnïaeth mewn dosbarth nos yn codi i dir uwch – 'does dim byd tebyg i brofiad wedi'r cwbwl. Mae ganddo linellau deifiol am filitariaeth gwanwyn 2003 yn ei ganiad olaf ond awydd i daro nid greddf y bardd sydd hyglywaf yn y darn hwn.

Heilyn: Mae brawddeg gyntaf *Heilyn* yn fy nal, yn fy hudo, yn fy nhynnu ar ei ôl. Brawddeg Pibydd Brith; brawddeg bardd; brawddeg prifardd ydi hi. Fo, yn anad neb arall, sydd wedi gweld holl bosibiliadau a holl gysylltiadau'r testun. Mae gan bob drws gyfrinachau yr ochr draw iddo; mae mwy nag un byd yn cyfarfod yn y porth. Eto, er mai hwn ydi'r bardd – efallai *am* mai hwn ydi'r bardd – mae ei draed o'n solet ar y ddaear a thynnu lluniau o fyd cyfarwydd pob un ohonom ni y mae o – cyn mynd â ni ar daith y pibydd. Mae'n ein har-

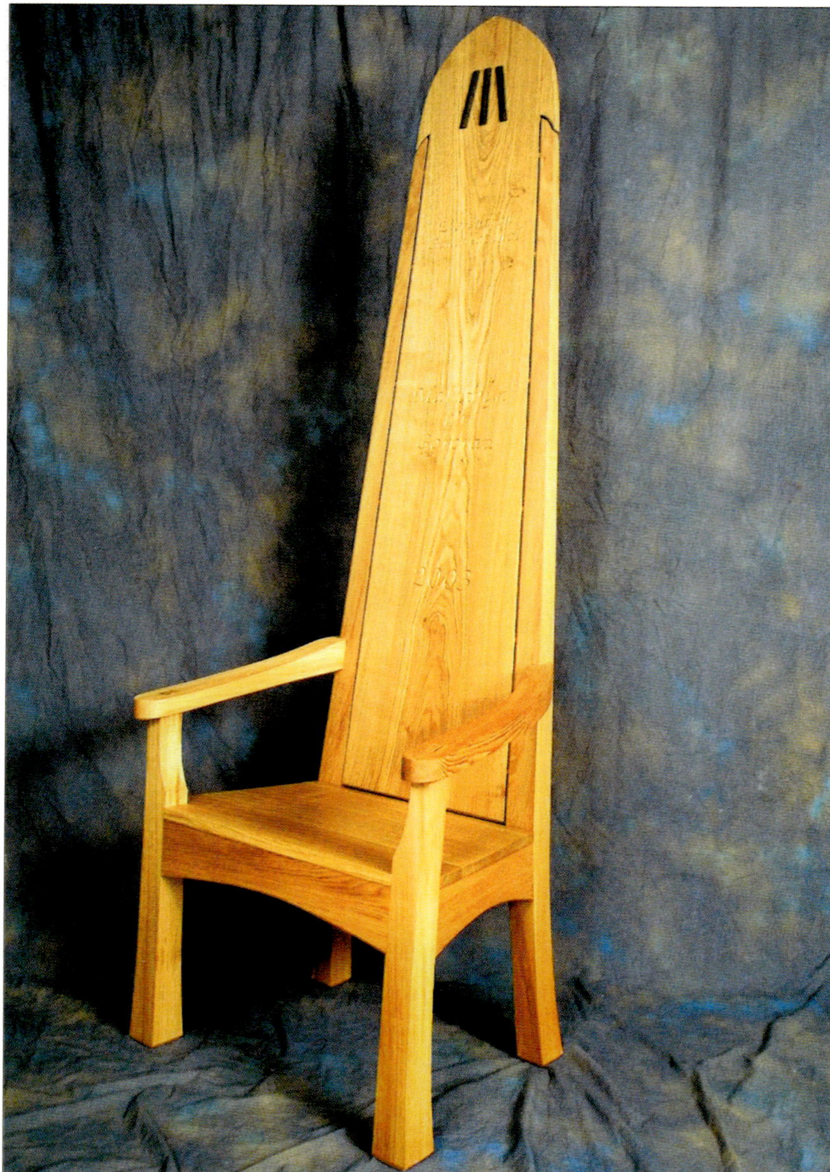

CADAIR YR EISTEDDFOD

Cyflwynir y Gadair gan gangen Sir Maldwyn o Undeb Cenedlaethol yr Amaethwyr
Cynlluniwyd a gwnaed y Gadair gan Robert Morgan, Llanbrynmair
(Llun: Tegwyn Roberts)

wain at yr hogyn-hel-trolis yn yr archfarchnad leol ac yn consurio stori am y cymeriad, ei fod yn unig ŵyr i hen werinwr a'i fod yn etifeddu tyddyn Bryn Aur. Mae 'na olygfa angladd ac yna daw car diarth i holi pris y tŷ ar y bryn. A dyna dŷ arall yn mynd; cymuned arall yn duo. Dyna sy'n digwydd os ydan ni'n osgoi'r un drws yna ym mhen draw distaw ein hen dai. Mae'r bardd erbyn hyn yn edrych ym myw llygaid ei gynulleidfa yn y wledd yn y neuadd fawr; mae'r fflamau sy'n llyfu'r boncyff derw'n felyn yn ei lygaid o ac mae o'n codi'i lais ac yn cau ei ddwrn – ac yng nghaniad ola'r awdl yn ein hannog i droi dwrn y drws hwnnw.

Beth yw cyfrinach y drws? Ai awel felys ynteu gwynt oer fydd yn chwythu drwyddo: 'Agor i'r gwynt o gae'r gwair,/a dail llus ar hyd y llawr,/neu i rasel o awel oer'? Yr hen felan fydd yno efallai, neu o bosib obaith iach. Gwichian 'ta chwerthin a wna'r drws? Mae sawl awgrym yn y gerdd – gan gynnwys y ffugenw, wrth gwrs – sy'n ein cyfeirio at ran olaf ail gainc y Mabinogi. Daeth Branwen a saith o wŷr yn ôl o Iwerddon, gan gario pen Bendigeidfran wedi'i gyflafan fawr yno. Bu farw Branwen a chafodd ei chladdu ar lan Alaw. Aeth y saith ymlaen i Harlech i wledda a gwrando ar Adar Rhiannon am saith mlynedd. Yna, aethant i ynys Gwales ym Mhenfro ac i neuadd fawr uwch clogwyn y môr gyda dau ddrws agored iddi ac un arall, oedd yn wynebu'r de, tua Chernyw, yn gaeedig. 'Dacw'r drws na ddylem ni ei agor,' meddai Manawydan. Mi gawsant amser da yno am bedwar ugain mlynedd, amser lle nad oedd y cof yn cael cyfle i ddwyn gofid na galar. Ac yna, dyma Heilyn fab Gwyn yn teimlo ysfa i gael gwybod beth oedd cyfrinach y drws. Dyma'i agor ac edrych ar Gernyw ac Aber Henfelen a dyna pryd y gwelsant faint eu colledion a 'fedren nhw ddim aros yno ddim mwy.

Dyna un drws sydd y tu ôl i'r drws ym mhen draw distaw hen dai. Ond mae 'na ddrysau eraill hefyd, drysau llawer mwy llawen – ond mae'n rhaid agor y drws cyntaf, y drws agosa' i law, yn gyntaf. Ac mae hwnnw o fewn cyrraedd pob un ohonom.

Bydd y gynghanedd weithiau'n clecian; bydd hi weithiau'n canu, ond yn awdl *Heilyn* nid clecian na chanu mae hi ond cau amdanom. Mae hi'n glogyn, yn gerrynt ac yn gorlannau cerrig o'n cwmpas. Mae 'na gynghanedd ar hyd llinell, rhwng llinellau a'i gilydd, rhwng caniadau a'i gilydd a hefyd cynghanedd groes-gongol sy'n cydio geiriau yn ei gilydd ar hyd llinellau anweledig o un pen i'r awdl i'r llall. Mae'r bardd yn amrywio – a dyfeisio – ei fesurau yn effeithiol ac mae ganddo linellau sy'n oeri ac yn poethi'r gwaed. Drwy'r cyfan, mae'n llwyddo i roi sŵn bygythiol i bob drws sy'n cau ac ias o obaith i'r drws a all agor. Dw i'n dal i grafu 'mhen yn dyfalu sut y llwyddodd o i wneud hynny mor rhwydd.

Mae 'na grefft ac mae 'na gonsurio yn yr awdl ond mae yna hefyd ddewrder ynddi na fedra' i mo'i wrthod. Mae yma siarad plaen a siarad heddiw, heb fynd ati i gynganeddu penawdau papur newydd. Dyma farddoniaeth y traddodiad barddol Cymraeg ar ei orau. Bu hwnnw'n draddodiad hir ac euraid; mae awdl *Heilyn* yn profi ei fod o'n draddodiad byw. Rhowch Gadair Maldwyn iddo fo gan gofio ei fod yn cosi isio mynd am ddwrn y drws 'cw.

Mae'r awdl Gymraeg yn ffurf unigryw ym maes barddoniaeth y byd. Mewn gair, y mae'n un o gyfryngau llenyddol mwyaf cywrain ein hunaniaeth fel cenedl. Golyga hyn fod y gelfyddyd o'i chreu yn gofyn am gryn ymroddiad o lafur, ac felly dylem ddiolch i'r cystadleuwyr eleni eto am ddygnu i barhau'r farathon ysblennydd yma yn ein Cerdd Dafod.

Ond ni wnaed hynny gan *Tomos Wyn* am mai ymgais gwbl ddigynghanedd a gynigiwyd ganddo ac felly ni chadwodd ef at reolau'r gystadleuaeth. Eithr cafwyd awdlau o'r iawn ryw gan yr wyth arall, er bod perthynas rhai ohonynt â'r testun a osodwyd braidd yn bellennig, hyd yn oed o bersbectif ffigurol, a'u bod, wrth reswm, yn amrywio tipyn ymysg ei gilydd o ran ansawdd. Ond nid oes yr un ohonynt heb ddarnau arbennig o rin farddol, ac felly braf oedd oedi'n edmygus uwchben y rheini oll. Cafwyd anturio gyda mesurau anghynefin gan dri o'r awdlwyr ond arhosodd y pump arall gyda swyn diamheuol y rhai cyfarwydd o arferol. At ei gilydd, yr oeddynt yn foddhaol o lân eu cynghanedd, heblaw i un ymgeisydd dramgwyddo rywfaint ar ei rheolau. Dyma sylwadau ar yr wyth ohonynt yn nhrefn eu rhagoriaeth yn ôl fy ngolwg i.

Dal yn y Glôb: Awdl gatiog yn olrhain hynt bywyd myfyriwr ac yna'i yrfa sych lwyddiannus, ar ôl graddio, hyd at atgofion pellennig ei henaint. Ar y cyfan, cerdd ddi-sbarc ei chynnwys a chofnodol ei mynegiant: 'I far fel pob myfyriwr yn hwyrol,/Gwariai arian noddwr;/Ugain Capstan a thaniwr,/Cyw o seis sy'n smocio siwr!' Ac eto, nid yw heb ei hambell drawiad brathog. Talai i'w hawdur ddatblygu'r gynneddf yma o'i eiddo: 'Noddi'i iaith wna ei swydd o/A'i wedd yn seisnigeiddio'.

Jac: Ymgais yn adrodd hynt a helynt pâr ifanc: y beichiogi cyn y briodas, geni merch a nam arni a honno'n marw, methu cael plentyn arall, penderfynu mabwysiadu geneth ond hithau'n datblygu'n groes i'r disgwyliadau yn y diwedd. Awdl arall o gofnodi go ddi-fflach yn gyffredinol: 'A hithau mor obeithiol – y profion/yn profi'n wahanol,/a'r newydd cadarnhaol/na châi, fyth blentyn i'w chôl'. Eithr y mae iddi hithau ei chyffyrddiadau atyniadol hefyd. Rhagor o awenyddu fel hyn sydd ei angen mewn awdl: 'Yn yr ardd yn herio'r ôd/o'u cwsg draw yn y cysgod,/llawenydd y lleianod'.

Ar y Bar: Cerdd yn ymdrin, yn gymysglyd braidd, ag ansawdd bywyd mewn cilfach ar lan môr Cantre'r Gwaelod. Adroddir, yn ddigyffro, am adael y fangre a'r hen fywyd gynt yn edwino dan lanw estron. Ond yn dra rhyfedd, fe geir dau hir-a-thoddaid ar y dechrau, ynghyd â rhyw ddau arall tua'r diwedd, sy'n fyw o apelgar ac yn dangos gwir ddawn yr awdlwr hwn: 'Ond pan fo'r llyn heb ewyn heb awel,/Yn hwyr y nos, i'n clyw daw grŵn isel;/Lle deuai ymchwydd y lli a dymchwel/Y tyrau'n rheibus, mae'r Cantre'n rwbel,/Ac yn aeddfed i'r fedel, – dŵr ar rod,/A melin dywod yn malu'n dawel'. Yn wir, y mae'n anodd credu mai'r un bardd a luniodd gorff di-ffrwt y gwaith sydd o natur yr englyn a ganlyn drwyddo: 'Ar ras, agorem ddrysau – y morfa/i ymarfer sgiliau/Ein hil a chodi hwyliau/i'r byd o lymder y bau'.

Taeog: Dyma'r mwyaf anturus, mirain ac amrywiol ei fesurau o ddigon. Gwnaeth ddefnydd pwrpasol o'r canlynol, ymysg eraill: proest cyfnewidiog, proest cadwynog, cyhydedd nawban, clogyrnach, cyhydedd hir a chyhydedd fer: tac i'w gymeradwyo'n sicr, dim ond peidio â'i or-wneud yn ddibwrpas. Ond, ysywaeth, bardd go afrwydd, os grymus, ei fynegiant ydyw sy'n portreadu gaeaf tywyll ein cenedl, eithr yn gweld gwawrddydd heulog o ddyfodol iddi yn ei ganiad olaf. Prif nodwedd y gân yw natur lafurus ei hieithwedd, er bod llawer o naws ein hen ganu'n ymwau'n gynhyrfus drwyddi hefyd: 'Eto ymdaro, mae'r deri/am gawr a ad gledd grym ei gri/yn gof i'w waed atgyfodi/anogaeth ein mabinogi'. Ond wedyn, yn ei benillion mwyaf uniongyrchol, gall y bardd yma gyfathrebu'n reit gyrhaeddgar. Yn wir, byddai ar ei ennill, yn ddiamheuol, o ollwng ei ddull trymaidd o gyfansoddi, a chanu'n gyfan gwbl yn y modd cryno hwn: 'Rhewi'n wyll mae Carnwyllion,/ofer haul ar y fro hon./Di-ddadmer yw ei gweryd;/iaith ei bedd sy'n hethu'i byd/heb achles gwres goroesi/gaeafau ein hafau ni'.

Bryn Morfydd: Cafwyd awdl lefn, ddidwyll a chrefftus drwyddi gan hwn ond un led lac ei chynllun er hynny. Dechreuir gyda'r bardd yn manylu'n gariadus ar ei gefndir amaethyddol: 'Awel hwyr dros dalarau – ein rhyddid,/Arogl pridd i'n ffroenau,/A hen dir y cylltyrau/Un nos braf yn gwysi brau'. Yna, try'n sydyn i sôn fel y bu iddo fentro gadael byd amaeth am fyd addysg, gan ymhyfrydu'n glodforus yn y trysorau a ganfu yno a'r blas a gafodd wedyn wrth drafod llên a barddas yn ei gymuned wledig: 'Profais wae hen ystraeon, – clywais glod,/Her y dihirod, saga'r dewrion,/Dôi'n glir drwy'r oesoedd hirion – fri a braw,/Oriog alaw llinynnau'r galon'. Ac wedyn, yr un mor ddisymwth, y mae'n newid ei dac drachefn, y tro hwn i gollfarnu'r byd rhyfelgar sydd ohoni heddiw, a dyheu am adfer yr hen warineb a fu: 'Y gwŷr geiriog, diogel, – er ein mwyn,/A hi'n wanwyn, a'r gwn ar annel/Yrr ymhell â'u geiriau mêl – lawer llanc,/Hysio'r ifanc i faes y rhyfel'. Heblaw am ei chynllun anfoddhaol, gellir dweud, yn baradocsaidd, mai yn ei rhinwedd y mae gwendid yr awdl hon, sef y traethu coeth o wastad sy'n esmwyth ymddirwyn drwyddi'n ddi-dor. Mae'n rhaid wrth ddyfnach myfyrdod, delweddau a throsiadau mwy cyffrous, a chynllunio'n llawer mwy creadigol os byth am ennill y dydd.

Gwleidydd: Mae hwn yn drech meddyliwr a dyfnach cynganeddwr na *Bryn Morfydd*, yn ogystal â bod mwy o'r testun yn ei gerdd. Cân ydyw sy'n ymdrin ag anianawd, ymarweddiad a gyrfa gwleidydd: ei ganfasio adeg etholiad, ei gyfrwystra a'i ofnau, ei fuddugoliaeth gyfyng ac arwyddion anochel ei gwymp. Mae yna lawer o swmp meddylwaith ynddi ac, ar dro, fe'i mynegir yn bur ergydiol drwy gyfrwng cynganeddu sgilgar: 'Ar lôn yn rhywle heno,/dwrn yw â'i ystyron o'n/guro is na digroeso . . . Wedi hau geiriau i'r gwynt,/hadau ei gelwydd ydynt'. Ond, gwaetha'r modd, mae'r awenyddu gloyw yma'n colli ei fin o bryd i'w gilydd ac yn ymbylu'n ddarnau o draethu llwydaidd fel y pennill hwn: 'Ato, daw o'r cysgodion/hen, hen ŵr y drefan hon,/a dweud sut mae diwydiant/pob plaid wedi hel y plant/a'r criwiau iau o'r tir cras/yn ddienaid i'r ddinas'. Eithr er hyn, y mae llawer i'w ddweud dros yr awdl hon. Mae yma fardd brwdfrydig wrth ei waith, a gweledydd chwimddwys o dreiddgar. Anwastadrwydd ei awen sy'n ei gloffi. Yn wir, y mae'n rhyfedd iddo lwyddo cystal o ystyried y thema gyndyn y dewisodd ganu arni. Gyda deunydd â mwy o botensial iddo, gallai hwn ganu awdl i'n difrifoli.

Camden: Cerdd fedrus o rythmig yn y mesur *vers libre* cynganeddol ond un nad yw'n ddi-fai ei mydryddiaeth drwyddi draw er hynny: nid yw gosod y prif acenion mor bell oddi wrth ei gilydd â dechrau a diwedd llinellau fel yr un ddilynol, chwe gwaith, yn dechneg foddhaus o gwbl, hyd yn oed mewn *vers libre* cynganeddol: 'drws y Cartre Plant ar gwr y dre'; fe geir dwy enghraifft o'r bai trwm ac ysgafn: 'anela trên yr ymennydd'; ni ellir derbyn cyfatebiaeth gytseiniol fel a ganlyn rhwng dwy brif acen yr un llinell o gynghanedd: 'ac oglau salwch yn meddiannu'r gegin'; nid atebwyd y cyfuniad *dh* yn briodol yn y cynganeddiad yma: 'onid hawdd yw rhannu nodwyddau'. Nid oes modd cau llygaid ar gymaint â hyn'na o dramgwyddiadau mydryddol.

Hefyd, y mae'n ddyledus nodi i fersiwn gwahanol o'r gerdd yma fod yn cystadlu am Gadair Prifwyl Môn, 1999, dan y ffugenw *Sam*, ac iddi gyrraedd y trydydd safle. Ond, gan i mi weld yr awdl draddodiadol honno yng nghasgliad y Llyfrgell Genedlaethol o awdlau'r Brifwyl, gallaf dystio bod y ffurf benrhydd hon arni'n llawer iawn mwy cryno, cyfewin a miniocach creadigaeth. Yn wir, nid yr un gerdd o gwbl ydyw; mewn gair, fe'i hailgrewyd o'r newydd. Stori fer o gerdd gyfan ei hadeiladwaith yw hi'n darlunio rhawd bywyd llencyn o Wynedd o'i amddifadrwydd cynnar i'w fodolaeth ddigartref angheuol ar strydoedd Llundain. A'r fath ddarlunio! Fe'm trydanwyd a'm hysgytio drwy gydol cân sydd â'i sylwedd oll yng nghynnwys ei delweddau cignoeth-ddirdynnol. Dyma ing y golled foreol, er enghraifft:

> Yna, eco hir arch yn cau,
> a'i gur yn drech na geiriau;
> gwylio'n fudan wrth weld diflannu
> ei fyd a'i ddyfodol
> tan glo mewn twyn o glai.

Wedyn, cyffro toriad gwawr dros Biccadilly a'r Strand:

> Fel blagur, daw yntau
> o afael ei blygion
> ar alwad yr heulwen,
> i gynnwrf plygeiniol ei gyd-fforddolion
> o nythod neithiwr.

Yna'r croeso yn yr hafan ddyddiol:

I un sy'n byw fel ynys
y mae gwên ac y mae gair
yn estyn llaw dros ddyfroedd tawel,
dwys y dydd . . .

A'r olygfa olaf gyda'r ymatal mawr:

Daw yntau i ateb galwad ei antur
i wyll y cnawd rhidyllog,
i yrru saeth o wenwyn ar ras i'w wythiennau
unwaith yn ormod;
a phan goda'r
haul, ni bydd meirioli
ar yr hogyn barugog
a'i freichiau yn dyllau du . . .

Rhwng popeth, gadawodd y gerdd hon, gyda'i chefndir dinesig o ingol, argraff bwerus arnaf fi'n bersonol. Profiad cynhyrfus yw dod o hyd i fardd o'r dymer yma.

Heilyn: Chwip o awdl sy'n amlygu natur a chyflwr ein Cymreictod drwy gyfrwng delwedd y drws caeedig enwog yn Ail Gainc y Mabinogi, fel y tystia'r ffugenw, yn rhith hanesyn dychmygol am Gymro ifanc cyfoes a gollodd ei gysylltedd â'i dras, ffordd dreiddgar newydd o ganu ar hen bwnc. Fe'i lluniwyd, bob cymal ohoni, gan athrylith o gynganeddwr a gadwynodd ei holl rannau drwyddi'n undod crwn. Hefyd, cynhwysodd gwpledi proest ynghyd â rhai â'u llinellau'n proestio bob yn ail â'i gilydd yn batrymau cywrain. At hyn, y mae iddo haenau o wahanol dymherau: ar brydiau, gall fod yn uniongyrchol o wefreiddiol; bryd arall, yn ddychanol o gyffrous; yna'n gynnes o deimladwy; wedyn, yn afieithus o heriol. A thrwy'r cyfan, ymdeimlir, yn ddigamsyniol, â'i ddidwylledd mawr ynglŷn â'i holl fater. Mewn gair, y mae'r bardd ei hun yn ymrwymedig bresennol ym mhob rhan a chil o'r awdl, yn mynegi ei safiad yn angerddol ac ystyrlawn gynnil gydag arddull unigryw braff o agos-atom.

Felly, dyna'r cyfan mewn cystadleuaeth ddiddorol. Rwyf o'r farn fod yma ddwy awdl o deilyngdod awenyddol, cerddi *Camden* a *Heilyn*. Yn wir, i mi, bu'r gorchwyl o orfod gwahaniaethu rhyngddynt yn un anodd, rhwng cynnyrch awchlym graffig y cyfarwydd trydanol a chân nerthol gyfoethog y bardd ymrwymedig. Ond oherwydd bod i awdl *Heilyn* fwy o ddyfnder sylwedd, arwyddocâd deunydd, trwch gweledigaeth, yn ychwanegol at gysondeb ei hangerdd, ynghyd â'i sowndrwydd a'i chywreinder mydryddol, y mae'n rhaid i mi gytuno â'm cydfeirniaid mai hi yw Cerdd Cadair 2003. Ac un peth ychwanegol: y mae i awen iasol *Camden* ei photensial arbennig ei hun, gan fod beirdd o'r anian yma'n brin.

Derbyniwyd naw cerdd, ond wyth cystadleuydd sydd o ddifrif.

Jac: Wynebu penderfyniadau dyrys mewn bywyd – y drysau hynny y mae'n anodd mynd drwyddynt – yw thema *Jac*. Mae'n trafod priodas ymddangosiadol anghymharus Cymro o gefn gwlad a Saesnes uniaith o ysgol fonedd; colli plentyn; siomedigaeth canfod nad oes modd iddynt genhedlu plentyn; mabwysiadu merch. Mewn gair, cyfres o benderfyniadau dros gyfnod hir o amser. Ymgymryd â gormod a wnaeth y bardd, gan geisio cywasgu deunydd nofel i gwmpas awdl, ond mae'n llwyddo'n aml i ddal mewn geiriau arwyddocâd sefyllfa, fel gyda'r englyn, 'A hithau mor obeithiol, – y profion/yn profi'n wahanol,/a'r newydd cadarnhaol/na châi fyth blentyn i'w chôl'. Mor eironig y gair *cadarnhaol* yng nghyd-destun negyddol y llinell ddilynol. Hyfryd yw 'Grudd wrth rudd ar ddechrau'r haf/Yw solas y walts olaf'; a chryf yw 'Geiriau bas ar gwr y bedd/yn gerrig di-drugaredd,/Carreg ar garreg arall/y naill un ar ôl y llall'.

Dal yn y Glôb: Disgrifiad crafog o 'rebel' cyfnod coleg yn ymbarchuso ac yn ceisio gwadu'r dyddiau herfeiddiol gynt. Mae'r llanc, bellach, yn 'Llond ei swydd, a llond ei sêt ym Methel/Flwyddi maith yn solet;/Iesu gras, nid sigarét,/A'r clerics hefo'r claret'. Mae yma gynganeddwr bywiog sy'n ei medru-hi ond ceir rhai llithriadau iaith yma a thraw, ac mae proest llafarog yn y llinell 'heibio i'w ystrydebu'. Gellir dyfynnu pethau digon effeithiol, fel y cwpled am ddryllio delwau Cymreig: 'Eraill doeth fu'n dinoethi/Hyd yn oed ein duwiau ni' neu am y ddiod gadarn yn siarad: 'Rhuo cân ac amser cau/Yn rhwydo'r holl ddelfrydau'.

Ar y Bar: Mae'r bardd yn edrych dros ysgwydd y blynyddoedd gan ddwyn i gof hwyl plentyndod a llencyndod, a mawrygu a mynegi diolchgarwch wrth gofio dylanwadau. Hyfryd iawn yw llinellau fel hyn: 'Ninnau'n gywion aflonydd yn y nyth,/Yn un yn ein hawydd/I daenu ein hadenydd' ac 'O'n carchar sownd, cyrchu'r sêr'. Mae'n effeithiol yn cyfleu ysbryd anturus ieuenctid: 'Codi angor neu dorri/Rhaffau'r wal wna llongwr ffri', a'r deyrnged hardd sy'n cloi: 'O daw byth ganfod bwthyn – ein heniaith/Dan dwyni y gelyn,/Na thaener gwarth Seithennyn/Yn ddi-hid ar y ddau hyn'.

Mae cynhyrchion y pedwar bardd nesaf yn amlygu safon uwch o gyfansoddi ac mae gan bob un ei arddull neilltuol ei hun.

Bryn Morfydd: Cysondeb mewn glendid ymadrodd yw'r amlycaf o briodweddau'r awdl hyfryd hon, a llwyddodd y bardd y drin y mesurau poblogaidd yn rhwydd gan beri iddynt ganu'n llyfn. Dyma gynganeddwr sicr ei glust a gloyw ei arfau, a'i gyffyrddiadau'n ddi-feth o fewn y terfynau diogel y mae wedi eu gosod iddo'i hun. Yn sŵn rhyfel heddiw, mae'n myfyrio ynghylch ei fagwraeth wâr o fewn ei fro Gymraeg wledig a hen orffennol gwiw ein cenedl, ac yn yr argyfwng presennol mae'n dyheu – 'O na allwn chwistrellu – hen waddol/I ddydd ein rhaglennu;/Ac agor drws yfory/I ran fach o'r hyn a fu'. Nid yw'n hawdd canu cân newydd i gefn gwlad, a hoffwn fod wedi profi mwy o'r math o ffresni gafaelgar sydd yn y pennill olaf ond un: 'Beth sy'n llercian draw yng nghilfannau/Y fforest dywyll? Ai ffârs y duwiau/A ninnau yno wrth eu llinynnau/Yn byw eu pader, yn fud bypedau? . . .'.

Camden: Dyma gerdd mewn *vers libre* cynganeddol am y digartref ar balmentydd strydoedd Llundain gan fardd â dawn i ddisgrifio. Mae'n gallu darlunio delweddau symudliw, clir o'n blaenau drwy ddeffro ein pum synnwyr, a dramateiddio'r golygfeydd wrth ddefnyddio berfenwau i gyfleu'r digwydd. Clywn 'alaw ddigyfeiliant/un gŵr a'i organ geg' yn ei hamlygu'i hun er gwaethaf 'tramp traed y dorf/yn gerddorfa fyw ar fynd' a sain 'cyrn y tacsis a'r ceir/yn galw ar ei gilydd'. Mae'r truan di-gefn sy'n cynhyrchu'r alaw hon, yn eironig o gyferbyniol, '. . . ar drothwy'r banc', ac wedi troi'r llecyn yn gartref iddo'i hun, – 'un darn o balmant a'i nod arno, . . . Nid drws ar gau, ond drws ar gael/yw hwn o hyd . . .'.

Mae *vers libre* cynganeddol yn brawf ar gynganeddwr gan fod sawl magl a phydew ar lwybr bardd sydd yn mentro'r mesur 'di-fesur' hwn. Gan ei fod yn goferu o linell i linell, a heb fod yn gaeth i nifer penodol o sillafau, i fesurau neilltuol nac i odl, mae'r lusg a'r draws yn eu cynnig eu hunain yn rhy rwydd. Mae'n deg nodi bod *Camden* wedi llithro ar dro ac wedi bodloni ar rai cyfatebiaethau annigonol, rhy amlwg a rhagweladwy. Serch hynny, mae yma ddisgrifio pwrpasol, a dethol delweddau effeithiol i gyfleu'r stori, megis 'fel amlen ddiangen ddoe . . .', 'ty â chysgod dagr/angau yn ei flingo'.

Taeog: Awdl gyda phum rhan iddi a theitl i bob rhan. *Say Hello to Uncle . . .* yw teitl y gyntaf ac mae'r cywydd yn agor gydag un o linellau unigol mwyaf ysgytiol y gystadleuaeth – 'Fy arch yw dy gyfarchiad'. Ymhellach ymlaen, cawn linell drawiadol gyffelyb – 'Fy ach ni fydd i'r fechan'. A dyna gyfleu rhan fawr o ofid argyfwng ein hiaith. Er ei ymadroddi cadarn, mae'r bardd yn dibynnu gormod ar elfennau trosiadol treuliedig – haf/gaeaf; gwres/oerni – i gynnal ei weledigaeth. Mae'n agor yr ail ran eto gyda llinell effeithiol sydd, fel y ddwy uchod, yn atgoffa dyn o naws ac arddull gweithiau'r Cywyddwyr gynt: 'Rhewi'n wyll mae Carnwyllion'. Ond yma eto mae'n dibynnu ar ddelweddau diogel wrth gyferbynnu nos a dydd, a hin y gwahanol dymhorau, i ddehongli ei feddwl a'i deimlad.

Dyma grefftwr galluog sy'n dangos camp nodedig yn y modd y mae'n gallu llunio cywydd proest, a chyfuno'r mesurau, ond a fyddai wedi gwneud mwy o gyfiawnder â'i weledigaeth pa bai, yn hytrach, wedi eu hystwytho? Yn sicr, mae'r gallu ganddo, gan ei fod yn medru canu'n gwbl hyderus o fewn y mesurau traddodiadol, hyd yn oed y rhai mwyaf anarferedig. Ni ellir osgoi'r teimlad ei fod wedi ei lyffetheirio'i hun ac wedi ei chael hi'n anodd gochel rhag geiriogrwydd a mydrau cerddediad pur drwm ac undonog braidd rhai o'r mesurau. Beth bynnag, dyma gerdd rymus, amserol gan fardd medrus iawn.

Gwleidydd: Dyma ymdriniaeth ddychanol o ffenomen neilltuol mewn gwleidyddiaeth. Uwchben ei gerdd, ceir ganddo ddyfyniad o eiddo Aneurin Bevan am y modd y mae 'pob plaid wleidyddol, ymhen amser, yn datblygu sgitsoffrenia', a hanfod y gerdd yw dangos sut mae'r bersonoliaeth ddeublyg hon yn ei hamlygu'i hun a chael, yn hwyr neu'n hwyrach, ei hadnabod gan yr etholwyr. Mewn beirniadaeth ddeifiol o'r gwleidydd, amlygir ei feddylfryd sinigaidd – 'Ond yn haf y mwyafrif/nid yw y dre' ond ei rhif', a mynegir dadrithiad gwerin gwlad a'i hamheuaeth ynghylch didwylledd y seneddwr cyfoes, a'r difaterwch sy'n dilyn – 'Beth yw y gwir ond bwth gwag?'.

Dengys y bardd afael sicr ar y gynghanedd a'i moddau a ffurfiodd ei awdl o ddetholiad pwrpasol o fesurau. Arddull uniongyrchol sydd yma gan mwyaf – ymresymu moel – a 'does dim o'i le ar hynny. Ond roeddwn yn dyheu ar dro, er mor effeithiol y cyferbynnu, am ryw weledigaeth mwy gwreiddiol. Er iddo ganu'n wastad a gloyw, nid yw ei gyffyrddiadau'n ddigon newydd a chynhyrfus i beri i ni gael ein tanio a'n symud.

Saif y gerdd nesaf ar ei phen ei hun yn y gystadleuaeth.

Heilyn: Mae'n ymdrin â chwestiwn mawr mewn llenyddiaeth, sef beth yw realiti a sut mae ei wynebu. Ystyrir hynny ganddo mewn perthynas â'n cyfwng neilltuol ni'r Cymry Cymraeg a'n hymateb i fygythiad difodiant. Mae'n rhoi inni ymdriniaeth o gyflwr y seice Cymreig a chymhleth y taeog, a'r ymdriniaeth honno yn gynnyrch dychymyg celfyddydol. Am ei weledigaeth drosiadol, trodd y bardd at ran olaf chwedl Branwen ferch Llŷr, sef ail gainc y Mabinogi, ac at Heilyn ab Gwyn, un o'r seithwyr a oedd yn gyfrifol am gludo pen Bendigeidfran. Yn y neuadd yng Ngwales, Heilyn oedd yr un a fynnodd fod y drws a wynebai Aber Henfelen yn cael ei agor.

Yng ngwelediaeth y bardd, rydym ni'r Cymry heddiw fel y seithwyr yn y neuadd yng Ngwales mewn cyflwr di-orffennol a di-ddyfodol, mewn anghofrwydd di-gyfrifoldeb. Yng ngeiriau'r cyfarwydd gynt, '. . . nid oeddynt yn cofio dim; nac am alar o fath yn y byd'. Mae'r gwangalon yn eu plith, Manawydan, yn daer na ddylent agor y drws, ond mae Heilyn ab Gwyn yn mynnu y dylid ei agor, ac yna, wedi cyfnod maith yn eu cyflwr di-hiraeth, maent yn wynebu realiti pan adferir eu cof a'u hymwybyddiaeth. 'Agor y drws a wnaethant, ac edrych ar Gernyw ac ar Aber Henfelen. A phan edrychasant yr oeddynt oll mor ymwybodol o'r colledion a gawsant, ac o'r holl geraint a chyd-ymdeithion a gollasent, ac o'r holl drueni a'i goddiweddasant, a phe digwyddasai y cyfan iddynt yn y fan honno; ac yn bennaf am dynged eu harglwydd. Ac oherwydd eu haflonyddwch meddwl nis gallasent orffwys . . .'.

I agor ei gerdd, mae'r bardd yn sefydlu ei weledigaeth drosiadol; mae'n trosi'r gynneddf honno yn ein meddwl sy'n ein cadw mewn cysylltiad â realiti, yn ddrws ac, yn achos y Cymry, mae'n ddrws caeedig 'Ym mhen draw/distaw hen dai'. Mae arnom ofn agor y drws oherwydd mae wynebu'r hyn a welir drwyddo yn rhy boenus, 'yn wich/ar fachyn o wae,/yn glep/drwy lefain y glaw'. Yn neuadd ei anghofrwydd – yn ei gyflwr di-gof, anghymreig – mae'r Cymro'n dynwared y byd Eingl-Americanaidd; nid yn unig yn coleddu allanolion arwynebol diwylliant arall ond yn mabwysiadu ei gof yn gynhysgaeth hefyd, gan ddiosg ei hunaniaeth a'i hanes ei hun: 'Mae'r cap o America,/mae'r co'n Americana'.

Mae holl ing ein hargyfwng yma – gwerthu a phrynu'n tai a'n tir, yr iaith yn marw ym marwolaeth Cymry unigol, ein hagwedd anystyriol – a'r tu ôl i'r cwbl mae holl ysblander ein hetifeddiaeth, y gorffennol nodedig, unigryw a drosglwyddwyd inni yn gyfrifoldeb i'w ddwyn yn ei flaen, fel y seithwyr yng Ngwales â chyfrifoldeb i gario pen eu harglwydd i'r Gwynfryn. Troi'r un tyddyn, Bryn Aur, yn symbol i gynrychioli Cymru a'r cwbl y mae'n ei olygu – pob doe ac echdoe o'n hanes di-dor ar ein daear, ond ni fynnwn edrych ar y gogoniant a fu. Haws troi ein golygon ymaith ac anghofio – 'A dyna gau ein calonnau, cul, uniaith,/how-fflemio, a thremio, a throi ymaith'. Ni'r Cymry sy'n gwerthu ein treftadaeth i estroniaid na wyddant ddim amdani – 'Ond yr heniaith oedd eu hiaith hwythau,/y rhai fu'n didol tref eu hen deidiau . . .'. Mae'r drws i realiti yn agor ar fywyd fel y mae yn ei gyflawnder – y dymunol a'r annymunol fel ei gilydd: 'Agor i'r gwynt o gae'r gwair . . . neu i rasel o awel oer'.

Cyfunir rhythmau llafar ac ieithwedd ffigurol i gyfleu dychymyg a chenadwri'r bardd, ac mae'r geiriau syml yn drymlwythog o ystyr ac arwyddocâd. Dyma gynganeddwr a chelfyddydwr galluocaf y gystadleuaeth. Fel cynganeddwr, nid ceisio cyfatebiaeth eiriol yw blaenoriaeth ei broses greadigol ond cyfleu rhediad a throadau'i feddyliau a'i deimladau yn osgo'i gystrawennu. Mae'n cyplysu'r sain a'r sylwedd yn gyfuniad organaidd – iaith drosiadol gyda'i goslef a'i sigl ei hun. Hyn a'i gwna'n gelfyddydwr gorau'r gystadleuaeth. Mae yn ei gerdd angerdd a thaerineb, dychanu a dyrchafu, ceryddu ac ysbrydoli, digalonni a gobeithio – a'r cyfan yn dehongli'n gelfydd argyfwng enbyd ein hunaniaeth.

Yng ngherdd *Heilyn* y cawn ni'r weledigaeth drosiadol – y canu damhegol, alegorïaidd sy'n peri bod yr iaith yn gweithio ar wastad sy'n ein gwefreiddio ac yn cyfoethogi ein profiad. Hyn a'i rhoes ar y brig ac mae'n gwbl deilwng o'r Gadair.

Yr Awdl

DRYSAU

Ym mhen draw
distaw hen dai,
y tu ôl
i lenni tew,

yn wich
ar fachyn o wae,
yn glep
drwy lefain y glaw,

mae'r drws
na all Cymro droi
oddi wrtho
tra bydd-o byw . . .

*   *   *

Ydi o'n byw, fel pob dyn bach
arall? Hwn acw, hwyrach,
sy'n hel ein trolis ni i un
man am ei fara menyn,
sy'n hel ein trolis ni hyd
y bedlan, yn drên bwdlyd,
sy'n hel at ei fis, un ha',
ar relwe aur Awstralia.

Ydi o'n un ohonyn nhw,
â'i fathodyn un enw?
Mae'r cap o America,
mae'r co'n Americana;
nid oedd sioe a gydiodd, siŵr,
cyn bod Americanwr.
Dyna yw byw'r dynion bach,
heb ail enw, heb linach.

Ydi o'n gobeithio y bydd
y lein yn weddol lonydd
a'r noswyl fawr yn nesu,
y cwrw oer, y gwair cry'?
Bu'n hel, ac yn dychwelyd

yn saff drwy'r drysau o hyd,
Ond cheith y giard mo'i bardwn
mor rhyw rwydd; Cymro yw hwn . . .

*   *   *

I hwn, ar odre hanes,
rhown wlad fel mymryn o lês,
a hanner co', os hynny,
am y siaced felfed fu.
A rhown i'r c'radur heniaith
yn ddrwm at y marw maith,
a hil sy'n gweddïo o hyd
am i'r marw ymyrryd.

I hwn, a'r byd bron ar ben,
rhown si ara' yn seiren.
Yn lle cynnull y cannoedd
i roi rhyw gân ddewr ar goedd,
rhown iddo'r hen neuaddau
tawel, y capel sy'n cau,
y tai gwag, y cytiau gwaith
diolwyn, y fandalwaith.

Ac i hwn, dwedwn y daeth
yr alwad, cyn marwolaeth
yr hen gant, at riniog oer,
drwy ddrws fel drwy ddŵr iasoer;
tynnu'i fadj, a'i wynt yn fyr,
ac oedi wrth y gwydyr;
hogyn ddim isio rhegi
a'i daid yn hen, dwedwn ni . . .

*   *   *

Dwedwn ni
ei eni'n aer
i'r hen go',
yr unig ŵyr;

Ei wobr o
yw'r sgubor wair,
y cae, y tŷ
fel cwt-ieir;

A bwriwn ni
mai Bryn Aur
oedd enw ei hen
dyddyn oer . . .

*   *   *

Ryw fore oer fel samplar frau,– a'r lês
ar led hyd y caeau,
sŵn car, sŵn ei ddrws o'n cau,
llyfrïo'r holl foreau . . .

Un bore oer, ac un briw
yn y pridd . . . 'Pwy ŵyr heddiw
ai un doe'n hwy ydi'n hach,
neu un yfory'n fyrrach?'
Dyna ddallt bod un neu ddau
'di dod â'u dywediadau:
'Ym marw hen Gymro o hyd
mae rhif y meirw hefyd . . .'
'Newid, mynd yn deneuach,
mae'r byd o bob marw bach . . .'
'Rhywfodd rhaid para hefyd,
tra bo un tro ar y byd . . .'
Hen ddweud o'r newydd ydynt,
inni gael amenio'n gynt.
Mwyn gan yr hen emynau
fydd sŵn drws y cwrw'n cau.
O ŵydd ei gist bach ddistaw,
awn yn llu i estyn llaw,
ddyddiau yn rhy ddiweddar,
i rith y boi wrth y bar . . .

*   *   *

Sŵn y car, a'i ddrws o'n cau
trwy'r amen, trwy'r emynau;
sŵn bach o holl synau byd,
sŵn y marw'n ymyrryd.
Ni fydd yn gyrru'i fyddin
i wlad ar ei dau ben-glin.
Ollyngith o mo'r llynges
ar wlad fel hen samplar lês.
Daw, wash-i, gyda'i weision
Yn linc-di-lonc hyd y lôn.
Dysga nabod ei osgo,

a dwêd os gweli di o.
Gwylia, bach, i ni gael bod,
un bore oer, yn barod:
cyrhaeddodd y car heddiw,
a ni'n y Crown yn un criw . . .

*   *   *

Gofynnodd i'r criw oedd yno rywun
â hanes adwy i sbio'n sydyn
ar y tŷ roedd am ei brynu, – Bryn Aur?
yn y cymylau'r oedd y cae melyn.

A melyn, melyn, rhwng y cymylau,
y rhydai irwair ar hyd ei erwau;
dôi co' am lond y caeau – yn disgyn,
a chroen dyn mor felyn ag afalau.

A dyna gau ein calonnau cul, uniaith,
how-fflemio, a thremio, a throi ymaith,
canu'n flêr am amser maith, – a phasio
y ceid anghofio am y cwd anghyfiaith.

Ond yr heniaith oedd eu hiaith hwythau,
y rhai fu'n didol tref eu hen deidiau
yn llanast, ac yn lluniau – at y sêl,
yn clirio'r dresel, ac yn cloi'r drysau.

Roedd dau 'mhen dyddiau'n twtio'r hen dyddyn,
a newidiwyd ei enw o wedyn;
lle bu'r aur yn lliwio bryn – a throthwy,
ni welen' hwy trwy'r adwy ond rhedyn.

*   *   *

Be' wedyn yw'n bywydau
ni i gyd, cyn i'r llenni gau
ar wlad fel hen samplar lês,
ar bafin yn nhin hanes?
Rhannu balŵns bach duon,
a 'hers Gymraeg ydi hon'.
Wrth gael gwâdd i angladd iaith
anghofio'r cwd anghyfiaith,
a'r gân ddewr, ac un neu ddau
anniddig mewn neuaddau,
a'r drws; y drws ym mhen draw

dwyster yr hen dai distaw;
awn, was! Agorwn ni o!
Rhyddid fydd edrych drwyddo.
Ofn mynd i ddŵr dyfn y môr
Yn hogyn yw ofn agor.

* * *

Agor i'r gwynt o gae'r gwair
a dail llus ar hyd y llawr,

neu i rasel o awel oer;
dyna, ddyn, yw bod yn ddewr.

Dewr yw'r rhai fu'n driw drwy'u hoes;
dewrion yw adar y nos;

dewr yw'r sawl heb glust i'r Sais;
dewra' un sy'n agor drws.

Y drws ar hen felan draw;
wedi mynd i'n gwaed y mae.

Ond yn gloch drwy diwn y glaw,
yn chwardd ar fachau o wae.

yn gwestiwn tra byddwn byw,
y mae drws y *dylem* droi

ei ddwrn; drws yr hyn a ddaw,
ym mhen draw distaw hen dai.

Heilyn

BEIRNIADAETH CYRIL JONES

Credaf mai'r testun a osodwyd a fu'n gyfrifol am ddwy nodwedd wrthgyferbyniol y gystadleuaeth eleni; sef record o safbwynt nifer ymgeiswyr ar y naill law a safon siomedig mwyafrif y cyfansoddiadau ar y llaw arall. Mae'r arfer o ailgylchu cerddi a'u cymhwyso ar gyfer cystadlaethau eraill, ar ôl iddyn nhw fethu mewn un gystadleuaeth, yn hysbys i bawb sy'n ymwneud â'r byd eisteddfodol, gwaetha'r modd. Roedd natur y testun eleni yn gwahodd cerddi a syniadau a ailgylchwyd ac, o'r herwydd, prin yw'r cerddi cyfoes eu cywair. Yn fy marn i, mae'n rhaid i'r eisteddfod benderfynu beth yw pwrpas y gystadleuaeth hon. Os darganfod ei 'phrifardd' cyfoes yw ei phwrpas, oni fuasai'n well gofyn am ddilyniant, neu gasgliad, neu bryddest na fu mewn cystadleuaeth o'r blaen, heb osod testun i lyffetheirio ysbrydoliaeth beirdd – na llethu beirniaid! Wedyn, medrem ganolbwyntio ar ddarganfod y bardd gorau heb ymboeni am destunoldeb cerddi ac ati.

Serch hynny, dylid nodi bod y cyfansoddiadau a ddaeth i'r brig eleni wedi llwyddo i gyrraedd safon sy'n deilwng iawn o'r Brifwyl. Cyn ymdrin â'r rheini, carwn drafod y themâu a amlygwyd a'r modd yr aeth y beirdd i'r afael â nhw, gan adael i fy nghydfeirniaid ganolbwyntio ar eu dosbarthu yn ôl eu safon.

GWREIDDIAU SYNIADOL

Catrin: Pregeth ddi-fflach o bryddest sy'n dadansoddi gwerth gwreiddiau gan orffen â'r cwestiwn 'Cariad neu gaethiwed?/Penderfynna [*sic*] di.'

Blaguryn: Cerddi am wreiddiau Cristnogaeth. Mae'r ddwy soned sy'n agor a chloi'r casgliad (go brin y gellid eu galw'n ddilyniant) yn rhagori ar y lleill.

Martha Mair: Go brin y byddech chi'n disgwyl limrig fel yr un a ganlyn mewn cerddi a symbylwyd gan waith yr athronydd Simone Weil: 'Aeth merch fach yn filwr i'r chwyldro/i roi ergyd farwol i Ffranco,/wedi bythefnos cantin/cafodd migraine go flin/ac aeth adra at ei mam i gael aspro'. At ei gilydd, serch hynny, mae'r rhain yn gerddi diffuant ar thema addawol, er nad oes fflach yn y mynegiant. Dyma enghraifft fwy nodweddiadol o'r canu: 'gwrteithwraig gwreiddiau'r gweithiwr,/a drodd cefn ar berllan braf y teulu/i chwilio, gydag ystadegau'r tridegau,/am brydferthwch, am degwch, am lonyddwch/i'r rhai na wyddai am foduro'r oriau hamdden'.

Llwynog: 'Oherwydd cyn bod Amser, nid oedd Cyn' – dyna ddyfyniad sy'n eitha nodweddiadol o gerdd sy'n gyfrodedd o ganu am wyddoniaeth a chrefydd. Hoffaf y cyffyrddiad cynganeddol – 'Yn araf roedd esblygiad,/diwygiad yn digwydd', ond mae'n rhaid cael llawer mwy o weledigaeth na hyn ar thema mor fawreddog.

Llwydfaen: Dilyniant o gerddi eithaf ymenyddol eu natur yn mynd â ni'n ôl at wreiddiau athroniaeth a gwyddoniaeth. Dyma agoriad trawiadol y gerdd gyntaf, 'Aristotl' – 'Daeth ust yr hwyr/lle bu baldordd y bargeinio/yn ewyn ar stondinau'r dydd/hyd strydoedd cul Stagira'. Ac mae'r gerdd i 'Copernicws' yn portreadu sut y cadwodd 'fom ei ddarganfyddiad dan glo' cyn petruso 'â'r bluen yn ei law,/â'r hon y chwilfriwiodd/gaerau Genesis,/pan sgwennodd lith i'r Pab'. Dyma'r dilyniant gorau o ddigon ymhlith y dosbarth hwn o ganu athronyddol. Buasai wedi bod ar ei ennill pe bai wedi cadw at gywair mwy storïol y cerddi a nodwyd yn lle taenu'i ddelweddau mor drwchus yn y lleill.

GWREIDDIAU TRAMOR

Ali Ji: Gosodais ei gerdd yn y dosbarth hwn am fod ei thema mor estronol o wahanol i weddill y cyfansoddiadau. Cerdd rap storïol yw hi a diolch iddo am ddod â hwyl ac ysgafnder i'r gystadleuaeth. Mae'n cael ei daflu i garchar; dyma'r hanes: 'Bore wedyn glas wrth y drws/Mam yn crio a Dad yn gweiddi/Llusgwyd fi i lawr i'r doc/Fano oni dan y cloc,/Barnwr yn deud mod i'n foi drwg,/Yn chwarae hefo mwg.//Doedd pethau dim yn ddrwg i gyd yno: Roedd gen i radio,/Roedd gen i deli,/Roedd gen i lun pishyn/Uwch y gwely'. Yno mae'n cwrdd â Daf o Gaerdydd sy'n ei annog i beidio â 'rhedeg ar ôl y mwg'. Pwy a ŵyr, efallai y bydd un o brifwyliau'r dyfodol yn gosod cerdd rap fel testun!

Radix Malorum: Ceir dyfyniad o Herodotus IX, 16, 4-5 ar ddechrau'r cerddi: 'Fy nghyfaill, mae hi'n anodd i ddyn wyrdroi ewyllys y duwiau, a dyma'r gwaethaf o'r poenau dynol: rhagweld llawer peth a bod yn ddi-rym i newid yr un ohonynt'. Gwaetha'r modd, 'dyw'r cerddi ddim yn cyflawni addewid y dyfyniad. Difyr yw'r llinellau: 'Caneri hefo llyfr rheolau ydi/pob bardd' ond dydw i ddim yn sicr o bwrpas y gerdd agoriadol, 'Asthma', y mae'r dyfyniad yn dod ohoni. Mae'r drydedd gerdd, 'Bore Chernobyl', yn dangos ei fod yn ei medru hi, er nad yw'n gallu cynnal ei weledigaeth am gerdd gyfan – 'Bora oer a gwlyb, yr hydref wedi/darfod drewi, a rhyw niwl od,/fel llefrith semi-sgim yn hongian ar lein/ddillad . . .'. Amrywiadau ar thema'r dyfyniad uchod yw'r cerddi ac, felly, maen nhw'n colli'u grym fel dilyniant. Teimlaf iddo fod yn rhy uchelgeisiol a syrthio'n fyr o'r nod ymhob cerdd o'r herwydd. Llunier i gall . . .

Ach a fi: Teyrnged i wladychwyr cynnar y Wladfa mewn llinellau trymlwythog. Bydd yn rhaid i *Ach a fi* ddysgu canu'n gynilach na hyn.

Awen: Medi'r 11 yw'r thema. Ar ddiwedd yr ail gerdd, dywed 'Ac roedd mymryn ohonom i gyd/yn y farwolaeth iasoer honno'. Mae gormodiaith a diffyg ymatal yn nodweddu'r canu, gwaetha'r modd – er enghraifft, 'dagrau'n llifo'n ffosydd/drwy gors anobaith wyneb/i gafn dwylo'.

Y Golomen Wirion: Y gwreiddiau cudd dan groen y bardd a'r byd cyfan yw'r thema ganolog yn y rhain. Maen nhw'n siarad â ni ar gownt eu cyfoesedd. Does dim gwella i'r fam sy'n dioddef o *Aids*, mae'r cyffur a allai wneud hynny 'yn nwylo dynion siwtiog am y môr â hi/lle mae llinellau elw ar waliau'n saethu at y to/yn ddewis gwell na hi'. Ond anwastad yw safon y cerddi drwyddi draw.

San Marco: Ymdriniaeth wreiddiol o'r testun. Cerddi drwy lygaid y brodorion a aned yn Fenis a'u gwaith syrffedus o ddangos gogoniannau'r ddinas i dwristiaid. Er gwaetha posibliadau'r testun, mae'r cerddi hyn yn troi'n rhyddieithol ac yn colli'u grym o'r herwydd. Mae'n rhaid i *San Marco* ymddisgyblu a bod yn fwy hunanfeirniadol. Mae llinellau clo rhyddieithol ei ddilyniant yn enghraifft dda o hyn: 'Ail gysylltaf â'r glas golau hwn,/a byddaf yn fy nyled iddo byth,/am roi adlewyrchiad mwy i mi yn y Bae un dydd'.

Cyfaill o'r Hen Wlad: 'Codaf ac ehedaf/trwy fachlud y Mericia Cymraeg/i adfer ein cof am gynhysgaeth hŷn' – dyna'r llinellau sy'n awgrymu thema'r cerddi hyn. Maen nhw'n fy atgoffa o gerddi Derek Walcott, *The Arkansas Testament*, cerddi myfyriol sy'n ystyried cefndir Caribïaidd y bardd yng nghyd-destun yr Unol Daleithiau a'r byd. Yn St James Parish, Louisiana, mae'r *Cyfaill* . . . yn gwylio gêm bêl-droed Americanaidd yn y gwesty 'yn hyt-hyt-hyrddio'n chwyrn i'w gilydd,/ac enwau fy hil,/yn Evans a Griffiths a Davis a Jones/yn warthnod ar eu gwarrau llydan . . .'. Gwrthgyferbynnir yn gelfydd yn y gerdd 'Recriwtio'n Tŷ Rhos': 'Daethant o'r caeau newydd,/lle bu bwyeill eu tadau'n canu yn y coed/genhedlaeth arloesol ynghynt . . ./(heddiw, mae'r caeau'n fforestydd drachefn,/yn cuddio'r cartrefi *Trailer*)'. Ceir disgrifiadau graffig yn y cerddi am y Rhyfel Cartref ac mae'r pennill sy'n cloi'r gerdd 'Carchar Rhyfel' yn enghraifft wych – 'a'u cerrig mor agos â dannedd perffaith,/am fod dynion a sgerbydwyd cyn trengi,/yn cymryd llai o le . . .'. Mae taith y bardd a dyddiadau'r gwahanol ddigwyddiadau yn clymu'r cyfan yn allanol ond tasg anodd yw argyhoeddi drwy gyfrwng cerddi a osodwyd mewn llefydd tramor yn agos i ganrif a hanner yn ôl. Teimlaf hefyd fod y sefyllfaoedd gwahanol a ddisgrifir yn y cerddi, er eu bod yn ymwneud â'r un digwyddiad, yn peri fy mod yn eu darllen fel cerddi unigol, gan dorri ar rediad y cyfan fel dilyniant. Mae'r *Cyfaill* . . . yn fardd galluog ac mae'r rhain ar drothwy'r dosbarth cyntaf.

GWREIDDIAU MAN A LLE

Dyma'r dosbarth mwyaf niferus fel y gellid disgwyl. Derbyniwyd oddeutu 16 o gynigion.

Boncyff: Ysgrifennwyd y rhain ar yr un mesur o'r dechrau i'r diwedd, sef penillion pum llinell a'r llinellau hynny'n odli'n hollol fympwyol. Mae'r caniadau agoriadol yn athronyddol a braidd yn syrffedus eu cerddediad. Mae'n gwella 'chydig wrth sôn am gyfnod y rhyfel a'i fagwraeth yn y cymoedd 'ble nad oedd iaith/y Cymro'n bod'. Cerddi traethodol a di-fflach.

Siôr: Cerddi penrhydd gan fardd sy'n bendant yn ei medru hi pan fo ar ei orau, er bod naws y canu yn dreuliedig – 'Ef a fu'n gwaedu corsydd ac yn godro'r ffynhonnau,/yn plannu ffawydd ym mwlch y gwynt/ac yn gosod clwyd i gadw'r mynydd/rhag comiwynddio'r etifeddiaeth'.

E@11.l: Y ffugenw yn unig sy'n gyfoes. Cerddi'n olrhain gwreiddiau'r bardd yng nghyffiniau'r Moelwyn a'r Manod a dyffryn Maentwrog lle daw'r 'gleisiad i fodrwyo/a chwch y lloer i angori fin nos'; cerddi marwnadol ac angladdol eu naws ond mae'r bardd hwn yn medru bod yn wreiddiol ei ymadroddi fel yn y gerdd 'Stiniog 2003', lle mae'r claddwr 'â'i boer yn mwydo'r pridd/wrth wasgu'r dywarchen olaf un i'w lle,/yng nghei y llechi coffa drud.' Dehongliad graenus er nad oes newydd-deb ynddo.

Ffacs y Cof: Ceir atgofion chwarelyddol yng nghorff y dilyniant hwn hefyd ymhlith atgofion eraill am ei hen nain, W. J. Gruffydd, ei dad a'i fam, hyd at eleni a genedigaeth ei wyres – Mali [10:1:03]. Hoffais ei arddull ystwyth dafodieithol er bod yr elfen atgofus yn tra-arglwyddiaethu. Ceir ambell gyffyrddiad cynganeddol cynnil hefyd, fel yn y gerdd olaf: 'Llafn o ddant y llew,/mae'r ebill hen yn ennill –/mae crac mewn tarmac tynn.'

Hwncomynco: Gwreiddiau gwledig Sir Gâr a ddethlir yn y cerddi hyn. Sonia am ei ddyletswyddau: 'Caf gryman i'w hogi/a phastwn i wastrodi'r drain,/a chyfrifoldeb y cynnau/i'w gadw ynghynn.' Ei brif ragoriaeth yw ei ddawn i amrywio rhythmau ei *vers libre* – fel yn y darn sy'n disgrifio'r cynhaeaf gwair. Ond ei wendid yntau yw ei fethiant i ddod allan o rigolau dwfn gor-ramantu.

Llain Isa': Mae rhan gynta'r gerdd hon yn sôn am wreiddiau gwledig amaethyddol ac am frwydro 'â'r tir a'i feistr'. Erbyn yr ail ganiad, rydym ar y Somme: 'Sibrwd tangnef wna dail/yr ychydig goed ym Mametz,/sibrwd fel rhai/a welodd ddrychiolaeth'. Yn y caniad olaf, y profiadau hynny yw'r 'drychiolaethau yn llenwi'r benglog'. Gwaetha'r modd, dydi arddull rethregol y bardd ddim yn caniatáu iddo wneud cyfiawnder â'i thema.

Gorwel: Cerdd ddychanol am y mewnfudo a'i effeithiau. Chwipiwr didrugaredd o bamffletîr. Mae'r darn sy'n sôn am 'Justin a Lucinda yn eu jîp' yn gweld 'nid pydredd ond potensial' yn dwyn cerddi coronog y gorffennol i gof. Y gerdd olaf yw'r orau, yn fy marn i.

Goleuddydd: Ni fu ffugenw mwy anaddas. Dryslyd a throfaus yw gwreiddiau a mynegiant y gerdd hon ar brydiau. Mae'n sôn am ein prifddinas fel yr 'wyryf hon o Gymraes'.

Y Fedw Hir: Rydym ym Mhenllyn yma, yng nghwmni bardd cynnil a thrawiadol ei ddelweddu: 'Gorweddwn ar glustog y cymylau/uwch pisin arian o lyn/a swatiai'n swil/ym mowlen casgliad y mynydd.' Ceir cyffyrddiadau cynganeddol i finiogi'r dweud hefyd: 'Roedd sgarff Duw dros gorff daear'. Mae'r gerdd olaf, 'Meddyliau mewn Ysbyty', mewn cynghanedd gyflawn ac mae pennill fel 'Efallai fod beudai Coed y Bedo'n/distewi wedi adeg/cynnwrf y caniau,/a Wiliam yn noswylio' yn nodweddiadol o'r lleoli a'r personoli go-iawn a geir yn y cerddi i lefydd a phobl. Mae hwn yn fwy o gasgliad na dilyniant a braidd yn dreuliedig yw naws y cyfan at ei gilydd.

Eithinfynydd: Hoffaf y modd y mae'r gerdd 'Dotiau' yn gosod dotiau goleuadau'r foryd a'i ardal enedigol yng nghyd-destun 'sgleinio bydoedd/yn gwenu fel pwdin cyraents heno,/a ninnau'r gronyn lleiaf.' Apeliodd y gerdd 'Penllanw' sy'n 'digwydd mor dawel, heb ddweud wrth neb,/dim ond bod llinell yn araf gilio/yn gadael ôl ei dafod ar y graean', am ei bod yn awgrymu penllanw arall mwy dinistriol ei effaith. Gwaetha'r modd, mae cerddi eraill, fel 'Tyddyn Llidiart' a 'Menyn', yn tueddu i ogor-droi yn atgofus a 'dyw'r cerddi 'Tatŵ' a 'Cymuned' ddim yn gydnaws â gweddill y cerddi.

Pluen: Gwreiddiau dinesig, sef Caerdydd, yn ystod y saith degau. Roedd hi'n braf dianc i amgylchfyd tra gwahanol yng nghwmni'r bardd hwn. Mae 'Rhoddaf gic i golomen ewn/sy'n pigo hen wallt o sach sbwriel y siop trin gwallt.' yn rhoi syniad i ni o naws ei ganu. Mae'n fardd synhwyrus a chredaf y buasai'r gerdd wedi bod ar ei hennill pe bai wedi canolbwyntio ar thema salwch – a'r golled ar ôl ei fam – yn hytrach na'n gorlifo ag atgofion yn ddigyswllt am y lle a'r cyfnod.

y deryn-du-pig-felen: Cerddi a symbylwyd gan luniau Aneurin Jones, yr arlunydd; cerddi cyfochrog y byddwn i'n galw'r rhan fwyaf ohonyn nhw gan eu bod yn seiliedig ar luniau penodol o waith yr arlunydd. Tasg anodd, gan fod delweddau geiriol yn dyddio'n gyflymach na delweddau mewn olew. Hoffais y gerdd dafodiaith, 'Pwlluchaf', gan fod iaith Sir Benfro yn gweddu i'r dim iddi. Gresyn na ddefnyddiodd e' ragor o'r dull hwn i ddal naws y lluniau. Mae'r gerdd 'Eryr Gwernabwy' yn effeithiol hefyd 'ac amser yn stond yn dy lygad eryr/yn sganio pendilio ein byw'.

Bu'r ddau fardd nesaf yng nghorlan y dosbarth cyntaf ar un adeg ond, fel timau pêl-droed, fel gollon nhw eu lle yn ystod 'gêmau'r ailddarllen' ar ddiwedd tymor y beirniadu!

Y Dderwen Ola'?: Cerdd dafodiaith hyfryd. Ar wahân i'r gwreiddiau teuluol arferol, ceir ynddi wreiddiau'r cariad a'r casineb sy'n gynhenid ynom ni, fel ym myd natur. Mae'r ffugenw a'r llinellau: 'a mwg estron, afiach yn pwmpo'n/ffrydie duon i'r a'r, daw fflangelli/peirianne ar esgyll yr awel', yn awgrymu difodiant gwreiddiau byd natur – thema ddieithr ymhlith cerddi'r gystadleuaeth eleni. Hoffaf y defnydd o gymeriadau fel Anti Dil, 'â'i gwreiddie hi'n cyffwrdd â phawb' a Hedd ac Awen, y ddau gariad, 'ym mrige'i/gilydd byth a beunydd'. Mae'r cymeriadau hyn yn tyfu'n deipiau anterliwtaidd eu harwyddocâd ynddi. Cerdd uchelgeisiol gan fardd medrus yw hon a bu ond y dim iddi gael ei chynnwys yn nosbarth y goreuon. Gwaetha'r modd, ni lwyddodd y bardd i f'argyhoeddi fod ei gerdd wedi tyfu'n undod organig o'r tryblith gwreiddiau y cyfeiriais atyn nhw.

Cae Helyg: Llais diffuant a phrofiadol sydd i'w glywed yn y cerddi hyn. Er bod peth rhethregu yn y gerdd agoriadol, llwyddodd fy nghydfeirniaid i fy mherswadio ei bod yn gyflwyniad cymwys i weddill y cerddi. Yn y gerdd, 'Cylch y Naw Carreg ger Capel Hendre', llwyddodd i greu awyrgylch y meini o gyfnod Oes y Cerrig, 'cyn dyfod pobl y diodlestri', a cheir tinc diffuantrwydd i ganu syml fel 'y deg yn naw erbyn Tachwedd 1914/un garreg wedi rolian dros wefus y ganrif'. Dydyn nhw ddim yno bellach ond llwyddodd y bardd 'i'w gorseddu eto yn ein cerdd'. Mae'r cerddi 'Cae Hen' a 'Pwll y Rhos' yn ddwy em. Yn y gyntaf, gellir teimlo'r gambo yn cyd-fynd â rhythm y llinellau: 'ei rhacanu yn rhychau twmpathog/o wallt ar y fron nes i'r gambo hercian/ei ffordd dros y tir anwastad'. Mae profiad plant yn taflu cerrig i wacter yr hen bwll yn yr ail gerdd yn peri iddyn nhw ddychmygu eu tadau 'yn ceibio ar eu hochrau/yn llwytho ar eu p'liniau/ac yn estyn i ni/y dydd a ddaw'. Mae'r adlais o gerdd Waldo i'r 'Preseli', 'yn estyn yr haul i'r plant, o'u plyg', yn cyfoethogi'r cyfan hefyd. O'u cymharu â'r cerddi hyn, cerdd wan yw 'Tithau' a diafael yw darnau o gerddi 'Lôn Waun Hwyad' a 'Wats Aur F'ewyrth Dan' – diweddglo gwych honno sy'n apelio fwyaf ataf. Felly, diffyg cysondeb a chysylltiad dilyniannol yw fy mhrif feirniadaeth o waith *Cae Helyg*. Gresyn i'w esgeulustod warafun iddo le yn y dosbarth cyntaf.

GWREIDDIAU O GIG A GWAED

Fel y gellid disgwyl gyda thestun fel hwn, mae pobol yn thema amlwg yng ngweithiau tua phymtheg o feirdd y gystadleuaeth.

Llygad y Dydd: Dyma'i linell agoriadol: 'Atgofion Anfarwal Arbenig'. A oes angen ymhelaethu?

Craig-y-Môr: Bu'n anodd dilyn trywydd ei ddychymyg.

Denulemai: Cerdd wedi'i hodli'n gadwynog yn olrhain bywyd Gwenallt. Mae'n amlwg ei fod wedi'i drwytho'i hun yng ngweithiau'r bardd o'r Allt-wen ond mae arnaf ofn mai cerdd ddigon di-fflach yw ffrwyth y briodas honno, er nad ydw i'n amau diffuantrwydd y bardd.

Venedotia: Coeden achau'i gyndeidiau yn y Beibl Mawr a symbylodd y cerddi hyn. Bu'n chwilio yn Llyfrau'r Plwy hefyd: 'mae ôl y bluen ynddynt, yn blethiadau cyrliog/o enwau hen ffasiwn'. Doedd pob un ohonyn nhw ddim yn sant. Ei daid, er enghraifft: 'Ei beint a'i botsio/wedi ei hoelio'n giaridym/y sêt gefn y Suliau yn Salem'. Er bod addewid yn rhai o'r cerddi, mae arnaf ofn fod gormod o rethregu a rhy chydig o farddoni yn y rhain eto.

O Ba Radd . . .: Cerddi pedestraidd, heb fawr i gyffroi'r darllenydd. Dechreuir â dyfyniad o Salm 139, adnodau 13 a 14, a gosodir y cywair yn y cwpled cyntaf sy'n disgrifio geni'r bardd: 'O encil dall dy groth a gwres dy einioes di/Llithrodd llysnafedd coch fy nghorff â nerthol floedd i'r byd'.

Padrig: Merch fach yng nghesail ei thad yn cofio genedigaeth ei brawd. Wedyn, yng nghwmni'r ferch ar ôl iddi dyfu'n fenyw a symud i ffwrdd, rydym yn ei chlywed yn dyheu i 'duwies y gwlith' ei dwyn yn ôl i 'glywed clep y traed bach/ ar lawr carreg rhyw oes o'r blaen.' Yr hen stori am adael ardal, llacio'r gwreiddiau a'r dyheu am ddychwelyd.

Robin: Cerddi i godi gwên, a diolchais amdanyn nhw mewn cystadleuaeth sy'n gwegian dan bwysau hiraeth. Y berthynas gymhleth rhwng y brawd bach a'r brawd mawr yw'r thema: 'roedd yno cyn ichi ymagor llaw/yn codi dau fys dan eich crud,/yn gwneud ei orau glas i biso'i bans/fel pe'n cystadlu â'ch cewyn gwlyb'. Diffyg cynildeb yw gwendid pennaf y rhain.

Peredur: Cerdd arall i godi gwên. Tynnwr coes a ysgrifennodd gerdd sy'n parodïo'r gerdd fuddugol y llynedd. Dyma enghraifft, gan gynnwys y gwallau iaith sy'n ei britho: 'Boddi'n y môr mawr glas. Genethod yn chwerthin yn y twyni. Neb isio chwarae efo fi. Troi nobyn y teli. Smotyn y teli. Smotyn oren. Llai a llai. Plop. Dyna diwedd. Amen' Mae'n 'amen' arno yntau yn y gystadleuaeth hon, mae arna' i ofn.

Ar ganiad y corn gwlad a wnaiff: Atgofion merch am ei thad a fu farw o ganser. Ysgrifennwyd nifer o'r cerddi yn y mesurau caeth a'r gweddill, sy'n canolbwyntio ar gyfnod ei salwch, yn y mesurau penrhydd. Cerddi diffuant ond anarbennig o safbwynt eu cynnwys a'u mynegiant.

Calon wag: Dilyniant yn ymwneud â cholli tad. Ni theimlaf ei fod wedi gadael i'r profiadau waelodi a bwrw'u ffrwyth yn ei ddychymyg cyn ysgrifennu amdanyn nhw.

Taid: Cerdd deyrnged gynnes i Tommy Smith (Twm bach 'faciwi). Mae arddull storïol hon yn f'atgoffa o'r bryddest 'Arwyr' a gipiodd y Goron yn Nyffryn Conwy yn 1989. Er bod darnau ohoni'n pefrio, diffyg cynildeb o safbwynt cynnwys a mynegiant yw ei gwendid pennaf.

Ymwelydd: Cerddi cynnil, syml eu mynegiant sy'n dechrau â chwestiwn: 'A gollwyd rhywbeth heno/yn y tir llaith/rhwng y gamfa fach/a'r gamfa fawr?'. Weithiau, mae'r dweud yn dwyllodrus o syml, yn rhyw fath o guddliw dros y profiad, fel yn y gerdd 'Priodas' lle mae'n sôn am wrych wedi bod yn cysgodi pethau 'rioed. Yna, yn y pennill ola: 'Mae mor fregus/ac yn llawn bylchau/ond mae'n cadw'r gwaetha'/o'r tywydd draw.' Gwaetha'r modd, anwastad yw safon y rhain ac mae'n rhaid i *Ymwelydd* fod yn fwy gofalus wrth briodi'r ystyr a'r mynegiant. Ond mae'r rhain yn ddilyniant yn ddiamau, ac yn ddarllenadwy iawn.

Áine: 'Gweddi i Blentyn cyn y Geni' yw'r is-deitl i'r rhain. Fel y baban yn y groth, mae'r dilyniant hwn yn llawn addewid. Ceir cyffyrddiadau telynegol hyfryd ynddyn nhw ond dydi'r bardd ddim wedi gadael iddyn nhw ymffurfio'n gyflawn yn ei dychymyg cyn eu hesgor yn ysgrifenedig. Mae'r gerdd 'Bogeilin' yn dda iawn ond dydw i ddim yn siŵr a yw'r gair 'ardeleru' yn talu am ei le yn y llinell 'Ni fedri ardeleru dy angor'. Ceir cerddi eraill, fel 'Dyheadau', y byddai'n well eu hepgor yn gyfan gwbl. Ar ei gorau, mae *Áine* yn fardd cynnil ond mae'n rhaid iddi fod yn fwy hunanfeirniadol cyn gadael cerddi o'i dwylo.

Errata: Bardd gwreiddiol ei weledigaeth, er mai anodd fu dilyn trywydd ei gerddi. Ceir is-deitl ganddo: *'Roots are not in landscape or a country or a people – they are usually inside yourself' – Isabell Allende*. Mae'n gallu canu'n eithaf trawiadol ar adegau – er enghraifft, y gerdd 'Marw-mawr': "Yn blentyn,/yr un oedd 'marw' a 'mawr' i mi,/Pobl fawr, y marw,/Marw, wedi mynd yn fawr/Dysgu'r cameirdarddu". Ceir cerddi eraill fel 'Glas ar las' ar themâu cyfoes. Gwaetha'r modd, dydyn nhw ddim yn ddilyniant. Aed *Errata* ati i symleiddio'i fynegiant oherwydd mae'n meddu ar 'lais' diddorol fel bardd.

Llain: Dilyniant cynnes ei guriad er cof am fam-gu – Saesnes a ddaeth 'yn nyddiau Kitchener a Lloyd George/yn briodferch/i wlad y pyramidiau glo a chytiau'r colomennod.' Mae'r dyfyniad hwn yn dal naws yr holl gerddi, mewn gwirionedd. Methodd ddysgu siarad Cymraeg ond creodd 'ynys wydrin . . . a chonsurio gardd o gerddi/o'r pridd tywyll/ar lun y rhai a adawyd yng ngwlad Mai'. Â rhagddi i greu portread diffuant a thwymgalon ohoni. Drwy'r cerddi hyn, ceir adleisiau o weithiau a gyfansoddwyd gan feirdd enwocaf Cymru yn ystod cyfnod bywyd y fam-gu. Clywir soned genedlaetholgar R. Williams Parry i Saunders Lewis – sef 'S.L.' – yn y geiriau 'Colomen wen,/heb na châr, na chefnydd, na chyfaill'. Mae'r darn sy'n cyfeirio ati fel garddreg, 'Codi mur o'i chylch/a grisiau o'i mewn,' yn adleisio geiriau Saunders Lewis ei hun – 'Gwinllan a roddwyd . . .' ac mae'r diweddglo sy'n cyfeirio at ddydd ei hangladd yn Aberfan yn adleisio cerdd Gwenallt i'r drychineb a ddigwyddodd yn y chwe degau: 'Ei chladdu yno,/yn gyflawn o ddyddiau,/islaw'r gadwyn o feddau gwyn/lle'r wylwyd dagrau tostaf yr ugeinfed ganrif'. Hoffaf y cysylltiad annisgwyl hwn rhwng y cenedlaetholwyr cynnar hyn a'r Saesnes – a hithau, fel hwythau i raddau, yn alltud ar gyrion cymdeithas yn ei gwlad fabwysiedig. Teimlaf fod y gerdd yn colli gafael ynof yn y caniad sy'n dechrau â'r geiriau 'Gyda'r blynyddoedd/cynyddai'r gyfaredd . . .', er ei bod yn ailafael gydag arddeliad yn y caniadau olaf. Bu'r gerdd deyrnged hon yn fy nosbarth cyntaf ar un adeg ond ni lwyddodd i ddal ei thir wrth ei hailddarllen.

Mae *Y Dderwen Ola'?, Cyfaill o'r Hen Wlad, Cae Helyg a Llain* ar gyrion y dosbarth cyntaf, yn fy marn i.

GWREIDDIAU'R GOREUON

Lamech: Cerddi cynnil ar hen thema. 'Y Prawf' ydi cerdd agoriadol orau'r holl gystadleuaeth, yn fy marn i. Defnyddiodd *Lamech* yr 'Un llinell las' sy'n ymddangos i brofi beichiogrwydd fel sail i ddilyniant sy'n ddathliad ar y cyd o greu cnawdol a chreu geiriol. Mae'i ddull cynnil o gydblethu'r ddwy elfen yn rhoi'r pleser amlhaenog a ddisgwylir wrth ddarllen barddoniaeth. Mae'r darn, 'y llinell las led llinach –/y gwant cyn bod/dilyniant', a'r diweddglo sy'n adleisio'r disgrifiad o'r creu yn Llyfr Genesis yn feistraidd. Caiff cyffro'r newydd ei gynnal yn y gerdd nesaf, 'Mae'n rhy fuan i ddweud', drwy gyfrwng holi a dyfalu – 'Beth fydd lliw'r weledigaeth/a thestun y trwyn? Yn rhy fuan/i ddweud a fydd llaw eto'n odli,/a'r gerdd yn medru curo ei dwylo'. Yn y gerdd nesaf, 'Braint Bydwraig', mae'r llinell gyntaf a'r drydedd yn odli ymhob pennill ac mae llinell fer olaf y penillion yn sicrhau bod y rhythmau anghyflawn hyn yn gweddu i'r dim i'r disgrifiad o dwf anghyflawn y baban yn y groth, yn ogystal â disgrifio'r fraint ddarprwyol sy'n rhan o waith pob bydwraig. Er bod y gerdd, 'Dwy sgrin ar ddiwrnod sgan (Medi 10 2002)' yn colli ychydig o'r unoliaeth a geir yn y thema ddwbwl ddechreuol, hoffaf hi fel cerdd unigol. Cyflwynir dwy ddelwedd ynddi: lluniau sgan o'r baban yn y groth a dynnwyd ar drothwy pen-blwydd cyntaf y delweddau erchyll a dafluniwyd o Efrog Newydd pan drodd 'awyrennau'n fomiau/a thyrau'n fedd un llawr,/hidlo cnawd trwy loriau/i rwbel cig'. Ar y llaw arall, mae'r darlun 'llwyd, drafft blêr' ar sgrîn y sgan yn ddryswch hyd yn oed i rieni. Caiff yr amheuon eu clensio yn y cwpled olaf, sy'n lled arswydus ei arwyddocâd: 'Dyrnau cig a gwaed/'wnaeth dynnu'r tyrau i lawr'. 'Dyw gorglyfrwch y gerdd nesaf, 'Ofnau'r funud olaf: G.A.T.T.A.C.A.' na chyffredinedd y seithfed cerdd, 'Cadw rhestr o'r rhoddion rhag anghofio dweud diolch', ddim yn deilwng o ddawn y bardd, gwaetha'r modd. Serch hynny, mae'r 'Emyn geni', y chweched gerdd, yn rhoi cyfle i'r bardd newid cywair a mesur. Cyfunir y dyheu a'r amheuaeth yn wych yn y trydydd pennill: 'Siswrn ei llaw [y nyrs] sy'n gwasgu i dorri'r/gwreiddyn fu'n weddi rhwng bola a byd,/cortyn y groth fel sarff wedi ei sigo/a'i chynffon yn sownd yn y bychan o hyd'. Mae'r gerdd ola sy'n dwyn y teitl doniol, 'Si hei dwli ga ga ar hyd y nos', yn uchafbwynt ysbrydoledig i'r dilyniant ac mae'r 'un gorwel gwan' yn y gerdd gyntaf bellach wedi tyfu i 'fod yn orwel/ar wahân' ac mae'r sylweddoliad ei fod 'yn wreiddyn gwreiddiol' yn gwawrio ar y tad a'r bardd.

Wmffra: Dyma heliwr achau o fardd go iawn sy'n dechrau a gorffen mewn mynwent. Mae'r llinell gynganeddol, 'Mae 'na hen wynt mewn mynwentydd', yn fframio'r cyfan. 'Ta waeth am hynny, awel gynnes, agos-atoch-chi sy'n nodweddu'i arddull. Llwyddodd i greu cerddi sy'n unedau crwn o brofiad, heb ddibynnu ar droadau ymadrodd trawiadol; ceir y teimlad fod pob cerdd yn brofiad cyfan a'r profiad yn gerdd gyfan bob gafael. Rhyw farwolaeth 'Trwy'r Wal', sef teitl yr ail gerdd, oedd marwolaeth Taid Felin am 'mai dim ond colled Mam/a'i dagrau hi/sy'n pontio rhyngof fi/a fo'. Mae'r gerdd, 'Symbalau', yn honni ar y dechrau fod côt o *Brasso* yn peri iddyn nhw beidio â seinio 'ond pan ddaw llaw yr haul/i'w twtjiad yn dyner,/y mae 'na sŵn i'w serennu/ac mi glywa' i o'. Eir yn ôl ymhellach i *Bodathen, 1910* yn 'Cân y forwyn', pan lwydda i roi llais i deimladau'r forwyn fach a hithau yn 'fy marclod rhacs a'm fflachod' yn teimlo 'yn uffar o ledi,' ar ôl cael gair o ganmoliaeth gan y Mistar. Teimlaf fod 'Ail-enwi – *Liverpool Arms, 1830*', wedi mynd yn ôl un cam yn rhy bell a bod cywair y gerdd yn colli'r agosatrwydd sy'n nodweddu'r gweddill. Ond mae'r elfen bersonol yn y gerdd 'Tresbasu *Merbwll'* yn taro'r cywair yn chwerw-hyfryd, gan gloi drwy honni ei fod 'yn dramp o dresmaswr/ar dir fy hen, hen daid'. Cysylltir yn uniongyrchol â'r testun unwaith eto yn y gerdd, 'Coeden – *Mynwent St Cawrdaf, 2002.* Mae honno'n hŷn na'r holl genedlaethau y cyfeirir atyn nhw a 'tra bydd ei dail yn teimlo,/pob brigyn yn brifo/a phob cangen yn crino,/ bydd coeden yno;/a'i gwreiddiau'n griddfan/yn dawel yn yr awel . . .'. Cryfder y rhain yw eu bod yn argyhoeddi a'u bod yn mynegi profiadau sy'n dragwyddol-berthnasol er eu bod wedi'u gosod mewn gwahanol gyd-destunau amseryddol. Dieithrio, siomi, ymfalchïo, chwilio – maen nhw i gyd yma. Mae'r profiad o hel achau wedi rhoi rhyddid i *Wmffra* fynd ar hyd ac ar led. Hynny sy'n peri hefyd fod hwn yn fwy o gasgliad nag o ddilyniant; amlhau profiadau gwahanol a wneir yn hytrach na'u huno a'u hadeiladu.

Hwnco manco: Gafaelodd gwreiddiau'r gerdd naratif hon ynof o'r darlleniad cyntaf a dal eu gafael gyda phob darlleniad. Fel is-deitl iddi, ceir dyfyniad o waith Gwynfardd Brycheiniog o'r ddeuddegfed ganrif, 'I Ddewi Sant', sy'n cyfeirio at 'Glasgwm a'i eglwys ger glas fynydd . . .', sef ardal Elfael, rhwng Gwy a Hafren. Trwy gyfrwng chwe llais, datgelir yn raddol – a chydag argyhoeddiad – hanes Y Ferch yn gadael fferm y teulu i'w brawd, ar ôl iddyn nhw golli'u rhieni a mynd i was'naethu i gyffiniau'r 'Gielli' (sef y Gelli Gandryll, mae'n debyg). Yno, mae'n cael ei threisio gan y 'cwlffyn o wæs stabal yn ei giap fflat o rywle 'rochor dræw i'r Begwns'. Mae'n gorfod mynd i fferm gyfagos i eni'i mab ac mae'n rhoi enw'i dad arno – mewn dialedd. Mae llais Y Llanc o dreisiwr yn llefaru hefyd; aeth i'r Rhyfel Mawr lle 'roedd y dole mwstard . . . yn gythgiam o leo'dd dæ i ddyn ffoi rhag ellyllon 'i lencyndod'. Cafodd Y Mab ei alltudio i'r De – 'sha Penr'ewl, ar y pitsh uwchben Merthyr' a cheir disgrifiad dirdynnol ohono'n byw gyda'r teimlad 'bod dy fam weti golchi'i dilo 'onot ti'. Wrth ddod i delerau â'r cyfan, yn ei alltudiaeth yn y De diwydiannol, y ceir y frawddeg sy'n crynhoi thema dywyll yr holl gerdd: 'a dachra shiffro r'wfint ar y weiars a'r cebla shang-di-fang a ddæth â fi miwn i'r byd'. Y Cerddwr, sef mab y plentyn siawns, 'sy weti cæl coleg' yw un o lefarwyr ola'r gerdd ac mae'n darganfod am briodas ei fam-gu 'â dyn cadarn o Gefn Digoll a'i marwolaeth ychydig flynyddoedd cyn imi ddechrau chwilio amdani.' Dyna'r stori'n fras.

Yn wahanol i gerddi eraill y gystadleuaeth, nid dathlu gwreiddiau a wneir yn hon ond eu difrïo'n chwerw. Mae gan bob llais ei dafodiaith a'i gywair ac mae pob un yn argyhoeddi'n llwyr: Y Ferch, Y Llanc a'r Brawd yn siarad hen dafodiaith Brycheiniog a Maesyfed; y Mab yn siarad tafodiaith y cymoedd a'r Cerddwr yn fwy ffurfiol ei gywair. Mae'r cyfan yn fynegiant o ryw gyntefigrwydd gwledig y bu'n fwy cyfleus ei anghofio yn ein llên. Mae'n perthyn i ran o Gymru sy'n ffindir anghofiedig hefyd, ac fe'i mynegwyd drwy gyfrwng tafodieithoedd sydd bron â bod yn angof bellach. Mae'n gyfansoddiad sydd ar y ffin – rhwng rhyddiaith a barddoniaeth a drama – ac er bod peth anwastadrwydd rhyddieithol yma a thraw, roedd un darlleniad uchel ohoni yn fy argyhoeddi i mai cerdd naratif i leisiau yw hi.

Llasar. Tra bo *Hwnco manco* ynghlwm wrth wreiddiau cnotiog Elfael, ysgrifennodd *Llasar* gerdd nad yw'n perthyn i le nac i amser penodol. O safbwynt ei harddull, 'fedrai hi ddim bod yn fwy gwahanol chwaith. Mae'n gerdd delynegol, dynn ei gwead, sy'n dechrau a gorffen â'r dyfyniad o'r gân werin 'a'r pren ar y bryn . . .'. Yn wahanol i feirdd eraill sy'n defnyddio is-deitlau neu ddyfyniadau, mae'r dyfyniad hwn yn rhan annatod o'r cyfanwaith ac o thema'r gerdd. Yn y caniad cyntaf, 'fe aned mewn dwy fynwes/un wên fach –/a hynny ar hap', ac mae ymadroddion fel 'heb yn wybod', 'yn sydyn' a 'heb ofyn' yn cyfleu mor ddamweiniol ac anfwriadol yw bywyd y 'blaguryn' pan ymddengys gyntaf. Eto i gyd, mae'n llawn posibliadau, 'yn fory i gyd'. Mae disgrifio bywyd drwy gyfrwng rhawd a pherthynas dau aderyn a chyw yn rhoi cyfle gwych i'r bardd danlinellu'i weledigaeth o freuder bywyd – boed i aderyn neu ddyn – ac yn rhoi cyfle i'r gerdd weithio a darllen ar fwy nag un gwastad. Hyn sy'n rhoi hygrededd i'r cynildeb sy'n ei nodweddu. Mae'r pennill, 'Dere 'da fi i'r man/uwchlaw'r byd/i chwilio'r bwlch/sy'n nef i gyd', yn dangos sut mae'r bardd yn saernïo'i benillion: yr elfen dafodieithol yn y gair 'dere', cynghanedd rhwng yr ail a'r drydedd linell a'r odl rhwng yr ail a'r bedwaredd yn rhoi tinc y pennill telyn iddo.

Dyna brif elfennau rhan gynta'r hanes wedyn – yr uno: 'yn betrus i'r brigyn bregus,/hedfanodd hon i nyth ei galon'; y cenhedlu: 'a chyda'r cyw, daeth y byd i gyd i glwydo/o dan ei hadenydd llonydd'; y gwahanu: 'yn dwyn ei drydar/a siâr ei gariad yn ddall i fan arall'; y dadrithiad: 'Mor wag yw nyth sy'n magu nos'; yr hunan-dwyll: 'mae'n cuddio'r cloddie â chelwydde'r cynfase glân'. A'r ildio i'r realiti: 'a chodi un faner wen i fyny i'r haul'. Mae'n rhyfeddol fod y gerdd wedi medru cwmpasu cymaint drwy gyfrwng geirfa elfennol byd natur ac ymadroddion syml bob dydd. Mae'r cwpled 'lle mae serch y sêr yn llên,/lle 'dyw'r stori fyth yn hen', yn crynhoi hynny yn ogystal â pha mor dragwyddol yw'r teimladau a'r profiadau a fynegir ynddi. Yna cawn y penillion sy'n disgrifio 'seiat y saith pioden' hunangyfiawn yn beirniadu'r cyn-gariadon yn eu trallod: 'yng nghyfrinach fawr eu cymun/clywir crawcian am y tad,/cyn ledio geiriau'r emyn –/golch e'n burlawn yn y gwa'd'. Ac fel y mae'r caniad blaenorol am y cynfase 'gwyn, gwyn gwynnach na gwyn' yn defnyddio adleisiau o fyd hysbysebion cyfoes, mae'r defnydd o adleisiau o emynau yn y caniad hwn i ddychanu crefydd gyfundrefnol yn haerllugrwydd llenyddol sy'n llwyddo ar ei ganfed. Efallai 'mod i'n sinic ond mae'n rhaid i mi gyfaddef i mi deimlo fod ailuno'r cariadon yn rhy dylwyth-tegaidd yn y diwedd. Cyn i mi gael cyfle i fyfyrio am hynny, chwap wedyn, mae'r gair 'llwch' yn y cwpled cynganeddol wythsill 'i'w gwylio hi'n glawio'i henaid/i dawelwch y llwch a'r llaid' yn ein paratoi at farwolaeth y ddau 'un bore aur heibio i'r haf,/i wely yr aelwyd olaf'. A dyna ni'n ôl gyda phrif thema'r gerdd am fyrhoedledd ac am freuder y gwreiddiau sy'n angori ein bywydau. Heb os, mae hon yn nyth o bryddest o safbwynt ei chynildeb a'r modd y mae'r gwahanol haenau'i hystyron wedi'u plethu a'u cyfannu'n gylch taclus.

Dyna nhw'r pedwar cyfansoddiad sy'n dod i'r brig, yn fy marn i: *Lamech, Wmffra, Hwnco manco* a *Llasar*. Mae cerddi *Wmffra* yn apelio o safbwynt eu huniongyrchedd agos-atoch-chi ac mae'u safon yn gyson ac argyhoeddiadol drwyddi draw. Serch hynny, hiraethais am y fflachiadau sy'n cyffroi mewn barddoniaeth a'r undod a ddylai nodweddu dilyniant o gerddi. Teimlaf fod *Lamech* drwy 'ofer esgeulustod' wedi taflu'r cyfle o ennill y Goron o'r neilltu oherwydd anwastad-rwydd safon yn ei ganu. Yn ddiamau, mae rhai o'i gerddi ymhlith uchafbwynt-iau'r gystadleuaeth hon.

Y ddau a roddodd y pleser pennaf i mi, drwyddi draw, am resymau cwbl wahanol, yw *Hwnco manco* a *Llasar.* Mae cynfas *Hwnco manco* mor eang, a'r olew arno wedi'i daenu'n dywyll a thrwchus â chyllell, tra bo dyfrlliwiau *Llasar* yn llawer ysgafnach a chyffyrddiadau'r brws cynnil yn ei fritho. Mae'r ddwy yn gerddi i wrando arnyn nhw a bûm yn ffafrio'r ddwy ar wahanol adegau yn ystod cyfnod y beirniadu. Yn y diwedd, ffafriaf *Llasar* am iddo (neu 'iddi' sy'n fwy tebygol, efallai) fynegi'r weledigaeth a gafodd mewn modd mor feistrolgar o syml.

BEIRNIADAETH NESTA WYN JONES

Doeddwn i ddim yn ofni'r testun eleni – siawns na chaiff y rhan fwyaf ohonom olwg o'r newydd ar 'wreiddiau' yn ystod ein hoes. Dilyniant? Dyma ddewis a allasai faglu rhai cystadleuwyr. Mae i ddilyniant fwy o grefft na llunio agoriad a chlo a rhyw sylw-dros-ysgwydd i'r testun yn ystod y cerddi rhyngddynt. Rhaid cael llinyn syniadol neu ddelwedd drwy'r holl waith fel bod y cerddi neu'r caniadau fel perlau ar gadwyn nad oes modd newid eu trefn. Dull arall o gysylltu yw llunio patrwm geiriol sy'n cael ei ailadrodd (o bosib gydag amrywiadau) o ganiad i ganiad. Wna casgliad o gerddi, neu gyfres o gerddi, mo'r tro. Mae'n rhaid parchu'r ffurf.

Do, fe gawsom bentwr o gerddi ond digon cyffredin yw'r safon nes cyrraedd canol dosbarth 3. Efallai fod rhai ifanc wedi cystadlu eleni i gael beirniadaeth ac os felly, carwn awgrymu'n garedig iddynt gyfrannu at eisteddfodau lleol yn gyntaf. Mae'n bosib hefyd fod hen geffylau yma wedi newid eu henwau (ond yn gwrthod ymateb i'r un newydd). Ffei, ffei! Cafwyd mwy nag un ymgais gan ambell un – ac ambell jôc.

Darllenais y cyfan gan chwilio am dri pheth: pryddest gyflawn neu ddilyniant pendant; ymgais oedd yn hollol ar y testun; ac arddull afaelgar. Er i lawer fethu'r ddau brawf cyntaf, gosodais rai ohonynt mewn dosbarth uchel am fy mod â mwy o ddiddordeb yn y syniad dechreuol, y modd y datblygwyd ef, a'r 'dweud'.

Ni fyddaf fel arfer yn or-hoff o ddyfyniadau o dan benawdau a chyfeiriadaeth mewn cerdd – mae'n rhaid bod yn dipyn o hen ben i'w defnyddio'n effeithiol ac os nad oes swyddogaeth bendant iddynt fel eu bod yn cyfoethogi'r ystyr, gwell canolbwyntio ar feithrin eich llais a'ch arddull eich hun. 'Un o bethau mwyaf ffodus ein hanes yw mai addysg Saesneg a gafodd Williams Pantycelyn . . .

ni ellir dweud [iddo] ddewis iaith ond yn hytrach iddo ganu yn yr unig iaith a wyddai', meddai John Gwilym Jones yn *Swyddogaeth Beirniadaeth* ac mewn ysgrif arall: 'A chan fod angerdd, beth bynnag fo'i natur, yn un o hanfodion pennaf barddoniaeth, ni ellir peidio ymateb yn gyffrous iddo'.

Ychydig o gerddi sydd ar y brig eithaf o ran eu hangerdd, eu crefft a'u cynnwys testunol – mae yn yr ail ddosbarth gerddi sy'n dangos yn eglur y gallai'r beirdd hynny ddod i'r brig mewn cystadleuaeth arall ond bu'n rhaid torri'r dosbarth cyntaf yn ddau eleni er mwyn canolbwyntio ar y goreuon.

DOSBARTH 5

Llygad y Dydd: Cerdd yn hiraethu am fam y bardd, sy'n gorffen fel hyn: 'Mae'r Iesu 'di galw Mam adra/Mi welwn hi eto rhyw bryd,–/Mewn lle cyfoethocach na Chymru –/Mewn nefoedd a brynwyd mor ddrud'. Go brin ei bod yn hollol ar y testun ac mae'r mesur yn undonog.

Blaguryn: Casgliad o gerddi. Ef biau'r llinellau: 'Dengys dameg deimladau'r bardd,/Dirnadaeth, dyfeisgarwch dadleuwr,/Dewrder, diamddiffyn darganfyddwr . . .'. Ganddo ef hefyd y cefais y llinell ddoniol: 'Mae'r llew a'r llo'n cydbori yma'n awr'. Efallai mai ifanc a dibrofiad ydyw ac, os felly, awgrymaf ei fod yn dilyn cwrs ysgrifennu creadigol yn Nhŷ Newydd.

Llain Isa': Dechreua'n addawol ond mynd ar goll yn niwl y llinellau cwta wnes i. Cawn ambell gyffyrddiad hyfryd, fel 'llygad y dydd wedi ei frodio' ar amdo gwyrdd y ddaear.

Peredur: Treuliodd hwn awr ddifyr yn parodïo cerdd fuddugol 2002. Fel y dywed: 'Nid oes dim yma i'w ofni ond/Myfi fy hun'.

Martha Mair: Cerdd am Simone Weil, sy'n cynnwys limrigau a chanu cocosaidd yn gymysg â'r mesur rhydd – mesurau anaddas. Pob clod iddo am feddwl am ddehongliad gwahanol i'r testun.

Craig-y-Môr: Hiraeth am efaill a fu farw – cerdd gan Gymro alltud o bosib. Diffyg unoliaeth a diffyg caboli yw'r gwendidau.

Hwncomynco: Pryddest sy'n crwydro braidd yn ddiamcan o atgof i atgof. Mae angen strwythur cadarnach a thynhau crefft y dweud. Rhai cyffyrddiadau effeithiol, er hynny.

Llwynog: Gwyddonydd sy'n traethu mewn arddull braidd yn ffwrdd-â-hi am hanes y Creu. Mae'r llinellau difyr a ganlyn yn nodweddiadol ohono: 'Toc, ynghlwm wrth groth fy mam/fe esblygais, gam wrth gam,/o ŵy di-nod a sbermyn iach/i faban bach'.

Denulemai: Cerdd odledig (ABCB) am Gwenallt a'i waith, sy'n dangos gwybodaeth drylwyr o'r maes ac yn olwg newydd ar y testun. Dechreua'n dda ond ymdriniaeth ymdrechgar ac undonog, ar y cyfan.

DOSBARTH 4

Taid: Mae'r taid hwn yn annog y bachgen bach i fynd yn ôl at ei wreiddiau. Tuedd i gatalogio atgofion sydd yma ond ceir ambell gymhariaeth ardderchog – e.e., 'crwban glas o ynys/yn torheulo yn y môr'.

O Ba Radd . . .: Dechreua gyda dyfyniad o Salm 139. Ceir rhai cerddi hoffus iawn ond mae'r odl yn llyffethair a'r soned 'Gobaith' yn glonciog. (Dylai'r cystadleuydd gyfri' sillafau llinellau 5, 9 a 12.) Cerddi'n myfyrio ar 'rhyfedd y'n gwnaed' a 'hysbys y dengys y dyn', mi gredaf. Nid oes yma unoliaeth, gwaetha'r modd.

Ar ganiad y corn gwlad a wnaiff: Bardd cynganeddol galluog yn defnyddio lliwiau i gysylltu ei gerddi. Nid dyma'r tro cyntaf – darllenwch gerddi Bryan Martin Davies (*Darluniau ar Gynfas*, Gwasg Gomer, tud 29). Gan fod rhai o'r cerddi yn y mesur rhydd a rhai mewn cynghanedd, collir undod y dilyniant, ond cerddi chwerw-felys effeithiol yw'r rhain yn mynegi hiraeth merch ar ôl marwolaeth ei thad. Pob clod iddi am ddyfeisgarwch ac am ddefnyddio'r pum synnwyr.

Venedotia: Y syniad o berthyn i gymdeithas, bro a chenedl yw'r thema ond 'fedra i ddim canfod undod yma na chysylltiad pendant rhwng y cerddi, sy'n anwastad o ran safon. Ond gall ganu'n gynhyrfus ar brydiau.

Boncyff: Dewisodd fesur undonog a'i caethiwodd. Ar ei orau, mae'n athronyddu'n dderbyniol: 'I ddynol ryw, y cof yw'r unig wreiddyn sydd,/a gwead celloedd cymhleth, cudd,/yw'r unig wir drysorfa le/i sicrhau parhad ein hanes ni/a chynnal gwyrth ein bod . . .'. Ar ei waethaf, gall ddisgrifio merched yn chwarae hoci neu *lacrosse*, 'pob un a'u coesau at eu tinau'!

Ach a Fi: Hanes y Cymry ym Mhatagonia. Nid yw pob ansoddair yn talu am ei le ac mae cymysgu delweddau yn difetha'i waith. Cynllunwaith da ond mynegiant gwael. Er hynny, mor hawdd fyddai ei wella!

Catrin: Tuedd i bentyrru delweddau – hoffwn fwy o gynildeb, ac mae yma anallu rhyfeddol i ddyblu 'n' yn gywir! Cyffyrddiadau da – e.e., 'Amlygant megis craciau/ar wyneb hen soser/wedi ei golchi ganwaith . . .'.

Radix Malorum: Ai cyfeirio y mae'r ffugenw at *'radix malorum est cupiditas'* yn llyfr Timotheus, sef fod cariad at arian yn wreiddyn pob drwg? Yna, cawn ddyfyniad o waith Herodotus, sy'n honni na all dyn wyrdroi ewyllys y duwiau. Thema uchelgeisiol ac eang ond ni allaf yn fy myw weld i'r bardd gadw ati.

Casgliad o gerddi hyfryd, a siom oedd gweld nad oedd y clo yn taflu goleuni pellach.

Ali Ji: Cerdd rap heintus, y cefais flas mawr arni. Sonia'n gofiadwy am 'famau efo pramau' a 'dyddiau'n mynd bob yn ddau'! Yn y jêl efo Dêf o Gaerdydd y dysgodd ei grefft. Gwaetha'r modd, doedd y *Rhestr Testunau* ddim ganddo yn ei gell!

DOSBARTH 3

Y Golomen Wirion: Dengys yr wyth caniad fod yma fardd sicr ei drawiad. Ar ei orau, gall lunio llinell fel hon: 'Bomiau clyfar y lladd gofalus' yn y gerdd 'Bagdad'. Undod y dilyniant sydd yn fy mhoeni neu byddai'n uwch yn y gystadleuaeth.

Padrig: Bardd sy'n medru canu telynegion hyfryd a chysylltodd hwy'n gelfydd. Braidd yn sentimental yw'r holl sôn am 'dduwies y gwlith', yn fy marn i, a llac yw'r cysylltiad â'r testun.

Calon wag: Cerddi sy'n dangos addewid, er gwaethaf y cromfachau, sy'n wendid gen innau. Canodd am y profiad o golli tad, mewn pryddest eithaf unol. Canu gonest, cynnil ond cam gwag yma ac acw.

Ymwelydd: Dilyniant o gerddi awgrymog (ond rhy fyr) yn disgrifio gwraig sy'n dioddef o glefyd Alzheimer. Teimlaf nad oes digon o afael ynddynt, er bod i gyffyrddiad ysgafn ei rinwedd.

E@11.1: Gwreiddiodd hwn yn y 'creigleoedd' a chafwyd dechrau da, testunol – a chlo ac iddo amwysedd clodwiw. 'Hastus' yw'r ansoddair nid 'hastiog'. Prin fod yma ddilyniant – casgliad o gerddi ac aml wefr fel 'saethau arian y silidon'. Yn sicr, mae addewid yma.

Ffacs y Cof: Cerdd gyntaf simsan a'r llinellu'n rhemp ond grymuso erbyn y gerdd olaf, sy'n ardderchog. Argraffiadau o berthyn y gellid bod wedi eu tynhau a'u gwella cyn eu hanfon i'r gystadleuaeth. Cyffyrddiadau da, er hynny.

Robin: Cerdd wahanol, am ymlyniad dau frawd a'r gystadleuaeth naturiol rhyngddynt. Roedd brawd hynaf y bardd yno cyn ei eni – wedi ei wreiddio yn ei fywyd, fel petai. Sonnir am Batman a Robin (sef ystyr y ffugenw) a Delboy [*sic*] ac mae arddull ffôn fodern yn esgor ar gerddi bychain, byr – pytiau cyfoes. Clo ardderchog i'r gerdd 'Folta' ac mae 'Ar dy ôl' yn gerdd wych. Ai 'cudyll o 'ngwallt' a ddylai fod oherwydd mae'n digwydd fwy nag unwaith? Cyfeiriad rhy benodol at y teitl tua'r diwedd.

Llwydfaen: Syniad dipyn yn wahanol, yn rhoi hanes Aristotlys, Copernicus, Galileo,

Newton, Einstein a Chrefydd ond, fel yr ofnwn, braidd yn feichus yw'r ymdriniaeth â thema mor anodd. Bodlonodd ar ddisgrifio a rhestru yn hytrach na phwysleisio rhyfeddod gwyddoniaeth. Mae ei gerdd olaf yn agor fel hyn: 'Ar y chweched dydd/dyn a greodd dduw, o glai,/ar ei lun a'i ddelw ei hun,/yn batriarch barfog, piwis a rhyfelgar'. Faint ohonom sy'n cytuno â hyn'na, tybed?

Goleuddydd: Pryddest am wreiddiau yn ardal Caerdydd. Geiriau llafar da: 'sindrins', 'mandral', 'shils', 'cwato' – ond o ble daeth yr erthyl 'crafang-gangau'? Mae ganddo ddawn i gynnal delweddau – e.e., 'y rhydwelïau i'w gweld yn glir/trwy feinwe dryloyw/yn strydoedd gwaed . . .' hyd at ddiwedd y caniad. Cerdd gyfoes, yn dangos dychymyg byw ond heb gyrraedd uchelfannau mawr.

Awen: Pedair cerdd dda am Efrog Newydd ar Fedi 11, yn fy arwain i feddwl fod yma ddilyniant ardderchog ond, rywsut, wrth ddilyn y gyflafan a ddaeth yn sgil y digwyddiad hwnnw yn Kabul, Mahar-i-Sharif a lleoedd eraill, collodd y dilyniant ei undod. Mae'r gerdd 'Dau' yn gweithio, a'r gerdd olaf, nes down at yr ergyd glo simsan. Bardd galluog heb lunio cyfanwaith o drwch blewyn.

Siôr: Dilyniant am 'ddwylo estron' yn 'chwalu gwawn y gwreiddiau/i lacio'r llinynnau fu'n cydio/ac yn dal y maestir a'r mynydd/ynghyd, ynghlwm/mor hir . . .'. Testunol, a'r mynegiant yn llawn argyhoeddiad. Ceir ffresni a newydddeb yma – ond dylid gochel rhag dweud pethau fel 'carthion dwyfuwch'!

Y Dderwen Ola'?: Pryddest dafodieithol yn creu awyrgylch hudol, ac er ei bod ychydig yn niwlog, mae'n drawiadol a gwahanol. Ar ôl y storm, gadewir teulu 'a'n cynefin wedi'i striwa . . .'. Tua'r diwedd ceir ailadrodd, fel pe bai wedi cofio bod modd llunio dilyniant, ac mae'r diweddglo braidd yn rhamantus. Ond mwynheais ei darllen.

San Marco: Cerdd hyfryd yn cyfleu awyrgylch dwristaidd Fenis. Mae asbri'r dweud yn heintus ond gellir caboli ychydig ar y brawddegau (e.e., y darn am y *Walkman*) a dylid cofio bod 'pen draw' – dim ots beth ddywed neb – yn ddau air. Try'r lagŵn yn 'gefnfor o gariad' yn y gerdd olaf – ond a ddaw hynny â ni at y testun?

Gorwel: Dilyniant dychanol, sy'n undod cadarn, am y mewnlifiad. Gweddol arwynebol, mae'n wir, ond O! crafog. Gall gynnal delwedd fel un yr hen ddraig glwyfedig a gwympodd yng nghornel cae, sef hen fwthyn Cefn y Coed sy'n troi'n *Curlew Cottage* ar amrantiad. Ysywaeth, braidd yn flinedig a chwerw yw'r dôn tua'r diwedd, pan obeithiwn y byddai'n cael gwynt dan ei adain. 'Cenedl heb iaith, cenedl heb galon' yw'r testun. Ond gwyliwch eich hunain, mae *Gorwel* yn fardd medrus.

Pluen: Pryddest synhwyrus am blentyndod yng Nghaerdydd a'r ofnau a ddaw i unigolyn ar ei ben ei hun wrth hel meddyliau. Mae'r pum synnwyr yn effro a hoffais ddarluniau fel: 'Mam yn rhoi siwmper werdd/amdanaf ar fore oer/a honno'n drydan byw/drwy 'ngwallt'. Hoffwn, fodd bynnag, pe bai wedi dod at y testun tua'r diwedd.

Áine: 'Gweddi i Blentyn cyn y Geni' yw'r is-deitl. Cyffyrddiadau gwych fel disgrifio'r plentyn yn y groth 'fel barcud ar gordyn'. Dyna i chi weld o'r newydd! Mae'r disgwyl amdano, 'Yn daer. Dihuna'n dyddiau/Â bloedd/Dy brolog'. Pe bai'r dilyniant hwn wedi ei gaboli a'r gerdd glo wedi ei mireinio, byddai ymhlith y goreuon.

DOSBARTH 2

Eithinfynydd: Cysylltodd ei naw cerdd trwy'r ddelwedd dot-i-ddot yn y cof, gan ffocysu ar leoedd a phobl ardal arbennig. Bardd sylwgar, yn sicr, ond diffyg hunanfeirniadaeth yw ei wendid. Nid yw'n llinellu nac yn ei fynegi ei hun yn grefftus bob amser – e.e., sonia am 'frechdanau eog brown twt', cymhara'r bydysawd i bwdin cyraents ac ymollynga i foesoli yn y gerdd 'Penllanw'. Byddwn wedi hoffi diweddglo'n cyfeirio'n ôl at bennawd y gerdd gyntaf.

Y Fedw Hir: Os am ddyfyniad sy'n rhoi rhyddid i chi sôn am unrhyw beth, beth am hwn gan Tennyson: '*I am a part of all that I have met . . .*'! Gwreiddiau mewn cymdeithas yw'r thema ac argraffiadau yng nghof dyn mewn ysbyty, pan ddaw amaethwyr i ymweld ag ef. Bardd sicr ei drawiad, agos-at rywun. Disgrifiadau da – e.e., 'Gorweddai'r cwysi mor berffaith/â brechdanau fy nain/ar hambwrdd pobol ddiarth . . .', ac eto: '. . . canwyllbrennau pres/a'r platiau piwtar/fel milwyr a'u tariannau tolciog/yn gwylio'r gaer'. Nid yw cyffelybu R. Williams Parry i grëyr glas yn y gerdd odledig wedi gweithio, a chasgliad o gerddi sydd yma nid dilyniant, ond mae'n rhaid dweud bod cerdd fel 'Hela' yn gerdd benigamp.

y deryn-du-pig-felen: Dilyniant o gerddi wedi ei seilio ar ddarluniau Aneurin Jones – syniad ardderchog, ac yn olwg newydd ar y testun. Ceir blas tafodieithol trwyddynt – e.e., 'Trâd howld-bi-dag rhwng cropine eithin,/Yn bracso siwc-siac o dalcweth i dalcweth . . .', sy'n amheuthun. Pentyrru delweddau yw ei wendid pennaf tua'r dechrau ond gall ddweud pethau cofiadwy fel 'ma' drysïen y cof yn gwlana'r blynydde' ac mae ei gerdd glo yn ingol, er y byddwn i'n hepgor y ddwy linell olaf.

Errata: Dechreuir gyda dyfyniad (Isabel Allende) sy'n honni mai o'n mewn y mae ein gwreiddiau, nid mewn tirlun na gwlad na phobl. Yng ngoleuni hynny, 'geiriau yw 'ngwreiddiau', a dyna sail y dilyniant; er hynny, prin ei fod yn ddigon tynn ac felly cynhwysodd eglurhad neu ragymadrodd cyn cyflwyno ambell gerdd. Weithiau, mae'r mynegiant yn astrus oherwydd rhyw glyfrwch neu naws ffwrdd-â-hi – e.e., 'blith-draphlithio', 'cameirdarddu', 'amwysedd yw ymsonau yr amseroedd', 'cerdded o dow i dow' – ac o ble y daeth 'gre o wenyn'? (ceffylau/meirch – ie.) Er hynny, mae'r afiaith a'r troadau annisgwyl ac ambell ymadrodd fel 'pentywysog y dieiriau' yn ychwanegu at ei blas.

Cyfaill o'r Hen Wlad: Cerddi ar thema gref, sef Rhyfel Cartref America 1861-5, gan nodi cyfraniad Cymry a ymfudodd yno, rhai ohonynt yn gorthrymu caethweision a rhai eraill a fu'n ymladd dros eu rhyddhau. Clamp o orchwyl yw anadlu bywyd i gynnwys amgueddfa, wrth gwrs, ond ef ei hun a ddewisodd y dasg! Nid oedd raid iddo boeni am greu dilyniant oherwydd yr oedd un amseryddol wrth ei benelin – ond bod rhaid dewis dyddiadau a sefyllfaoedd i bwrpas, yntê? Ar ei orau, gall baentio llun fel hwn: 'Sesbin* casineb fu'n gwasgu'r dynion/fesul dengmil rhwng magwyrydd/y gorlan garchar hon (*sef siasbin, *shoehorn*)', a'r agoriad iasol i un o'i gerddi: 'Coed yw meddyliau Duw . . .'. Stori am 'ddatod clymau' sydd yn y caniad olaf, lle disgwyliwn ryw sôn am wreiddiau. Gosododd nod enbyd o anodd iddo'i hun – heb lwyddo'n hollol ond roedd lle i fyfyrio yn hir dros hon.

DOSBARTH 1

Wmffra: 'Gwreiddiau wrth hel achau' yw ei destun a lleolir y gerdd gyntaf ym mynwent Llanfair-is-gaer yn 2003 a'r gerdd olaf ym mynwent St Cawrdaf yn 2002. Un ar ddeg o gerddi byrion sydd yma, yn gameos bach o orffennol ei deulu. Hyfryd oedd darllen cerddi fel 'Tresbasu' sy'n gorffen:

> A finnau fan hyn,
> yn dramp o dresbaswr
> ar dir fy hen, hen daid.

Gŵyr pryd i draethu a phryd i ymatal, ond mae llinell olaf un 'Lle bynnag bo dau neu dri' a'r cyfeiriad at y CSA yn gyffyrddiadau y byddwn i'n eu hepgor. Hoffwn pe bai wedi cysylltu'r cerddi yn ddilyniant pendant – trefn amseryddol gwrthrychau'r canu, neu blethu dwy ochr y teulu? Cymharol hawdd fyddai gwneud hynny, 'dybiwn i.

Cae helyg: Mae'r gerdd agoriadol yn darlunio'r gwreiddiau yn wych: 'fel rhwyd a daenwyd dros donnau ein mebyd', ac fel:

> . . . siôl o eiriau a lithrodd
> dros ysgwydd y ganrif i ni ei dal
> a'i chyhwfan fel baner yn yr awel.

Cerddi am bum lle a thri o bobl a geir wedyn, cerddi hyfryd am gymdeithas wledig. Mwynheais eu darllen oherwydd y mynegiant barddonol, er bod ei linellu a'i raniadau yn unigryw. Taflu cerrig i Bwll y Rhos yn yr hen waith glo a chyfrif i ddeg cyn clywed y sblash:

> lle bu ein teidiau
> yn ceibio ar eu hochrau
> yn llwytho ar eu p'linau
> ac yn estyn i ni y dydd a ddaw.

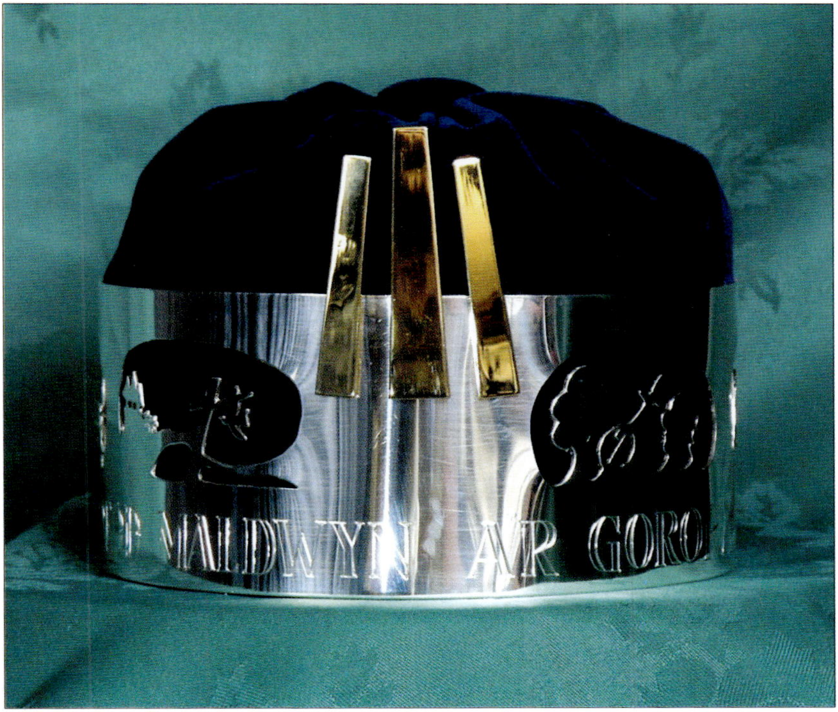

CORON YR EISTEDDFOD

Cyflwynir y Goron gan Gymrodoriaeth Talaith a Chadair Powys
Cynlluniwyd a gwnaed y Goron gan John Pryce, Machynlleth
(Llun: Tegwyn Roberts)

Na, 'dydi o ddim yn ddilyniant ond mae'r Awen yn canu fel y gog. Hoffwn ddiweddglo cryfach, yn ein dwyn yn ôl at y testun.

Lamech: Dilyniant o gerddi am eni baban ac y *mae* o'n ddilyniant yn nhrefn amseryddol pethau. Dyma gystadleuydd sydd yn defnyddio mydr ac odl i bwrpas (yn hytrach na tharo un gerdd yng nghanol casgliad am ei bod ar y testun ac yn weddol safonol), sef er mwyn cyfleu 'Braint Bydwraig' ac i ddisgrifio proses y geni ei hun, gan awgrymu nad oes neb yn rhydd pan fydd y pethau hyn yn digwydd! Bardd aeddfed yw hwn sy'n gwybod gwerth awgrym. Gall gynnal delwedd yn effeithiol iawn – e.e., y plentyn bach fel cerdd. Mae'r llinellau a ganlyn yn hyfryd:

> Cân serch o gell asennau'n torri'n glir
> dwy galon wedi eu cloi'n un curiad triw
> yn adlais hwyr o rythmau'n caru hir
> yng ngwely'r nos.

Byddai'n well gen i *un* sgrin yn y gerdd am ddiwrnod sgan (Medi 11 oedd hi yn Efrog Newydd, gyda llaw) ac ni hoffaf glo 'Braint Bydwraig'. Braidd yn rhy glyfar yw 'gwreiddyn gwreiddiol', efallai, a byddwn yn hepgor y ddwy linell olaf un.

Hwnco manco: Dyma bryddest unigryw (i'w hadrodd gan leisiau) sydd wedi tyfu'n gyson yn ei hapêl trwy bob darlleniad. Mae'n ddilyniant pendant a phob llais yn datgelu'r stori bob yn dipyn. Olrheinir gwreiddiau teuluol mab anghyfreithlon a anwyd yn yr ardal honno rhwng Hafren a Gwy, sef Cantref Elfael, a chlywir tafodiaith hyfryd (a dieithr, erbyn hyn) yr ardal honno o enau'r Ferch a'i Brawd. Rhoddwyd y mab i'w fagu yn ardal Merthyr. Dyna'i dafodiaith ef, felly, ond ar ôl dod yn benteulu, gallodd roi coleg i'w fab, a Chymraeg cywir, hytrach yn ddi-liw, sydd yng ngenau hwnnw, nes daw'r Adroddwr i'r llwyfan drachefn i glymu'r diwedd wrth y dechrau yn gylch crwn trwy ailadrodd tair llinell iasol. (Er i mi fod yn ymwybodol o'r newid tafodiaith, ac o'r dyfyniad o Lyfr Hergest ar y dechrau, Cyril Jones a sylwodd fod yma, o bosib, islais bwriadol neu alegori, sef ffawd yr iaith Gymraeg.) Yr oeddwn i'n canolbwyntio mwy ar y feirniadaeth gymdeithasol sef hunanbwysigrwydd warden eglwys yn yr hen ddyddiau, a dioddefaint y forwyn feichiog, dlawd, nad oedd arni ddim bai, mewn cymdeithas 'barchus'.

Ni welaf fod angen cynnwys y stori fach *(anecdote)* am y milwyr Almaenig, os nad er mwyn sefydlu'r cyfnod ac i ddangos pa mor ddidostur oedd trigolion y mynyddoedd, gan ei bod yn torri ar unoliaeth y gerdd. Y prif beth oedd yn fy mhoeni, fodd bynnag, oedd ei mesur, gan ei bod yn union ar y ffin rhwng rhyddiaith a barddoniaeth. Credaf mai 'cerdd brôs' sydd yma ac felly, gyda rhywfaint o ryddhad, y trois at ddwy gerdd arall, er i waith *Hwnco manco* apelio'n fawr. Yn wir, mae hwn yn fardd galluog a grymus dros ben.

Llain: Pryddest ddiffwdan, ddi-ffrils yn darlunio mewn geiriau hanes Mam-gu, sef Saesnes uniaith a ddaeth i fyw i 'wlad y pyramidiau glo a chytiau'r colomennod' ar lannau Taf yn nyddiau Kitchener a Lloyd George. Creodd ardd ar lethr yn Ynysowen:

Codi mur o'i chylch
a grisiau o'i mewn.

Dyma fardd sy'n grefftus, ddiwastraff ond yn awgrymu llawer. Rhwng y trawsblannu a fu yn hanes Mam-gu ac yn yr ardd, ni all neb ddweud nad yw ar y testun. Gallwn weld yr hen wraig yn ei henaint, pan aeth yr ardd yn drech na hi:

Daliai i rodio rhwng y blodau
yn ei hurddas gweddw;
crwydro gweddillion ei hymerodraeth
yn ei het wellt a'i ffrog ddeiliog,
a'i pharasól yn hwyl
uwchben dellt y rhosynnod . . .

ond yn ei hangladd roedd *'The day thou gavest Lord is ended'*, er ei fod yn emyn Saesneg, yn cael ei ganu gan ddisgynyddion Cymraeg eu hiaith.

Pan ddarllenais hi gyntaf, 'annisgwyl ac ardderchog' oedd fy sylw arni ond cystadlodd un arall, ac mae gwefr honno (yn bennaf oherwydd ei rhythmau a'i symlrwydd) wedi cynyddu nes mynnu cipio'r wobr. Cydymdeimlaf yn fawr â *Llain* – mae'n fardd diwylliedig sy'n gyfarwydd â barddoniaeth Gymraeg gyfoes oherwydd ceir adleisiau cynnil, cynnil drwy'r gerdd. Gellid dadlau hefyd iddo roi golwg newydd ar y mewnlifiad – 'tynnu/ambell estronyn o'r borderi' a wnâi Mam-gu!

Llasar: Pryddest wedi ei seilio ar y gân werin, 'Y Pren ar y Bryn'. Gwreiddiau'r pren hwnnw a chariad yn gwreiddio rhwng dau aderyn sydd yma. Er mor syml yw pum pennill cyntaf y gân werin, maent yn ddigon i roi undod i'r bryddest:

fesul deilen, fesul pluen
casglu'n gymen
ddodrefn ei ddychymyg
â blaen ei big . . .

a bob hyn a hyn, ymollwng i ganu:

Dere 'da fi i'r man rhwng nos a dydd,
lle mae'r haul a'r lloer yn wên
lle mae serch y sêr yn llên,
lle 'dyw'r stori fyth yn hen . . .

(Bu rhythmau cân yr aderyn yn fy mhen am ddyddiau!) Ar ôl y canu a'r caru, daw'r cyw ond aeth y cymar i fan gwyn man draw. Er hynny, mae hi'n dal i obeithio ac, yn wir, mae'r ceiliog yn dychwelyd ond mae'r ddau aderyn bach yn disgyn i'w tranc 'dan y pren/ar y bryn/ar y ddaear/ar ddim'. Wrth ddarllen y darn canol am y tro cyntaf, gallwn dderbyn bod y saith pioden yn 'un pregethwr a chwe decon' sy'n condemnio'r gŵr a bechodd (er nad yw llawer o adar yn paru am oes!). Mater arall oedd fod Mrs Deryn Bach yn awr yn sydyn yn golchi dillad 'gwyn, gwyn, gwynnach na gwyn' ac yn eu hoffrymu yn aberth ar y llwyni! Ac yna, wrth ddarllen geiriau ambell gân werin fel:

> Mam yng nghyfraith ddaeth drwy'r afon
> Gweld fy nillad i'n rhy wynion.
> Roedd hi'n ofni yn ei chalon
> Fod ei mab yn rhoi imi sebon . . .

a

> Wil, 'gei di leiniau gyda hi'n lân?
> A smwdda hi'th grys nes meddu'r gra'n?
> Hi 'golch hwy'n llwyr fel calch eu lliw,
> Hi 'tro hwy'n blêts a'u trin â bliw,
> A'u cannu'n wyn wna'm cangen syw . . .

sylweddolais fod medru golchi yn lân yn un o nodweddion amlwg gwraig dda ers talwm a bod y darlun yn ffitio i mewn i'r bryddest a'i naws hen ffasiwn yn ddidramgwydd, yn enwedig gan fod rhythm y llinell uchod o'r bryddest yn peri imi feddwl am ddiwrnod golchi pan ddefnyddid styllen olchi a sebon!

Pryddest syml a ffres yw eiddo *Llasar,* pryddest sy'n canu yn y cof. Defnyddiwyd odl a chyffyrddiadau ysgafn o'r gynghanedd i bwrpas, bob tro. Arddull adrodd stori werin sydd yma, arddull 'be ddigwyddodd wedyn?', arddull syml hen benillion, arddull agos-atoch diwastraff, gofalus – gyda fflach o hiwmor yma a thraw. Bob tro wrth ei darllen, daw manylyn bach arall i'r amlwg.

Bu'n bleser beirniadu'r gystadleuaeth hon eleni gan i'r tri ohonom ddewis gwaith *Llasar* fel enillydd, yn annibynnol ar ein gilydd. Mae pryddest *Llasar* yn llwyr deilwng o goron Eisteddfod Maldwyn a'r Gororau.

BEIRNIADAETH GERWYN WILIAMS

Tybed nad y ffaith fwyaf annadleuol am gerdd y Goron yn Nhyddewi'r llynedd oedd ei bod hi'n un ddadleuol? Ac os gwir y gair, fod pob cyhoeddusrwydd, boed negyddol neu gadarnhaol, yn gyhoeddusrwydd da yn ei hanfod, tybed hefyd nad oes a wnelo'r ymateb eithafol a phegynol a gynhyrfodd pryddest Aled Jones Williams rywbeth â'r ffaith fod nifer anarferol o uchel – cyfanswm o ddeugain a phump – wedi cystadlu am Goron Maldwyn eleni? Ond efallai mai'r prif ffactor a ddenodd y cystadleuwyr yn fflyd oedd y testun Cymreiciach na Chymreig – 'Gwreiddiau'. Etifeddiaeth, milltir sgwâr, cynefin, perthyn, tylwyth: go brin y gellid dechrau trafod swm helaeth o lenyddiaeth Gymraeg yr ugeinfed ganrif heb o leiaf grybwyll rhai o'r allweddeiriau hyn. Ac yng ngeiriau un o gystadleuwyr anawenyddol ddigon y gystadleuaeth hon, 'Gwreiddiau./Beth bynnag ddywedi,/nid oes gwadu/bodolaeth y rhain'. Na, ni ellir dianc rhagddynt ac, er gwaetha'r duedd i'w clodfori, dyw ymagwedd gadarnhaol ddim yn rheidrwydd o bell ffordd. Am gael dianc o rwyd driphlyg gwlad, crefydd ac iaith yr oedd James Joyce, wedi'r cyfan, ac fel ei gyd-Wyddel, Samuel Beckett, o bellter Ffrainc ac nid yn ei famwlad y sgrifennodd ei gampweithiau llenyddol. Cynnyrch alltud arall yw *Un Nos Ola Leuad*, a gellir dweud bod ei wreiddiau yn Nyffryn Ogwen yn fendith ac yn felltith i Caradog Prichard yntau. Ond beth am arwyddocâd a pherthnasedd gwreiddiau ar ddechrau mileniwm newydd pan yw symudoledd cymdeithasol yn norm a dulliau cyfathrebu a theithio modern yn golygu ein bod ni'n byw mewn mwy o bentref o fyd nag erioed o'r blaen? Er mor gyfarwydd a chartrefol y swniai testun cystadleuaeth y Goron eleni, felly, roeddwn i'n ddigon diniwed i gredu bod ynddo ddigon o fywyd o hyd i esgor ar greadigaethau cyffrous a newydd.

Ie, yn ddigon diniwed i gredu, oherwydd rheol gyntaf beirniadu yw peidio â mynd at y cynhyrchion gyda gormod o ragdybiaethau. Fel defaid, fe aeth y rhan fwyaf ati i ddehongli'r testun yn gwbl ragweladwy. O'r herwydd, profiad amheuthun a phrin oedd cael darllen dehongliadau gwirioneddol ddychmygus ac anarferol. Ar ôl darllen dros ddau ddwsin o gerddi a geisiai fy narbwyllo mor grêt oedd pethau draw yn yr henfro amser maith yn ôl, ofnaf nad y blinder, a ddaeth yn sgil y gwaith o feirniadu nifer uchel o gynigion, oedd yr unig beth a barai imi ddylyfu gên. Na, doedd dim prinder rhamanteiddio na sentimentaleiddio yn y gystadleuaeth hon eleni. Yr hyn a oedd yn brin o gymharu oedd ymwybod â safon lenyddol a'r hyn sy'n nodweddu barddoniaeth ddiweddar. Byddai'n ddiddorol gwybod, er enghraifft, pa mor rheolaidd y *darllenir* barddoniaeth, o bob lliw a llun, gan amryw o'r cystadleuwyr. Yr argraff a gawn oedd fod barddoniaeth Gymraeg gyfoes yn *terra incognita* i lawer ohonynt. A hwythau â'u bryd ar ennill Coron y Genedlaethol, sef y gydnabyddiaeth gyhoeddus amlycaf a feddwn am gerdd rydd, roedd hyn yn dipyn o syndod, a dweud y lleiaf.

Ond wrth geisio rhoi trefn ar y cynnyrch, daeth adleisiau o'n hanthem genedlaethol, am ryw reswm, i'r adwy ac yn gymorth hawdd ei gael mewn cyfyngder.

Mae hen wlad fy nhadau yn annwyl . . .

Dyma'r adran thematig lawnaf o ddigon, y ffald y tyrrodd dros hanner yr holl gystadleuwyr iddi, ac mae geiriau'r anthem yn gwbl briodol: ymestyn y gwreiddiau dan sylw ymhell yn ôl i'r gorffennol; maen nhw fel rheol yng nghefn gwlad neu yng Nghymru gyfan; a chan mwyaf yn bethau i'w hanwylo a'u maldodi.

Llygad y Dydd: Rwy'n dyfalu mai canu clodydd 'cewri'r cynefin, cymrodurion [*sic*]' a wna. Yr hyn sy'n gwbl amlwg yw ei fod wedi mopio'i ben ar gyflythrennu a phriflythrennu – argraffwyd ei bryddest gyfan mewn priflythrennau – ac nad yw ei afael ar iaith yn gwbl gadarn. Tri gair sydd yn ei linell gyntaf a dau o'r rheini'n wallus: 'Atgofion anfarwal arbenig.' Ymhlith y camgymeriadau elfennol eraill, ceir 'cefnogaeth cyson', 'teurnged' a 'chru'. Afraid amlhau tystiolaeth i awgrymu bod *Llygad y Dydd* allan o'i ddyfnder yn llwyr, er nad yw ar ei ben ei hun chwaith yn y gystadleuaeth hon.

Craig-y-Môr: Daeth yn glir o'r llinell gyntaf un na fyddai pethau'n gwella ryw lawer yng nghwmni *Craig-y-Môr* a'i bryddest ar ryw fath o fydr ac odl: 'Yn wreiddiol fyddaf yn dod o'r wlad 'ma.' A'r un fath â *Llygad y Dydd*, mae hwn eto'n sgut am briflythrennu. Y gwreiddiau y tyfodd ohonynt yw'r thema a chrybwyllir marwolaeth gefaill, y Wladfa, bywyd amaethyddol, cyn diolch ar y diwedd 'am ficer y plwyf'. Un rheswm yn unig pam yr oeddwn yn y niwl wrth ddarllen hon oedd fod y feistrolaeth ieithyddol yn wan.

O Ba Radd . . .: Olrhain hanes ei deulu agosaf a'r dylanwadau ffurfiannol arno a wna, a hynny mewn dilyniant o un ar ddeg o gerddi. Pur anfeirniadol yw ei agwedd at ei gefndir gwledig gynt ac wrth iddo sôn yn 'Aberth' am y plant cadw a lochesodd ar ei hen aelwyd adeg yr Ail Ryfel Byd, gwelir nad oes dim yn heriol am ei batrwm odli: 'Pam y bu raid iddynt adael, Dad, a dod i fyw atom ni?/Mae nhw'n siarad yn rhyfedd, Dad, ac yn gas wrth y gath a'r ci.' A'r cerddi i gyd ar fydr ac odl, nid dyma'r unig arwydd o straen wrth odli: braidd yn elfennol a rhagweladwy yw 'cannwyll wêr' a 'golau têr', er enghraifft, neu 'wyneb mad . . . fy NHAD!' Ac nid barddoniaeth mo'r bregeth brennaidd sy'n cyfeirio at '[R]yfeddu, tosturio a beirniadu Saeson,/Safonau a moesau llac, gweigion'. Er gwaetha'r diffygion, o leiaf fe gynigiodd y cerddi hyn ar fesurau rhydd rywfaint o gyferbyniad i lawer o gerddi *vers libre* ddiafael y gystadleuaeth hon.

Gorwel: Tybed na fyddai *Taro'r Post* Radio Cymru wedi cynnig gwell safle i *Gorwel* yntau osod ei focs sebon na chystadleuaeth y Goron? Does dim amheuaeth ynghylch difrifoldeb ei gonsýrn am y cymunedau brodorol yn Llŷn ac Eifionydd yn nannedd y mewnfudo direolaeth i gadarnleoedd traddodiadol yr iaith a'r diwylliant Cymraeg, ond siawns nad oes ffordd lai rhyddieithol na hyn i fynegi'r consýrn hwnnw: 'Canmil gwell bod ar y dôl/yn nolydd braf Eifionydd/nac mewn cytiau llwyd o fflatiau/yn niffeithwch Walsall'? Tipyn o drychineb yw'r bumed gerdd ac ynddi gymysgu gwastadeddau moesol pur ddifrifol: 'Tydi'r caniau Sarin/wedi'u hagor ers tro byd/ar drên tanddaearol yr iaith.' Arthio'n anghynnil a wna yn y cerddi hyn ac os oes arno wir awydd datblygu'n ddychanwr effeithiol, bydd gofyn iddo ddysgu gwerth ffrwyno'i ddicter a brathu'i dafod weithiau.

Blaguryn: Yn ôl y ddwy soned sy'n agor ac yn cloi dilyniant *Blaguryn* o bump o gerddi, Cristnogaeth a rydd wreiddiau cadarn i'w fywyd. Mae'n sicrach o'i bethau yn y mesurau rhydd na phan yw'n rhoi cynnig ar *vers libre*: di-ffrwt a fflat, er enghraifft, yw 'Dyma yw dameg:-/Datganiad difyfyr,/Digymell,/Di ymarfer' yr ail gerdd. Doedd testunoldeb pob un o'r cerddi ddim yn amlwg o hyd a theimlwn hefyd ei fod yn fwy o gasgliad nag o ddilyniant, mewn gwirionedd.

Boncyff: Fel *O Ba Radd* . . ., dilyniant o bum cerdd ar fydr ac odl sy gan *Boncyff*, ac fel *Gorwel*, mae'r mewnfudo i gefn gwlad Cymru'n ei boeni yntau: 'Heb rwydwaith glòs [*sic*] a [*sic*] dan ein tir, 'does obaith mwy/i gynnal iaith nac aelwyd glyd' yw athroniaeth waelodol y cerddi hyn. Nid yw *Boncyff* yn analluog yn fydryddol ac mae'i galon yn y lle iawn ond mae hon yn farddoniaeth ry ddof i adael unrhyw ôl.

Siôr: Os deallais ei ddilyniant o ddeg cerdd yn iawn, at wahanol fannau ym mro mebyd yr awdur yn Ardudwy y cyfeiria: cofnodir ganddo lanw a thrai cymdeithasol yr ardal, y diboblogi a brofodd a'r 'dadeni' a ddaeth yn sgil mewnfudwyr yn ddiweddarach. Fformiwla gyfarwydd, felly, a cherdd wastad, ddigyffro, dreuliedig na wnaeth fawr o argraff arnaf.

Catrin: Llinellau ar linellau'n cnoi cil ar y cysyniad o wreiddiau sy yn y bryddest hon a dyma awgrym o ansawdd y dweud: 'Rhwyllwaith gwreiddiau/seiliant ddirgwelwch [*sic*] bywyd./Tylinant ni i dderbyn ein rhan./Carcharorion ym [*sic*]./Nid oes dianc'. Cerdd lythrennol, brennaidd – maddeuer y mwysair – yw hon heb ynddi fawr o ymgais i ddramateiddio sefyllfa neu ddiriaethu profiad.

Ffacs y Cof: Yn ei ddilyniant yntau o ddeg o gerddi, olrheinia'i dras yn Arfon wledig: cyfeirir yn 'O Dan y Cangau' at fedd W. J. Gruffydd yn Llanddeiniolen a 'Hogia Bethal yn y caban'. Ond nid bwrw golwg brudd ar y gorffennol a'r gymdeithas chwarelyddol slawer dydd a wna'n unig: daw'r dilyniant i ben drwy ddathlu genedigaeth wyres newydd sy'n arwyddo gobaith ar gyfer y dyfodol. Sentiment cywir, unwaith eto, ond does fawr ddim cofiadwy yn y mynegiant.

Venedotia: Dilyniant o ddeg o gerddi sy ganddo, er mai casgliad a gyflwynodd, a dweud y gwir. Symuda wrth ei bwysau o 'Y Beibl Mawr' i 'Achau' i 'Llyfrau'r Plwy'' a dim ond yn y bedwaredd gerdd, 'Taid', y llwydda i ddeffro peth diddordeb. Synhwyrwn fod yn 'Yncl Bob' ddeunydd cerdd ddiddorol ond doedd y duedd i roi'r ansoddair o flaen yr enw – 'dan glo clap y segur ymennydd' – ddim yn help i wireddu'i photensial. Ofnaf mai dechrau hepian drachefn oedd fy hanes wrth ddarllen 'Tŵr Babel' a 'Cymru' a gyfeiria'n flinedig at '[b]erthyn/yn glòs, glòs/i'r baradocs hon;/fy mhoen, fy mharadwys'.

Errata: Daeth o hyd i ddyfyniad cyfleus ar ddechrau'i ddilyniant o un ar ddeg o gerddi: 'Roots are not in landscape or a country or a people – they are usually inside yourself' (Isabel Allende), dyfyniad a fyddai'n fêl ar fysedd syllwyr bogeiliau a swrealwyr fel ei gilydd. Serch hynny, fel yr awgrymir gan deitlau fel 'Gêm ar fuarth ysgol' a 'Glas ar las (Baghdad)', ni chollir cyswllt â realiti allanol chwaith. Cyfansoddwyd pedwaredd gerdd y dilyniant, 'Awara', ar ffurf *villanelle*, mesur heriol, a dweud y lleiaf, a dyma'r unig un yn y gystadleuaeth a fu'n digon dewr i roi cynnig arno. Oes, mae yma fardd diddorol a difri ar waith ond braidd yn gymysglyd y cefais i drywydd meddwl *Errata*: cyfeiria at y diwedd, er enghraifft, at 'Ôl-nodi – Gweithiwch ŵyl . . ./Tra bo'r fflam yn ffloyw/Ewch ati – i sipian y sêr', ac nid yw'r awgrym o eirfa eiriadurol, lychlyd yn help.

Eithinfynydd: Fel *Siôr*, mae Ardudwy'n rhan o'r cynefin a ddethlir gan *Eithinfynydd* hefyd. Cafwyd ganddo naw o gerddi a rhydd teitlau fel 'Te Bach ym Mhentre Ucha', 'Penllanw (o Ben y Cei, Bermo)' a 'Tyddyn Llidiart' awgrym cryf o'r cynnwys. Mae yma luniau cerdyn post reit ddel a chyffyrddiadau digon dymunol fel y gyffelybiaeth hon: 'a phob rhwystr neu giât rhyngom mwyach/ wedi meddalu/fel menyn yn y machlud', ond y melyster meddal hwn hefyd yw ei wendid. Hynny yw, cynhwysa'r dilyniant ormod o jeli ac yswn cyn y diwedd am damaid o gig wedi'i halltu. Byddai hefyd wedi bod yn well torri'r dilyniant yn ei flas gyda'r gerdd olaf ond un yn hytrach na chyda 'Cymuned' a swniai fel cynnig amserol ar berthnasedd.

Y Fedw Hir: 'I am part of all that I have met' (Tennyson) yw'r dyfyniad hollgynhwysol ar ddechrau'r dilyniant o ddeg o gerddi. Ond gall dyfyniad fod yn fwy o rwystr nag o help: yng ngoleuni'r un yma, oni wnâi 'Dylanwadau' deitl mwy cymwys na 'Gwreiddiau'? Ac yn y gerdd glo, 'Meddyliau mewn Ysbyty', dywedir mai 'dyma'r meddyliau sy'n cynnau'r cof' sy'n awgrymu'r teitl 'Atgofion'. Fel yr awgrymir gan gerddi fel 'Taid' a 'Cneifio', rhoi teyrnged lân a gonest a wneir yma i'r bywyd amaethyddol gynt. Canu atgofus, felly, gyda cherdd fel 'Mynyllod' yn cynnwys dyfrluniau bach twt: 'Gorweddwn ar glustog y cymylau/uwch pisin arian o lyn/a swatiai'n swil/ym mowlen casgliad y mynydd.' Ond methais ddod o hyd i ddim byd syfrdanol nac anarferol a wnâi imi feddwl ddwywaith yn y dilyniant hwn chwaith.

Padrig: Mewn dilyniant o wyth o gerddi, cyflwynwyd cyfres o ddyfrluniau digon glân a chelfydd a llawn awyrgylch. Ond tybed nad yw'r arddull weithiau'n rhy ddigyffro ac undonog ac y byddai wedi bod yn dda wrth ambell ddarlun olew yma ac acw? Teimlwn hefyd fod y defnydd o awgrym a thanosodiad wedi'i orweithio. Hynny yw, ai profedigaeth deuluol a yrrodd un o gymeriadau'r gyfres o'i chynefin yn Llŷn i ddinas Lerpwl? Ac os felly, pa brofedigaeth yn union? Mae'n bosib bod yn rhy gynnil ac amwys weithiau!

Ymwelydd: Dilyniant o bedair ar ddeg o gerddi byrion sy gan *Ymwelydd* a rhoddodd 'Cerddi Jen' rhwng cromfachau ar ôl y teitl. Mae 'Garddio Geiriau' yn ddiddorol: 'Chwynnu/a phlannu,/dyna dwi'n ei wneud,/mae'n hawdd/wedi i rhywun [*sic*] arfer,/dim ond gwybod/pa rai sy' eisiau eu difa/a pha rai i'w meithrin'. I'r gwrthwyneb, dyw 'garddio geiriau' ddim yn 'hawdd' gan na ŵyr amryw yn y gystadleuaeth hon pa eiriau i'w 'difa' a pha rai i'w 'meithrin'. O leiaf fe ddengys *Ymwelydd* barodrwydd prin i docio yn y gyfres hon o gipluniau o hen gartref dros gyfnod o amser. Er bod amryw fesurau'n rhoi bri ar dryloywder, symlder ac uniongyrchedd mynegiant – yr haicw, dyweder, neu'r pennill telyn – ofnaf nad esgorodd y nodweddion hynny ar ryw lawer o fudd celfyddydol yn yr achos hwn. A pharhau gyda'r ddelweddaeth gynharach, aeth *Ymwelydd* braidd yn wyllt â'i chwynladdwr a gadawyd ei forderi o'r herwydd braidd yn foel.

Hwncomynco: Pryddest sy'n teithio ar hyd '[m]ap fy mhlentyndod' sy gan *Hwncomynco*. Yng nghanol y naws sepia, atgofus, hoffais y cameo o 'Nancy ddi-blant' y câi'r traethydd ganddi'n blentyn '[dd]au wy wedi'u berwi,/a phyramid o halen,/heb neb i ddweud "na".' Mae hwn eto'n ddarlun digon taclus o ddyddiau maboed, dim ond bod y mynegiant yn rhy ddiantur a gwastad i'w godi uwchlaw'r cyffredin a chynhyrfu rhywfaint ar ddyn wrth ei ddarllen.

Goleuddydd: Rwy'n casglu mai Caerdydd yw'r 'dref fach a chanddi freuddwyd/ am fawredd' sy'n hawlio canol y llwyfan ym mhryddest *Goleuddydd*; wedi'r cyfan, fe gyfeirir mewn un man at '[l]e bu'r hen stêmars [*sic*] seimllyd/yn ffwdanu'u ffordd/i gludo glo-ager gorau'r byd/teimlwn fin awel Cynulliad Cenedlaethol/ clinigol'. Cerdd gytbwys yw hon yn yr ystyr ei bod yn archwilio'r gorffennol cyn cloi gyda pheth gobaith ar gyfer y dyfodol, cerdd bur ddiddorol er nad yw'n esgyn i unrhyw uchelfannau.

E@11.l: A minnau'n ymbaratoi ar gyfer cerdd ddiedifar gyfoes ei hergyd a'i chynnwys o weld y ffugenw, buan y sylweddolais fy mod yng nghwmni un o'r lleng atgofianwyr gwledig pan ddechreuais ddarllen ei ddilyniant o ddeg o gerddi. Meirionnydd yw'r *milieu* y tro hwn eto ac enwir Dyffryn Maentwrog a Chwm Bychan ymhlith llefydd eraill. Gall bortreadu'n dda mewn ychydig eiriau: mae byd 'Nain dodo' yn 'ymestyn/o bared y pantri/at y drws ffrynt'; gall ei fynegi'i hun yn idiomatig: gwelodd 'Dewyrth daflod' 'din y sach/yn aml yn ei ddydd'; a gall ddisgrifio'n afaelgar: 'Afal o ddynes' yw Modryb Nel. Talu gwrogaeth i'r gymdeithas a'i magodd a wna'r bardd: does yma fawr o ôl mentro a cheir darnau di-fflach ac anwastad ond mae rhyw onestrwydd a chynhesrwydd yn pefrio drwy'r cyfan.

Taid: 'Cerdd i'w llefaru' yw pryddest *Taid* a rhoddwyd 'Stori Taid' hefyd rhwng cromfachau ar ôl y teitl. Teyrnged ddigon gonest ac annwyl yw hon, mewn gwirionedd, cerdd goffa i daid a hanai o Lerpwl ac a ddaeth yn blentyn cadw 'i wlad Joni Jones' yn ystod yr Ail Ryfel Byd. Nid ef yw'r unig gystadleuydd i gyfeirio at gyfnod y rhyfel a thyn luniau sy'n awgrymu effaith blits y *Luftwaffe* ar ddinas y Sgowsars: 'Hen wragedd crymanog dan amdo'r mwg/yn crafu lludw'r adfeilion/am weddillion aelwyd . . . Baban yn gelain/yn arch gynnar ei grud,/ a sŵn iasoer y seiren/yn treiddio i fêr esgyrn.' Symuda'r bryddest fesul adran o lannau Mersi i Eifionydd i 'baradwys bell' y Rhyl ar ddiwrnod y trip Ysgol Sul cyn bwrw golwg ar gyflwr diweddar ei hen gynefin gynt. Mae *Taid* ar ei orau yn hanner cyntaf y bryddest gyda'i ddarluniau naïf o anturiaethau plentyndod yn hytrach nag yn yr ail hanner lle'r â ati i ddweud ei ddweud am ddrygau'r oes hon: 'Plant ysgol yn pedlera ecstasis.' Er bod rhywfaint o'r hanes yn ddigon ystrydebol, llwydda i gynnal diddordeb gyda'i naratif fywiog a sionc.

Ar ganiad y corn gwlad a wnaiff: Canodd ddilyniant o saith cerdd – a chyda ffugenw felly, synnwn i ddim nad yw'r Archdderwydd yn diolch nad hwn a goronir! Creodd dipyn o gur pen i'r beirniad hwn hefyd: mae rhannau, os nad y cyfan, o bedair o'i gerddi ar gynghanedd ac ar fesurau traddodiadol. Nid sôn am gyffyrddiadau cynganeddol neu gynganeddion achlysurol a wneir, felly, ac mae hynny'n codi cwestiwn: onid oes rheol, anysgrifenedig o leiaf, mai lle cystadleuaeth y Gadair yw cerddi caeth? Y drwg gyda cherddi fel y rhain yw eu bod yn drysu'r ffiniau ac yn cymhlethu'r broses feirniadu. Ar ôl y chwip din yna, prysuraf i ychwanegu bod y cystadleuydd hwn yn rhwyddhau rhywfaint ar bethau gan nad yw ei *vers libre* gystal â'i ganu cynganeddol. Hunangofiannol yw'r deunydd ac fe gynlluniwyd y dilyniant yn dda drwy roi gwahanol liw yn deitl i'r cerddi unigol. Rwy'n synhwyro fod hen law ar waith yn y dilyniant hwn, cystadleuydd profiadol ac un sicr ddigon ei gerddediad.

Áine: Mae dilyniant *Áine* o ddeuddeg cerdd yn llawn addewid ac yn un o ddau yn y gystadleuaeth i ganu am fabi yn gwreiddio yn y groth. 'Gweddi i Blentyn cyn y Geni' yw'r is-deitl a deffrowyd dychymyg yr awdur gan gyffro beichiogrwydd i ganu'n drosiadol, ffres: 'gofotwr' yw'r un bach yn 'Bywynnau', er enghraifft, 'sy'n disgwyl yr arwydd/I'th arllwys i'r glesni'. Daw 'Y Disgwyl' i ben yn dda drwy siarsio'r baban: 'Dihuna'n dyddiau/Â bloedd/Dy brolog.' Ac er nad yw 'Y Gic' yn gweithio ar ei hyd, rwy'n hoffi diweddglo hon hefyd: 'Anhygoel yw gêm/Geni.' A'r cerddi wedi'u sgrifennu o bersbectif rhieni newydd, mae'r dilyniant hwn yn gymysgedd dynol o obaith ac ofn, afiaith a phryder. Oes, mae angen llyfnhau'r mynegiant sy'n lletchwith mewn mannau a chysoni rhywfaint ar yr idiom drwy gael gwared â rhai ffurfiau anghydnaws. A chan mai cerddi gorau'r dilyniant yw'r rhai sy'n deillio'n uniongyrchol o brofiad penodol, diriaethol, dylid ailystyried hefyd a yw cerddi fel 'Dyheadau' ac 'Yn y Bôn' yn talu am eu lle. Ond ceir yma holl gynhwysion cyfres lwyddiannus o gerddi.

Pluen: I lawr yr A470 i'r brifddinas â ni ym mhryddest *Pluen* a leolir yn ardal Treganna. Cynigiai'r awyrgylch dinesig ychydig o wrthbwynt i lawer o wladeiddrwydd diamrywiaeth y gystadleuaeth hon. At hynny, ac er gwaethaf amheuon *Peredur* yn nes ymlaen, gwnaeth *Pluen* ddefnydd digon creadigol mewn mannau o dechneg llif yr ymwybod. Yn syml iawn, hel meddyliau ar ddydd Sul sydd yma a hynny'n gwahodd sylwebaeth liwgar weithiau. Drwy gyfrwng arddull gwta, bwrpasol, llwyddir i gyfleu rhai argraffiadau digon synhwyrus: 'Adnod yn cosi mhen,/Mam yn cribo ngwallt dros fy nhalcen/talc yn fy sanne [*sic*],/llyfr emyne glas/Gwynt bananas brown,/hanner afal . . ./Yfed pop o'r botel'. Er bod gwead y gwahanol adrannau sy'n ffurfio'r bryddest yn ddigon tynn ar y cyfan, mae peth llacio at y diwedd, ond dyma gerdd fyfyrgar, ddwys yn ei hanfod a rhyw islais unig, trist yn rhedeg drwyddi.

Y Dderwen Ola'?: Clymau perthyn yw'r gwreiddiau a archwilir ym mhryddest *Y Dderwen Ola'* a'm hatgoffai, yn bennaf oherwydd ei defnydd hyfryd ac artistig o dafodiaith, o gerddi coronog T. James Jones ganol y 1980au. Ceir awgrym cryf o hynny yn y llinellau agoriadol: 'Mae'n ryfedd fel a'th miniogrwydd/llytrew'r llynedd yn angof yn ana'l yr haul/wrth i wely'r nant folaheulo . . .'. Cerdd i'w llefaru yw hon y cyflwynir ynddi ddarnau naratif trydydd person am yn ail â sylwadau person cyntaf amryw gymeriadau. Ac fel y mae enwau o leiaf ddau o'r cymeriadau hynny'n ei awgrymu, Hedd ac Awen, mae yma ddyfnder alegorïaidd a ddaw'n fwyaf amlwg yn nrama'r drydedd adran. Nid cerdd sy'n ildio'i chyfoeth na'i chyfrinachau'n hawdd mo bryddest *Y Dderwen Ola'*.

Llain: Egyr pryddest *Llain* yn drawiadol, ddramatig: 'Cleddais Saesnes ddoe', llinell a hawliai sylw ar unwaith. Datgelir yn y man mai mam-gu'r traethydd yw goddrych ei gerdd ac mewn modd a'm hatgoffai ar brydiau o 'Darluniau ar Gynfas', Bryan Martin Davies, adroddir hanes y fatriarch gant oed yn erbyn cefndir cymoedd glofaol y de. Hoffais yn arbennig ail adran y gerdd a ddarluniai'r fam-gu yn ei chartref ym Mhontypridd yn dysgu'i pharot i siarad ac yna'r cwestiwn a fu'n pwyso ar feddwl y traethydd: 'Pa fodd na lwyddodd hithau i ddysgu'r iaith/yn nyddiau ei halltudiaeth hir ar lannau Taf?' Mae'r bryddest hon yn llawn cyffyrddiadau tlws, gŵyr *Llain* bryd i dewi a thorri pethau yn eu blas, ac ymffurfia'i gerdd yn deyrnged wiw i'r sawl a'i hysbrydolodd. A chydag awdur a chyfansoddwr yr anthem y canibaleiddiwyd ei geiriau ar gyfer isbenawdau'r feirniadaeth hon yn ddau o Bontypridd, roedd hi'n dda wrth bryddest a olrheiniai'r gwreiddiau yn ôl i dde Cymru ddiwydiannol.

Enwogion o fri

Ymffurfia'r cerddi teyrnged i unigolion yn adran fach.

Martha Mair: Yr athronydd o Ffrainc ac awdures *Yr Angen am Wreiddiau*, Simone Weil, yw'r enwogyn dan sylw yn nilyniant *Martha Mair* o bedair cerdd. Er gwaetha'r testun addawol, fe'm siomwyd gan y gwaith: doedd hi ddim yn glir, er enghraifft, ai bwriadol oedd *bathos* y penillion limerigaidd ar ddechrau pob adran, ac anarbennig oedd y dweud yn y pen draw.

Denulemai: Fe gododd y safon rywfaint ym mhryddest *Denulemai* a sicrhaodd nad oedd unrhyw amheuaeth ynghylch testunoldeb ei gynnig drwy roi llun-gopi o glawr *Gwreiddiau* Gwenallt ar ei du blaen. Ymdrwythodd y cystadleuydd yng ngwaith prifardd Pontardawe a gwau cyfeiriadau at ei gerddi i mewn i'w gerdd yntau, ond digon merfaidd yw llinellau fel 'Y wedd grefyddol yw'r pwysicaf wraidd/sy'n rhedeg drwy brydyddu'r bardd i gyd'. Er bod y deyrnged hon yn un ddiffuant, ofnaf mai pennaf effaith y gerdd arnaf oedd codi awydd i fynd at lygad y ffynnon ac ailddarllen rhai o gerddi Gwenallt drosof fy hun.

Llwydfaen: Rhoddodd is-deitl, 'Rhai o wreiddiau athroniaeth a gwyddoniaeth', i'w ddilyniant o chwech o gerddi, a chan mai'r canfyddiad cyffredin, er gwaethaf gwaith clodwiw rhai fel Eirwen Gwynn ac R. Elwyn Hughes, yw nad yw'r berthynas rhwng gwyddoniaeth a llenyddiaeth Gymraeg yn un gref iawn, roedd hwn yn ddilyniant i'w groesawu. Aristotl, Copernicws, Galileo, Newton ac Einstein yw'r enwau mawr y cenir amdanynt, ond er bod y deunydd yn cael ei drin yn ddeallus a deheuig, braidd yn ddiddrwg-ddidda a chanol-y-ffordd yw argraff dyn o'r cerddi.

Llwynog: Wrth fynd heibio, efallai mai dyma'r lle gorau i sleifio *Llwynog* i mewn gan fod ei ddiddordebau yntau'n wyddonol a chrefyddol. Yn ei ddilyniant o saith cerdd ar fydr ac odl, aeth ati i brydyddu'r Creu: cyfeirir yn 'Genesis' at 'ffwrnais fawr y Big Bang' a 'Ffetysau byw galaethau'. Ar ôl oedi ar y ffordd gydag 'Adda' – 'Nid oedd Adda'n fachgen drwg/er ei fod yn llawn o sbri;/Nid oedd gan ei fami wg/unwaith ar ei hwyneb hi' – daw yn y diwedd ato ef ei hun: 'Dysgais driciau'r bechgyn hŷn,/arfer syrffio ar y we,/Dysgu sut i fod yn ddyn/a chael mwyniant yn y dre.' Ac yntau'n cael ei dynnu rhwng y cnawd a'r ysbryd, mae'n tewi gan obeithio y bydd 'amser ar ôl i wella ffurf fy ffawd . . . Gobeithio bod.//Gobeithio bydd.//Amen.' Ymdriniaeth simpil â mater cymhleth fyddai'r dyfarniad caredicaf ar y gerdd hon.

y deryn-du-pig-felen: Amgenach bardd o'r hanner, â'i ddilyniant o ddeg o gerddi. Yr artist a anfarwolodd yn ei baentiadau Sir Benfro wledig ac amaethyddol, Aneurin Jones, yw'r un a deyrngedir yn y cerddi a hynny drwy ymateb i wahanol ddarluniau ganddo. Hoffais yn arbennig 'Pwlluchaf' a'r adleisiau o dafodiaith Waldo yn ogystal â chyffyrddiadau hyfryd fel 'cryman o fuwch/yn brecwasta ar y gwynt' a 'gwynt-sythu-brain'. Ond nid am y tro cyntaf yn y gystadleuaeth hon, ni theimlwn fod y cyswllt â'r teitl yn amlwg bob gafael: fe allai'r cerddi hyn fod wedi eu cyflwyno'r un mor hawdd dan deitl amgen fel 'Darluniau' neu 'Wynebau'.

Digrifwyr o fri?

Boed fwriadol neu beidio, daeth criw'r adran hon â gwên i'm hwyneb.

Calon wag: Efallai fy mod i'n gwneud coblyn o gam ag ef, ond wn i ddim eto ai tynnwr coes yw *Calon wag* gyda'i ddilyniant o naw o gerddi. Plentyn sy'n dod adref yn y gerdd, yn dychwelyd at ei wreiddiau ar farwolaeth ei weinidog o dad, ond sut y dylai dyn ymateb i ymholiadau fel y rhain yn y drydedd gerdd a'r traethydd ar fin cyfarfod ei frawd am y tro cyntaf ers pymtheng mlynedd: 'Fydd o'n foel?/Fydd o'n llwyd?/Fydd o'n fy nabod?' A beth am ddiffyg chwaeth y cyfeiriad hwn at fynd drwy ddillad yr ymadawedig: 'trôns (efo'i staeniau melyn) i'r bin'?

Ali Ji: Addawai'r ffugenw ddos o ffisig i'm gwella o'r felan a'm llethodd ar ôl darllen rhes o gerddi hiraethus, lleddf a digalon, a phennau'u hawduron wedi'u sodro yn y pridd. Ac roedd rhannau o'r bryddest neu'r gerdd rap hon yn donig: 'Dwi ddim yn medru canu yn yr Urdd,/Dwi ddim digon da i'r coch gwyn a gwyrdd', meddai'n amharchus ac anuniongred mewn un man; 'Pawb yn siarad, siarad trwy'r dydd,/Siarad drwy'r dydd a deud dim byd', meddai'n sylwgar dro arall. Cwrw, mwg a merched drwg yw ei bethau, ac er nad yw'n cyflawni ei addewid, diolch iddo am *antidote* ei ganu trefol, ysgafn ei dôn a chyfoes ei idiom.

Peredur: Yn gwbl groes i'w ffugenw clasurol, mae pryddest *Peredur* yn ddarnau o gerddi pros, cerddi *vers libre*, bocsys yn cynnwys dyfyniadau, triciau teipograffig, a hyd yn oed gyfeiriad at 'Chwythu dant y llew'. Ond nid dynwarediad ond parodi o 'Awelon', pryddest arobryn y llynedd, yw'r gerdd hon. A chan fod parodi da yn gallu bod yn damaid o feirniadaeth lenyddol, un o bwyntiau difrifol y bryddest sgitlyd hon yw fod techneg llif yr ymwybod weithiau'n drwydded ar gyfer sgrifennu diog, hunanfaldodus, preifat a chaeedig. Methodd *Peredur* â chynnal y parodi – roedd y pwynt a wnâi yn eglur ymhell cyn y diwedd – ac nid yw'r mân wallau mynegiant yn helpu'r achos chwaith. Eto i gyd, daeth â chwa o awel bryfoclyd i ganol cystadleuaeth fwll.

Robin: Yn ei ddilyniant ef o un ar ddeg o gerddi, mae *Robin* yntau'n cydio ym mhrif fater *Peredur* pan yw'n cyfeirio mewn un man at 'Nid rhyw bryddest ôl-fodernaidd o frawd . . . A finnau'n gorfod chwysu darllen-dyfalu ystyr . . . Ei hesbonio i eraill, heb wybod a wyf fi'n d'adnabod di'n iawn . . . Dim "." anferthol'. Cefais flas ar gwmni *Robin*, creadur sy'n dioddef o 'gymhleth yr ail blentyn', a dyfynnu teitl un o'i gerddi, ac sy'n ymuniaethu â phartner Batman, yr eilun cartŵn: 'Fi'r deryn eiddil o gysgod ystlum –/nad yw byth yn gyrru'r car/nac yn dyfalu ble mae'r ogof'. Er gwaethaf rhai gwendidau – mae'n gwest-iwn, er enghraifft, a yw'r cwpled o gerdd 'Delboy' [*sic*] yn talu am ei lle – bu'n dda iawn wrth ffresni a gwreiddioldeb y cerddi hyn.

Gwlad, gwlad

Dangosodd aelodau'r adran hon fod y byd yn fwy na Chymru a'm hatgoffa fod y Gymraeg yn ddigon tebol i ymateb i ddigwyddiadau ym mhedwar ban byd.

Ach a fi: Nid yn annisgwyl, efallai, aeth â ni ar fordaith i'r Wladfa yn ei bryddest: edmygir ganddo'r ymfudwyr cynnar, eu dygnwch a'u dyfalbarhad. Ond prin yw'r rhai fel R. Bryn Williams sy wedi trosi'n gofiadwy arwriaeth y paith yn destun cân, ac er nad amheuaf gywirdeb y deyrnged hon, ofnaf mai cerdd amleiriog, undonog yw hi.

Llain Isa': Nid amheuaf ddiffuantrwydd *Llain Isa'* chwaith wrth iddo ddilyn camre hen berthynas a laddwyd ar y Somme yn ystod y Rhyfel Byd Cyntaf, ond braidd yn ddi-ffrwt yw ei bryddest yntau ac ni chynhyrfodd fawr arnaf.

San Marco: Fel yr awgryma'i ffugenw, yn yr Eidal y lleolwyd dilyniant *San Marco* o wyth cerdd, dinas Fenis a bod yn fanwl. Os yr un cystadleuydd ag *Eithinfynydd* yw hwn, yna cafodd well hwyl ar y cerddi hyn. Fe'i gwelir ar ei orau mewn cerdd fel 'Bît y Lido' gyda'i defnydd byw o iaith, ond fe'i cynghorwn i osgoi datganiadau moel fel 'Yma mae enaid Venezia/yn curo'n ddiffuant/heb orfod gwneud argraff,/dim ond bod' a chaniatáu'n hytrach i fanylion penodol, dir-iaethol lefaru drostynt eu hunain.

Radix Malorum: Dilyniant o wyth o gerddi sy ganddo a blas ecsotig ar rai ohonynt. Unwaith y cawn fynd heibio i'r dyfyniad agoriadol diangen ac ymhonnus a'r gerdd amherthnasol sy'n haeru mai 'Caneri hefo llyfr rheolau ydi/pob bardd', cyrhaeddwn 'Ogof Lascaux' yn Ne Ffrainc. Mae yn 'Bore Chernobyl' hedyn cerdd ddiddorol ond nid eginodd yn llwyddiannus eto gan nad yw'n glir beth yn union y ceisir ei ddweud. Hoffais y cyfeiriad yn 'Tutenkamun' at y pendefig yn gorwedd bellach yn 'brynhawn/Allan i blant ysgol . . . rhywle rhwng posteri/ deinosoriaid, 'paned o de a'r bws am adre', ond i'r gwrthwyneb, ofnaf mai di-chwaeth ac amrwd yw 'Artist (yn dilyn llofruddiaeth Jessica a Holly)'. A dweud y gwir, roedd hwn yn fwy o gasgliad nag o ddilyniant a cherddi mewn cyflwr drafft yw amryw y gellir gweithio ymhellach arnyn nhw.

Awen: Draw dros y don â ni i'r Stêts yn nilyniant *Awen* o ddeg cerdd sy'n canolbwyntio ar erchyllterau Medi 11, 2001. Er na welaf fod dim o'i le, ar dir moesol na chelfyddydol, ar ymateb i drasiedïau o'r fath, mae addasrwydd a gwedduster yr ymateb yn ystyriaethau canolog i'w cadw mewn cof. Nid syndod felly, a'r her a osododd *Awen* iddi hi'i hun mor fawr, ei gweld yn baglu: er enghraifft, er bod 'Adar dur yn deor dig' yn drosiad derbyniol, os amlwg, cwbl annigonol yw'r cyfeiriad at '[dd]ynion dienaid' yn y llinell ddilynol. Does dim hanner digon chwaith o ymatal artistig yn y cyfeiriadau diweddarach at Al Q'aeda ac Osama Bin Laden ac amrwd yw'r effaith o ganlyniad. Ac er crybwyll yn 'Dau', y gerdd olaf ond un, 'ein dyddiau di-wreiddiau ni', braidd gyffwrdd a wnaed yn unig â'r thema berthnasol hon.

Y Golomen Wirion: Er gwaetha'i ffugenw hunanddifrïol, nid anobeithiol mo bardd y dilyniant hwn o wyth cerdd. Doedd y gerdd bros agoriadol yn fawr o gymorth i greu argraff ffafriol o'r cychwyn cyntaf ond cefais well golwg ar y bardd mewn cerddi dilynol fel 'Bagdad' [*sic*], 'Harare' a 'Gaza', y rhydd eu teitlau syniad ynghylch cyfoesedd y deunydd dan sylw. 'Los Angeles' yw un o'r cerddi gorau: er bod llais y moesolwr ynddi braidd yn rhy gryf, syniad creadigol oedd gweld un o sêr ffilmiau Hollywood fel Blodeuwedd gyfoes. Ni chefais fy argyhoeddi'n llwyr fod y dilyniant hwn yn gweithio fel cyfanwaith ond cyn-hwysai dameidiau blasus.

Cyfaill o'r Hen Wlad: Yn ôl â ni ar draws yr Iwerydd yn y dilyniant hwn o ddeu-ddeg cerdd gydag amryw ohonynt yn cyfeirio at Ryfel Cartref America yn y 1860au. Roedd y cyferbyniad amserol yn 'Y Cenhadwr Americanaidd' rhwng natur ddisylwedd rhaglenni materion cyfoes y dwthwn hwn a delfrydiaeth gwasg Gymreig y bedwaredd ganrif ar bymtheg yn apelio ataf ac felly hefyd y defnydd cyfeiriadol o 'Stafell Gynddylan'. Un o'r cerddi unigol gorau yw 'Carchar Rhyfel' sy'n agor â'r pennill: 'Mae oernad hwter trên y nos/yn 'nelu o hyd tua Andersonville/yn filltir a hanner o olwynion/ailadroddus, ailadroddus, ail-adroddus'. Dyma gystadleuydd sy'n meddu ar idiom gyfoes a ffres, ac er na'm darbwyllwyd yn llwyr fod y profiad sy'n sail i bob cerdd wedi cael cyfle i wael-odi'n iawn, cefais gryn bleser o ddarllen y dilyniant hwn.

Cyn dod at y Dosbarth Cyntaf, fel hyn y gosodais y cystadleuwyr, yn ôl trefn yr wyddor, o fewn gwahanol ddosbarthiadau:

DOSBARTH 3: *Calon wag, Craig-y-Môr, Llwynog, Llygad y Dydd.*

HANNER ISAF 2ii: *Ach a fi, Blaguryn, Boncyff, Catrin, Denulemai, Errata, Ffacs y Cof, Gorwel, Martha Mair, O Ba Radd . . ., Siôr, Venedotia.*

HANNER UCHAF 2ii: *Ali Ji, Awen, E@11.l, Eithinfynydd, Goleuddydd, Hwncomynco, Llain Isa', Llwydfaen, Padrig, Peredur, Radix Malorum, San Marco, Taid, Y Fedw Hir, Ymwelydd.*

HANNER ISAF 2i: *Áine, Ar ganiad y corn gwlad a wnaiff, Pluen, Robin, y deryn-du-pig-felen, Y Golomen Wirion.*

HANNER UCHAF 2i: *Cyfaill o'r Hen Wlad, Llain, Y Dderwen Ola?'.*

A llai na thraean mewn cystadleuaeth mor niferus wedi cyrraedd dosbarth 2i neu uwch, fe welir mai cymedrol oedd y safon drwodd a thro.

Beirdd a chantorion

Dyma bum bardd sy'n gallu canu! Â phethau'n edrych yn o ddu ar un adeg, roeddan nhw ymhlith y deg cerdd olaf imi eu darllen a bu'n rhaid brwydro drwy ddrain i gyrraedd atynt. Ond roedd hi'n werth yr ymdrech gan fod y rhain yn gwmni difyr y teimlwn yn reit gynhyrfus neu o leiaf yn bur gyfforddus yn eu gŵydd. Er bod tri ohonyn nhw yn dilyn llwybr atgofus gwledig y rhan fwyaf o'r cystadleuwyr eraill, maen nhw'n meddu ar ddigon o unigolyddiaeth i dorri eu cwys eu hunain: oherwydd sicrwydd eu crefft a gloywder eu dychymyg, llwyddant i gyflwyno thema – a ailgyflwynwyd fel un dreuliedig stêl gan amryw byd – mewn ffordd sy'n ennyn diddordeb o'r newydd. Mae dehongliad y ddau arall o'r testun yn fwy annisgwyl, er bod eu themâu canolog hwythau – genedigaeth a chariad – mor oesol a bytholwyrdd â gwreiddiau.

Lamech: Daliodd fy sylw o'r darlleniad cyntaf un. Naw cerdd sydd yn ei ddilyniant, a chan mai cerddi am enedigaeth ydyn nhw mae'r nifer yn cyfateb yn addas i naw mis beichiogrwydd. Doedd dim dadl felly ai dilyniant oedd hwn ai peidio! Mae'n dechrau'n afaelgar gyda'r prawf beichiogrwydd: 'Un llinell las – dechreuad!' ac yn adeiladu ar sail hynny gan gyfeirio at '[l]inell fawl' a 'llinell las led llinach'. Deuawd rhwng tad arfaethedig, balch a mam bryderus, feichiog yw 'Mae'n rhy fuan i ddweud' ac yma eto datblygir delweddaeth farddol y gerdd gyntaf pan holir 'Onid galwad y bardd/yw cyhoeddi? Bradychu'r/gyfrinach â chusan ei gerdd?' Cerdd arbennig yw 'Braint Bydwraig' gyda'i phatrwm mydryddol rheolaidd yn sicrhau canllaw a disgyblaeth i'r canu. A hithau'n dod i ben gyda'r geiriau hyn, 'Â gwaed y gerdd yn ffrydio'n guriad byw/awn adre i ganu'n iach i ofnau ddoe,/caiff hithau fynd yn ôl i gwmni Duw'n/ei gwely gwag', clywais ynddi adlais o arabedd ac afiaith cerddi portread Bobi Jones. Dyw'r un unoliaeth dynn ddim i'w chael yn 'Dwy sgrin ar ddiwrnod sgan (Medi 10 2002)' ac ni chynhelir yr un safon yn 'Ofnau'r funud olaf: G.A.T.T.A.C.A.', ond fe'i hailsefydlir yn 'Emyn geni', yn enwedig pan ystyrir ei bod yn dipyn o gambl cynnwys emyn mewn dilyniant o'r math hwn. Crwydrodd anwastadrwydd i mewn i 'Cadw rhestr o'r rhoddion rhag anghofio dweud diolch', yn enwedig yn yr ail bennill difywyd, ond mae digon o hiwmor iach dathliadol yn '"Mae'r un ffunud â'i dad!"'. 'Si hei dwli ga ga ar hyd y nos'

– bron nad yw'r teitl ffantastig yn gerdd ynddo'i hun – yw cerdd glo'r dilyniant ac fe gyffyrddodd â mi'n emosiynol pan ddarllenais hi gyntaf. Â'r tad yn methu'n glir â chanu ei fabi i gysgu, fe wna hynny yn y diwedd ar ôl i'w riant dewi: 'fel pe bai'n ysu/i mi gau fy ngheg./A gwawriodd arna i'n syml/ei fod yn orwel/ar wahân;/y medrai ddewis cysgu,/codi, caru, fel 'wnaf i –/ei fod yn wreiddyn gwreiddiol./Nid dalen lân i'm geiriau/na cherdd sydd wedi ei chreu/ond awen rydd 'wnaiff/ganu ei chwys ei hun.' Yn gynnil ac yn driw i ddelweddaeth ganolog y gerdd, mae'r ddelwedd *macho* o'r tad fel bardd-grëwr yn cael ei thanseilio pan sylweddolir rhyddid ac annibyniaeth yr un bach. Alun Llywelyn-Williams a ddywedodd rywdro y dylai'r bardd ddweud rhywbeth o blaid bywyd ac mae'n dda gweld *Lamech* yn wynebu'n gadarnhaol y profiad o fyw heddiw. Tra'n diolch i *Lamech* am yr uchafbwyntiau a gyflwynodd i'r gystadleuaeth hon, rwyf hefyd yn ei ddwrdio am fethu cynnal safon gyson ar hyd ei ddilyniant.

Hwnco manco: Dilyniant tynn ei wead o wyth cerdd a gyflwynodd *Hwnco manco*. Gwrandewch ar y llinellau hirion agoriadol, sy'n adleisio 'Rhydcymerau', Gwenallt, ac yn hoelio sylw:

> Dros lethrau serth Cefn Wylfre ac ucheldiroedd Gwaun-ceste
> mae'r gwynt yn cwynfan ac yn dolefain fel hen ast wedi'i llwgu,
> ddydd a nos, haf a gaeaf, yn ddiarbed ac yn annaearol groch.

Llais profiad a glywir yn llefaru ac ymadrodd fel 'y ffrwd fwstrog' neu gymhariaeth fel 'mor dene â sgimren' yn awgrymu cyfoeth geiriol a dawn dweud *Hwnco manco*. Dyma gerdd naratif i leisiau ac ynddi chwe llefarydd, sef Yr Adroddwr, Y Ferch, Y Brawd, Y Llanc, Y Mab, a'r Cerddwr. Symudir yn ddaearyddol o'i mewn o Faesyfed i Ferthyr Tudful ac mae defnydd meistrolgar *Hwnco manco* o dafodiaith yn un o gampau artistig y gystadleuaeth hon. Daw'r gamp honno'n amlycach byth yn y darnau achlysurol pan ddefnyddir Cymraeg mwy niwtral: saif ymadrodd fel ''yn 'n n'letswydde pwysig fel warden i ficer eglwys Dewi Sant' neu 'a chyda mantais y dulliau fforensig diweddaraf' yn od o noeth o'n blaenau. Yn gwbl o ddifri yr awgrymaf y dylid trosglwyddo ar fyrder recordiad a chopi caled o'r gerdd i Sain Ffagan gan mor werthfawr yw hi o safbwynt ieithyddol. Hanesyn syml sy'n sail i'r gerdd am ferch amddifad ddechrau'r ugeinfed ganrif yn cael ei threisio – '[c]adwes 'y nghyfrinach gwiddilus rhag y byd a'r betws am weddill 'yn nyddie' – ac yna'n rhoi ei mab i'w fagu. Mae rhywfaint o ysbryd cefn gwlad caled, sadistaidd Caradoc Evans yn llercian yn hon, a chlosiais at gystadleuydd prin a allai gyflwyno dehongliad beirniadol o'r testun: 'Paid â sôn wrthyf i am wreiddiau a pherthyn a mwynder bro, gyfaill!' Artist sy'n taenu ei olew cyfoethog yn drwchus dros ei gynfas yw *Hwnco manco*. Er gwaethaf ambell arwydd o anwastadrwydd ac anghysonder, dyma gerdd bwerus gan un sy'n edrych ar ei etifeddiaeth wledig heb fawr o *nostalgia* ond gyda chryn wrthrychedd.

Cae helyg: Dyma draddodiadwr gorau'r gystadleuaeth, ac os llais ifanc, newydd a glywir yng ngherddi *Lamech*, yna un profiadol, aeddfed, hŷn a glywir yn y dilyniant hwn o naw cerdd. Mater o chwaeth yw hyn, efallai, ond yn ei gwmni ef y cefais i leiaf o wefr yr annisgwyl o blith deiliaid y dosbarth hwn: personoliaeth solat, ddibynadwy nad yw'n ei dangos ei hun ydyw. 'Gwreiddiau' yw testun y gyntaf o'i gerddi, ac er na hoffwn duedd amryw brydyddion y gystadleuaeth i ddechrau gyda cherdd o'r fath gan ei bod yn awgrymu gorymdrech i brofi testunoldeb, ganddo ef y ceir yr enghraifft fwyaf llwyddiannus o'r teip hwn o agorawd. 'Hwy sydd yn ein cynnal a'n caethiwo', dywedir yn y llinell agoriadol sy'n arwyddo mai'r dylanwadau a'i diffiniodd yw'r gwreiddiau a archwilir gan *Cae helyg* ac fe â rhagddo i gyflwyno cyfuniad o gerddi am leoedd ac unigolion. Telyneg hudolus yw 'Cae Hen' sy'n peintio darlun o '[g]ywain teuluol/o'r gwair brwynog dan gymylau Awst' ac yn awgrymu cyswllt organaidd â'r pridd: 'y ddiod fain o'r jwgiau pridd/ac ynddo haearnaidd ddŵr y ffynnon/yr oerni a gostrelwyd yn y ddaear.' Yn gyferbyniad â hi, mae 'Pwll y Rhos' sy'n cyflwyno maes glo drwy lygaid plant: 'Byddai'r tipiau yn ein denu/fel pyramidiau ein mabinogi/ac ynddynt drysorau a gladdwyd/wrth i'r pyllau gau', ond yn cloi drwy gyfeirio'n ôl at '[l]e bu ein teidiau/yn ceibio ar eu hochrau/yn llwytho ar eu p'liniau/ac yn estyn i ni/y dydd a ddaw'. Ac yn ogystal â'r cefndir amaethyddol a glofaol, mae 'Wats Aur F'ewyrth Dan' yn ychwanegu trydedd elfen at dras y bardd, sef crefydd. Mae un neu ddau o bethau yn fy anesmwytho am ddilyniant *Cae helyg*: y ffaith na thrawyd yr un nodau uchel ym mhob cerdd, y teimlad na ddilynai'r naill gerdd y llall yn rhesymegol anorfod gan awgrymu efallai fod hwn yn fwy o gasgliad mewn gwirionedd, a pheth aneglurder diangen ynghylch goddrych ambell gerdd. Ond bardd galluog yw *Cae helyg* a gyflwynodd ddilyniant caboledig, gorffenedig a graenus.

Wmffra: Dyma fardd y gellir ymddiried ynddo. I ddechrau, pensaernïwyd y dilyniant hwn o un gerdd ar ddeg yn gelfydd fel ei fod yn agor gyda 'Gwynt' ym mynwent Llanfair-is-gaer ac yn cloi gyda 'Coeden' ym mynwent St Cawrdaf. 'Wrth hel achau' yw'r nodyn a ddaw dan ei deitl a rhwng y ddau leoliad sy'n agor ac yn cloi'r dilyniant ceir cyfres o gipluniau o orffennol ei dylwyth: hanes Taid Felin, Siop Bren, Harro Bach, Bryn Gadfan Bach, Llwyn Onn, Bodathen, Ruth Liverpool Arms, Ciltwllan a Merbwll. Anffurfioldeb diorchest y dweud yw un o'r pethau a'm denodd at *Wmffra*: fel sgwrs fach gartrefol dros beint rhwng dau enaid hoff cytûn y meddyliais am ei ddilyniant. Mae'r dweud yn dawel, ond cwbl gamarweiniol yw hynny oherwydd mai cuddio'i grefft a wna gan fod ôl meddwl bwriadus uwchben y mynegiant gyda phob gair a chymal yn syrthio i'w lle fel darnau mewn jig-so. Nodwedd arall yw ei feistrolaeth ar ei gyfrwng a llinellu ei *vers libre* yn ddeallus ac ystyrlon rhagor mympwyol a difeddwl. Os yw'n rhan o ddyletswydd y bardd, fel y daliodd T. S. Eliot, i buro tafodiaith y llwyth, siawns nad yw hefyd yn rhan o'i swyddogaeth i greu o blith y rhythmau croes a'r ffurfiau – darniog yn aml – sy'n ei amgylchynu. Rhan o gamp *Wmffra* yw ei fod yn llwyddo i gyfansoddi barddoniaeth o'r deunydd crai dan ei drwyn ac o fewn ei glyw: mae'n cyfeirio'n gwbl naturiol at '[l]aw yr haul' yn '*twtjiad* yn dyner' ac at feicroffon wedi'i osod 'rhyw *shedan* i'r chwith'. Yr unig beth y gofynnwn iddo yw pam na fyddai wedi trefnu ei gerddi'n gronolegol er mwyn rhoi cryfach argraff o ddilyniant rhagor casgliad o gerddi. Fel arall, dotiais at ei awen ddynol, gymdeithasgar a'i bersonoliaeth agos-atoch, gynnes.

Llasar: Eiddo *Llasar* yw'r unig bryddest a osodais yn fy nosbarth cyntaf, ac un fantais sy ganddo, mewn cystadleuaeth mor niferus a rhywun yn ceisio gwahaniaethu rhwng cynifer o gynigion sy'n canu'n debyg i'w gilydd, yw ei fod mor wahanol i ddim arall a ddaeth i law. Roedd hynny'n gymorth garw i'w osod ar wahân, er nad oes a'i wnelo o reidrwydd ddim oll â'i ragoriaeth. Fel *Wmffra*, fframiodd ei gerdd yn dda a hynny gyda dyfyniad agoriadol a therfynol o'r gân werin gyfarwydd 'Y Pren ar y Bryn'. Yn gelfydd, mae'r dyfyniadau hefyd yn awgrymu perthnasedd yn ddistaw bach yn hytrach nag yn cyhoeddi hynny â chorn siarad. Â rhagddo wedyn i adeiladu ei gerdd newydd sbon danlli ar sail yr hen gân gan fapio'n syml iawn garwriaeth dau aderyn a'r meini tramgwydd ar eu ffordd y llwyddant yn y diwedd i'w goresgyn cyn i angau yn y pen draw eu gwahanu. Adrodd stori am fyd natur a wneir ar yr wyneb, stori a rydd gip ar wydnwch a breuder bywyd, a cheir yn y bryddest beth o naws ein Canu Natur a Gwireb cynnar. Ond drych mewn dameg sydd yma, mewn gwirionedd, ac mae trwch alegorïaidd i'r hanes sy'n dwyn i gof glasur rhyddiaith Morgan Llwyd, *Llyfr y Tri Aderyn*. Awen delynegol yw un *Llasar* ac fe'm hatgoffwyd wrth ddarllen ei gerdd o lendid a symlder ymadrodd rhai o'r hen benillion: 'Dere 'da fi i'r man rhwng nos a dydd,/lle mae'r haul a'r lloer yn wên,/lle mae serch y sêr yn llên,/lle 'dyw'r stori fyth yn hen'. Ond cerdd i'w chlywed yw hi yn ei hanfod gan fod ei rhythmau'n gwahodd dyn i'w darllen yn uchel a chan mai felly yr ymglywir gliriaf â'r cynganeddion achlysurol sy'n cywreinio'r mynegiant. Fel yr hen benillion hefyd, mae dyfnder profiad a doethineb oesol yn sail i'r gerdd hon. Er y byddai wedi bod yn dda wrth ambell binsiad o halen yma ac acw i wrthbwyso rhywfaint o'i melyster, y gwir amdani yw fod *Llasar* wedi fy swyno gyda'i gerddoriaeth eiriol, ei Gymraeg gosgeiddig a'i ddawn hunanfeddiannol i adrodd stori.

Os siomedig oedd safon gyffredinol y gystadleuaeth hon, fe'm calonogwyd gan gerddi'r rhai ar frig y gystadleuaeth: cyflwynodd pob un yn fy nosbarth cyntaf achos o blaid ei goroni. Ond rhwng *Wmffra* a *Llasar*, dau fardd sicr eu crefft a lwyddodd yn ogystal i'm gwefreiddio â'u cerddi, yr oedd y gystadleuaeth hon i mi yn y pen draw. Ac nid ar chwarae bach yr oedd gwahaniaethu rhyngddynt gan mor gyfartal ond cyferbyniol yw eu doniau. Does dim owns o amheuaeth yn fy meddwl nad yw'r ddau'n llwyr deilyngu'r Goron ond, gan fod rhaid dewis rhyngddynt, rwy'n fodlon cydnabod y gall fod cyfanwaith *Llasar* drwch pluen ar y blaen ac mai ef neu hi sy'n hawlio'r wobr fawr eleni.

Y Bryddest

GWREIDDIAU

a'r pren ar y bryn
a'r bryn ar y ddaear
a'r ddaear
ar ddim

Unwaith, amser maith a mwy yn ôl,
i fyd yn llawn dyfodol,
fe aned mewn dwy fynwes
un wên fach –
a hynny ar hap.

A heb yn wybod,
plannwyd hedyn
o ryfeddod
mewn dwy galon.

Daeth yn sydyn,
mas o ddim,
i fwrw'i wreiddyn.

Ac un diwmod,
heb ofyn,
daeth blaguryn

yn fory i gyd . . .

unwaith, amser maith a mwy yn ôl.

*   *   *

Fesul brigyn
mae aderyn
yn troi'r bore oer
yn gartre braf,

fesul deilen, fesul pluen
casgla'n gymen
ddodrefn ei ddychymyg
â blaen ei big,

fesul curiad
caria fwriad
ei fyd bychan
mewn nodau mân:

'Dere 'da fi i'r man rhwng nos a dydd,
lle mae'r haul a'r lloer yn wên,
lle mae serch y sêr yn llên,
lle 'dyw'r stori fyth yn hen.

Dere 'da fi i'r man rhwng camau'r ddawns,
lle mae pob pluen yn gân,
lle mae'r mwswg yn felfed glân,
lle mae 'nghalon i yn dân.

Dere 'da fi i'r man rhwng dau aeaf,
lle mae'r haf yn oedi'n hir,
at y darn rhwng yr awyr a'r tir,
lle mae'r gorwel yn gweld y gwir.

Dere 'da fi i'r man
uwchlaw'r byd
i chwilio'r bwlch
sy'n nef i gyd –

ffeind a braf yw'r man
lle cawn rannu'r cyfan.'

Fesul nodyn
mae aderyn
yn denu câr
â swyn trydar.

A than gawod o gonffeti,
yn betrus i'r brigyn bregus,
hedfanodd hon i nyth ei galon,
at addewidion.

Yn dyner bu'r adenydd ar fenter ofalus
yn gwthio'r dydd oddi tani
i'w chodi.

Yn gadarn bu'r hedyn cynnar
yn bwrw'i wraidd i ddyfnder daear
a chwilio maeth
i'w chadw.

I'w chadw, a'i chynnal, a'i chodi
yn uwch ac yn uwch ar ei thaith,

ac unwaith, amser maith a mwy yn ôl,
daeth aelwyd newydd
i swatio rhwng canghennau'r
goeden dragywydd.

*   *   *

Yna, rywbryd rhwng nawr a chynt,
yn rhywle rhwng y gwyrdd a'r glas, ar ras y gwynt,
i'r nyth daeth cyw;
a chyda'r cyw, daeth y byd i gyd i glwydo
o dan ei hadenydd llonydd.

Roedd dyddiau'r hedfan, i hon,
mwy mewn rhyw fan rhy frith i gofio.

Ac o hyd, tyfodd y gwreiddiau mud,
wrth iddi aros yng ngwres y mwswg clyd,
i ddysgu'r un bach
beth oedd beth yng ngardd y byd.

*   *   *

Ond canu'n iach ar adain chwim
wnaeth ei chymar, a dwyn ei drydar
a siâr ei gariad yn ddall i fan arall,

ac yn rhuthro'r tymhorau,
llithrodd nef y ddau i ryw ddoe,
gwelwodd y man gwyn hwnnw
mewn gwanwyn a haf –
ac aeth ar goll rhwng dau aeaf,

y man
cyn i'r haul liwio'r hydref,
cyn y glawio'n nwfn y galon oer,
cyn bod llafn ym mhob defnyn
yn hollti'r gwyn
yn enfys rhy hawdd i'w dilyn,

y man ffeind a braf
lle cynt ni fentrai brain nac adar brith,

yr unman,
yr unlle hwnnw,
lle ddoe yr hedfanai unwaith
ddau o'r unlliw ar yr un daith.

*   *   *

Mor wag yw nyth sy'n magu nos
a dim ond breuddwyd yn aros,
mor wag yw aelwyd sy'n magu alaw
a dim ond sibrydion mewn llaw,

mor wag yw'r dweud sy'n magu dig,

mor wag yw calon sy'n magu celwydd,

mor unig yw magu dim ond enw.

*   *   *

Â basged o dan ei braich
mae'n agor y drws
i gofleidio'r dydd
â glendid,
gwyn, gwyn, gwynnach na gwyn,

mae'n cuddio'r cloddie â chelwydde'r cynfase glân
ac offrymu'r dillad mân
yn aberth ar allore'r llwyn,

yna'n ofalus,
mae'n crogi'r cryse ar y lein
a'u gollwng i'w cannu'n wyn,
gwynnach na gwyn, dan las y nef,
lle mae maddeuant
mor feddal â sebon
yn perarogli awelon yr ardd,

a chyda bysedd coch ei dwylo garw,
mae'n tynnu'r rhaff yn araf
a chodi un faner wen i fyny i'r haul,

gwyn, gwyn, gwynnach na gwyn.

Ac o hyd,
dim ond gwich y weithred hon
sy'n tarfu ar ddistawrwydd y ddefod fud.

*   *   *

Yna, mewn man-draw agos . . .

yn seiat y saith pioden
mae siffrwd sibrydion syn,
ac o bulpud gwyrdd eu cangen
mae'r byd yn fwy du na gwyn;
un pregethwr a chwe decon
blith y dail mewn gweddi gras
yn galaru am drallodion
y pechadur penna' i mas;
yng nghyfrinach fawr eu cymun
clywir crawcian am y tad,
cyn ledio geiriau'r emyn –
golch e'n burlawn yn y gwa'd;
cans ar allor pren y pïod
du yw'r bara, du yw'r gwin,
am na fyn yr un adnabod
lliw mor goch yw ei waed ei hun;

wrth i leisiau'r chwe phioden
borthi'r bregeth o'r sêt fawr,
chwythodd ei gweddi fach ar bluen –
rwyf d'eisiau di bob awr.

* * *

Ac yn y dyddiau hynny,
rywbryd wedi cymanfa'r pïod,
fe wyddai fod diwedd yr haf wedi dod.

Daeth amser casglu'r olch,
a gollwng y faner a'i gwynder i gyd,
a gwisgo balchder ei gwên,
yn wyn, wyn, gwynnach na gwyn,
rhag bryntni'r byd.

* * *

Heb adenydd o hyd,
dala'n dynn
wnaeth cwlwm y gwreiddiau mud,
gan gynnal ei gwên o ddistawrwydd,
a'i stori drist yn bennod o seibiannau –
dyna i gyd.

Ac yn wir, yn wir,
arhosodd yn ei gofid
ar y goeden dragywydd
drwy'r nos a'r dydd
a'r gaeafau hir,

a heb hidio am sibrydion saith pioden
rhoddodd ei hwylo i guddio mewn gwên,

ac yn y wên hon roedd yna gân
yn cronni ei dagrau mewn nodau mân,
yn barod i'w harllwys yn wlith
un bore, heb eiriau, ar ei galon –
a'i loywi'n lân:

'Dere 'da fi nôl i'r man,
lle mae fy nghalon i yn dân,
lle cawn eto rannu'r cyfan,

y man ffeind a braf
mewn gwanwyn a haf
rhwng dau aeaf.'

Ac un diwmod, â'i gwên yn dal ynghynn,
fe ddaeth e' nôl i'r man gwyn,
i'w gwylio hi'n glawio'i henaid
i dawelwch y llwch a'r llaid,

daeth a'i dal a'i chynnal,
mewn un ochenaid ysgafn,
cyn disgyn
yn ddau,
fel deilen, fel pluen,
un bore aur heibio i'r haf,
i wely yr aelwyd olaf,

dan y pren
ar y bryn
ar y ddaear
ar ddim

Llasar

BEIRNIADAETH GERALLT LLOYD OWEN

Daeth 70 o englynion i'm sylw ond 44, os hynny, o ymgeiswyr oherwydd bu rhai ohonynt yn gynhyrchiol iawn. Yn wir, mae tri awdur yn gyfrifol am 30 o ymdrechion ac rwy'n amau'n gryf fod sawl un arall i mewn fwy nag unwaith.

Wedi bwrw un olwg ar y cynhyrchion, sylweddolais fod gennyf broblem: nid Ann Griffiths ond Dolwar Fach oedd y testun, ac eto, ni fyddai Dolwar Fach yn golygu fawr ddim oni bai am Ann. Felly, bu'n rhaid nithio'r englynion yn ofalus a rhoi o'r neilltu y rhai a oedd, yn fy marn i, yn englynion i Ann yn unig, rhagor y rhai a lwyddodd i gyfuno'r ddeubeth. Anodd oedd tynnu'r llinell ar brydiau. Anodd hefyd, gyda llaw, yw deall meddylfryd y cystadleuwyr hynny a gyflwynodd eu henglynion ar ryw bennau llifiau o bapurach amrywiol eu maint nes bod dyn am ei fywyd rhag eu cymysgu â derbynebau Tesco.

At yr englynion. Rhaid diystyru un ar ddeg ohonynt yn syth bin oherwydd eu bod yn wallus o ran cynghanedd neu ramadeg. Ofnaf fod pedair ymgais *Hedd Tafwys* mor wallus fel na fedraf ddechrau nodi'r beiau. Yr acen ('A greodd rymoedd mor gry') yw tramgwydd *Mân Us*. Mae paladr *Ruth* yn cynnwys dau wall rhy gymhleth i'w trafod yma; ceisied gyngor diogel. Er bod ei englyn yn 'gywir' i'r llygad, dylai *Tomos* ddibynnu mwy ar y glust a chofio hefyd mai 'ag' a yngenir pan sgrifennir 'ac'. Mae llinell gyntaf *Anadl* ('Er nad yw'r Ann daer yno') yn bendrwm. Treiglo lle na ddylid fu cwymp *Rhosyn a rhith* ('Yn *l*ais i'w hannwyl Iesu') ac felly hefyd *Glan 'Rafon* ('i hau/ Gnwd . . .')

Mae'r sypyn nesaf yn englynion i Ann Griffiths ac er eu bod yn amrywio cryn dipyn o ran safon, rwy'n ofni mai'r un gorlan yw eu lle. Dyma'r ffugenwau: *Rhoi'r cyfan, Clwyd, Sibrydion, anwahanol, artist y myrtwydd.* O ran diddordeb, englyn *artist y myrtwydd* yw'r gorau ohonynt.

Gosodaf 46 o englynion gyda'i gilydd mewn un dosbarth er bod y rhain eto'n amrywiol eu safon. O leiaf, y maent i gyd yn weddol destunol ac, yn wir, ymhlith y goreuon, ceir rhai englynion eithaf cymeradwy ond bod rhywbeth neu'i gilydd, boed un llinell neu hyd yn oed un gair, yn peri tramgwydd. Enghraifft o'r dosbarth hwn ar ei waethaf yw'r englyn swrth hwn gan *Mali,* heb sôn am yr atalnodi:

> Yno yn rhin cyfrinion yn ebrwydd;
> Clywn sibrwd dirgelion
> Yn ufudd lif yr afon,
> Ar ei thaith yn iaith Duw Iôn.

Wysg eu tinau y mae englynion *Y Pren Ir* a *Saron* yn destunol ac mae llinell gyntaf ac olaf ansoniarus iawn gan *Y Pren Ir.* Dyma weddill y garfan hon. *Wele'n sefyll*: Englyn ansynhwyrol braidd; *Pwy ydwyf heb deipiadur?*: Paladr cyffredin iawn; *Diolch iddo!*: Paladr tebycach i englyn ysgafn; *Mair*: Llinell gyntaf anaddawol, 'I Ann hon oedd Fethania' ac nid yw rhosyn ac enfys yn briodas hapus; *Dychmygus*: Llinell glo sobr o drwsgl, 'A'i châr ei Christ yn ei chôl'; *Pererin*: Llinell gyntaf sy'n ymdebygu i hysbyseb gwyliau, a hynod ansoniarus, 'Mecca a huda gredadun'; *Rhwng y Myrtwydd*: Darlith fechan, 'Er, mae'n wir, mai trwy emyn Ann . . .'; *Ffald y ffridd*: Drysfa o englyn a'r drydedd linell, 'I waun drom y cariad rhydd', yn ddadleuol o ran cywirdeb; *Begw*: Englyn eithaf gwreiddiol ond rwy'n amheus o gywirdeb y cyrch a'r ail linell; *Harri*: Englyn pur dda wedi'i ddifetha gan y sillgoll annaturiol yn y llinell olaf, 'i wneud gwair 'n gnwd o gariad'; *R.R.*: Llinell gyntaf echrydus o gyffredin, 'Aelwyd lle bu addoli', a'r gweddill yr un mor draethodlyd; *195*: Dechrau addawol, 'Ger y drws gwrida rhosyn . . .' ond gwywo'n gynnar; *Sbingaleryn*: Englyn gwahanol ond beth a olygir wrth 'a'i Dolwar yn ei dwylo'?; *Gwennol*: Englyn neis a digyffro; *Ifan*: Llinell dda yw 'a Duw yn enw diarth' ond cael a chael y mae i fod yn destunol; *O am aros*: Synhwyraf mai'r llinell olaf, 'am mai Ann yw'r emynau' a ddaeth gyntaf ac nid yw'n asio'n ystyrlon â'r gweddill; *O'r Myrtwydd*: Dechrau'n addawol ond yn siomi wedyn. Ailadrodd diangen yw 'am gariad, am serchiadau . . .'; *Anhysbys*: Englyn ar y patrwm disgwyliedig, 'Cariad heuodd yr aceri', etc. Llinell glo amwys. Ai Ann yw'r 'hon' yn 'a chaniad hon, ei chnwd hi'?; *Gwyn, Gwynno, Gwynoro, Ceitho, Celynnin*: Yr un ymgeisydd ac mae tri o'r englynion yn lled debyg i'w gilydd. Ceir gormod odlau yn 'Yno mae Ann ei hunan'; *Owain, Lois, Bob, Elizabeth*: Pum englyn yr un, a rhyw natur ffwrdd-â-hi ynddynt. Tuedd hefyd i fod yn orglyfar, e.e., 'Heb os b'ai'n wych pe bai O/ heddiw'n ein dolwareiddio'.

Y mae naw englyn wedi tynnu fy sylw'n neilltuol. *Siôn Edward*: Hoffais symlrwydd annwyl 'Nansi yn ôl yn Nolwar/ag angerdd ei cherdd i'w châr'; *Mapiwr*: Englyn ffansïol, 'Mewn tirwedd tangnefeddus – yng Nghanaan/Yng nghanol coed ffigys/Iraidd a lluniaidd y Llys/Y mae o, nid ym Mhowys'. 'Llys' yn wan; *Y lle tân*: 'Aelwyd oedd yn nwylaw Duw – a daniodd/hyd Ann yn unigryw,/ emynau'n dân mewn menyw,/tân a fu'n ei bwyta'n fyw'. Er gwaetha'r ffaith mai ymylol iawn yw'r testun, rwy'n hoffi hwn, yn enwedig yr esgyll. Gwan braidd yw'r ail linell; *Henffych Fore*: 'Yn ei gylch . . .' fel pe'n llenwi twll ond diweddir yn gryf, 'Ni welaf ond f'Anwylyd'; *heb ei 'nabod*: Englyn tra gwahanol i'r rhelyw, 'I ddiawl â'r ddolwar addoli . . . nid yw nawr ond enw i ni!' Rhaid canmol ei ddewrder! *Manna o'r mynydd*: Esgyll digon dethe, 'hen dŷ fferm a'i lond o ffydd/a manna yr emynydd'. Nid yw'r paladr cystal; *R.W.P.2*: Englyn ar batrwm treuliedig bellach, '. . . emynau/Yw'r meini roed ynddo,/Y weddi'n drawstiau iddo/A gair ein Duw geir yn do'. Atalnodi di-lun hefyd; *Siwan*: 'Erys tu fewn y muriau – rhyw Danbaid/Fendigaid adegau,/Waeth rhywle'n y gwagle'n gwau/ Y mae Ann a'i hemynau'. Nid wyf yn gwbl hapus gyda 'tu fewn y muriau' rhagor 'tu mewn i'r muriau' ac fe ŵyr Talyrnwyr nad yw 'gwau' yn un o'm hoff eiriau. Gair diog yw. Englyn rhwydd a digon dymunol.

A dyna nhw ac eithrio un, sef *Cloddiwr*. Hwn aeth â'm bryd o'r dechrau am ei fod yn dweud llawer mewn ychydig eiriau ac wedi ymwrthod â'r ymdriniaeth hawdd a gaed gan gynifer o'r ymgeiswyr eraill. Yn yr englyn hwn, mae Dolwar Fach yn cynrychioli ein crefydd ac iaith ein crefydd ond, i bob pwrpas, amgueddfa ydyw bellach. Nid wyf yn hollol dawel fy meddwl ynglŷn â'r llinell gyntaf. Fy hun, byddai'n well gennyf, 'Os llafar oedd pob carreg . . .'

Nid llafar yw pob carreg. – O garu'r
Geiriau, aeth y frawddeg
Ar chwâl, ac archaeoleg
Ydyw iaith ein gwynfa deg.

Mae yma adlais o eiriau Gwenallt, 'Gwae inni wybod y geiriau heb adnabod y Gair . . .' ac, megis y bydd ambell actor yn pwysleisio pob gair nes tywyllu cyngor, felly hefyd y collasom ninnau olwg ar yr ystyr ehangach, neu'r 'frawddeg' chwedl *Cloddiwr*. Mi wn o'r gorau na fydd hwn yn englyn poblogaidd ac mi wn hefyd na fydd y beirniad yn ffefryn eleni. Bydded felly a gwobrwyer *Cloddiwr*.

Yr Englyn

DOLWAR FACH

Nid llafar yw pob carreg. – O garu'r
Geiriau, aeth y frawddeg
Ar chwâl, ac archaeoleg
Ydyw iaith ein gwynfa deg.

Cloddiwr

Englyn digri: Sws

BEIRNIADAETH DIC JONES

Daeth deuddeg ar hugain o englynion i law a phleser yw cael dweud eu bod i gyd yn cael cant y cant am gywirdeb cynganeddol.

Rhyw deimlo yr ydw i fod *Yr hen swsiwr, Casanofa, J.M., O ardal y Ficerdy, Gareth, Miss Têc, Eli, Susie, Dyfi Jet* a *Coler gron* yn dibynnu braidd yn ormodol ar gynganeddu enwau priod. Popeth yn iawn os oes i'r enw arwyddocâd arbennig ond, yn niffyg hynny, mae'n sawru braidd o fod yn ffordd hawdd i ddod allan ohoni. Maen nhw'n englynion digon difyr serch hynny – yn wir, mae ambell un, fel eiddo *Yr hen swsiwr,* yn beryglus o agos i'r ffin honno na fentrwn i mo'i chroesi'n gyhoeddus! Wedi'r cyfan, 'Sws' oedd y testun, a phopeth sy'n gysylltiedig â'r weithred honno!

Yn y dyrnaid nesaf, mae dau yn arbennig – *Biti* a *Gwraig y Cigydd* – yn mentro'n nes fyth i'r ffin honno. Yn wir, 'rwy'n ofni y bydd yn rhaid i'r olaf ddibynnu ar y traddodiad llafar i ledaenu ffrwyth ei hawen. Englyn campus o ran crefft a mynegiant ond bydd angen cwmni go ddethol i'w lawn werthfawrogi! Diolch bod gennym eto rai sy'n rhoi mwy o bwys ar gael hwyl o'r fath na hyd yn oed ar wobr yr Eisteddfod Genedlaethol!

Ymhlith gweddill y dyrnaid, mae gan *Iona* bum cynnig ac ni synnwn i ddim nad yr un sy'n cyfeirio at y gymdeithas honno a gychwynnwyd gan Siân Lloyd a Stifyn Parry yw'r gorau ohonynt, a'i linell agoriadol gynhwysfawr: '*Luvvies* a'r ddawn i lyfu yn reddfol'. A phan welir mai Sal ac Alecs yw dau brif gymeriad englyn *Twm Pip,* nid yw'n anodd dyfalu'r odl unsill!

Digon derbyniol ond braidd yn ddi-fflach y cefais i gynigion *Un Sy'n Socian, Unwaith Eto, B.O., Romeo, Canibal, Caersws* ac *In love with Siân Lloyd.* Yn wir, maent bron yn ddieithriad yn agor eu henglynion â phaladr sy'n codi'r disgwyliadau ac yna fel pe baent yn methu mynd â'r maen i'r wal. Mae llawer i'w ddweud dros lunio'r llinell olaf gynta'!

Gwerinwr a *Sioncyn* yw'r ddau a gafodd y weledigaeth amgen. Dyma i chi esgyll englyn *Gwerinwr*: 'Codwyd blys am wefusa/rhywiol fel pen-ôl hen iâr'. Yn sicr, rhyfedd ac ofnadwy y'n gwnaed! Pitïo hyd trwyn Pinocio y mae *Sioncyn* a gresynu na fedrai ddod yn ddigon agos at y fun i roi sws iddi, ond nid yw ei bennill yn arddangos crefft i'w chymharu â'i weledigaeth.

A dyna adael pump: *Ffleimo, Douglas, Nain, Saith Oed* a *Gorau Cymro.* Er syndod, braidd, *Ffleimo* yw'r unig un sy'n cyfeirio at arfer pêl-droedwyr i swsio'i gilydd wedi sgorio gôl. Ond mae'i englyn yn colli'i rym yn y llinell glo. Mae dyn yn disgwyl rhywbeth mwy, rywsut.

Rhedodd â'r bêl a'i rhwydo – a rhoi cri;
Tynnu'r crys i syrffio
Hyd y gwair fel bod o'i go' –
Lle rhoddwyd llawer iddo.

Os disgynneb felly yw gwendid yr englyn yna, disgynneb fwriadol englyn *Douglas* yw ei gryfder. Mae'n agor drwy sôn yn ganmoliaethus iawn am bleser disgwyliedig y 'Tafod a'r Zeta-wefus' (campus, onide!) ac yn y blaen ond, yn y diwedd, mae'n cael ei siomi. Nid oes yn y pennill ferf ac oni fyddai rhyw fath o ebychnod, neu hyd yn oed strac, *à la Ffleimo,* ar ddiwedd y drydedd linell yn gwneud yr ergyd yn fwy effeithiol?

Tafod a Zeta-wefus, – a nwydwyllt
Ochneidio ym mlasus
Nefoedd y lipstig mefus,
A phwff o wynt *chips* a phys.

Mae *Nain,* yng ngwir draddodiad rhai o feirdd y Talwrn, yn ein sicrhau, mewn nodyn ymyl y ddalen, mai ystyr 'min' yw 'gwefus' – gan taw beth yw pwrpas hynny! Ond roedd John Morris Jones yn arfer pwysleisio bod ambell air fel 'boch' yn annerbyniol mewn barddoniaeth ac y dylid arfer 'grudd', on'd oedd? Ac mae'i phennill yn rhedeg yn llyfn odiaeth. Nid pawb fyddai'n cytuno, fodd bynnag, mai 'naws' yw'r gair gorau yn y llinell gyntaf.

Er ei oed a'i naws gyffredin, – a'i gorff
ef i gyd fel pwdin,
Os ara' deg ei fegin
Di-fai o hyd yw ei fin. (Min = gwefus)

Efallai mai *Saith Oed,* o bawb, sydd wedi cael y syniad mwyaf gwreiddiol am y testun – plentyn bach yn dychmygu mai swsus yw'r croesau sy'n ymddangos ar waelod y dudalen syms bob dydd. Ond rwy'n sicr bod angen rhyw fath o atalnod yn y drydedd linell i osgoi amwysedd. Piti o'r mwyaf am hynny achos ni byddai dim yn well gennyf na rhoi'r wobr, neu ran ohoni, beth bynnag, i'r englyn annwyl hwn.

eilwaith! mae hi'n f'addoli 'nawr dwy'n sicr!
dan y syms lluosi
bob bore ddoe a heddi'
rhoes *miss* lawer sws i mi.

Un arall sy'n cyfeirio at y gymdeithas selebs honno a sefydlwyd yn Llundain, a chyfnod Cŵl Cymru, pryd bynnag oedd hynny, yw *Gorau Cymro.* Ac mae'i gyfeiriad at ddwy gymdeithas enwog arall yno yn rhoi min ar ei hiwmor. Mae gen i ryw gof hefyd i mi glywed rhai o aelodau SWS yn gwneud yr union honiad. Mae'n englyn llyfn, heb air gwastraff, a'r cyferbyniad rhwng parchusrwydd y ddwy 'hen' gymdeithas ac ysgafalrwydd yr un iau yn codi gwên. Gwobrwyer ef.

Yr Englyn Digri

SWS

Na ddigiwch, Wyneddigion – na chwithau'r
    chwaethus Gymmrodorion,
  o weld had yr henwlad hon
  yn secsiach na chriw'r Sacson!

Gorau Cymro

Cywydd o 24 llinell: Athro neu Athrawes

BEIRNIADAETH JOHN GWILYM JONES

Saith o gywyddau ddaeth i law, gan ddangos nad oedd pennu hyd y gerdd yn symbylu mwy o gystadleuwyr. Un meddwl y tu ôl i osod 24 llinell oedd rhoi cyfle i'r beirdd, pe mynnent, drefnu'r cywydd yn bedwar pennill chwe llinell ar gyfer gosodwyr cerdd dant. Ond dau yn unig a wnaeth hynny.

Un o'r ddau oedd *Mae Lois yn moli Iesu.* Mae'r mynegiant yn eglur gydag ambell gyffyrddiad trosiadol cofiadwy fel 'mewn heriog seminarau'. Buasai'n well pe bai wedi defnyddio'r ffurf 'heriol', ac y mae hyn yn enghraifft o rai o'r diffygion mewn mynegiant. Y mae'r gynghanedd yn tueddu i lurgunio'r syniadau mewn ambell fan megis, 'aeth i roi dysg ar lethr dôl'. Mae'n gorffen â'r syniad trawiadol y gall Iesu wneud y byd hwn 'yn goleg caru gelyn'.

Mocha: Agoriad addawol yn sôn am berthynas hanfodol athro a disgybl mewn addysg, gyda delwedd dda am ddau yn ôl ei gilydd. Nid yw'r ail bennill lawn mor llwyddiannus, yn arbennig yn nhriniaeth afrwydd y ddelwedd: 'a *Miss* yn cymryd mesen/a'i bryd ar ei throi yn bren'. Mae'r gair 'troi' yn anghydnaws â'r ddelwedd, gan mai tyfu'n bren y mae. Mwy chwaethus fyddai 'a'i bryd ar ei gweld yn bren'. Mae'r gynghanedd yn rheoli'r mynegiant mewn mannau yn y ddau bennill olaf: 'ac owns o ddysg ddi-gansen/yn werth y byd, nerth i ben'. Mae syniadau'r cywydd hwn yn dreiddgar eu gweledigaeth ond y mynegiant heb eto ei fireinio. Mae'r feirniadaeth ar addysg gyfoes a geir yn y pennill olaf yn gymwys ond anodd iawn oedd gwneud cyfiawnder â'r syniad hwnnw o fewn i un pennill.

Colomen ddof: Mae'r thema'n rhagorol, George Bush fel athro'r byd. Mae syniadau'r dychanu hefyd yn ddyfeisgar. Y mynegiant sydd braidd yn siomedig: y gynghanedd yn cael ei chynnal gan lawer o eiriau llanw, ac un bai gwaharddedig: 'Arwain byd mae'r gwron bach/Heb allu atal bellach/Ôl hagrwch y taflegrau,/Na chau briw yr heddwch brau./Hen wialen y bwli/Gwyd ail waith ei chraith, ei chri, . . .'. Ac mae'n anffodus fod 'codi craith' yn ymadrodd hollol wahanol ei ystyr i'r hyn a fwriedir yn y frawddeg hon.

Dingad: Carwyn James yw'r athro yn y cywydd hwn. Braidd yn anwastad yw'r mynegiant. Ar brydiau, mae'n rhyddieithol: '. . . a sgôr/Ein hysgol yn bwnc moliant/Y plwy; rhieni a'u plant/Ar dân gan wefr ei donic, . . .', gyda chymysgu tair delwedd yn y llinell olaf yna. Mae yma ambell lithriad, ac un proest i'r odl. Ond wedyn y mae arddull ystwyth y cywydd cyfan yn gweddu i'r dim i'r testun. Mewn sawl man fe welir yma fflach farddonol: '. . . Ef oedd y maswr/Huawdl sionc â dwylo siŵr/Wrth gofleidio, pasio pêl/Ei heniaith . . .'.

Bricsen yn y wal: Cerdd ddychan i athro. Tri phennill wyth llinell a geir yma, gyda llinell agoriadol drawiadol: 'Ofnau byw yn nwfn ein bod'. Yng ngweddill y pennill cyntaf mae'r mynegiant yn astrus, yn bennaf oherwydd gofynion y gynghanedd. Yr ail bennill yw'r gorau o ddigon yn y gerdd, gyda chwpled clo bendigedig: 'yn ei gell, a ninnau'n gaeth,/ein byd yw anwybodaeth;/eistedd heb wrando'n astud,/edrych heb edrych yw'n byd,/a sŵn ein llais yn hel llwch,/ein talent yw tawelwch'. O'i gymharu â'r ail bennill, siomedig wedyn yw'r pennill olaf, yng nghrefft y cynganeddu yn ogystal ag yn y mynegiant.

Un o'r mes. Fe ellid condemnio hwn am ganu i athro *ac* athrawes ond hollti blew fyddai hynny. Cywydd mawl sydd yma i athro ac athrawes mewn ysgol farddol. Y mae hwn yn gynganeddwr mwy rhugl na'r rhan fwyaf o'r cystadleuwyr eraill ac y mae ganddo ddigon o ddychymyg i ganu'n ddarluniadol:

> Y ddau a'u doniau'n denu
> y dydd o'r diwedydd du

gan gyfeirio at y dosbarth hwyrol yn dod â cherdd dafod i olau dydd. Ar brydiau, y mae yna berygl i'r delweddu gael ei gymhlethu. Sonia am gerdd y disgyblion:

> a'i nodau ynom wedyn
> yn delyn yn eu dwylo,
> i euro'n traw yn ein tro.

Dwy ddelwedd hollol wahanol ac anghymarus sydd yn 'euro' a 'traw'. Ond prif ddelwedd y gerdd yw'r dderwen:

> eu cywydd newydd ŷm ni,
> dwy awr o naddu deri.

Wrth estyn delwedd y dderwen, dylai'r holl gyfeiriadaeth wedyn ffitio'r darlun canolog. Y duedd yma yw casglu delweddau *cysylltiedig* â choeden. Meddai yn rhan olaf ei gerdd:

> Ninnau a'n crefft yn grefft grin
> yn naddu heb weld rhuddin.

Dyna gwpled am weithio'r pren, er y dylid cofio nad pwrpas y naddu yw 'gweld rhuddin'. Wedyn, yn y cwpled nesaf, eir at bren mewn cyd-destun gwahanol, y goeden ar ei thraed:

> hwythau drwy frigau'r trwytho
> yn bywhau canghennau'n co.

Yna, yn y cwpled olaf, mae'n dychwelyd at ddelwedd y naddu:

> 'Rôl asio naddion drwy'r nos
> hyn o eiriau sy'n aros.

Os cyfeiriad hunan-ddychanol sydd yma at ymdrechion y disgyblion, gellid ei ystyried yn briodol gan na fyddai crefftwr yn 'asio naddion'. Ond ni fuasai'r dychan wedyn yn rhoi clo priodol i gywydd mawl. Gresyn am y dryswch yma mewn delweddu, gan fod yma gywyddwr llawn dychymyg.

Edmygydd: Cywydd mawl i athrawes ysgol Sul a geir gan y bardd hwn, a'r ymadroddi'n llyfn drwyddo. Gellid cyfaddef bod yma un neu ddau o frychau. A dylid bod wedi osgoi odl rhy debyg rhwng diwedd yr ail a dechrau'r trydydd pennill. Ond dyma fawl yn hen arddull draddodiadol y cywydd, arddull sy'n taro i'r dim ar gyfer y testun hwn. Mae'r delweddu'n gynnil ac awgrymiadol, gan wasanaethu'r gerdd yn hytrach na'i rheoli. Mae'r pennill am bobol y swyddfa yng Nghaerdydd yn ddiwastraff ei fynegiant, a chyfeiriad trosiadol cynnil at y llinynnau o rybuddion y mynnent eu gosod yn y galeri mewn ambell gapel i rybuddio rhag peryglon y seddau blaen! Yna, un o weledigaethau gorau'r gystadleuaeth yw'r 'tir neb' yn y cwpled clo.

Er mor ddyfeisgar ddelweddog yw cywydd *Un o'r mes*, gwobrwyer *Edmygydd.*

Y Cywydd

ATHRAWES

Ar gwr y rhywiog weryd
Y mae un yma o hyd
Na chlwydodd o'i chaledwaith
Un dydd o'i haberthol daith.
Egni oes hi roes yn rhad
Yn rhinwedd ei chyfraniad.

Yr oedd ei dawn, ym mhridd dysg,
Wreiddiwyd yn naear addysg,
Hen ŷd y wlad, parhad prin
O waddol twf eu rhuddin.

Digoleg ferch y gegin
A'r criw pert o'r corau pîn;
Ni fu disgyblion llonnach
Yn bywiogi'r festri fach.

Dysgai'r gwan i lwyfannu,
Tynnai y plant hŷn o'u plu;
Bu iach ei her, heb chwerwi,
Roedd her yn ei hyder hi.

Yna gwŷr doeth o Gaerdydd
A'u rhuban coch o rybudd
A fariodd ddrws yfory
A rhoi taw ar leisiau'r Tŷ.

Yn nhir neb arweinia hon
Ei hil heb dorri'i chalon.

Edmygydd

Telyneg: Llygaid

BEIRNIADAETH CEN WILLIAMS

Un o broblemau beirniad y delyneg yw ceisio penderfynu a yw'r ymdrechion yn delynegion ai peidio. Problem arall fwy sylfaenol yw penderfynu a ydynt yn farddoniaeth ai peidio. Mae'r delyneg rydd wedi hen ennill ei phlwy' ond ar brydiau mae canu o'r fath yn gallu troi'n rhyddiaith. Cymerwch yr enghreifftiau a ganlyn:

> Ysbeilwyr, nid helwyr oeddem. Chwiliem y ffridd am gynnwrf y frwydr unochrog a gwrandawem am y gri oedd yn gwahanu. Anelaist trwy'r brwyn yn union amdanaf. Roedd golwg druenus arnat. Rhoddaist dy ên i orffwys ar swch fy esgid ac ymbiliaist arnaf mewn diymadferthedd llwyr . . . *[Hywel]*

> Y mae rhai wedi'u breintio â masg anweledig i orchuddio'r drych a chadw'u teimladau dan gêl; ac ambell un, fel y ferch yn llun da Vinci, sydd â'r drych yn adlewyrchu'n amwys a'r llygaid yn awgrymu llawer ond yn datgelu dim . . . *[Leon]*

Yr her i chi, eisteddfodwyr, yw troi'r uchod yn farddoniaeth gan gadw'r un geiriau yn yr un drefn. Dydi rhannu brawddegau o ryddiaith yn llinellau byrion ddim o angenrheidrwydd yn gwneud barddoniaeth, a rhythmau ac arddull rhyddiaith sydd i'r llinellau hyn.

DOSBARTH 3

Mae wyth arall o'r 36 telyneg a ddaeth i law wedi'u gosod yn y trydydd dosbarth gyda *Hywel* a *Leon*, sef *Olwen, Lleucu, Y Post Olaf, Llwynog, Hiraethus, Oedipws, Erin* a *Mynydd Bach.*

Mae *Olwen* a *Lleucu* yn tueddu at y rhyddieithol hefyd ond yn ailadrodd gair er mwyn creu'r argraff fod y gwaith yn fwy o farddoniaeth. 'Bu'r llygaid hyn yn dystion/I'r ecsodus llechwraidd,/I'r gwersylloedd caeth,/I'r alltudiaeth ddigroeso . . .', meddai *Olwen* tra bo *Lleucu*'n ailadrodd y gair 'gweld': 'Gweld yr afon yn ysgrifennu/brawddeg arian ar ddalen lwydlas./Gweld menyw ddu, gweld dyn gwyn,/gweld print ar ddalen wen./Rhegi'r bioden unig ar ben to . . .'.

Mae mwy o afael ar hanfodion barddoniaeth gan *Lleucu* ond mae'n rhaid penderfynu pryd mae'r ailadrodd yn mynd yn ormod. Mae telynegion *Hiraethus, Oedipws* ac *Erin* hefyd yn rhy ryddieithol.

Cerddi ar fydr ac odl sydd gan *Mynydd Bach* a *Llwynog* ond teimlir bod yr odl yn mynd yn drech na'r ystyr ar brydiau: 'Ers talm, pan oedd yn ifanc, daeth/A dawn ymroddiad llwyr,/Fy ffrind oedd ef, fy ngwas, fy nghaeth,/O fore gwyn tan hwyr . . .'. Y geiriau 'fy nghaeth' yw'r maen tramgwydd yma; 'caethwas' fyddai'n gywir ond mae 'caeth' yn odli â 'daeth'.

Mae'r ystyr a'r gystrawen yn dioddef oherwydd bod *Mynydd Bach* wedi canu ar fydr ac odl a dylai *Y Post Olaf* ddeall gofynion barddoniaeth cyn mentro i gystadleuaeth fel hon. Byddai darllen y gyfrol ddiweddar, *Mae'n Gêm o Ddau Fileniwm*, yn fan cychwyn rhagorol i ymgyfarwyddo â hanfodion y grefft ac, yna, darllen rhagymadrodd Gwynn ap Gwilym a'r atodiad, 'Crefft y Delyneg', yn y gyfrol *Y Flodeugerdd Delynegion.*

DOSBARTH 2

Yn yr ail ddosbarth, gosodir un ar ddeg o'r ymdrechion. Mae'r rhai a'u hysgrifennodd yn feirdd ac yn deall hanfodion y grefft yn iawn er mai cerddi ac nid telynegion a geir gan rai ohonynt. Tuedd arall gan rai, yn arbennig felly yn y telynegion mydr ac odl, yw bod yn sentimental.

Epstein: Gweld y cerflun 'Ecce Homo' yn Oriel Glyn Vivian, Abertawe, a ysgogodd y bardd i ysgrifennu'r gerdd grefftus hon. Llygaid ar gau sydd wedi ei ddenu, ond llygaid a allai agor i gynnig arweiniad i'r bardd. Mae'r ffaith fod y cerflun wedi dod i Abertawe yn cadarnhau iddo fod Crist wedi dod i'n plith yn ddyn. Er bod y gerdd wedi'i saernïo'n gelfydd, byddwn yn dileu'r adran olaf ond un.

Eryl: Un o'r deillion a oedd yn aros ar ochr y ffordd am ddyfodiad Crist sydd gan y bardd hwn ac mae'n feistr ar y wers rydd gyda hyd ei linellau a'r ffordd y mae wedi'u rhannu yn ychwanegu at effaith rythmig y gerdd. Mae 'a deuai'n nes/ei gyfle' yn swnio'n chwithig.

Pharisead: Cerdd sydd yma eto wedi'i chynllunio'n ofalus gyda'r geiriau 'Gallaf wrando . . . Gallaf deimlo . . . Gallaf flasu . . . Gallaf ffroeni . . . Gallaf weld . . .' yn agor y penillion a throsiad effeithiol i gloi'r gerdd. Y gwendid amlycaf yw gor-eiriogrwydd yn arbennig yn y rhan sy'n sôn am flasu.

Anelog: Ffenestri capeli yw'r llygaid sydd gan *Anelog*; 'Trwy'r rhain/y bu pelydrau cannwyll wêr/Yn siglo'u croeso i gredinwyr,/yn denu ar draws corsydd,/yn dynfa o'r fagddu.' Ond bellach maent wedi diffodd a chrefydd yn fwy o wyll nag o oleuni. Enghreifftiau eto o fod braidd yn or-eiriog.

Via Dolorosa: Siom sydd yma am fod gwlad Canaan wedi colli ei hud i'r bardd oherwydd y rhyfela a fu yno dros y canrifoedd ac yn ystod y blynyddoedd diwethaf yn arbennig. Byddai'n gwella o arfer mwy o gynildeb a llai o ansoddeiriau. Mae peth amheuaeth a yw'n gyfan gwbl destunol hefyd.

Trystan: Telyneg sy'n sôn am Ben, yr hen amaethwr a allai dorri cwys union a phlygu perthi ond a gollodd ei olwg. Braidd yn ystrydebol yw ei ymdriniaeth ond, o ran crefft, mae'n lân iawn.

Sol: Telyneg dau bennill yn sôn am gi ifanc ofnus yn troi'n gi tywys cyfrifol. Nid yw'n gwbl ganolog o safbwynt y testun a osodwyd.

Tudclud: Braidd yn sentimental ac ystrydebol wrth gymharu'r llygaid yn y llun priodas ar y pentan gyda llygaid yr un sydd ar ôl ddiwrnod angladd y llall.

Y Pabi Coch: Traddodiadol yw'r naws a rhai o'r geiriau wrth sôn am 'Fehefin mwyn,' y 'fronfraith bêr ei chân', a'r 'marwol glwy'. Mae'r syniad fod 'llygaid y pabi' sy'n cynrychioli'r rhai a fu farw mewn brwydrau, yn obaith am well a glanach byd yn syniad deniadol. Ond, gwaetha'r modd, nid yw'n wir.

Cantiori: Mae hon yn delyneg grefftus iawn a'r syniad o 'weld y byd trwy lygaid ddoe' yn y pennill cyntaf yn un trawiadol. Erbyn yr ail bennill, mae'r golygon wedi pallu a'r 'pell yn agosáu' ac mae'r bardd yn mynegi na fedr dim ein paratoi at y sylweddoli hwnnw. Nid wyf yn hoffi'r 'olaf gau'.

Deigryn: Y llinell olaf, 'Mae llygaid llaith yn iaith', sy'n difetha'r delyneg hon. Mae cael gair yng nghanol y llinell yn odli gyda'r brif odl yn gymaint tramgwydd â'r bai 'gormod odlau' ym myd y canu caeth. Fel arall, mae'r adeiladwaith i'w ganmol a'r grefft yn lân.

DOSBARTH 1

Mae rhyw apêl arbennig yn yr holl delynegion sydd yn y dosbarth hwn; mae rhai ohonynt yma oherwydd eu crefft er y gellid dadlau eto fyth mai cerddi yn hytrach na thelynegion yw amryw. Afraid fyddai hollti blew'n ormodol gan fod y Meuryn presennol ar Dalwrn y Beirdd wedi ymestyn ffiniau'r delyneg trwy dderbyn cerddi rhydd crefftus (yn hytrach na thelynegion rhydd), cywyddau ac ambell gerdd drybeilig o ryddieithol.

Mae eraill yma oherwydd eu bod yn cynnwys yr elfen arbennig honno sydd yn cyfleu teimladau'r bardd ac yn cyffwrdd teimladau'r darllenydd yr un pryd. Cyfeiria T. H. Parry Williams at yr elfen hon yn *Elfennau Barddoniaeth* a chyfeiria John Roberts at yr un peth yn ei feirniadaeth ar y delyneg yn Eisteddfod Genedlaethol Wrecsam, 1977: 'Rhaid i'r telynegwr feddu meistrolaeth ar iaith, a dylai ei gân gynnwys teimlad sy'n cynhyrchu teimlad'. Mae'r telynegion sydd ar y brig yn y dosbarth yma yn gwneud hynny, y rhai a sgrifennwyd yn y wers rydd yn ogystal â'r rhai a ysgrifennwyd ar fydr ac odl.

Gosodir pymtheg yn y dosbarth cyntaf.

(i) Y Telynegion Rhydd

Garan: Llygaid y llofrudd Myra Hindley yw'r testun er na nodir hynny, ac mae yma linellau unigol trawiadol iawn. Dyma un o gerddi gorau'r gystadleuaeth ond nid yw'n delyneg nac yn amcanu i fod yn delyneg.

Y Garreg Hir: Telyneg atgofus gan un sy'n feistr ar y wers rydd. Pedwar darlun gwahanol a geir yma a gellid dadlau bod undod y delyneg yn cael ei chwalu gan y ffaith fod yma raniad rhy ddwfn rhwng y ddwy adran gyntaf a'r ddwy olaf. Mae'r ddwy adran olaf yn creu telyneg ar eu pennau eu hunain ac mae mwy o undod syniad a theimlad i'w deimlo o wneud hynny.

Gwyliwr: Telyneg yw hon sy'n ymateb i raglen deledu am y Bwda ac sydd wedi'i hysgrifennu ar ffurf tri chwestiwn a ofynnir i Siddhartha, a'r atebion iddynt. Y ddelwedd lywodraethol yma yw'r 'Olwyn Bod' a llwyddir i gyfleu'r syniad mai cylch yw popeth mewn bywyd.

Sgowt: Ron Davies yw testun y delyneg hon a'r ddelwedd ganolog yw'r syniad o alffa ac omega; y dechrau ym Mharc Cathays ddiwrnod canlyniad y Refferendwm dros y Cynulliad a'r diwedd pan oedd yr 'amrannau aflonydd' yn ei 'wylio o bell'. Trwy'r cyfan, cawn y syniad mai llygaid yr un dorf oedd yn ei wylio'n llawn boddhad yn nyddiau'r Genesis ac yn ei erlid yn nyddiau'r Exodus. Crefftus iawn.

Tywod: Telyneg gwbl gyfoes ac amserol o gofio mai Ebrill 1 oedd y dyddiad cau ar gyfer y cynnyrch. Terry Lloyd, y gohebydd a laddwyd yn Irác yw'r testun. Bardd arall sy'n feistr ar rythmau'r wers rydd a geir yma a gŵyr yn union sut a phryd y dylid rhannu'r llinellau. Mae yma ddweud syml ac uniongyrchol heb gynnwys yr un ansoddair ac mae'r diweddglo'n defnyddio tywod yr anialwch yn llithro trwy fysedd yn drosiad effeithiol am fywyd.

Maelor: Telyneg yw hon sy'n trafod profiad cyffredin a ddaeth neu a ddaw i bawb, sef y profiad o weld ymwelwyr at wely claf mewn ysbyty yn ceisio'i gysuro a chuddio'r anobaith gyda geiriau creulon o weigion. Yna daw ei wraig ac mae ei llygaid hi yn gweld y gwirionedd. Telyneg effeithiol iawn.

Barcud: Edrych trwy'r 'binociwlars' ar draeth llawn Saeson 'yn gwarchod y môr a hawlio'r haul' a wna'r bardd a'i gymar ar ddechrau'r delyneg hon. Erbyn y diwedd, mae'r bardd yno ar ei ben ei hun ac mae ôl traed yr ymwelwyr 'yn greithiau hiraeth/ar draws ein traeth'. Telyneg a ddaethai'n uwch yn y gystadleuaeth oni bai am ambell nam yn y dweud ac un gystrawen Seisnig iawn.

Pelydren Fach: Gofalwraig sydd yma yn edrych ar lun plentyn dwyflwydd wrth wely'r henwr pedwar ugain oed ac yn sylweddoli wrth graffu ar y llygaid, mai'r hen ŵr yw'r ddau. Sefyllfa gyfarwydd i nifer ohonom yw hon eto ac mae'r dweud yn gynnil ac yn effeithiol gyda chymysgedd o sgwrs a disgrifiad. Telyneg yw hon a'm cyffyrddodd i a daw'n uchel iawn yn y gystadleuaeth.

(ii) Y Telynegion sydd ar Fydr ac Odl

Trem: Dau bennill saith llinell sydd yma a'r grefft yn hon sy'n ei chodi i'r dosbarth cyntaf. Nid wyf yn siŵr a yw'r tair llinell olaf yn y ddau bennill yn llwyddo; maent yn gweiddi am bedwaredd linell i'w gorffen yn grwn. Gellid dadlau y byddai'n fwy addas o dan y testun 'Gwrando' neu 'Clustiau' hefyd ond mae dechrau pob pennill yn ardderchog o safbwynt eu sŵn, eu synnwyr a'r rhythmau. Dyma sy'n ei chodi i'r dosbarth cyntaf.

Meilir: Dyma'r orau o'r telynegion dau bennill; mae'n cyfeirio at lygaid cwningen neu ysgyfarnog yn diffodd yng ngolau'r car. Traddodi uniongyrchol, effeithiol.

Rhos y Meirch: Telyneg am euogrwydd yw hon ond un sy'n gwbl destunol oherwydd y defnydd trosiadol a wneir o'r 'sbectol' a'r 'amrannau'. Telyneg afaelgar, grefftus ar wahân i'r ffaith fod y bardd wedi defnyddio'r gair 'tîn', gair sy'n gwbl anaddas o fewn ei gyd-destun gan nad yw'n rhan o naws gweddill y geiriau. Rwyf yn dechrau deall yn awr beth oedd gan yr hen Syr John!

Crud y Nant: Llygaid y C.C.T.V. sydd gan y bardd ac mae ailadrodd y gair 'gwylio' yn llinell olaf pob pennill yn effeithiol iawn. Mae hon yn delyneg gref ac yn agos at y brig.

Cantref: Cartref yn cael ei chwalu sydd yn y delyneg hon ac yng nghanol y rhannu mawr rhwng y rhieni a'r awyrgylch oeraidd, yng nghil eu llygaid, gwelant y plentyn yn anwesu'i degan, 'Heb ddim i'w rannu rhyngddynt/Ond calon oedd yn ddwy'. Telyneg gref, apelgar ond efallai'n ymylu ar fod yn sentimental.

Caron: Cyfres o gwestiynau yw'r delyneg hon am ddieithrio a phellhau ond cawn wybod yn y pennill olaf mai'r meddwl yn pallu a henaint yn gafael sy'n gyfrifol am y pellhau hwnnw. Telyneg gadarn ond efallai y byddai dileu'r pennill olaf yn ei gwneud yn gadarnach. Byddai mwy o gynildeb a llai o ddadlennu'r cyfan yn ei grymuso.

Menai: Cadwyd y cynildeb yn y delyneg hon ac mae hynny yn ei chryfhau'n fawr. Mae 'llygaid' y testun yn gwbl ganolog i'r delyneg gyda'r pennill cyntaf yn cyfeirio at y cyfnodau hynny pan maent yn pefrio ac yn llawn gwên. Pylu mewn prudd-der a wna'r llygaid yn yr ail bennill. Yn y pennill olaf, maent yn dweud y cyfan heb yr angen am eiriau. Mawredd hon yw'r cynildeb; ni chawn wybod beth yw'r gwir na sut effaith a gaiff ar y bardd. Mae hi'n delyneg gron, orffenedig sy'n gwbl ddiwastraff o ran mynegiant ac sy'n unol â llinyn mesur T. H. Parry Williams a John Roberts.

Wrth benderfynu ar yr enillydd, ystyriwyd *Tywod, Maelor, Barcud, Pelydren Fach, Crud y Nant, Cantref* a *Caron* ond *Menai* sy'n fuddugol.

Y Delyneg

LLYGAID

Maent weithiau yn pefrio
   a'm dal yn eu hud,
a'th wenau yn llonni'r
   munudau i gyd.

Maent weithiau yn pylu
   a'm pleser yn ffoi
pan welaf dy brudd-der
   a'th ddagrau'n crynhoi.

A neithiwr 'doedd angen
   'run gair, 'roedd y gwir
i'w weled yng nglasliw
   dy lygaid yn glir.

Menai

Wyth Triban neu Wyth Pennill Telyn: Agored

BEIRNIADAETH GERAINT LØVGREEN

Daeth 33 ymgais i law ac o ran crefft sgwennu tribannau neu benillion telyn, roedd pob un o safon gwbl dderbyniol. Chwilio roeddwn i, felly, am wreidd-ioldeb o ran mynegiant neu o ran testun. Mae'r penillion telyn neu'r tribannau gorau'n mynegi rhyw wireb, a llwyddo i wneud hynny heb ei throi'n ystrydeb ydi'r gamp, am wn i. Roedd y testun agored yn ei gwneud yn anodd i'r beirdd, fel y cwynodd un ymgeisydd yn ei benillion. 'Ta waeth, dyma nhw, heb fod mewn unrhyw drefn arbennig.

Yr un ymgeisydd ydi *Tynbryn, Tros y Gors* a *Sioni Moni.* Mae *Tynbryn* yn dech-rau'n dda ac mae ganddo sawl pennill reit ddel ond mae'n chwythu'i blwc ac mae gwallau iaith y pennill olaf yn ei dynnu i lawr. Mae casgliad *Tros y Gors* yn eitha derbyniol ond bod y gystrawen hynafol yn taro rhywun braidd yn chwithig weithiau. Dydi safon penillion *Sioni Moni* ddim cystal ond, o chwynnu, mi allai'r bardd hwn fod wedi cyflwyno wyth pennill telyn di-fai.

Yr un bardd ydi *Llolwyn* a *Rhydsaeson* hefyd: bardd gwlad eithaf profiadol, 'ddywedwn i, a barnu oddi wrth safon grefftus ei benillion. Mae tribannau *Llolwyn* yn ysgafn, weithiau'n grafog ond, ar brydiau, rwy'n disgwyl ergyd nad yw'n dod. Mae *Rhydsaeson* yn fwy llwyddiannus gyda chadwyn o benillion yn mynd â ni o un pen blwyddyn i'r llall – digon swynol, ond tueddu i restru a wna.

Nid yw'r gystadleuaeth yn gofyn am gadwyn o benillion ac mae penillion *Twm Twm* yn gwbl ddigyswllt, heb hyd yn oed gadw at yr un mesur. Amrywiol yw'r argraff a adawant hefyd ond mae yma ambell bennill tlws, os hen ffasiwn.

Mae *Bwlch yr Adwy* wedi rhoi'r teitl 'Cefn Gwlad' ar ei ddilyniant o dribannau ac mae yma rai da, yn sôn am bethau sy'n poeni pobl cefn gwlad yn ein dyddiau ni. Dw i'n meddwl mai '. . . mi wela' i'r cadno . . .' y bwriadodd ei ysgrifennu yn y trydydd pennill, nid '. . . mi welai'r cadno . . .' ('Fyddai '. . . cawn weld y cadno . . .' yn well, tybed?). Dyma driban ag ergyd iddo: 'Amelia Jane ac Errol,/Persephone a Carol/Yw enwau'r plant sy'n rhedeg ras/Ar batchyn glas yr ysgol'.

Mae *Agoredaffobia* ymhlith ymgeiswyr mwyaf gwreiddiol y gystadleuaeth, gan gymryd y gair 'Agored' fel testun i'w dribannau, a hynny mewn ffordd reit smala. Ond y syniad hwnnw ydi'r peth gorau am y dilyniant hwn: anaml y mae'r penill-ion eu hunain yn taro deuddeg.

'Hollalluedd' yw teitl tribannau *byw a bod,* a dyma wedd wahanol ar y grefft, sy'n ei dyrchafu i lefel uwch, yn athronyddol a chrefyddol. Disgrifio'r holl-alluog, y duwdod, yr hyn a eilw Steve Eaves yn 'Ysbryd Mawr', a wna'r bardd, mewn cyfres a allai fod yn fyfyrdodau mynach. Dyma un: 'Nid deall ond ei dderbyn,/nid rheswm ond ei ddilyn,/nid oes yr un all ddweud beth yw,/nid ydyw, ond mae wedyn'. Braidd yn niwlog yw'r mynegiant. Ai 'fe'i canfyddant' ac 'a'i gwelant' (yn hytrach nag 'a'u . . .') a ddylai ymddangos yn y ddwy linell gyntaf? Ac wedyn 'Llawn ystyr yw pob amser' meddai yn y pumed triban ond tybed ai '. . . bob amser' a olygir? Mae'n anodd dweud.

Mae tribannau *Steffan*, Ar ŵyl Nadolig, yn debyg iawn i garol: yn wir, byddent yn benillion da iawn i'w canu mewn cyngerdd Nadolig, ar wahân i'r triban olaf lle collir y rhythm yn y llinell gyntaf. Ond am ddweud fod y wyryf yn 'gyfeb' – chware teg, nid caseg oedd y Forwyn Fair!

Penillion telyn traddodiadol sydd gan *Rhoslan*, rhai celfydd a thelynegol, mae'n wir, ond ystrydebol hefyd, gyda hen drawiad ymhob pennill. Dyma'r gorau: 'Roedd hi'n hwyl gweld torri'i henw'n/Garbwl ar y goeden dderw,/Ond nid hwyl oedd gweld ei dorri'n/Gelfydd ar y garreg 'leni'.

Anwastad ydi safon tribannau ysgafn *Maes yr Onnen* ac nid yw'n llwyddo i daro deuddeg bob tro. Ond mae ambell bennill digri'n codi gwên; yr un am y ffesant, er enghraifft.

'Celfi Traddodiadol Cartrefi Cymru' yw testun *Dôlwyre*, gyda phob triban yn disgrifio rhyw hen ddodrefnyn, yn ddigon cymen. Yn yr ail bennill, sy'n disgrifio'r dresal, sonnir am '[y] platiau prydferth glas a gwyn/A'r llyn yn dweud y stori': y *llun* ddylai hwn fod, siawns. Ond wedyn byddai'n colli'r odl gyrch! Biti.

Hiraethu am y gorffennol a wna *Guto'r Gwas* yn ei dribannau i 'Hen Dermau ac Offer Fferm'. Mae'n ddilyniant addysgiadol iawn i fachgen o'r dre fel fi, ac mae atgofion y bardd yn amlwg yn werthfawr iddo. Yr un hiraeth sydd gan *Bryn Eiddwen*, sydd yntau'n cynnig cyfoeth o eiriau ac ymadroddion a fu'n rhan mor annatod o fywyd cefn gwlad yr oes a fu. Ond tueddu i ogor-droi yn y gorffennol y mae'r ddau fardd, gan daro nodyn rhy leddf.

Dau driban i bob tymor sydd gan *Sicerhi*, ac mae'n ddilyniant twt sy'n darlunio effaith y tymhorau ar y wlad yn effeithiol iawn. Anffodus ydi ambell frycheuyn ieithyddol fel 'Ar ôl i'r coed o'n cwmpas/i newid eu gwisg wyrddlas . . .', gan fod yma gyffyrddiadau hardd.

Wyth triban i 'Y Flwyddyn a'i Thymhorau' sydd gan *Claire Chazal* hefyd, a dyma farddoniaeth ddarluniadol iawn. Dyma'r pennill i'r hydref: 'Prin ydyw'r dail sy'n gyndyn/o adael noddfa'u brigyn,/a charpiog nawr yw gwisg y gwŷdd/a'i golwg brudd sydd ddychryn'.

Mae wyth triban *Peccavi* i'r saith pechod marwol yn glyfar a chrafog iawn; nodir fesul pennill y pechodau marwol sydd 'i'w gweld yn fyw a hynod iach/yng Nghymru Fach yn ddyddiol.' Mi wnes i fwynhau'r rhain, a dyma enghraifft o'r hiwmor:

A Chwango'n ei gyflogi,
Perffeithiodd grefft Diogi
I'r pwynt lle'r ydoedd taro rhech
Yn ymdrech i'w rhyfeddu.

Pechod arall yw glythineb:

'Rôl stwffio yn ddiddiwedd
Sothachfwyd hyd ormodedd,
Yn awr mae plantos Cymru Fach
Yn dalach ar eu gorwedd.

Wyth o benillion telyn sydd gan *Trethdalwr* ac ymosod yn hallt ar 'fawrion' y Cynulliad yw ei nod. Mae'n drwm ei lach ar y trigain aelod ym Mae Caerdydd ond hwyrach y byddai mwy o gynildeb yn y dwrdio yn rhoi mwy o fwynhad i'r darllenydd. Crafu yn lle gwaldio â gordd fyddai fwyaf effeithiol o lawer.

Digalon, hefyd, yw golwg *Sam* ar sefyllfa'r wlad yn ei dribannau i 'Cefn Gwlad Cymru'. Ar ôl rhestru popeth sydd o'i le yng nghefn gwlad, mae'n galw ar '[b]wysigion y Cynulliad' i ddeffro o'u '. . . cwsg ym Mae Caerdydd/i adfer ffydd yr henwlad'. 'Bwysigion', nid 'Pwysigion', fyddai'r ffurf gywir ar y cyfarchiad, gyda llaw.

Rwy'n hoffi ambell bennill o gasgliad syml, hen ffasiwn *Bryn Du*, lle llwyddir i gyfleu mwy nag un gwirionedd, newydd a hen. Gwaetha'r modd, dydi pob pennill ddim cystal â'r cyntaf: 'Rhwysg a phasiant Sul y Cofio/A sain corn i hybu'r mwrno,/Troi ddydd Llun yn fyddin anghall/I greu bom at ryfel arall'.

Hanes tad yn trefnu disgo priodas i'w ferch a gawn ni gan *Ap Siôn* yn ei dribannau i'r 'Disgo'. O'i anfodd y mae'n gwneud hynny, dan orchymyn ei wraig, sef yr '. . . Un/fu'n fôs erioed 'n ei dŷ o'. Braidd yn fflat ydi'r diweddglo; hwyrach fod cynnal yr un odl drwy'r gadwyn wedi mynd yn ormod o faich.

Fel ambell gystadleuydd arall, edrych yn ôl a wna *Eli* yn ei dribannau, 'Golud'. Ond mae yma fwy na dim ond hiraeth am a fu; eli i'r galon yw 'golud' y bardd gobeithiol hwn a cheir ambell ddarlun hyfryd: 'Mae gennyf ar fy enw/Sawl camra drud ofnadw',/Ond rhywle ynof y mae llun –/'D oes 'r un all dynnu hwnnw'.

Testun *Eginfardd* yw'r 'Beirdd'. Mae'n ddychanwr miniog wrth wneud hwyl am ben y beirdd i ddechrau ac wedyn am ben gwisgoedd yr Orsedd. Dw i'n teimlo nad oes ganddo ddigon o ddeunydd i lenwi wyth triban ond dyma bennill crafog: 'Rhaid profi'u crefft mewn 'steddfod/Wrth 'sgwennu darnau hynod/O gymhleth, ac yn eno'r tad/Cael beirniad sy'n eu 'nabod'.

'Trem yn Ôl' yw teitl tribannau *Ieuan*, a dyna a gawn ni, mewn wyth triban syml a phersonol iawn. Cawn rannu digwyddiadau pwysig bywyd y bardd drwy gadwyn o gerddi teimladwy ond, i mi, rywsut, nid yw'n codi i lefel uwch na'r cofnod personol.

Mae wyth pennill telyn *Agored* yn rhai digon gwamal, yn trafod pynciau dyrys fel breuddwydio am fod yn arbenigwr ar freuddwydion, a pham y bu i'r deinosor groesi'r ffordd ('Nid oedd ieir i gael pryd hynny'). Trueni iddo'n rhy aml ddefnyddio gair sy'n ffitio o ran sillafau yn hytrach nag o ran ystyr.

Bardd llawn dychymyg yw *Y Bardd Twp*. 'Cariad' yw ei destun ond lle byddai'r hen benillion telyn yn sôn am flodau, adar ac ati, mae hwn yn debycach o gyfeirio at gyri sbeislyd neu fara ffres. Dydi o ddim bob amser yn llwyddiannus ond dyma enghraifft dda o'i arddull synhwyrus: ''Na chawn fod yn feic Suzuki/ Rhwng dy goesau'n canu grwndi/Byddai'n nefoedd ar ben Trichrug/Wedi moelyd yn y mangrug'.

Mae penillion telyn *Bedw* yn rhai celfydd a chynnil iawn. Er eu bod yn eithaf traddodiadol, mae 'na ryw ffresni tawel yn perthyn iddynt. Er gwaethaf ambell lithriad diofal ('mynd mas *wnaeth* honno' a olygir, mae'n siŵr, ar ddiwedd yr ail bennill), dyma gyfres o benillion darllenadwy sy'n plesio'n fawr – er enghraifft:

Sychodd Dai bob gwledd gymedrol,
Sychu wnaeth ein tafarn lleol;
Cafodd fedd yn Eglwyswrw
Mewn hen lecyn gwlyb ofnadw.

Mae *Pyrsi* wedi sgwennu wyth triban dan y pennawd 'Gair o Gyngor i . . .' ac wedyn mae gan bob triban ei bennawd ei hun: 'i ysgrifenyddes', 'i ffermwr', 'i Gadeirydd Bwrdd yr Iaith' (cyngor am addysg ei fab, wrth reswm), ac ati. Maen nhw'n ddigri ac yn grafog iawn ac yn werth eu darllen. Mae'r triban agoriadol yn nodweddiadol:

i dîm 'Talwrn y Beirdd'

Os ydych dîm o fechgyn
Sy'n ceisio plesio'r Meuryn,
Cynhwyswch aelod o'r rhyw deg,
Cewch ddeg yn bendant wedyn!

Mor wir. A cheir ergyd yn llinell ola'r cyngor 'i hen ŵr neu wraig':

Mewn henaint llesg, encilia
I Noddfa a'i esmwythdra;
Ac fe wneir popeth er dy les
Tra bo dy bres yn para.

Wyth pennill amrywiol eu mesur sydd gan *Seren Ola'r Wawr*. Mae ambell un difyr yma, er bod eraill yn bethau sydd wedi'u dweud yn well o'r blaen. Dyma un o'i benillion smala:

Rhyfedd gweld ein plant mewn disgo
yn efelychu gwartheg gwallgo';
od eu gweld nhw wrthi'n claddu
cwrw, fel 'tai'n bennu fory,
ond y mwya' o'r rhyfeddode
yw bod gan 'rhain rieni'n rhywle.

'Rhinweddau' yw testun tribannau *Cofio*, ac mae darllen drwyddynt fel darllen gwers o'r Ysgol Sul – popeth yn dda, mae'r cynghorion rhinweddol yn ddi-fai, os nad yn newydd. Dyma un triban: 'Mor hawdd yw gweld y brychau/sy'n britho cymeriadau,/mil gwell yw gweld y doniau da/mewn pawb, na ffeindio beiau'. Clywch, clywch (er mai 'ym mhawb' sy'n gywir). Ond ceir tro yn y triban olaf: 'Trwy 'mywyd, do, fe'u cofiais,/ond pa rai a weithredais?/Wel . . . m . . . wel do, gweithredais rai,/ond llai nag a addunedais!'.

Cyfres o jôcs efo *punchlines*, yn y bôn, yw penillion *Sguthan* dan y teitl 'Adar'. Mae rhai'n taro deuddeg yn fwy nag eraill ond mae'r ebychnodau ar ddiwedd penillion yn fwrn (pe bai'r pennill yn wirioneddol ddigri, 'fyddai dim angen arwydd i ddweud hynny wrthym). Cyfeirir at aderyn gwahanol ym mhob pennill (*Woodpecker Cider* ydi testun un!). Maen nhw'n ddigon doniol ar y cyfan; dw i'n hoff o hwn (er gwaetha'r ebychnod): 'Mynd ar negas bach wnaeth Nico,/Ond ni welwyd byth mohono./Margaret Williams fu'n gyfrifol –/Roedd ei chanu mor uffernol!'.

Melys, moes Microsoft sydd wedi cyflwyno'r gwaith mwyaf gwahanol, a chlyfar dros ben, dan y pennawd 'Cocos fardd Compatibyl'. Mae'n manteisio ar holl declynnau'r prosesydd geiriau ac yn brolio'r peiriant yn arw: fel y dywed mewn un llinell, 'Màë'n giâmstâr â'r açéniön'. Dim ond ambell wall sydd yma – ac nid bai'r bardd yw'r rheini:

Gall wirio fy sillafu –
A throi'r gair cywir fyny
Ac os mis toc boch fyddai'n gwneud
Cof ddweud mae CySill ddaru.

Dyma fardd uchelgeisiol sydd hyd yn oed yn awgrymu y gall gystadlu am y goron cyn bo hir ac, i brofi hynny, mae'n gorffen gydag atalnod llawn du mewn sgwâr! Dyma bennill arall:

Mae'r bysell 'dash' – yn ffefryn
    A'r 'tab', defnyddiol goblyn
  I wneud pob triban, wael neu wych,
  I *edrych* fatha englyn.

A beth am hwn, wir:

Mae gen i'r perffaith modl
A mater bach yw odl
Os ydych berchen ar Pi Si
Wyth triban sydd yn dodl!

Mi hoffais i'r dilyniant hwn yn fawr, er gwaethaf ambell linell garbwl (dyma'r waethaf: 'A'r gronfa data'n drymion'). Mae'n glyfar iawn ond gresyn na fyddai wedi caboli'r gwaith fymryn yn fwy.

Sut i ddewis? Mae'n anodd iawn ac, i mi, mae'n ddewis rhwng cynigion *Peccavi, Bedw, Pyrsi* a *Melys, moes Microsoft.* Er gwaetha gwreiddioldeb ymdrechion y tri arall, mae gen i ryw deimlad mai symlrwydd cynnil *Bedw* sy'n haeddu'r wobr.

Yr Wyth Pennill Telyn

Dyn y pridd erioed fu Ifan –
Cydio maes wrth faes ymhobman;
Ar ei hyd dan orchudd amdo
Gweiddi mae am ddaear eto.

Wedi'r ocsiwn yn yr hydre'
Aeth y cwbwl mas o'r Goetre –
Geriach fferm a'r gwartheg godro
A'r hen iaith – mynd mas aeth honno.

Methu canfod mwy ein henwe
Ar y coed yng ngallt Cwmere,
Dim ond adar y gwanwynau
Heno'n chwerthin uwch ein pennau.

Dringo wnes y goeden syca
Fel Saceus ym Mhalesteina;
Gweled yno wedi'r ffwdan
Nad oes dianc rhag fy hunan.

Sychodd Dai bob gwledd gymedrol,
Sychu wnaeth ein tafarn lleol;
Cafodd fedd yn Eglwyswrw
Mewn hen lecyn gwlyb ofnadw.

Mae tri chapel yn ein pentre
Yn goleuo 'da'r enwade:
Pawb yn selog ac yn moli –
Pawb ar goll yn y Goleuni.

Troi yn ôl wrth iet y godre
O gywilydd er gweld gole,
Brysio drannoeth i dŷ galar
Er fy mod yn rhy ddiweddar.

Colli cyfle fil o weithiau,
Dyna yw fy hanes innau,
Ond er hyn i gyd, rôl meddwl,
Colli ffydd yw colli'r cwbwl.

Bedw

Carol Plygain

BEIRNIADAETH TUDOR DAVIES

Roedd yn briodol iawn i Banel Llên yr Eisteddfod Genedlaethol osod y gystadleuaeth hon oherwydd cynhelir yr Eisteddfod eleni yn y fro a fu'n gadarnle i'r Carolau a'r Gwasanaethau Plygain ers rhai canrifoedd ac sy'n dal felly i raddau helaeth hyd heddiw. Mae i'r Gwasanaethau Plygain ddalgylch eang, yn ymestyn o ogledd Sir Drefaldwyn i dde siroedd Dinbych a Meirionnydd. Gobeithir y bydd dyfodiad yr Eisteddfod Genedlaethol i fro'r Plygain yn gyfrwng i ennyn a meithrin diddordeb dyfnach ac ehangach yn un o brif nodweddion diwylliant gwerin Cymru. Trwy gyfrwng y Gwasanaethau a'r Carolau Plygain, dethlir y Nadolig yn y modd mwyaf priodol yn ddiwylliannol a Christionogol Gymreig, arfer sy'n haeddu ei fabwysiadu drwy Gymru benbaladr. Dyma ffordd o uno'n llawn drigolion ardaloedd gwledig a threfol yn iaith a diwylliant ein cenedl.

Mae nifer o ffynonellau sy'n trafod y Plygain ond gellid cyfeirio'n arbennig at dair ffynhonnell werthfawr: 'Hen Garolau Plygain', Dr Enid Pierce Roberts, yn y gyfrol *Trafodion Anrhydeddus Gymdeithas y Cymmrodorion, 1952*; pennod gan D. Roy Saer, 'Y Blygain ym Maldwyn', yn y gyfrol *Maldwyn a'i Chyffiniau*, 1981; a dwy gyfrol amhrisiadwy y diweddar Barchedig Geraint Vaughan Jones: *Hen Garolau Plygain*, 1987, a *Mwy o Garolau Plygain*, 1990. Mae'n briodol cyfeirio at un pwynt diddorol arall: gwrywaidd yw cenedl y gair 'plygain', fel arfer, ond yn Sir Drefaldwyn benywaidd ydyw, ac yngenir ef 'Y Blygen'. Cynhelir Cyfarfodydd neu Wasanaethau'r Blygen mewn gwahanol fannau am tua mis – am bythefnos neu ragor cyn y Nadolig ac felly hefyd ar ôl y Nadolig.

Daeth un ar hugain o Garolau Plygain i law, gyda chryn amrywiaeth o ran safon meddwl a mynegiant. Wedi darllen pob ymgais nifer o droeon, penderfynais eu rhannu'n dri dosbarth.

Y TRYDYDD DOSBARTH

Mab y Glannau, Seleb y Sgrîn, Trysor y Crud, Cardi, a *Cloch Cantre Gwaelod*. Yr un yw diffygion y rhain, er nad i'r un graddau ym mhob ymgais: gwallau iaith, sillafu anghywir, diffyg treiglo'n gywir, Cymraeg sathredig ac ymadroddion annelwig. Mae iaith gywir a glân yn anhepgor, wrth gwrs, a phrin y gellid derbyn pethau fel *y wir newyddion, dear lawr, bygeiliaid, seiniwn glod i'r Battan Bucaan, brefi* (yn lle *brefu*). Ceir sawl enghraifft o linellau aneglur eu hystyr (e.e., 'yn fydion y Llety fu'n tarfu'n y nos'; 'Holl brydyddion fuddion foddion, sy'n gristion ffyddlon trwy Ffydd'). Ni charwn, er dim, ddigalonni unrhyw ymgeisydd na bychanu unrhyw ymgais ond mae'n rhaid mynegi siom wrth weld iaith sathredig ymgeiswyr yn y Dosbarth hwn. Mae ansawdd y Gymraeg yn ogystal â'i pharhad yn fater o'r pwys mwyaf. Credaf mai un o brif achosion y diffygion a nodwyd yw diffyg darllen Cymraeg, yn arbennig darllen yr iaith fel y mynegir hi yn ei gloywder yn llyfrau rhai o feistri'r Gymraeg megis T. Gwynn Jones, W. J. Gruffydd, E. Tegla Davies, ac Islwyn Ffowc Elis. Mae'r iaith yn fyw ac yn iach, yn sionc ac yn heini ganddynt hwy a'u tebyg. Ac nac anghofiwn ddarllen y Beibl Cymraeg sydd wedi rhoi safon i'n hiaith ers canrifoedd.

YR AIL DDOSBARTH

Mae'n dda cael dweud bod y safon gryn dipyn yn uwch o hyn ymlaen. Nid yw'r ffugenwau wedi eu gosod yn nhrefn teilyngdod.

Pedran: Mae yn ei garol chwe phennill o bedair llinell yr un gydag aml odlau, mewnol ac arall. Mae'n amlwg ei fod yn gyfansoddwr rhwydd a medrus. Yn llinell gyntaf ei garol, eglura ystyr y gair 'plygain': 'Ar ganiad y ceiliog yr awn yn galonnog' ac ymlaen ag ef, 'Ar nos yn serenog yr awn/I foli Crist Iesu a aned mewn beudy/A'r llety bryd hynny yn llawn'. Perygl rhwyddineb yw troi'n fagl. Hanesion y Geni yw corff y gainc ganddo.

Dinesydd: Pedwar pennill wyth llinell sydd ganddo. Mae'n dechrau'r pennill cyntaf gyda llinell sy'n awgrymu mai carol neu gerdd gyfoes, gymdeithasol sydd ganddo: 'Rôl ugain canrif bellach', ac felly hefyd y mae'n dechrau'r trydydd pennill. Mae'n rhaid cydnabod mai braidd yn rhyddieithol a di-fflach yw'r dweud. Dyma enghraifft o'r pennill olaf: 'A nawr fe gyfaddefwn/Mai arnom ni mae'r bai/Am inni beidio caru/Yr anfreintiedig rai'.

Angel: Rhoes deitl i'w garol, sef 'Cofio'r Geni', sy'n deitl addas. Mae ganddo bedwar pennill o bum llinell yr un. Yn y trydydd pennill, dywed: 'Wrth gofio dydd geni pencampwr y byd/A anwyd i ryfel sy'n para o hyd'; mae'n rhaid imi gydnabod bod y ddau syniad a fynegir yn swnio'n chwithig iawn i mi yng nghyswllt geni'r Meseia y cyfeirir ato. Gair y byd athletaidd yw 'pencampwr' ac mae sôn am ryfel gyda gobaith a llawenydd y Geni yn anghydnaws. Y mae rhediad y garol yn llawen a llyfn.

S.L.: Lluniodd garol syml a sylweddol a chenhadol ei hapêl. Mae ynddi dri phennill ar fesur lled anghyffredin. Dywed yr awdur: 'Byddai'r dôn Nutfield yn addas i'w chanu' (sef yr un mesur ag emyn adnabyddus gan Elfed, 'Da yw bod wrth draed yr Iesu/Ym more oes'). Dyma ail bennill y garol: 'Brysio wnawn fel y bugeiliaid/I foli'r Crist/Ac ymgrymwn oll yn ddiolchgar/Am eni Crist/Mab y Tad a Brawd i ninnau/Ddaeth o'r nef i faddau'n beiau/Hwn a haedda gael ein gorau/Moliannwn Grist'. Teimlaf fod naws a neges emyn yn y garol hon. Mae'r ffin yn gallu bod yn denau rhwng carol ac emyn ac felly yma.

Hafan: Carol o dri phennill wyth llinell yr un ar fesur 87.87.D. yw 'Dewch at Iesu', a gwahoddiad taer i ddod at Iesu yw ei phwyslais canolog. Mae yma eto emyn cymeradwy. Dyma'r ail bennill: 'Dewch i ddathlu geni lesu/trwy amlygu rhin ei ras/a lliniaru rhai sy'n gwaelu/trwy ddiferu olew'r Gwas,/dewch yn union a'ch anghenion/cewch arlwyo Gŵr y Groes/mae'n ei ffynnon fwy na digon/o fendithion i bob oes'. Sylwais fod yr odlau'n lluosog ac mae'r gair 'Dewch' yn y tri phennill chwe gwaith ond nid ailadroddus mohono gan ei fod yn rhan o wead a neges y garol.

Ceitho: Lluniodd garol wahanol i'r rhan fwyaf o'r ymgeiswyr. Y mae yn y garol un ar ddeg o benillion, gyda phedair llinell ym mhob pennill. Mae'n dda, ac yn ddoniol mewn rhai o'r penillion, a digon priodol hynny. Rhydd sylw eglurhaol ar ddiwedd y garol: 'Dihunwyd . . . diweddar glochydd Llanfihangel Lledrod gan geiliog dandi am 5 ar fore'r Nadolig, ar gyfer y Blygen'. Dyma ddechrau'r garol: 'Ar ganiad y ceiliog/cyn toriad y dydd/yr awn yn hyderus/I ddathlu ein Ffydd/Nid hwn oedd y ceiliog/A ganodd dair gwaith,/Yn gerydd i Bedr/Un tro am ei waith'. Yna, try at hanes y Ceiliog Dandi: 'Hwn ydyw'r ceiliogyn/Drwy ganu yn groch/Ddihunodd y clochydd/I ganu'r hen gloch' ac â ymlaen yn hwylus ddigon, gan bwysleisio ar y diwedd y fendith a gaed yn y Gwasanaeth Plygain plygeiniol hwnnw. Nodais uchod fod rhai carolau ar y ffin rhwng carol ac emyn. Ar ben eithaf arall y glorian, fel petai, mae'r ffin yn denau rhwng carol a baled. Fel y gwyddom, adrodd hanes neu stori a wna baled, a hynny'n gelfydd. Gwneir hynny hefyd mewn llawer o'r Hen Garolau Plygain ac fe allwn ehangu ein gwybodaeth o hanesion yr Hen Destament, a neges y Testament Newydd, o ddarllen rhai ohonynt. Adrodd stori'n gyrhaeddgar a bendithiol a wna *Ceitho* yn ei garol.

Tom: Yn ei garol pum pennill, ar fesur 10.10.D., mae *Tom* yn dilyn yr adroddiadau cyfarwydd am eni Iesu Grist fel y cofnodir hwy yn yr Efengyl yn ôl Mathew a'r Efengyl yn ôl Luc. Prin yw'r newydd-deb yn y mynegiant ond mae'n ddigon dymunol. Dyma bennill olaf ei garol: 'A phlygwn ninnau ar blygeiniol awr/I roddi mawl i'n Brenin mawr/Cydlawenhawn a chanwn oll ynghyd/Y newydd da, fe anwyd Crist i'r byd'. Hoffais y cyfeiriad at 'Y Newydd Da' – nid newyddion da yn unig nac yn bennaf yw'r Efengyl ond Y Newydd Da.

Minffordd: Mae asbri ysbryd a sioncrwydd meddwl ym mhedwar pennill chwe llinell y cystadleuydd hwn. Mae'n dechrau pob pennill â'r geiriau 'Ar fore'r Nadolig' ac yn y pennill olaf, mae'n cyfleu neges gartrefol â llawer o wir ynddi: 'Ar fore'r Nadolig/Na fydded yn unig/Waredwr y byd yn yr hwyl/A'r miri a'r gwledda/Rhown iddo'r lle blaena,/A'i wneud yn brif Westai yr ŵyl'. Mor rhwydd ydyw inni gofio pawb a phopeth ond yr *Un* uwchlaw pawb arall sy'n rhoi ystyr i'r ŵyl.

Mair: Canodd ddau bennill ar fesur sy'n anghyffredin – naw llinell i bob pennill. Dywed fod y garol ar y dôn gan y cerddor enwog, Joseph Parry (y dethlir canmlwyddiant ei farw eleni), 'Gorfoledd' (a geiriau adnabyddus Ben Davies Pant Teg: 'Mi godaf f'egwan lef'). Nid yw'r bumed linell yn y pennill cyntaf, 'Ni ddwrdi y dirmygus rai', yn gorwedd yn esmwyth fel rhan o'r garol. Mae'r agoriad i'r ail bennill yn dda, a'r ddelwedd gref, 'Wyt Bren y Bywyd ir', yn ein hatgoffa o'r pennill grymus gan Ann Griffiths, 'Gwna fi fel pren planedig, O fy

Nuw,/Yn ir ar lan afonydd dyfroedd byw'. Nid yw *Mair* yn datblygu'r ddelwedd: ei harddwch a'i ffrwythlondeb. Hoffaf y cyfeiriad ar ddiwedd yr ail bennill: 'Ac ar ffordd arall awn yn llon/Dan orfoleddu'n fawr', sy'n dwyn i gof yr ymadrodd awgrymog ym Mathew 2:12, 'aethant yn ôl i'w gwlad ar hyd ffordd arall'.

Merch o Faldwyn: Dyma garol swynol i'r glust a hyfryd i'w darllen. Mae ynddi neges glir a chadarnhaol. Mae'n rhaid cyfeirio at ddau wall treiglo yn yr ail bennill ('rhag *dd*ifrawder' a 'rhag *g*aniatau') – brychau bach ar garol addawol. Dyma'r pennill olaf: 'Duw'r Tad a glodforwn,/Ac iddo diolchwn/Am iechyd i ddathlu mewn hwyl;/A chariad di-amod, a chwlwm y cymod,/Derbyniwn yn rhodd Ddydd yr ŵyl'. Efallai y buasai llinell olaf y pennill cyntaf, 'A ddaeth gyda neges i'n byd', yn gryfach pe bai wedi dweud 'A ddaeth â'r Efengyl i'n byd'.

Y DOSBARTH CYNTAF

Rhos Haminiog: Carol bedwar pennill o bedair llinell yr un, y gellir ei chanu, yn ôl yr awdur, ar alaw Carol y Blwch, sy'n boblogaidd ymhlith Carolwyr Plygain. Mantais arbennig gyda geiriau newydd yw fod yr alaw'n wybyddus. Mae'r garol hon yn cerdded yn llyfn a chrefftus. Mae rhybudd amserol tra phriodol yn y trydydd pennill: 'Ond peidiwn â boddi hoff drysor yr ŵyl,/Mewn gwin a chyfeddach, ar miri ar hwyl . . .'. Rywfodd neu'i gilydd, ni theimlaf fod yr ymadrodd 'hoff drysor yr ŵyl' yn briodol am y baban a anwyd sy'n Waredwr y byd, er i Morgan Rhys ganu 'gwerthfawr drysor,/yn y preseb lesu a gaed'. Mae'n garol ganadwy a gafaelgar.

Pantygwair: Carol sydd eto ar alaw Carol y Blwch. Nid yw'n annhebyg ei gwead i'r garol flaenorol ond mae rywfaint lletach a llawnach ei chynnwys. Nid geni Crist yn unig a bwysleisir ond aberth y Groes, a'i farw a'i atgyfodiad, a'i ailddyfodiad. Efallai y gellid ad-drefnu peth ar y penillion, sef cyfnewid safle'r pedwerydd a'r pumed pennill er mwyn rhedeg yn gronolegol. Mae yn y garol neges gymdeithasol gref, a daw i ben fel hyn: 'Ar hyd ffyrdd Cyfiawnder, O tywys y llu/I ddilyn y seren, mor ddisglair yw hi./Rhown heibio gasineb, a malais a sen,/Clodforwn ein Harglwydd mewn cytgord. Amen'.

Ffiol Ffyda: Yn 'Derbyn Crist', ceir symledd a sylwedd a swyn arbennig – carol ar fesur Alaw Gymreig (gyda geiriau carol adnabyddus Eos Iâl, 'Ar gyfer heddiw'r bore/'n faban bach'). Yn yr ail bennill, cyflëir y Wledd Fesiannaidd a drefnodd Duw yng Nghrist drwy Aberth y Groes, ac y mae'r Cwpan a'r Cymun Sanctaidd hefyd yn rhan o'r Wledd. Nid yw'r meddylfryd aruchel hwn yn cael ei gyflwyno yn y pennill na'i ddatblygu yn y pennill olaf. Os felly, mae'r ail bennill, i raddau, yn torri ar undod y garol. Y mae ei hangerdd a'i dwyster yn ddiamheuol, gyda'i hapêl daer i dderbyn Crist. Y pennill olaf yw: 'Ei dderbyn fo'n dyhead/drwy ein hoes,/Ei dderbyn inni'n Geidwad/drwy ein hoes;/wrth gofio am ei eni/a llewyrch ei oleuni,/arhoswn yn ei gwmni/drwy ein hoes/ac arno mynnwn weini/drwy ein hoes'.

Venite: Cafwyd carol o bum pennill gan awdur hynod fedrus. Mae ar fesur '21 a chytgan', medd yr awdur, a chymerwn ei fod yn cyfeirio at yr Alaw Gymreig sydd yn cael ei chanu lawer tro ar benillion yr Hen Ficer Rhys Prichard, Llanymddyfri: 'Awn i Fethlem, bawb dan ganu . . .'. Dyma ganu rhwydd a rhugl a'r gynghanedd yn llawforwyn ufudd. Er yn rhwydd, mae yma gwpledi grymus, cofiadwy – e.e., 'Heno brysiwn at ei breseb,/Yno i weld mewn cnawd ddwyfoldeb/Gweld y Gair mewn gwair yn gorwedd,/gweld y Duwdod mewn dinodedd . . .'; 'Dyma Arglwydd yr arglwyddi –/Oni ddylem ei addoli?'; 'Awn ar daith yng nghwmni'r doethion,/Awn â rhagor na'u hanrhegion' ac y mae pob un o'r pum pennill yn gorffen gyda'r gytgan, 'Dewch i gyd, awn at grud/Iesu Grist, mae'n Geidwad byd'.

Llain Deg: Fel amryw o'r cyfansoddiadau yn y gystadleuaeth hon, mae hon eto yn garol sy'n llawn odlau persain. Yn y tri phennill wyth llinell yr un, adleisir y garol enwog, 'O deued pob Cristion i Fethlem yr awron/I weled mor dirion yw'n Duw'. Nid oes dim o'i le mewn adleisio cyn belled â bod y gerdd neu'r newydd yn sefyll ar ei draed ei hun. Mae dilyn patrwm celfydd yn beth i'w gefnogi a'i feithrin ac nid oes gorffen dysgu. Mae'r garol hon yn llawn o gysylltiadau Beiblaidd, fel eraill, wrth gwrs, ond mae'r mater a'r modd wedi eu gweu'n gelfydd i'w gilydd. Daw proffwydoliaeth Eseia i'r cof wrth ddarllen 'y Bachgen a aned i fyd o gaethiwed/sy'n cynnig ymwared i ddyn' ac eto y geni tlawd a'r cyferbyniad: 'Os llwm oedd yr aelwyd i'r Brenin a anwyd,/agorwyd y nef led y pen'. Mae peth aneglurder mewn dwy linell yn y trydydd pennill: 'os Herod a'g gwelodd trwy gen' ac 'o'r niwlen sy'n rhwystr i fyw' – mae angen symud y cen a chlirio'r niwl! Fel cyfanwaith, mae'n garol gelfydd a grymus.

Glyn Myfyr: Dywed yr awdur ar y dechrau fod y garol hon 'ar fesur y Rhupunt Byr Unodl Diacen – yn null y Brawd Madog ap Gwallter o'r drydedd ganrif ar ddeg'. Nid awgrymir alaw neu dôn i'r garol. Tybed a oes cerddor a all lunio tôn ysbrydoledig i'r garol hon fel i rai o'r carolau eraill y soniwyd amdanynt? Pan ddaeth y Garol Plygain hon i'm llaw ac wedi i mi ei darllen yn bwyllog nifer o weithiau, mae'n rhaid i mi ddweud iddi afael ynof mewn modd diymollwng. Ymdeimlwn â'i grymuster, ei hiaith gyhyrog, newydd-deb ei nesâd at y testun (a chofier mai braidd yn brin oedd newydd-deb yn y gystadleuaeth hon, gan y tueddai bron bawb i rodio'r 'hen lwybrau'). Sylwais hefyd fod y gynghanedd yn treiddio trwyddi ac yn ychwanegu at ei heffeithiolrwydd. Mae'r darlunio a'r delweddu yn cydio: rhyfeddod y Geni i fyd gaeafol, oer, rhewllyd, di-groeso – i fyd felly yr esgorodd Mair ar Fab gwyrthiol. Mae tri phennill cyntaf y garol yn cyfleu'r oerfelgarwch dihidio a brofodd y Negesydd Dwyfol – deil hyn i raddau helaeth yr un mor wir wedi dwy fil o flynyddoedd. Mae newid cywair llwyr yn y pennill olaf o'r pedwar. Dangosir cadernid creadigol y Mab Bychan i droi ein 'gaea'n ha' tragywydd' a'n haileni yn ysbrydol.

Diolch i bob un a anfonodd eu gwaith i'r gystadleuaeth hon. Nid ennill gwobr yw prif werth, nac unig werth, cystadlu. Credaf y gellid ystyried mwy nag un yn y Dosbarth Cyntaf yn deilwng ond y teilyngaf oll y tro hwn, ar air a chydwybod, yw *Glyn Myfyr*. Rhodder iddo'r anrhydedd a'r wobr.

Y Garol Plygain

Ar fesur y Rhupunt Byr Unodl Diacen – yn null y Brawd Madog ap Gwallter o'r drydedd ganrif ar ddeg

Beudy di-nod
a'r rhew a'r ôd ar barwydydd,
dau mewn lludded
geisiai nodded un diwedydd;
esgorodd Mair
yno'n y gwair rhwng magwyrydd
ar Fab Gwyrthiol, –
dod â'r Dwyfol i Dre Dafydd.

Yr eira'n drwch
ar dawelwch hwyr y dolydd,
a'r gwynt atgas
â'i wrym a'i ias ar y meysydd;
taer yw'r broffes
ddaw o fynwes y Negesydd,
a golau cry'
yn ariannu nos wybrennydd.

Daw'r goludog
i anwydog fan annedwydd,
tua'r hofel
ar dri chamel, – tri ymwelydd
yno'n plygu,
ânt at Iesu eu Tywysydd
i'r fangre hon
i roi'u rhoddion cyn boreddydd.

Sêr-ddewinaid
a bugeiliaid gyda'i gilydd
a'r Mab Bychan –
try eu gaea'n ha' tragywydd;
ninnau ganwn,
â llu unwn mewn llawenydd,
yn ein cyni,
daw i'n geni ni o'r newydd.

Glyn Myfyr

BEIRNIADAETH TECWYN IFAN

Roedd gosod cystadleuaeth llunio Salm yn Eisteddfod Meifod eleni yn gyfle i roi stamp canrif newydd ar yr hen gyfrwng hwn o roi mawl a diolchgarwch. Bu cyfraniad pobl fel y diweddar W. Rhys Nicholas yn gyfrwng i dorri'r mowld traddodiadol ac i roi i ni batrwm o salm a oedd yn gyfoes o ran cynnwys a mynegiant. Er hynny, nifer fechan o'r pedwar salmydd ar bymtheg a ddaeth i'r gystadleuaeth hon a fentrodd dorri tir newydd.

Bai nifer ohonynt yw eu bod yn henaidd os nad hynafol eu hymadroddion a'u hieithwedd. Daw hynny â rhyw deimlad o ddieithrwch a phellter i berthynas a ddylai fod wedi ei seilio ar adnabyddiaeth ac agosatrwydd. Bai arall sy'n ei amlygu ei hun yn rhai o'r salmau hyn yw diffyg saernïaeth a chynllunio gyda'r canlyniad bod tuedd ynddynt i neidio o un pwnc i'r llall braidd yn fympwyol.

Mae salmau *Seion, Mathew, Bwncath, Harri, Cowlyd, Pedr, Gwahoddiad, Cysur, Pinog, Cneifa, Olwen, Un yn canlyn o bell, Sara Las* a *Shalom* yn dioddef o un neu fwy o'r gwendidau uchod ac oherwydd hynny maent yn syrthio i'r ail ddosbarth. Er hynny, mae didwylledd ymhob un o'r salmau hyn ac ymgais gydwybodol i gydnabod bendithion amrywiol bywyd.

Gwelir yr un nodweddion hefyd yn y pum salm sy'n weddill ond bod mwy o graffter a phatrwm a newydd-deb yn y rhain sy'n eu codi i'r dosbarth cyntaf.

Rahel: Mae'r mynegiant yn rymus yn y salm hon sy'n cael ei lleoli ym 'Methlehem y Milflwydd'. Ceir yma gyfeiriadau trawiadol – e.e., wrth gymharu neges heddychlon yr angylion gynt â'r casineb a'r crochlefain a glywir 'yn y wlad honno' heddiw.

Teri: 'Gwarchod' yw thema *Teri* a chydnebydd yr Arglwydd am ein synhwyrau, am 'batrymau i'w dehongli' ac am 'iaith i grisialu deall'. Diolchir am 'feddygfa gerddi gwyllt y goedwig a'r maes' i wella ein doluriau, gan ddod nôl yn y diwedd i 'ddiolch i'r Arglwydd . . . am ein cadw'.

Ceriwb: Nid yw'r salm hon, fel nifer o rai eraill yn y gystadleuaeth, yn cyfeirio'r mawl a'r diolch sydd ynddi at y Duwdod Beiblaidd/Cristnogol. Diolchir yn gyffredinol am gael perthyn i 'rengoedd ymgyrchwyr y chwyldro gwyrdd', rhai sy'n 'bwyta bwyd iach' ac yn ymwrthod â'r 'bwydydd parod ar silffoedd ein harchfarchnadoedd'. Ceir cyfeiriadau cyfoes eraill yma megis 'Y Ddeddf Iechyd a Diogelwch sy'n fy ngwarchod rhag gorflinder a damwain' ac am 'Nawdd Cymdeithasol i'm cysuro yn nydd gofid'.

Menai. Salm gelfydd arall ei mynegiant yw hon yn myfyrio ar gwestiynau oesol 'Beth ydym? O ble y daethom? I ble'r awn?' Yn ôl *Menai,* y gwyddonydd sy'n 'nabod ein defnydd' ond 'traethu ymadroddion niwlog a wneir o'r pulpud'. Mae wedi ei dadrithio gan 'grefydda ffug . . . a chwalwyd hen ffuglen ei ffydd'. A hithau'n 'Wraig a â allan i'w gwaith hyd yr hwyr, . . . ar y Sul nis gwelir yn Salem . . . a'i chartref a'i châr yw ei chysur'. Ond yna, yn wyneb profedigaeth, daw 'adnod ac emyn' i roi 'proc i'r pryder am y tir tywyll'. Ond mae'n gweld gobaith am y dyfodol, nid 'oddi wrth y deml a defod a deddf', ond yn hytrach trwy'r 'Crist [sydd] gyda'r bobl ar heolydd llychlyd y byd'.

ap Dafydd. Salm i'r Gwyddonydd sydd gan *ap Dafydd.* Fe'i canmolir am ei 'gywreinrwydd' yn ymchwilio i 'gampau y byd o'n cwmpas' ac am 'ymroi i gael y gwir'. 'Saif yn uchel ar ysgwyddau ddoe' gan roi sail i 'eraill i godi castell ar ei graig heb ei dramgwyddo'. Cadwodd y gwyddonydd yn driw 'pan oedd gwyddoniaeth fel gweddw unig/Yn wrthun gan Eglwys a byd'. Bellach, syrthiodd gwyddoniaeth yn brae i 'fasnach, technoleg a rhyfel', a heddiw hwy yw'r 'pimpiau [sy'n] llenwi'i phwrs'. Ond eto mae'r salmydd yn obeithiol am y gwyddonydd sydd â'i 'Hen awydd [yn] cyniwair eto . . . i'n harwain at hedd'.

Daeth salm *ap Dafydd* i'r brig ar y darlleniad cyntaf ac ni symudwyd hi oddi yno wedi i mi ddarllen y cynnyrch i gyd sawl gwaith. Er nad oes dim llawer rhyngddi a'r lleill yn ei dosbarth, rwyf o'r farn fod salm *ap Dafydd* i'r Gwyddonydd yn llwyr haeddu'r wobr gyntaf.

Y Salm

I'R GWYDDONYDD

Gwyn ei fyd y gŵr a fedd gywreinrwydd,
Y sawl sy'n byw i sylwi, a chofnodi o fore hyd nos.
Iddo ef y datguddir campau y byd o'n cwmpas.

O'i flaen, fel gwlith y bore dan haul haf,
Fe gilia ofergoelion, a gwâl ni chaiff dirgelwch rhagddo.
Canfu mai'r pwythau sy'n hel y molecylau'n ddafnau dŵr,
Sy'n cydio'r lloer a'r llawr.

Y mae'n ymosod â'i brennau mesur ar anialwch ei fyd
Lle na bu dyn, yn hel manylion,
A cheisio rhamant patrymau yn gytgan i'w gred.

Yn y man, o gamp ei ymennydd,
Mae'n cynnig ei ddamcaniaeth,
Pwyso'i esiamplau yng nghlorian ei esboniad
A llawenhau o beidio'i chael yn brin.

A phan ddigwydda hynny,
Mae'n addunedu i ailymroi i gael y gwir.

Saif yn uchel ar ysgwyddau ddoe
I weld y wyrth dros orwel dysg,
Addawodd ddweud amdani
Ac yn ei ddydd fe ddaw eraill
I godi castell ar ei graig,
Heb ei dramgwyddo.

Y mae'n mwynhau tremio'n ôl
Pan oedd gwyddoniaeth fel gweddw unig,
Yn wrthun gan Eglwys a byd,
Mynnai ei chwmni, rhoi ei oriau iddi,
I gerdded law yn llaw i ddyddiau gwell.

Heddiw, ysywaeth, y pimpiau a'i piau,
Masnach, technoleg a rhyfel, yn llenwi'i phwrs
Ac yntau'n ffaelu yn nawns eu halaw hwy.

Eithr, ym mêr esgyrn hwn,
Hen awydd sy'n cyniwair eto;
Geilw'i gyfeillion ato, doethion eu dydd,
I ymorol am wyryf, ynghudd yn nyfnder y creu,
I'n harwain at hedd.

Gwyn ei fyd y gwyddonydd; yn ei ymennydd y mae
Allweddau dorau deall.

ap Dafydd

Casgliad o gerddi gwreiddiol – dim llai na deg mewn nifer

BEIRNIADAETH IWAN LLWYD

Mae casglu a chyhoeddi cyfrol o gerddi yn debyg iawn i enedigaeth fechan. Yn aml, mae gwaith a phrofiadau blynyddoedd yn cael eu hadlewyrchu yn y cerddi ac fe ddaw rhyw ollyngdod wrth i'r gwaith weld golau dydd. Daw pryder hefyd, wrth gwrs. Wrth gyhoeddi neu ollwng cyfrol o'r gafael, mae'r gwaith yn mynd o ddwylo'r bardd i olwg ac i afael pobol eraill, y gynulleidfa. Mae'r hynod breifat am y tro cyntaf yn gyhoeddus, a'r profiadau'n cael eu rhannu. A chrefft bardd yw medru rhannu'r profiadau hynny mewn modd sy'n ddealladwy i'w gynulleidfa ac sy'n galluogi'r gynulleidfa honno i ddeall a gwerthfawrogi a rhannu profiadau'r bardd.

Yn fy marn i, mae hon yn gystadleuaeth bwysig iawn, gan ei bod yn cynnig cyfle i feirdd cymharol ddibrofiad weld casgliad o'u gwaith mewn print. Fe fyddwn i'n mynd cyn belled ag awgrymu mai dyma'r patrwm delfrydol ar gyfer cystadleuaeth y Goron. Dyddiodd y syniad a ffurf y Bryddest Eisteddfodol. Fe fyddai'n llawer gwell cynnig y Goron am gasgliad neu gyfrol o gerddi, fel y gwneir yn achlysurol beth bynnag.

'Ta waeth, dyna ddigon o bregethu. Daeth deuddeg casgliad i'r gystadleuaeth, nifer calonogol. Fe ddywedaf air byr am bob un.

Teithiwr: 'Cerddi'r Groesffordd'. Dyma gyfrol swmpus o gerddi, i gyd ar themâu Cristnogol, yn ymwneud â chapel a chrefydd a ffydd. Mae'n amlwg fod y bardd ar ryw fath o groesffordd ysbrydol ac mae nifer fawr o'r cerddi yn holi beth yw ystyr Cristnogaeth a phwy yw'r gwir Gristnogion yn ein hoes ni. Mae ambell gerdd, fel yr un i Abaty Glyn y Groes, yn gynnil ac effeithiol iawn, ond fe fyddai wedi bod yn braf cael cerddi ar bynciau ac mewn mesurau eraill i amrywio tipyn ar y profiad.

Brithyll Mawr Pum Barf: 'Casgliad o gerddi'. Casgliad amrywiol o gerddi, llawer ohonynt am berthynas â chariad neu deulu neu blant. Mae yma fflachiadau gwirioneddol dda, fel y gerdd fer, 'Y ddannodd': 'Fe'th gollais y diwrnod/y tynnwyd fy nant. Yng nghefn fy ngheg/o hyd mae'r graith/lle rhwygwyd fy nghalon o'i wreiddyn'. Mae'r gerdd 'Archaeoleg' hefyd yn gafael, er bod yn rhaid turio am ystyr, fel gyda llawer o'r cerddi. Mae'r iaith hefyd yn wallus yma ac acw. Ond cyfrol y byddai hi'n talu i'r bardd fynd yn ôl ati a'i thynhau.

Iesin: 'Pelydrau'. Eto, casgliad sylweddol o gerddi ac mae yma amrywiaeth o ran naws, mesur a chynnwys. Mae yma gerddi ar bynciau mor amrywiol â 'Haddon Hall', 'Yr Heffar Llwyd' a 'Bachgen Bach', sef cerdd sy'n ymateb i'r bom atomig a ollyngwyd ar Hiroshima yn 1945. Er bod yma bynciau diriaethol iawn, felly, rhy haniaethol ar y cyfan yw'r canu gen i. Dyma i chi enghraifft o'r gerdd 'Adfeilion': 'Yng nghastell meddwl/a'i furiau cadarn/o ddeall,/trigai Ymwybod,/Teimlad,/Adnabod a Chreu'. Y math yna o linellau sy'n rhoi enw drwg i farddoni!

Dylai'r bardd yma fynd yn ôl at ei gerddi a chanolbwyntio ar yr elfennau diriaethol. Yno mae'r farddoniaeth yn llechu.

Llifon: 'Casgliad o gerddi gwreiddiol'. Gor-eiriogrwydd yw diffyg pennaf y bardd yma. Unwaith eto, mae yma nifer dda o gerddi a'r rheini'n amrywio o ran pwnc a mesur. Mae'r goreuon, fel 'Tre'r Ceiri' a 'Sgubwr Stryd yn Colmar', yn dangos dawn i greu darlun cynnil sydd hefyd yn cyfleu rhyw wirionedd dyfnach. Mae'r bardd hefyd yn gynganeddwr ac mae hyn yn gymorth iddo ganu'n gynnil a diwastraff. Mae yma ddeunydd cyfrol dda ond, unwaith eto, mae lle i olygu a thynhau rhai o'r cerddi hiraf.

Belisimo: 'Italia 2002'. 'Cerddiadur taith' yw'r gyfrol hon yn ôl y bardd ac mae'n ein tywys ar daith o fod yn gwylio Cymru yn curo'r Eidal yn Stadiwm y Mileniwm i'r Eidal ei hun, a mannau cyfarwydd fel Rhufain, y Fatican, Pompei a Sorrento. Mae yma amrywiaeth dda o'r dwys a'r difyr, a digon o flas heli'r daith. Mae blas cerddi'r Stomp ar ambell gerdd, fel 'Pa mor hir yw darn o linyn?', ac mae yma egin cynganeddwr, er bod gormod o wallau a hen drawiadau yn y cywydd i'r Lido de Jesolo iddi fod yn gerdd lwyddiannus. Dyma enghraifft o'r bardd ar ei orau: 'Spanish Steps, Rhufain': 'Rhyfedd eistedd yma/ar risiau'n llawn o naws/o gofio'r ffordd Rufeinig/o Harlech draw i Traws'.

Meirion: 'Casgliad o gerddi gwreiddiol'. Mae'n ymddangos i mi mai casgliad yw hwn o gerddi a phryddestau sy'n gynnyrch cystadlaethau llenyddol gwahanol eisteddfodau a does dim o'i le ar hynny. Yn ogystal â dwy bryddest, mae yma delynegion, limrigau, emynau, a darnau doniol. Mae yma ddigon o amrywiaeth, felly, ond ar y cyfan, mae'r canu'n rhy efelychiadol i ddod i frig y gystadleuaeth hon. Does yma ddim digon o lais diffuant y bardd.

Cuchulainn: 'Haearn yn y Gwaed'. Casgliad o gerddi am brofiadau a gafodd y bardd yn yr Ynys Werdd yw'r gyfrol hon ac mae'r ffaith iddo gynnwys rhestr Gynnwys yn gymorth i feirniad blinedig. Mae yma ganu caeth a rhydd, hwyliog a dwys, a digonedd o flas Guinness y daith. Mae ambell gerdd fel y drioled, 'Hwyr yng Nghonamara', yn wirioneddol dda ac mae'r englynion a'r cerddi i'r cymeriadau y daeth ar eu traws ar y daith yn awel iach. Fy mhrif feirniadaeth yw ei fod yn rhy afradlon â'i eiriau. Er bod hynny'n amlwg yn cyfleu bwrlwm y teithiau i Iwerddon, a'i frwdfrydedd yntau am gymeriadau a golygfeydd y daith, byddai'n talu iddo bwyllo ychydig, a chynilo ambell gywydd a baled. Yn y cynildeb a geir yn rhai o'r englynion y mae gwir farddoniaeth y casgliad difyr hwn.

Y Sipsi: 'Crwydro'. Mae'r bardd yma yn rhannu ei gasgliad yn ddwy ran, sef cerddi i'r 'Mynydd' a cherddi i'r 'Afon'. Mae'n amlwg fod taith, taith i'r Alpau y tro hwn, yn gefndir i'r casgliad hwn hefyd. Mae yma ganu disgybledig i fannau a phobol a daniodd ddychymyg y bardd a hynny ar amrywiaeth o fesurau unwaith eto. Yn rhy aml, fodd bynnag, mae'r canu yn tueddu i fod yn rhy ryddieithol, ac unwaith yn rhagor dylai'r bardd fynd yn ei ôl at y goreuon o'r cerddi, fel yr un i'r mynyddwr, Owen Glynne Jones, a golygu a thynhau.

Teifi: 'Casgliad o gerddi gwreiddiol'. Dyma fardd mwyaf synhwyrus y gystadleuaeth. Mae'r cerddi'n olrhain dirywiad a diwedd priodas neu berthynas a ddechreuodd yn 'Steddfod y Rhyl 'a gweddillion "Ysbryd y Nos" ar ein gwefusau/fel candi-fflos'. Mae'r bardd yma yn gwybod sut i greu naws a theimlad lle a chyfnod ac mae yma ddelweddau tanbaid sy'n llawn ystyr, fel y disgrifiad yma o'r profiad o fynd i goleg am y tro cyntaf: 'Y coleg yn lleidr ond ein haddewidion yn boeth/fel mint ysgol sul mewn dwrn'. Ond, fel y mae'r llinellau hyn i raddau'n profi, gwendid y bardd yw ei fod yn rhy fyrlymus a bod y delweddau a'r disgrifiadau yn saethu i bob cyfeiriad o fewn yr un gerdd. Yn sicr, hwn yw un o gasgliadau gorau'r gystadleuaeth ond fe ellid, unwaith eto, fod wedi gwneud â mwy o amrywiaeth o ran mesur a phatrwm, a disgyblaeth o ran creu delweddau cryfion, unedig.

Caswallon: 'Pytiau'. Casgliad amrywiol o gerddi, yn cynnwys cerddi i'r amgylchedd, i deulu, yn blant a rhieni, i lefydd, a chasgliad diddorol o gerddi haicw i gloi. Mae lle i ystwytho'r iaith yma ac acw ond dyma gasgliad o gerddi amrywiol eu naws a'u cynnwys ac mae i bob cerdd ei hendid arbennig ei hun. Mae ambell gerdd, fel 'Newid Byd', yn wirioneddol gofiadwy, gyda'r rhieni, ar ôl gweld y plant yn mynd dros y trothwy, yn llawenhau o'u gweld yn cyrraedd adref eto, 'Llond hwyliau o obaith,/Â llonder yn gargo,/I lenwi'n porthladd tawel â chynnwrf,/Yn ateb i'n dyheadau'. Mae hwn yn gasgliad aeddfed a chynnil, a dâl ei ddarllen dro ar ôl tro, ac fe fyddai'n braf gweld y cerddi hyn wedi eu cyhoeddi.

Gromit: 'Deinosor dan y gwely'. Cyfres o gerddi hwyliog, y rhan fwyaf ohonynt wedi eu cyfansoddi o safbwynt plentyn ysgol gynradd. Mae'r cerddi'n llawn blodau ac anifeiliaid a helyntion plentyn ysgol ac, ar yr olwg gyntaf, rhyw bethau digon ffwrdd-â-hi ydyn nhw. Ond, o graffu ar y cerddi, mae 'na ryw elfen dywyll, annifyr yn nifer ohonyn nhw. Dyna i chi'r gerdd 'Tynnu Llun', sy'n disgrifio'r paratoadau ar gyfer tynnu llun yn yr ysgol. Ond yna daw'r tro erchyll yn y gynffon, 'Mae *Miss* a fi/a phawb – pob un/mewn rhesi'n gwenu/yn y llun./Mae'r llun ar silff/am byth, mi wn./Mi ddaeth 'na ddyn/yn tanio gwn'. Dyma gyfrol sy'n defnyddio byd a dychymyg plentyn i fwrw golwg ar y 'byd go-iawn' ac mae'r bardd wedi cael hwyl arni.

Dyddgu: 'Diwedd Cyfnod'. I mi, dyma'r gyfrol sy'n dod â thalp o fywyd y bardd i ganol fy mywyd i. Mae safon yr iaith yn anwastad a chyn cyhoeddi'r cerddi, dylid eu golygu'n ofalus gyda chymorth golygydd profiadol. Ond, o'r darlleniad cyntaf, roeddwn i'n teimlo bod yma berson go iawn yn barod i rannu ei phrofiadau go iawn gyda mi. Bywyd mam a'i dau o blant yn ninas Caerdydd yw cefndir y cerddi ac, fel y mae'r teitl yn ei awgrymu, mae yma ymdeimlad cryf o amser yn mynd heibio, o'r plant yn prifio, ac o'r fam yn wynebu cyfnod newydd. Mae hyn i'w weld yn y gerdd gyntaf, 'Drama'r geni' sy'n cloi gyda'r llinellau, 'Heddiw fe weles drwy ddeigryn syn/dy fod di'n rhiant a finnau'n blentyn'. Mae'r cerddi'n gyfoes eu cynnwys a'u naws, mae un gerdd hyd yn oed yn sôn am gwrdd â Cerys Matthews mewn caffi, ond mae yma ddyfnder ystyr a phrofiad, ac er mai ar bytiau o bapurach ei bywyd prysur, fel 'napcyn yn y *Little Chef*', y mae'r fam yn taro ei nodiadau, mae'n amlwg bod 'yr awen yn llechu ar ochr yr A470'.

Fe fyddai'n braf gweld nifer o gerddi'r gystadleuaeth wedi eu cyhoeddi, ac efallai y byddai beirniad arall wedi gwobrwyo un o'r casgliadau da eraill a ddaeth i'r brig. Ond oherwydd didwylledd ei chanu, a bwrlwm ei chariad at bobol a bywyd, mewn cystadleuaeth dda, mae *Dyddgu* yn llwyr haeddu'r wobr.

Y Casgliad o Gerddi

DIWEDD CYFNOD

Drama'r geni

'Wnest ti chwincio ar draws dau gant o rieni,
wrth hebrwng dy Fair yn nrama'r geni?
O lawr y neuadd, a 'nghoesau'n wan,
fe wylies i seren yn llamu i'r llwyfan.

Prin chwinciad ers gwibdaith i Amsterdam,
pryd sylles i gamlas a gofyn pam,
pryd dafles i'r bilsen i'r dyfroedd du
a disgwyl am wyrth dy greu, ie, *ti*.

fe ddaeth drama dy eni dithau'n ôl,
dy wasgu i'r byd ar wely clinigol.
Saith mlynedd ers hynny, 'ro'n i mor ffôl
â methu rhag-weld dy reddfau tadol.

Fe'm lloriest yn llwyr â'th osgo llawn urddas,
yn dal mewn cymeriad wrth hwylio mas.
Heddiw fe weles drwy ddeigryn syn
dy fod di'n rhiant a finnau'n blentyn.

Siopa teganau

Mae pawb yn gwenu o'n gweld ni'n dod:
dau grwtyn gwyllt a mam
ag euogrwydd yn ei hwyneb
a phlastig ym mhoced ei jîns.
Fe ddiflanna'r bechgyn hyd rhesi amryliw
fel dwy seren wib ar drip seicedelig,
eu traed yn weision i'w pedwar llygad
a minnau'n dechrau blasu'r un cemegion.
Ymhen yr awr fe adawn ni'r warws nefol
fel cenhadon llwythog, 'nôl i'r byd.
''Dyn ni'n gwneud pawb yn hapus heno,'
medd yr hyna'. 'Pawb yn gwenu arnon ni,
y dyn tacsi, a'r merched yn y car glas.'
Yna newidia'r coch yn wyrdd, ond

'Trên, Mam, trên,' medd yr adlais bach
dan y bocs cardbord. 'Trên ar y bont.'
Ac wrth i strobio'r trên mesmeraidd
droi'n pennau 'wrth oleuadau'r Hayes,
encilio mae arwyddion Sam's a Kiwi's
yn stribyn niwlog fel hen hanes,
mae'r Philarmonic a Le Monde
yn fflachiad o 'mywyd gynt,
Clwb Ifor Bach yn magu arlliw lleddf,
a'r Westgate a'r Cameo'n bell
o bleser digymysg y noswaith siopa hwyr.
'Dyw deunaw punt ddim yn fy nharo'n ddrud
am noson mas yn fy mywyd newydd.

Bywyd *open-plan*

Mae'r awen yn beth prin yn fy myd drws agored,
wrth weithio'n feunyddiol heb loches pared,
ac mae 'mywyd personol yntau'n *open-plan,*
traed bach yn trampio i 'ngwely, yn treiddio i'r tŷ bach.
Tra bydde'r beirdd rhamantaidd yn ceisio unigeddau
môr neu fynydd, mae f'unig ofod tawel i
yn gorfod bod wrth olwyn lyw
a hynny o awen sy'n ymweld yn greadures ochr lôn.
Ar gefn hen fil y garej, ar *wet-weips* sych o lawr y car,
mae'r sgriblan ochr-heol, – rwy'n sgwennu hon
ar napcyn yn y *Little Chef,* a'r 'cogydd' hwnnw
rywsut heb ystyried ei gaffis coch pen-ffordd
yn beiriau creadigrwydd, i herio caffis Paris y *Rive Gauche.*

Er i'r awen weithiau godi'n fore, rhwng trydar y crwtyn cynta'
a chwtsio'r ail, 'sdim gobaith i ddelwedd grisialu
dan ormes y newyddion cynnar (sydd mor bwysig i fy annwyl gymar).
Ond mae 'ngwaith i weithiau'n gofyn bwrw'r heol,
a thoc wedi teimlo suo'r car
mae gorfodaeth y geiriau'n fy nhynnu draw,
fel plismon yn rhoi cerydd am fyw ar ras.
Mae'r awen yn llechu ar ochr yr A470 . . .
felly, pan fydd cyfrol (yn nyfodol ffantasi fy nychymyg gwyllt),
fe fydd is-bennod Storey Arms, is-adran Lle Parcio Llyn Clywedog,
a chyfnod Caffi'r Cei, yno yn deyrnged i'r munudau prin
pryd 'ges i ffoi o'r bywyd *open-plan.*

Cylch bywyd robin goch

Drwy fis Mawrth
nhw oedd magnet fy moreau
wrth lanw tegell, eu prysurdeb
yn gyffro rhwng y goeden 'fale a'r iorwg.
Oedd, 'roedd 'na nyth eleni.

Ac fe ddeuai dau grwtyn
uchel eu sŵn i syllu'n stond,
yn dystion distaw ar gadair y gegin,
yn fud dan hud mil o deithiau'r robin
fu yng ngwyll mis Ebrill
yn bwydo'i bartner.

Fe fu gwylio mawr ar y pigau balch
nes i'r gwybed droi'n fronfwyd
i deulu bach. Oes, meddwn i,
mae 'na gywion.

Ond prin ddiwrnod wedi teimlo gwyrth eu creu,
gwefr ein hagosrwydd i'r bywydau brau
fe rewson ni'n tri dan y golch wythnosol
yn gylch anghrediniol,
fforensig o'u hamgylch,
tri chyw a orweddai'n drisgel o dristwch
ar lwybr concrid yr ardd,
eu rhieni pitw wedi hen ffoi.

Ac wrth i ni ddadlau pa lofrudd
allai droi'r fath lendid
yn loddest i forgrug
ym myd dof ein gardd ein hunain,
fe olchodd y sioc yn donnau tawel
fel tameidiau hwiangerddi:
'Os lladdwch chi'r robin goch'
'mi a glywais fod yr hebog . . .'
'Y nyth ar y gainc'
'a'r gornchwiglen ar y siglen . . .'.

Ac fel'ny y dysgodd ein teulu ni
ffeithiau moel cylch bywyd robin goch,
er y gwydden ni cyn hynny yn ein calonnau
fod rheidrwydd, weithiau,
i sefyll yn stond ar ben cadeiriau
yn fud dan hud bywyd
sydd mor fyr.

Gwasgaru lludw Mam

Tair cigfran a gododd o roswellt y grib,
parch lleddf eu peswch yn lleisio'r amhosib.

Fe fynnodd athronydd o gwcw ein dilyn
i byncio atgofion ym mhen draw'r llyn.

Pan droesom yn ôl o'n gorchwyl prudd
roedd barcud yn codi fel gweithred o ffydd.

Galar

Mae arogl tsips yn ildio i wynt glanhau
ac atsain flinedig bwcedi ar hyd y cei
ar ddiwedd hir-oes hirddydd o Fai.

Fe ddaw alarch petrus yn drwm ar ei draed
o inc yr harbwr i'r llithrfa goncrid,
ei ôl lliw-indigo'n ddafnau gofid.

Ger y bwth hufen iâ, mae 'na fainc yn rhydd,
ei gwacter yn gweiddi am lais cyfarwydd,
ond daw'r gwyll yn dyst tawel i'r diwedd.

Defodau siocled

I'r sawl sy'n bedair oed,
ŵy siocled sydd ei angen
i'ch cludo i'r byd nesaf.
Fe seliest ti gwlwm â'th fam-gu
mewn llinach siocoholig,
wedi defod plicio'r papur lliw
trwy osod yr ŵy gyda'th ddwy law
mewn nyth o wair a lludw.

Ac mae hanes mor bwysig
i un sy â chwta saith mlynedd
o'i hanes ei hun;
fe fynnodd e roi darn o fawn
yn offrwm mor graff
o flaen darlun ei dad-cu

er lles ei enaid yntau
ar y p'nawn swreal hwn.

Mae crefydd plant mor gyfoethog,
eu greddfau defodol mor allblyg;
wedi rhedeg o'r mynydd yn deulu
rhag cawod wyllt o law,
fe wydden nhw ill dau y 'deuai'r
haul mas wedyn i 'weud nos da'.

Diwedd cyfnod

Rhag ofn y bydd o bwys i ti ryw ddydd,
'wna' i geisio cofio ar dy ran,
gogwydd dy ben yn troi fel tician cloc
yng nghefn y car wrth groesi'r bont yn Kew
a neon Gorllewin Llundain yn dihuno ar bob llaw.
Dan suo'r ffordd, fe est ti draw,
y 'fenga' a'r diniweitia', i ddinas breuddwydion
yng nghwmni'r ceirw ym Mharc Richmond,
yng nghyfrinachau cwtsh dan sta'r mam-gu.
Cyn hir, mae'r hyna'n cysgu hefyd –
dau fab, a'u tad blinedig,
heb fedru tystio i daith olaf diwedd cyfnod.
A cheisiaf gofio ar eu rhan
rhag ofn y bydd o bwys ryw ddydd
i hanner eu genynnau gael llety
am genhedlaeth yn y ddinas fawr:
Mam-gu a laniodd yn ferch anturus
yng ngweithlu mudol y pum degau,
Tad-cu a garai'r llecyn twt swbwrbaidd
mor angerddol nes safai'r ceirw corniog
yn fwy stond wrth weld ei hers yn dod.
Mae hanes o'n blaen fel trafford,
a chyfres *o jumbos* yn disgyn i Heathrow,
yn glanio, esgyn, yn rhes ddi-dor,
Symud ymlaen mae teulu.
Dim ond y gyrrwr ydw i,
ond fe geisia' i gofio ar dy ran.

'Ble'r wyt ti'n myned?'

(ar ôl cwrdd â Cerys Matthews, Gorffennaf 2001)

Am beth rwyt ti'n aros
ar b'nawn mor fwll
wrth fwrdd caffi pafin,
yng ngolwg pob un?

Am beth rwyt ti'n chwilio,
dy osgo mor llesg,
rhwng cloriau'r *tabloids*
â'u cynnwrf bas?

Arwres sy'n gwisgo
'i henaid tu fas,
'wyt ti'n chwilio am gosb
yn eu geiriau cas?

'Ga i fod yn glust dyner
i ti, yn chwaer?
A fedr meidrolyn
achub angyles?

I ble'r wyt ti'n mynd
â'th athrylith o lais,
dy grys-T lliw rhosod
mor gefn-agored?

Pan ddaw glaw berfedd nos
fel Dydd y Farn,
rwy'n poeni amdanat
drwy'r oriau mân.

Ble'r wyt ti 'nawr,
yn y mellt a tharanau –
'wyt ti mas yn y dre
yn gwisgo sandalau?

Hunllef alcopop

(Wrth gerdded dros Bont Caerdydd yn hwyr y nos, fe ddes i ar draws merch 19 oed oedd yn ceisio'i lladd ei hun, a dieithryn yn ceisio'i hatal. Fe ddywedodd iddi gael ei threisio'n ddiweddar.)

Am eiliad nes i ni ei llusgo i lawr
o heipothermia'r garreg oer,
ei choesau'n tynnu at ruthr di-hid y dŵr,
fe'n cydiwyd ni'n tri mewn coflaid anghyfarwydd
fel cerflun alegorïaidd ar fan ucha'r bont,
yn cydio 'nghyd ddynoliaeth y ddau ryw
yn cadw'r syniad o bont yn fyw
rhwng ein breichiau sigledig –

hi, y dyn ifanc diarth a fi,
ar y bont am hanner nos
dan gysgod *machismo*'r stadiwm,
a merched cornel-stryd Glan'rafon
lle dair awr yng nghynt bu chwerthin men'wod
ansicr ar eu sodlau
a dynion yn eu trioedd,
eu lleisiau'n uchel fel ceirw hydrefol,
yn cyrchu'r clybie nos,

a lle bu canrif o gariadon Caerdydd
yn cusanu wrth droi 'sha thre,
awel laith y Bae ar eu hwynebe,
fe geisiodd hi un tro olaf
ei rhwygo'i hun o'n gafael ni,
rhyddhau ei hun o hunllef ei bodolaeth,
o artaith ei gwybodaeth.

Ac wedi methu â'i chocsio mas o'i hunllef
â'n llinellau llipa o berswâd
fe gododd rhyw rym greddfol o rywle
i'w llusgo 'nôl o'r dibyn,
i goflaid arall driphlyg ar y llawr.
''All neb 'ngharu 'nawr . . .,' meddai hi,
ac fel milwr clwyfedig yn dychwelyd
o ryw ffin denau rhwng rhyw a thrais,
fe ddechreuodd hi arllwys tameidiau
o'i phrofiad rhywiol cynta' oll.

''Oedd 'na drosedd yn dechnegol,
pryd a lle?' Cyrhaeddodd yr heddlu
yn eu fan, yn frestiog o offer a *déjà vu*,

'Mae'n rhaid i fi gael enwau'n llawn.'
'Drosodd, drosodd,' atseiniai'r radio;
'Mae 'mywyd drosodd,' meddai hi.
'Mae e'n gwbod ble'r 'wy'n byw,
mae'n nabod fy rhieni.'

Ac wrth i amser glirio'i phen,
fe dawodd ei llif ymwybod
ac fe gladdodd hi'r profiad yn ei chof,
a'r dyn ifanc diarth a fi
yn dal i daeru'n ddryslyd
fod yn y gagendor rhwng dyn a menyw
goflaid o ddynoliaeth,
i gadw'n fyw yn oerni'r nos
y syniad o bont.

Cyndeidiau

Bob tro 'rwy'n cyrraedd stribyn esmwyth ar y lôn
maen nhw yno fel gyrwyr diamynedd
yn dallu'n anystyriol
â'u goleuadau yn y drych.

Os wyf fi'n teithio ym mhydew nos,
fe ddaw pelydrau disglair eu personoliaeth fyw
i ddawnsio, herio, gwasgu o'r tu ôl.
Evan a Sara, Emma a Wil,
rhowch gyfle i mi fynd fy hun
heb bwysau'ch presenoldeb.
A Mam a 'Nhad,
a wnewch chi beidio, plîs,
â'm dallu ar y daith?

Mae'r ffordd yn droellog braidd,
a'r cloddiau weithiau'n cau amdana' i,
coed yn bygwth â'u canghennau;
'sdim enaid byw rhyngo' i a'r wawr,
rhaid cymryd pwyll
a thynnu draw am funud,
eu gweld yn goddiweddyd
ag ochenaid o ryddhad.
Mae'n bwysig gwybod sut i drin
y gyrwyr gwallgof sydd y tu ôl,
y cof sy'n fwrlwm yn y gwaed.

Dyddgu

BEIRNIADAETH ELINOR WYN REYNOLDS

Bûm i'n meddwl yn hir am y testun, 'Rebel', gan obeithio 'mod i'n gymwys, i ddechrau, i ddelio â'r fath bwnc. Pan mae rhywun yn meddwl am rebel, mae osgo arbennig yn dod i'r cof – safiad yn erbyn rhywbeth, safiad dros rywbeth, cicio yn erbyn y tresi, tynnu'n groes – rhywbeth sy'n gwneud i bobl gymryd sylw ac ymateb, boed yn gadarnhaol neu'n negyddol, cyn belled ag y bo ymateb. Roeddwn i'n chwilio am hynny yn y cerddi, ro'n i am deimlo 'mod i wedi cwrdd â rebel.

Wrth gwrs, mae rebel, yn ôl ei natur, yn ifanc, yn hyderus, yn llawn berw bywyd, yn gwybod yn well nag unrhyw un arall. Mae amser yn greulon felly oherwydd, yn aml iawn, nid oes dim byd mwy pathetig na hen rebel styfnig. Ac mae hyd yn oed y rebel mwyaf beiddgar yn canfod, wrth heneiddio, fod cadair esmwyth cydymffurfio yn hynod gyfforddus ac yn anodd codi ohoni. Ro'n i'n gobeithio y buaswn i'n profi'r eironi chwerw hwnnw hefyd yn rhywle. Roeddwn i'n barod i gael f'argyhoeddi o bopeth, yn barod i gael fy ysgwyd a 'nghythruddo, yn barod am unrhyw beth.

Daeth pymtheg cerdd i law a phob un ohonynt â rhywbeth ymhlyg ynddynt a oedd yn werthfawr ac, wrth gwrs, mae rhai yn rhagori ar eraill. Rwyf wedi rhannu'r cerddi yn dri dosbarth.

DOSBARTH 3

Y Mordaith: Darluniodd Iesu fel y rebel, ac mae ambell gyffyrddiad hyfryd yn y gerdd: 'pysgod rhubanau'n yr afon', 'stormydd duon yn hisian ynni'. Er hynny, teimlwn fod y gerdd yn un llac a bod gwallau iaith yn tarfu ar lif y mynegiant.

Henri: Soniodd am rebel sydd yn byw ar y cyrion, yn byw ar ei ben ei hun, yn alltud ac yn teimlo atgasedd pobl tuag ato. Mae'r gerdd hon eto yn un llac, heb ddigon i ddal gafael ynddi wrth ei darllen.

Harriet: Ceir ganddi ddarlun crafog o unigolyn sy'n amlwg yn meddwl cryn dipyn ohono'i hun. Mae'n rhestru'n fanwl yr hyn a gaiff i'w fwyta mewn diwrnod, o'r marmalêd i'r *nightcap* cyn noswylio; mae'n byw ar ei ben ei hun am nad oes lle i neb arall yn ei fywyd ond ef ei hun. Yn y bôn, doeddwn i ddim yn teimlo i mi gwrdd â rebel, yn hytrach rhyw ben bach, fi fawr annioddefol.

Ji-Binc: Mae'n mynd â ni i America Ladin lle mae hanes anrhydeddus i'r rebel, y man lle bu chwyldro'n byrlymu dan yr wyneb am gyhyd, ond eto, ni theimlais y berw hwnnw. Doedd gafael y gerdd ddim yn ddigon cryf ar y rebel ei hun ac ambell waith roedd mynegiant ambell gymal yn wan.

Cowlyd: Dilyn llinyn bywyd unigolyn a wneir ac mae pob pennill yn dilyn cyfnod gwahanol yn ei fywyd, gan ddarlunio'r datblygiad, y dadrithio a'r dadfeilio. Teimlwn fod gosod pob pennod o fywyd yr unigolyn yma oddi mewn i benillion efallai'n rhy daclus ac yn gwanhau effaith y gerdd.

DOSBARTH 2

Llŷr: Creodd ei fersiwn ef o *Hon* i ni gyda darlun dirdynnol o ddyn wedi cyrraedd diwedd ei oes a'i deulu'n hofran fel fwlturiaid uwch ei ben ac yntau'n dal ar dir y byw. Efallai na fu'r henwr hwn yn rebel yn ystod ei fywyd ond bellach, ac yntau'n wynebu angau, mae'n gwrthod plygu i drefn ei deulu trachwantus. Mae'r gerdd wedi'i hysgrifennu'n arbennig o effeithiol, gan bortreadu dyn bregus yn dangos ei ruddin, ond teimlaf y byddai'r math yma o bwnc wedi elwa o gael ei ysgrifennu o'r newydd fel petai; teimlaf fod defnyddio sgerbwd cerdd T. H. Parry Williams fel hyn wedi dod â doniolwch diangen i'r gerdd a gwanhau'r ergyd.

Tango: Cerdd fer sydd ganddo yn dangos sut y creodd Duw, y pen rebel, ddyn ar y chweched dydd, fel y bu ffolaf! Hoffais y gic giwt yn ei chwt.

Andrex: Darlun annwyl iawn o'r ci Andrex, y labrador hoffus lliw mêl hwnnw sy'n hysbysebu papur tŷ bach mor ddiniwed o eiddgar. Mae'n gerdd ysgafn gyda digon o hwyl iddi. Hoffais 'Yna/bowns . . . bowns . . . bowns . . ./y llathenni papur/yn ymrolio'n ddifyrrwch/o ris/i ris'.

Y Pianydd: Ceisir ymateb i'r ffilm am yr Ail Ryfel Byd, *The Pianist*, gan ddangos erchylltra'r cyfnod hwnnw a'r hyn a ddigwyddodd i'r Iddewon. Mae ambell wall iaith ynddi ond mae grym y delweddau'n gadarn, 'A thrwy galon ddur milwr/treiddia ceinder y sain/trwy fysedd celfydd cerddor,/sy'n artist,/a'i lygaid suddedig yn ymbil am dosturi/i gyfeiliant lleddf/*Cantabile*/y cyfathrebu.'

Eli: Plentyn anufudd mewn dosbarth yw'r rebel yng ngherdd y bardd hwn – rebel sy'n achosi llond ystafell o drafferthion o fewn y wers. Caiff y gerdd ei hadrodd yn llais yr athro, sy'n ceisio darbwyllo, ceryddu, bygwth a phob math o bethau er mwyn cael newid yn ymddygiad y 'rebel', ond nid oes dim yn tycio. Mae'r gerdd yn symud ymlaen i awgrymu nad oes gan y crwt gartref sefydlog, 'Ar derfyn dydd,/Ni fydd yn sirioli/O weld wyneb mam,/Nac yn llamu'n frwd/I ddwyfraich agored tad'. Teimlwn y gallai'r gerdd elwa o beidio â chael y pennill olaf, sy'n gor-bwysleisio'r neges braidd; byddai'n gynilach hebddo.

DOSBARTH 1

Cruz: Mae'n darlunio bywyd yr efengylwr radical o Efrog Newydd, Nicky Cruz, ac yn dangos y llafn peryglus o finiog a gerddai bob dydd rhwng ei ffydd a chymdeithas beryglus, fwystfilaidd y *ghetto*. Yn sicr, fe deimlwn y perygl yma, teimlwn y bygythiad a gwelais y newid mawr a ddaeth i ran y gŵr hwn. Mae'n gerdd ddwys, lawn teimlad.

Di-grach: Mae hwn yn pwyntio bys at bob un ohonom. Ydyn ni'n meddwl ein bod ni'n rebeliaid? Yn herio'r drefn? Mae'n dangos y sefyllfaoedd cyfarwydd i ni lle'r ydym ni'n meddwl ein bod ni mor chwyldroadol gyda'n Cymreictod. Mae *Di-grach* yn chwalu ein heiconau ni a'r pethau yr ydym yn eu hystyried yn sanctaidd. Hoffais 'Ai chi/sy'n amgylchynu/pabell fawr yr eisteddfod/ar brynhawn Gwener/yn Awst, gan gario/cyfrol o'r *Cyfansoddiadau*/yn dynn/o dan eich cesail . . ./a chithau –/yn ôl yr arferiad –/byth yn ei darllen?' Tybiaf fod y tri phennill cyntaf yn gryf iawn, ac er i mi hoffi'r delweddau a oedd yn y gerdd drwyddi draw, teimlwn erbyn ei diwedd ei bod hi'n pregethu braidd ac yn llwytho delwedd ar ben delwedd heb fod eisiau ac felly'n colli pŵer y glatsien o'r herwydd.

Dwrn dig: Teimlwn lid y bardd hwn yn llifo oddi ar y ddalen – 'Dau fys yw dy fiwsig. . ./. . . helynt wedi ei botelu.' Mae'n cerdded heibio i ddyn sy'n amlwg yn methu dal ei gynddaredd oddi mewn iddo. Mae'r gerdd ei hun yn llawn agwedd filain a dicter, ac mae'r pennill syml o wych, 'Edrych, dyma fo'n dod,/yn llawn llid;/'Ti ofn? Wyt ti ofn? Wyt ti?', yn cyfleu pob un gronyn o drais sydd yn y dyn hwn. Mae'r gerdd yn troi'n ystrydebol braidd o ran mynegiant tua'r diwedd, gyda'r bardd yn sylweddoli mai ef yw'r 'dyn caled' yr oedd yn ei ofni gymaint.

Crocodeil: Darlun sydd ganddo o rebel Cymuned. Mae'r llinell gyntaf drawiadol, 'Doedd dim golwg brenin arno' yn dal y sylw ac yn cyflwyno'r sôn am ei 'safiad unig/o flaen y siop arwerthwyr tai' a'i brotest yn erbyn erydu cymdeithas. Mae'r gerdd yn mynd ymlaen i ddisgrifio'n gynnil yr unigolyn gyda 'Nid coron ond cap gwlân' am ei ben. Â'r bardd o'r ochr arall heibio er bod ganddo 'biti drosto', mae'n ''sgubo heibio gyda'r lli,/a'i adael yno,/fel Caniwt/i herio'r tonnau'. Cerdd fachog, i'r pwynt, sy'n cyfleu delweddau priodol yn effeithiol a'r tu hwnt i hynny yn hynod syml ond effeithiol.

Nico: Yn syml iawn, du a gwyn yw cerdd y bardd hwn – hynny yw, mae'n trafod Llundeiniwr ifanc, du ei groen, sydd wedi byw bywyd o wawdio a bygwth pobl o'r cyrion, yn cyfarfod Cymraes, sy'n wyn ei chroen, yn syrthio mewn cariad ac yn newid ei ffyrdd. Dyma, heb os, y gerdd orau yn y gystadleuaeth; mae ben ac ysgwydd uwchben y cynigion eraill. Mae'n uniongyrchol, yn ffraeth, yn llawn bywyd, yn llawn barddoniaeth, yn egnïol ac yn cyfleu'r rebel hwn i'r dim.

Dyfernir y wobr gyntaf i *Nico*.

Y Gerdd *Vers Libre*

REBEL

Hogyn o Hacni,
acen Llunden, un coci
â haciad o wên
trwy wyneb lleuad newydd
fel fflachiad llafn annisgwyl
mewn lôn dywyll
ar gyrion gwyll ei ddinas ddu.
Llond ei groen o waed *reggae,*
a'i draed a'i fysedd
yn dod o hyd i bob rap,
pob sigl a swae
ar stryd
ei fyd, *man.*

Chwe throedfedd ohono,
o'i gorun Affro i'w sodlau *Nike Air*
o stoc amheus stondin ben-stryd,
a'i osgo'n gweiddi mor groch
â chloch 'r Hen Beili acw,
''Co fi'r crwt caled –
gwyliwch fi . . .
rhag ofn, *man.*'

Pa obaith i hwn
welodd golli'i fam
yn graith, yn nam ar blentyndod,
un na welodd liw na llun o dad
a'i fagu'n gyw
olaf – ynteu'n gwcw –
mewn nyth o adar brith
a chenfigen yn garwhau du
eu plu
bob gafael?

No sweat, man.
Mae'n dipyn o dderyn,
hwn.

Glyndŵr rhyw Garibî pell;
ganed i fywyd gwrthryfel

a'r gell pe bai raid,
fight 'da power!
    gwrthdaro,
        right!
    gwrthsefyll,
        yo!
    gwrthod y gŵys barod,
        yeh, man!
gwrth-bopeth – gan gynnwys
y disgwyliedig, pob ystrydeb
ei gefndir difreintiedig:
y llefnyn du tlawd,
y brawd ar strydoedd Hacni.

Codi dau fys ar wŷs ei frodyr hŷn,
clydwch brawdoliaeth y stryd
'da bruvvers, yeh!
a gadael y ceir twp
mewn mannau tywyll
heb falu'u ffenestri'n
    sitrwns;
gollwng y gyllell gudd a'r bat pêl-fas
a hebrwng dieithriaid
mas o'r *patch* heb far,
heb fygwth, glats;
dim rhagor o fentro punnoedd slei
i brynu reu, cyffro E
neu waeth;
troi cefn llydan ar feddwi, ar fercheta'n rhydd
gyda'r gorau a'r gwaetha;
rhoi'r gorau i ff**in iaith y gwter,
a dechrau dysgu geirfa ffydd
trwy fynd gyda'i fam
nad oedd fam iddo
i'r cwrdd,
a chanlyn Cymraes, ei *white trash,*
– 'ti'n hyfryd', 'caru ti', –
er gwarth ei frodyr hŷn
a brodyr clòs sîn y stryd,
yo bro!

Llond bol o chwerthin corffog,
chwe throedfedd o ddirmyg
at eu dicter, eu c'wilydd,
eu cas,
mas draw, *man.*

A'i haciad o wên
trwy wyneb lleuad newydd
fel cynnau fflam annisgwyl
mewn lôn dywyll
ar gyrion gwyll ei ddinas ddu.

Nico

Deuddeg pennill gwreiddiol, caeth neu rydd, ar gyfer calendr

BEIRNIADAETH MEIRION MACINTYRE HUWS

Cystadleuaeth dda oedd hon a hynny'n bennaf oherwydd y testun, a dylid llongyfarch y Pwyllgor Llên am eu gweledigaeth. Dros y canrifoedd, mae cannoedd ar filoedd o englynion a phenillion wedi eu llunio i bob mis o'r flwyddyn. O'r holl gerddi a luniwyd erioed yn y Gymraeg, yr Hen Benillion yw'r rhai hyfrytaf gen i – cerddi syml, diffuant ac agos-atoch a'r rheini'n farddoniaeth lwyr. Cerddi felly yr oeddwn i'n eu disgwyl yn y gystadleuaeth hon, a dyna a gafwyd gan y goreuon.

Gan mai dim ond saith a ddaeth i ganu, mae gofod yn caniatáu gair byr am bob un. Ar wahân i'r tri ar y brig, nid yw'r cyfansoddiadau isod wedi eu gosod yn nhrefn teilyngdod.

Lois: Dyma'r unig un o'r saith i lunio englynion. Cafwyd deuddeg englyn gwastad eu safon a glân eu cynghanedd. Mae pob englyn ar ben ei destun ac yn cyflwyno golwg arall ar bob mis yn ei dro. Teimlais ambell waith fod y gynghanedd wedi llywio'r dweud yn hytrach nag i'r gwrthwyneb. Serch hynny, mae gan *Lois* lygaid craff ac awen graffach.

Gwrach y Rhipyn: Dyma'r penillion mwyaf unigryw a chynnil a gafwyd. Mae gan y bardd hwn ei lais ei hun yn bendant ond teimlwn, weithiau, ei fod wedi methu manteisio ar hynny'n llawn. Buaswn wedi mwynhau clywed mwy am fis Medi ganddo na hyn: 'Medi meddal, melyn, mwyn,/a'r aeron ar y llwyn'. Hwyrach fy mod yn anghywir ond teimlwn fod ôl brys ar rai o'r penillion a 'thâl hynny mo'r tro mewn cystadleuaeth fel hon!

Rhydgaled: Cefais fy siomi yn syth bin yng ngwaith *Rhydgaled* gan iddo ddechrau ei hen bennill cyntaf gyda 'Ddechrau Ionawr mae'n Ddydd Calan' – dweud yr amlwg os bu erioed. Dylai bardd go iawn fod yn gallu dweud hynny heb ddefnyddio'r gair 'blwyddyn' na 'Calan'. Yn ogystal â hynny, nid oeddwn yn gweld gwerth mewn rhoi enw'r mis ym mhob pennill. Roedd hynny'n cyfyngu gormod ar y mynegiant. Pe bai gwaith *Rhydgaled* yn cael ei ddewis ar gyfer calendr, byddai enw pob mis ar dop y dudalen beth bynnag. Prif wendid y gwaith, fodd bynnag, yw diffyg trosiadau, cyffelybiaethau ac idiomau sydd mor hanfodol mewn unrhyw gerdd. Dyma fardd da sydd wedi colli cyfle i ddangos ei ddawn.

Tom: Cymysgedd o wahanol fesurau a gafwyd gan *Tom*, rhai yn fwy rhyddieithol na'i gilydd. Ei waith gorau yw ei hen benillion a gresyn na fyddai wedi llunio deuddeg o'r rheini. Pe gwnaethai, byddai'n agos iawn i'r brig. Dyma ei bennill i fis Mai: 'Llon ar fryn yw'r ŵyn sy'n prancio,/Llon yw'r adar bach yn pyncio,/ Llon ac ysgafn yw 'ngherddediad,/Llonnach llanc dan dwymyn cariad'. Nid yw'r naw pennill arall sydd ganddo hanner cystal â'i dri hen bennill.

Ianws: Hen benillion eto, ond dewisodd y bardd hwn gyfarch y misoedd yn eu tro sy'n rhoi elfen bersonol iawn i'r canu. Dyma gyfarch Ebrill:

> Paid â'm twyllo, Ebrill annwyl,
> Gyda'th wên a'th ddeigryn gwamal,
> Cyndyn wyf ar noson olau
> I roi'r border bach i'th ofal.

Gwynfa: Hen benillion sydd gan *Gwynfa* hefyd, penillion gwerth chweil a fyddai'n addas iawn ar gyfer calendr. Dyma bennill i fis Mai:

> Mae cyffro yn y prysglwyn,
> Tynera gwedd y clogwyn,
> Os methodd haf â chadw'i oed
> Erioed ni fethodd gwanwyn.

Prin yw'r gwallau, prin yw'r gwendidau mewn gwaith hyfryd a Chymreig iawn, sydd yn gallu bod yn beth dieithr ar adegau! Yr unig beth sy'n sefyll rhwng *Gwynfa* a'r wobr yw *Hen Leuad Wen.*

Hen Leuad Wen: Dywedais o'r dechrau mai hen benillion syml fyddai'n addas, yn fy marn i, ar gyfer calendr a dyna a gafwyd gan *Hen Leuad Wen.* Er bod ei waith yn edrych yn syml a rhwydd, fel llwyn o rosod mewn ambell ardd, mae ôl tocio a dyfrio, gwaith a gofal ar y cyfan. Mae pob pennill o waith *Hen Leuad Wen* yn rhoi darlun da o'r hyn sy'n digwydd yma yng Nghymru o fis i fis. Dim ond un peth oedd yn taro'r glust yn chwithig a hynny oedd y newid o acen y De i acen y Gogledd bob hyn a hyn. Serch hynny, *Hen Leuad Wen* sy'n mynd â hi a dim ond gobeithio y bydd gwasg neu gyhoeddwr yn cydio yn y deuddeg ac y byddwn yn eu gweld yn crogi mewn ceginau ar hyd a lled Cymru y flwyddyn nesaf.

Y Deuddeg Pennill ar gyfer Calendr

IONAWR

Calennig yn briwsioni
i Robin Goch a'i deulu
a'r lili eto 'leni'n dod
am fod y rhod yn cylchu.

CHWEFROR

Dwyreinwynt y mis cwta
yn taenu mantell eira
a'i ana'l oer dros erwau'r fro
yn herio hyd yr eithaf.

MAWRTH

Â'r dydd yn dechrau 'mestyn,
daw catrawd flodau melyn
i brocio'r co' ar ddydd ein sant
a tharo tant y gwanwyn.

EBRILL

Mae'r meillion eto'n llonni
a'r eidion blwydd yn ffroeni
gan edrych 'mla'n at ddydd 'troi mas'
a blewyn glas yn llathru.

MAI

Daw clychau'r gog yn gwrlid
daw gwennol uwch y gweryd,
a hwnt i enfys, haul a glaw
sy'n estyn llaw addewid.

MEHEFIN

Bodlonrwydd grwndi'r gwenyn
ar ddiwedd dydd diderfyn
a siffrwd gwair – mae suon ne'
i ddyddie Alban Hefin.

GORFFENNAF

Ar lan y môr mae miri
a chestyll aur yn rhesi
a chwerthin plant mor newydd-hen
â gwên y don sy'n torri.

AWST

Ar riniog Awst y gwyliau,
mae'r heniaith ar wefusau
ar faes yr ŵyl yn berlau hud
fel gwrid yr haf ar ruddiau.

MEDI

Yr ydlan wedi'i llenwi
a'r lliwiau'n hael ar berthi
a gwladwr gwylaidd ar ei lin
yn diolch i'r Un fu wrthi.

HYDREF

Penwynni cynta'r gaea'n
sisyrnu blaendwf porfa
a'r gwynt yn gyrru'r dail ar ffo
i ddawnsio'u tango ola'.

TACHWEDD

Daw'r drudwy ar ein gwartha',
daw'r cotiau coch ar helfa,
â'r haul i'w wely ar ôl te,
awn ninnau i Ffair Glangaea.

RHAGFYR

Drwy d'wyllwch Alban Arthan
â chlychau'r ŵyl yn tincian
daw'r cof am ych yng nghlydwch stâl
yn ildio'i wâl i Faban.

Hen Leuad Wen

TESTUNAU A GWOBRAU ARBENNIG LLYS YR EISTEDDFOD GENEDLAETHOL

Gwobr Goffa Daniel Owen: Nofel heb ei chyhoeddi

BEIRNIADAETH SIONED DAVIES, MARION EAMES A GWERFYL PIERCE JONES

Cafwyd ymateb calonogol i'r gystadleuaeth hon eleni, a daeth saith nofel i law. Calonogol hefyd yw'r sefyllfa ehangach yng Nghymru gyda'r ad-drefnu ariannol yn golygu bod modd bellach i nofelwyr sydd yn ysgrifennu yn y Gymraeg gael eu comisiynu i gynhyrchu gweithiau creadigol dros gyfnod penodol. Gobeithio y bydd hyn yn fodd i godi statws awduron ac i ddenu mwy i ysgrifennu. Yn sicr, mae angen inni gael toreth o nofelau cyffrous, darllenadwy, er mwyn creu darllenwyr, ac awduron, y dyfodol.

Yn gyntaf oll, mae'n rhaid llongyfarch pob un o'r ymgeiswyr – nid ar chwarae bach y mae mynd ati i gynhyrchu darn hir o ysgrifennu creadigol. Mae ôl llafur caled i'w weld ar y saith nofel, a sawl awdur wedi ymgymryd â gwaith ymchwil arbenigol er mwyn mynd â'r maen i'r wal. Fel y gellid disgwyl, yr oedd y cynnyrch yn amrywiol. Mae angen tipyn mwy o ddisgyblaeth ar rai o'r ymgeiswyr ond, yn wir, gellid ystyried cyhoeddi tair o'r nofelau, ar ôl peth diwygio, yn ogystal â'r gwaith buddugol. Mae'n rhaid cyfaddef, serch hynny, mai gweddol draddodiadol oedd y cynnyrch – hynny yw, ni chafwyd fawr o arbrofi. Efallai fod mwy o le i wneud hynny yng nghystadleuaeth y Fedal Ryddiaith. Daeth rhai tueddiadau cyffredinol i'r wyneb eto eleni. Dylid amcanu at gael llinyn storïol da a phlot sydd yn cydio ond cafwyd, yn amlach na pheidio, ormod o bwdin, hynny yw gormod o lawer yn digwydd, a hynny'n amharu ar rediad y naratif. Nid oes rhaid gor-lwytho'r plot, na chael byddin o gymeriadau – dewis a dethol yw'r gyfrinach. Yn yr un modd, cafwyd sawl enghraifft o ddiffyg cynildeb yn y mynegiant – dweud awgrymog, rhyng-linellol sydd fwyaf effeithiol, gwybod pryd i ddisgrifio ond gwybod hefyd pryd i ddistewi. Tuedd gyffredin iawn oedd i awduron chwythu eu plwc cyn diwedd y nofel, canlyniad gweithio i 'ddyddiad cau' efallai? Mae'n rhaid cynnal y nofel ar ei hyd a gweithio at ddiweddglo a fydd yn argyhoeddi. Nodwyd gan feirniaid y gystadleuaeth hon y llynedd mai mater o bwys i'r cystadleuwyr oedd creu ieithwedd a oedd yn realistig – mae'r her yno eleni eto, a'r mwyafrif yn dewis gwneud deunydd helaeth o dafodiaith.

Mae'r sylwadau sydd yn dilyn yn adlewyrchu barn y tair ohonom. Ychydig iawn o anghytuno a gafwyd. Trafodir y nofelau yn unigol, yn nhrefn yr wyddor, gan gadw'r buddugol tan y diwedd.

Arthur Morgan: 'Chwedl y Fam-Dduwies'. Clamp o nofel yw hon a hynny ar gynfas eang, yn hanesyddol ac yn ddaearyddol. Patagonia a Sbaen yw'r cefndir a hynny rhwng 1511 a heddiw. Ceir yma ddwy stori yn gwau ynghyd. Mae

Arthur Morgan, gŵr gweddw, yn dychwelyd o Sbaen i'w hen gartref yn y Gaiman ac yn dod ar draws papurau Edward John Brunt sydd yn adrodd hanes *reliquary* aur a ddarganfu ger Llyn Halen Mawr ym Mhatagonia. Bob yn ail â'r hanes, cawn ddisgrifiad o'r presennol a sut mae Arthur yn cwympo mewn cariad ag Alba, cymdoges iddo. Erbyn diwedd y nofel, datgelir mai Brunt oedd tad Alba. Anodd iawn yw crynhoi nofel fel hon – mae'n gyforiog o gymeriadau ac o ddigwyddiadau. A dyma'n wir yw un o'i gwendidau, sef ceisio gwneud, a dweud, gormod. Byddai'n elwa o'i thocio gryn dipyn ac o gael ffocws mwy pendant. Mae yma ormod o gyd-ddigwyddiadau a gormod o gymeriadau nad ydynt yn ychwanegu o gwbl at y stori ei hun.

Wedi dweud hynny, mae hon yn nofel uchelgeisiol dros ben. Mae gan yr awdur ddigonedd o ddychymyg ac mae'n amlwg ei fod wedi treulio oriau maith yn ymchwilio cyn ysgrifennu'r gwaith. Yn sicr, mae yma botensial. Ond mae'r gwendidau uchod, ynghyd â diffyg gafael sylfaenol ar yr iaith Gymraeg, yn llesteirio mwynhad y darllenydd. Mae'r sgwrsio yn brennaidd ac yn chwithig, a'r arddull drwyddi draw yn glogyrnaidd ac anystwyth. Mae'r naratif yn anodd i'w ddeall ar brydiau, a'r ieithwedd yn hen ffasiwn a thra llenyddol, hyd yn oed yn y rhannau hynny sydd wedi eu gosod yn y byd cyfoes. Byddem yn cynghori'r awdur, yn garedig, i dreulio amser yn gloywi ei Gymraeg cyn ymroi i unrhyw waith creadigol eto.

Atgo: 'Rhagom'. Mae'r nofel hon yn agor braidd yn ystrydebol wrth i Gwilym, milwr yn yr Ail Ryfel Byd, ddod adre ar *leave* at ei deulu yng Nghaernarfon. Mae'n darllen trwy lythyrau ei Yncl Gwilym, brawd ei fam, a laddwyd yn y Rhyfel Byd Cyntaf, a thrwy wneud hynny daw i 'adnabod' y dyn. Mae'r rhagymadrodd yn y person cyntaf cyn troi at y trydydd person ym mhenodau 1 hyd at 17 er mwyn adrodd hanes yr ewythr. Dychwelir i'r presennol drachefn ar dudalennau olaf y nofel wrth i Gwilym ddarllen y llythyr olaf, ac wrth iddo deithio, fel ei ewythr, i ymladd ym Mhalesteina.

Mae yma ôl ymchwil manwl dros ben. Dechreua'r hanes yn 1904 gydag Evan Roberts y Diwygiwr yn pregethu yng Nghaernarfon a'r ewythr yn blentyn naïf yn gwrando arno. Gwneir ymdrech deg i fynd dan groen y bachgen – ei feddyliau a'i ofnau. Llwyddir i symud yn effeithiol o'r naill olygfa i'r llall wrth i'r awdur geisio cyfleu bywyd yng Nghaernarfon, a cheir *cameos* o gymeriadau fel Hen Walia a Meri Crim Cêcs wrth ddisgrifio ymateb y gymdeithas leol i'r rhyfel. Wedi i Gwilym *listio* yn y fyddin, nid hanes y brwydro erchyll yn unig a geir ond symud cyson rhwng ffosydd Ffrainc a chymdeithas Caernarfon. Lleddir Yncl Gwilym ym Mrwydr Gyntaf Gaza, 1917, a hynny'n ddolen gyswllt rhyngddo a'i nai sydd, ar ddiwedd y nofel, yn teithio i Balesteina ac yn dod o hyd i fedd ei ewythr.

Yn sicr, mae i'r nofel ei chryfderau. Ceir yma ddisgrifiadau synhwyrus a grymus; llwyddir i greu ymdeimlad o'r gwmnïaeth glòs yn y ffosydd; cyfunir y llon a'r lleddf yn effeithiol. Mae'r iaith yn raenus iawn ar y cyfan, er y tuedda'r ddeialog i fod yn brennaidd ac yn or-lenyddol mewn mannau. Un o'r prif wendidau yw bod yma lawer gormod o bregethu a moesoli uniongyrchol, yn lle bod hynny'n codi'n naturiol o'r stori. Mae tuedd hefyd i fod yn or-sentimental, er enghraifft wrth ddisgrifio Yncl Gwilym yn ffarwelio â'i deulu, neu'r Ysgol Gân yn Gaza. Yn sicr, mae angen mwy o gynildeb ar y diwedd – mae fel petai'r awdur yn methu gollwng gafael ar y stori rywsut. Y gamp i nofelydd (yn enwedig nofelydd hanes) yw gwybod pryd yn union i ddod â'r stori i ben.

Fflur: 'Bryn Meillion'. 'Bryn Meillion' yw cartref Menna Jenkins, symbol o'r gorffennol ac o fywyd teuluol. A hithau bellach yn ffwndrus ac yn hen, eir â Mrs Jenkins i gartref henoed yng nghanol y pentref. Ei hatgofion trist hi sydd yn dilyn – hanes ei phriodas a marwolaeth ei gŵr yn y Rhyfel Byd Cyntaf, hanes ei mab a'i farwolaeth yn yr Ail Ryfel Byd, ac yna hanes ei hŵyr a'i farwolaeth yntau yn Rhyfel y Malfinas. Ymdrech a geir yma, felly, i gyfleu saga deuluol dros dair cenhedlaeth. Mae'r her yn un enfawr – mae'n rhaid dewis a dethol digwyddiadau'n ofalus i grisialu bywydau'r tri arwr, yn ogystal ag ymateb teulu a ffrindiau i'r digwyddiadau erchyll; rhaid osgoi rhestru digwyddiadau'n rhibidirês er mwyn cyfleu treigl amser; rhaid bod yn ofalus i beidio â gor-sentimentaleiddio wrth ddisgrifio canlyniadau brawychus rhyfel. Mae'r dasg yn un anodd.

Mae gan yr awdur gryfderau, nid oes dwywaith am hynny. Mae ei ddeunydd o dafodiaith gyfoethog Cwm Tawe yn gofiadwy: 'O'dd Lisa wrth 'i bodd pan glyws hi beth o'dd wedi dicw'dd yn y llys yn Abertwe – fe fydde Wil bach yn gorffod gwishgo iwnifform wedi'r cyfan a fydde dim rhaid i neb wpod taw "conchie" o'dd e, mynte hi. Pan wetws Wil bach wrtho i mi dimles ddŵr o'r yn rhyteg lawr 'yn asgwrn cefen i. Fe fydde'n gorffod mynd i'r rhyfel ond fydde fe ddim yn cario dryll na dim byd iddi amddiffyn e, dim ond badj y Groes Goch ar 'i frest'. (Mater arall yw i ba raddau y gall gwaith creadigol mewn tafodiaith fod yn faen tramgwydd wrth geisio cyfathrebu â'r darllenydd.) Ceir hefyd ddisgrifio sensitif ar brydiau – er enghraifft, pan gyflëir ofn y glöwr wrth i ddrws y caetsh gau cyn disgyn i'r tywyllwch. Ond, gwaetha'r modd, y mae yma wendidau. Nid disgrifio popeth yw'r gamp ond gwybod beth i'w ddethol. Mae'r darluniau yn or-lwythog yn aml – nid yw'r awdur wedi gwir sylweddoli gwerth cynildeb. Yr un yw'r duedd wrth gymeriadu – rhoddir sylw i lu o ddynion a gwragedd amherthnasol, a hynny heb fynd go iawn o dan groen y prif gymeriadau. Tuag at ddiwedd y nofel, ceir gormod o lawer yn digwydd o fewn ychydig dudalennau, fel petai'r awdur am gyrraedd pen y daith cyn gynted â phosibl gan neidio o'r naill ddigwyddiad i'r llall heb roi digon o bwyslais ar gydblethu ei ddeunydd yn effeithiol. Mae gormod o lawer o gyd-ddigwyddiadau, a thuedd i'r dweud fynd yn felodramatig a sentimental.

Y mae llu o feirdd a llenorion wedi ysgrifennu am erchyllterau rhyfel. Y gyfrinach yw dweud rhywbeth newydd, mewn ffordd newydd, am y pwnc. Er cyfoethoced iaith yr awdur, a phob clod iddo am gynnal y safon trwy'r nofel ar ei hyd, mae gormod o'r hen drawiadau ac o'r hen ystrydebau yn 'Bryn Meillion' i'w hystyried o ddifrif ar gyfer y wobr arbennig hon.

Jean: 'Dim Niwed'. Dyma nofel uchelgeisiol sydd yn herio'r darllenydd o'r dechrau. Gwraig sydd yn gweithio mewn siop garpedi yn un o gymoedd y de yw'r prif gymeriad a gwelwn bopeth drwy ei llygaid hi. Stori drist sydd ganddi, a hithau'n gaeth i dabledi ac alcohol: mae ei gŵr yn ei bwrw, ac o'r diwedd yn ei gadael gan fynd â'u mab gydag ef; mae'n cael ei cham-drin wrth grwydro strydoedd Caerdydd; mae'n llithro i ryw bwll o anobaith llwyr ac yn ceisio'i lladd ei hun. Yn sicr, nid yw hon yn nofel i godi calon. Ond yna, tua'r diwedd, cawn ei hanes yn ceisio dringo o'r iselder erchyll ac yn llwyddo i roi pwrpas i'w bywyd unwaith yn rhagor.

Trafodir yma bynciau heriol megis cam-drin merched, alcoholiaeth, gorddibyniaeth ar gyffuriau. Mae'r arddull a'r strwythur yn adlewyrchu cyflwr meddwl Elsie – arddull bytiog a thameidiog yn dilyn llif yr ymennydd. Mae cynildeb yr ysgrifennu yn awgrymu llawer. Weithiau, fodd bynnag, gellid dadlau bod yr awdur yn orgynnil, a hynny'n peri dryswch – anodd gwybod ai o fwriad y gwneir hynny, er mwyn adlewyrchu, efallai, gyflwr meddwl y prif gymeriad. Newidir weithiau o'r person cyntaf i'r trydydd ond nid yw'r rheswm dros hynny ychwaith yn glir bob tro. Gwaetha'r modd, nid yw'r diweddglo yn llwyr argyhoeddi wrth i Elsie sefydlu grŵp hunan-help ar gyfer merched sydd yn dioddef o iselder, merched sydd wedi colli ffydd yn eu meddygon am eu bod yn rhoi tabledi iddynt 'fel losin'. Onid gwell fyddai atal rhag y duedd i bregethu ar y diwedd?

Mae yma, yn sicr, nofel bwerus sydd yn ein siglo ar brydiau. Mae'r iaith yn raenus, a'r awdur yn llwyddo i gynnal tafodiaith ddeheuol yn llwyddiannus. Dylid golygu'r gwaith a'i gyhoeddi ar ôl ailystyried rhai o'r technegau adroddiadol ac, efallai, y diweddglo.

Meirion: 'Cwpan Byd'. Gellid meddwl mai nofel ffantasi sydd yma ar y dechrau, gyda Chymru yn curo Ffrainc yn rownd gynderfynol Cwpan Rygbi'r Byd! Ond ymdrech i ysgrifennu *thriller* a gawn, mewn gwirionedd, stori wleidyddol sydd wedi ei gosod yn y dyfodol agos. A da o beth yw hynny. Adroddir yr hanes gan Meirion, cyn-ddarlithydd yng Ngholeg y Brifysgol, Bangor, sydd bellach yn llywydd Plaid Cymru yn y Senedd yng Nghaerdydd. Cawn ddarlun pathetig ohono – gwleidydd canol-oed sy'n yfed, yn sniffio côc, ac yn cael *affairs* gyda rhes o ferched lawer iau nag ef ei hun. Symudir o Gaerdydd i Ddwyrain Ewrop wrth i Meirion deithio i Riga i gynrychioli Cymru mewn cynhadledd sydd wedi ei galw gan Gyngor y Baltig. Ac yno nid oes ffrwyno ar ddychymyg yr awdur. Yn wir, gellid dadlau bod disgwyl inni gredu gormod o ffeithiau anhygoel.

Mae'r stori'n dechrau'n dda ond yn tueddu i fynd ar wasgar braidd – byddai'n well o'i thocio, yn enwedig tua'r diwedd. Ceir ôl brys mewn mannau a llawer gormod o linynnau ar eu hanner. Defnyddir italeiddio ar ddechrau'r nofel fel glos lle mae'r siaradwr yn tynnu sylw ato ef ei hun fel awdur: *Wel dyna'r naratif wedi dechrau, o leia. Mae hynna'n rhyddhad.* Fe'i defnyddir ymhellach, mewn modd clogyrnaidd braidd, i gadw rheolaeth ar y nofel ac i gyflwyno ôl-fflachiadau a chymeriadau newydd. Fodd bynnag, tua'r diwedd, ymddengys nad oes unrhyw arwyddocâd i'r italeiddio, a hynny'n peri dryswch. Yn ail hanner y nofel, ceir llawer gormod o neidio yn ôl a blaen – rhwng y gorffennol a'r presennol, rhwng gwahanol gymeriadau – a hynny'n cymhlethu'r plot heb eisiau. Mae'n rhaid hefyd wrth fwy o ofal wrth saernïo cymeriadau – er enghraifft, ystrydebol, a dweud y lleiaf, yw synfyfyrio Meirion ar natur rhyddid ac ewyllys rydd.

Yn ieithyddol, ceir rhai gwallau esgeulus, gan gynnwys un ym mrawddeg gyntaf y nofel! Ychydig yn glogyrnaidd a chwithig yw'r arddull, gydag arlliw Seisnigaidd drwyddi draw. Ceir tuedd i gymysgu'r cywair ffurfiol a'r anffurfiol ac y mae'r arfer o ddefnyddio'r Saesneg mewn deialogau yn anghyson. Ond, er gwaethaf y gwendidau, mae'n rhaid cyfaddef bod yma hedyn nofel dda iawn. Mae'n hollol ffres, a digon o hiwmor wrth ddisgrifio *antics* y gwleidyddion. Diau y byddai'n boblogaidd o'i chyhoeddi, ac edrychwn ymlaen at weld fersiwn diwygiedig mewn print. Ond gocheled: mae rhai o'r cymeriadau yn weddol hawdd eu hadnabod fel pobl go iawn, ac efallai y dylid cael barn gyfreithiol cyn mynd gam ymhellach!

Wil Bodhyfryd: 'Elain'. Dyma nofel fyrraf y gystadleuaeth o bell ffordd. I ddweud y gwir, gellid dadlau ei bod yn fwy o stori fer hir nag o nofel. Daw tensiynau i'r amlwg o'r dudalen gyntaf wrth i Ifan gyrraedd adre yn hollol annisgwyl, gyda gwraig newydd, 'gwallt-melyn-potel a gormod o lipstic' o'r enw Anita sydd nid yn unig yn feichiog ond hefyd yn Saesnes – nid rhyfedd bod mam Ifan yn anhapus! Wrth i'r plentyn, Elaine Louise, dyfu, daw'n ymwybodol o'r tensiynau rhwng y Gymraeg a'r Saesneg a fydd yno gydol ei bywyd, gan newid ei henw o Elaine i Elain fel symbol o'i Chymreictod.

Dechreua'r stori go iawn ac Elain yn ddarlledwraig adnabyddus, lwyddiannus. Mae'n dychwelyd i'w phentref genedigol i ffilmio, a hynny'n datblygu'n bererindod o fath. Sylweddola'n fuan fod pethau wedi newid – teimla siom a gwacter wrth weld mai Saeson sydd bellach yn cadw'r siop bapurau newydd ac mai Saeson yw'r cwsmeriaid. Trwy gyfrwng cyfres o ddeialogau ac ôl-fflachiadau, datgelir mwy am orffennol Elain a'i theulu; yn wir, bron na theimlir weithiau bod y nofel yn ymylu ar fod yn opera sebon gan fod y plot yn cynnwys cymaint o ddigwyddiadau ystrydebol. Ond wedi dweud hynny, gwneir ymdrech i fynd i'r afael â phob math o themâu diddorol, megis y berthynas rhwng mam a merch, ac awgrymir yn gynnil nad yw popeth yn ddu a gwyn.

Mae'r deialogau'n grefftus tu hwnt a'r awdur yn hen gyfarwydd â thechneg sgriptio. Mae yma hefyd ddawn arbennig gyda geiriau, a'r gallu i fynd i mewn i deimladau ingol y ddau ryw, yn arbennig felly Elain. Ceir ysgrifennu synhwyrus, barddonol, a delweddu effeithiol, fel y dengys yr enghreifftiau a ganlyn:

> Roedd hi wedi agor y drws ar ei Haber Henfelen ei hun a rŵan doedd dim amdani ond derbyn y canlyniadau, beth bynnag fyddai'r rheiny.

> Ar nosweithiau clir byddai goleudy Carreg-y-Benddu'n chwythu swsus i'r dŵr; pan fyddai hi'n niwl roedd ei ubain dolefus yn crwydro gwastadeddau'r dŵr llwyd fel enaid coll.
>
> Roedd hi'n rhywbeth heblaw cusan, yn clymu eu hofnau'n un, yn torri garw'r blynyddoedd. Yn eu hatgoffa bod 'Tyrd adra hefo fi' yn wahoddiad melys fel y te bach ei hun ers talwm – jam riwbob cartra a theisen fwyar duon a hufen o haul yn dew drwy'r gegin hir.
>
> Y môr yn annaturiol o las. Fel llun mewn llyfr i blant bach. Glas potel Tŷ Nant. Gwydrog. Miniog. Brifo'i llygaid hi.

Mae'r Gymraeg yn raenus dros ben a'r mynegiant yn dafodieithol ogleddol ac yn llithrig. Ceir saernïo crefftus ar y cyfan er bod tuedd tuag at y diwedd i ddadlennu ar garlam ac yn enwedig felly ym mhennod 9. Ond nid oes dwywaith na ellid cyhoeddi'r nofel hon, gydag ychydig o ailweithio, a mawr obeithiwn ei darllen mewn print yn fuan iawn.

Pen Ffridd: 'Pan ddaw'r dydd . . .?'. Arwydd clir o nofel lwyddiannus yw bod y darllenydd yn ei chael hi'n anodd i roi'r gwaith i lawr. A dyna beth oedd yn arbennig am y nofel hon. Mae hi'n gafael o'r dechrau a rhyw fwrlwm yn ei gwthio ymlaen. Adroddir yr hanes yn y trydydd person, o berspectif Eirwyn, athro Saesneg mewn ysgol uwchradd, blaenor, a gŵr Cissie, *hypochondriac* a snob dosbarth-canol sydd yn cael boddhad o hel clecs â'i ffrindiau canol-oed yn y caffi lleol. Llwydda'r awdur i fynd dan groen y prif gymeriad o'r cychwyn cyntaf wrth ei ddisgrifio yn teithio adref yn ei gar un nos Wener wlyb, a theimlo 'fod symudiad cyson y llafnau yn ddarlun perffaith o'i fywyd o . . . Dim cynyrfiadau mawr, dim byd i dorri ar esmwythyd arferol bywyd, ar rythmau cyson byw a bod. Dim rhuthro gwirion chwaith, pob symudiad dan reolaeth, pob gweithgaredd a gweithgarwch o fewn terfynau'. Dyna demtio ffawd!

Cryfder y nofel yw'r cymeriadu arbennig, a'r darlun credadwy o'r berthynas rhwng Eirwyn a'i wraig. Cissie yw'r *boss*, yn ffysian o gwmpas y tŷ a'r gegin, ac yntau'n gwneud unrhyw beth i gael llonydd – mynd â'r ci am dro, siopa yng Nghaer, cael rhyw yn ddefodol bob nos Wener. Cymeriad pathetig ydyw, dan bawen ei wraig, yn cael ei fygu ganddi. Yr un yw'r sefyllfa yn yr ysgol – mae ganddo broblemau disgyblu, a'r Pennaeth Adran (merch, wrth gwrs!) yn poeni ynglŷn â'i berfformiad, yn arbennig am fod arolwg ar y gorwel. Encilio i'w lyfrau gosod yw ateb Eirwyn – *Of Mice and Men*, *I Know Why the Caged Bird Sings*, a *Macbeth* – a gwêl ynddynt ddrych o'i fywyd ei hun. Ond un diwrnod, mae Eirwyn yn cyfarfod â Gwen Carter ac mae ei fywyd yn newid am byth. Hanes *affair* Eirwyn a Gwen yw gweddill y nofel ac ymdrech Eirwyn i ddod i delerau â'i anffyddlondeb.

Twyll, felly, hen thema oesol, sydd yn sail i'r nofel hon. Eithr pwy sydd yn twyllo pwy? Nid yw'r sefyllfa yn ddu a gwyn o bell ffordd. A dyna pam y mae'r nofel yn gafael, oherwydd fe gydymdeimlwn â Cissie ac ag Eirwyn yn eu tro. Yr unig fan lle nad yw'r awdur yn ein llwyr ddarbwyllo yw hanes tröedigaeth Cissie yn yr ysbyty. Ond taw piau hi, mae'n debyg, rhag datgelu gormod. Gellid hefyd fod yn gynilach wrth ddatgelu cyflwr meddwl Eirwyn tua'r diwedd – y cwestiynu, yr euogrwydd, yr amheuaeth – ac nid at ddant pawb yw'r ymadroddi stroclyd a welir o bryd i'w gilydd – er enghraifft: 'Ac felly fel oen, ond nid i'r lladdfa, y cerddodd Eirwyn heibio'r gadeirlan ac allan i Northgate ar gyfer neuadd y ddinas' neu 'Hiraethai fodd bynnag am fod yn frawd mawr, yn gryf a chadarn, yn graig safadwy mewn tymhestloedd'. Ond, ar y cyfan, ceir yma ysgrifennu aeddfed a llwyr ddisgybledig. Mae'r stori'n datblygu'n rhwydd ac yn effeithlon er bod y dweud yn gynnil, a'r awdur yn dda am gyfleu rhediad y naratif trwy ddeialog. Rhinwedd arbennig yw'r elfen o goegni a hiwmor iach sydd yn rhedeg trwy'r cyfan – er bod yma drafod themâu dwys, mae'r awdur yn gwneud hynny'n gyson â'i dafod yn ei foch.

Dyma nofel ddarllenadwy y bydd trin a thrafod arni, mae'n siŵr. Ceir ambell wall teipio ac y mae angen cysoni o bryd i'w gilydd. Ond awdur hollol broffesiynol sydd yn feistr ar y *genre* yw *Pen Ffridd.* Mae'r tair ohonom yn hollol gytûn fod y nofel hon ar y blaen. Mae'n waith mwy gorffenedig na'r lleill ac yn dangos aeddfedrwydd a disgyblaeth arbennig. Mae'n hollol deilwng o Wobr Goffa Daniel Owen eleni.

YSGOLORIAETH EMYR FEDDYG

Er cof am Dr Emyr Wyn Jones, Cymrawd yr Eisteddfod

BEIRNIADAETH MARION EAMES

Fel un oedd yn adnabod ac yn parchu Dr Emyr fel meddyg yn ogystal ag fel cydnabod, roeddwn yn ei theimlo hi'n anrhydedd o'r mwyaf i allu dweud 'Wrth gwrs!' pan ofynnwyd i mi feirniadu'r gystadleuaeth hon.

Daeth saith ymgais i law a dyma ychydig am bob un – yn union fel y codais nhw o'r pecyn (nid yn ôl trefn teilyngdod o reidrwydd).

Morwr Bach: 'Tu hwnt i Enlli'. Doedd y Gymraeg hynod o wallus ddim yn argoeli'n dda. Cafwyd rhyw naw can gair o agoriad ac yna dwy dudalen yn amlinellu gweddill y gwaith. Does dim digon yma i feirniad allu clorianu gwerth yr ymgais, mae arnaf ofn.

Tomos: 'Agendas Cudd'. Stori dipyn mwy swmpus ond, eto, y gwallau iaith yn boenus i'w darllen. Gyda chystadleuaeth mor bwysig â hon, oni ellid bod wedi dangos y llawysgrif yn gyntaf i gyfaill neu athro tipyn mwy rhugl ei Gymraeg na'r ymgeisydd ei hun?

Mae tipyn mwy o swmp yn y pum ymgais arall a ddaeth i law ac mae pob un, yn ei ffordd ei hun, yn dangos addewid dda ac yn ddefnydd i'w gyhoeddi, efallai, maes o law. Daeth un o'r rhain i'r brig am ei fod yn arbennig o addas i dderbyn yr Ysgoloriaeth.

Hebog: Di-deitl. Darlun da iawn o'r gwahaniaeth rhwng dwy genhedlaeth: gweinidog cefn gwlad yn ceisio'n dawel ddeall mab sy'n anghrediniwr ac sy'n byw yng Nghaerdydd. Mae'r stori'n cael ei dweud o safbwynt y mab a ddaeth i glirio'r cartref yn dilyn claddedigaeth y tad. Ond mae'n ysu ar unwaith am gael mynd yn ôl i'r ddinas ac at ei waith ymchwil ar Henry Hawse, yr anturiaethwr, sy'n 'dod' bob rhyw hyn a hyn i 'ymrithio'n ysbeidiol'. Yna, wrth geisio clirio'r pethau a gedwid gan ei dad mewn drôr, mae'r mab yn dod ar draws pentwr bychan o bapurau diddorol wedi'u lapio mewn cwdyn plastig. Beth ydynt? Mae chwilfrydedd un darllenydd o leiaf yn awyddus i gael gwybod mwy!

Lloeren: Di-deitl. Cafwyd tair stori fer a'r gyntaf o'r rhain oedd 'Cyrraedd' – stori am fam ifanc mewn galar am Deio bach ac yn crwydro'i hoff goedlan cyn cyrraedd y llyn lle mae hi'n gobeithio cael gorffwys (am byth?). Stori fach gynnil yw hon sy'n gadael llawer i'r dychymyg. Stori am golled yw 'Y Trysor', hefyd – y tro hwn am ferch yn colli'i chariad i ryw ymchwilydd am drysorau cudd yn Guatemala. Yn 'Briwsion', ceir hanes mam a adawodd ei nyth daearol ac sydd bellach yn aderyn go iawn. Mae dawn ddiamheuol gan yr awdur ond mae arddull y tair stori mor debyg i'w gilydd; erbyn darllen y drydedd stori, roeddwn yn dyheu am stori lai lletraws ei dweud.

Bod Awel: Di-deitl. Cyflwynwyd tair ysgrif gan awdur meddylgar – ysgrifau sydd weithiau'n fachog, weithiau'n ddoniol, weithiau'n hiraethlon. Ond mae cysylltiad yn rhedeg rhwng pob un o'r tair, sef rhywun (merch, efallai) sylwgar, llawn hiwmor, gyda chryn hiraeth am y gorffennol. Mae'r tair ysgrif yn gweu'n dda i'w gilydd ac yn gadael argraff o berson meddylgar ond doniol. Cwmni da, 'greda' i.

Morisyn: Di-deitl. Dyma bennod agoriadol nofel. Mae'r nofel yn dechrau gyda disgrifiad manwl, dengar sy'n cynorthwyo'r darllenydd i adnabod y prif gymeriad ar unwaith. Cawn ddarlun o ddyn ifanc, ansicr yn sefyll ar blatfform gorsaf Pensarn, bron yn methu credu ei fod wedi gadael ei waith fel cynorthwy-ydd siop yng ngorllewin Sir Feirionnydd, ac yn cychwyn ar ei ben ei hun i Lerpwl, i ddechrau, ac yna, maes o law, at ei frawd sy'n byw yn San Francisco. Dyna hanes sawl un o Gymru yn y gorffennol. Rwy'n bendant fod y gwaith hwn yn haeddu'i gyhoeddi, pa le bynnag y caiff ei osod yn nhrefn teilyngdod y gystadleuaeth hon.

Dereck Custer: 'Gwylad'. Dyma, i mi, yr awdur gorau a'r arddull fwyaf byw – er mor eironig yw dweud hynny a'r awdur yn dechrau drwy sôn am rywun yn gweithio ar shifft nos mewn corffdy! Mae Cain Lewis yn ymddangos fel pe bai'n gymeriad anghyffredin iawn ac mae'r crynodeb, y rhagarweiniad a'r bennod gyntaf yn addo nofel ysgytwol. Yn naturiol, o gofio'r cefndir, sut bynnag y bydd y gwaith yn datblygu ymhellach ymlaen, nid gorchwyl pleserus yw darllen rhai manylion ar ddechrau'r nofel hon, ond mae yma ddigon i godi awydd ar y darllenydd yma, 'ta beth, i wybod mwy am ddyfnderoedd cymeriad Cain Lewis. Pob hwyl i'r awdur gyda gweddill y gwaith. Hon yw'r 'cyw' nofel sy'n haeddu'r llawryf y tro hwn.

RHYDDIAITH

Y Fedal Ryddiaith: Cyfrol o ryddiaith heb fod dros 40,000 o eiriau gyda chysylltiad amaethyddol

BEIRNIADAETH EIRUG WYN

Ar y cyfan, roedd hon yn gystadleuaeth siomedig. Wedi dweud hynny, o'r pedair ymgais ar ddeg a ddaeth i law, does yna'r un sy'n wirioneddol wael. Mae i'r ymgeisiau gwannaf eu cryfderau a sawl un (o'u golygu) yn haeddu cael eu dwyn i sylw cyhoeddwr. Ond, drwodd a thro, llwyd a di-liw a di-fflach yw'r mwyafrif.

Goddefwch i mi ar y dechrau fel hyn ddweud gair neu ddau am iaith y cystadleuwyr.

Yn gyntaf, o gofio bod hon yn brif gystadleuaeth rhyddiaith ein Gŵyl Genedlaethol, y lleiaf y gallwn ni feirniaid ei ddisgwyl ydyw iaith lân a chymen. Erbyn heddiw, mae yna ddigon o eiriaduron a llawlyfrau a meddalwedd cyfrifiadurol ar gael i ofalu am gywirdeb sillafu, am acenion crymion a dyblu'r '*n*' a'r '*r*'. Diogi (a dim arall) sy'n gyfrifol am y rhan fwyaf o'r erchyllterau y bu'n rhaid i feirniaid eleni eu dioddef. Wrth reswm, does yr un beirniad yn disgwyl perffeithrwydd ond nid ydym ychwaith yn disgwyl gweld gwallau elfennol iawn yn britho teipysgrifau.

Yn ail, mae'n rhaid i mi fynegi fy mraw ynghylch yr enghreifftiau o iaith fratiog a sathredig sy'n britho'r ddeialog yn rhai o'r cynhyrchion – ac mae lle i amau mai cystadleuwyr ifainc yw'r tramgwyddwyr. Mi wn y gellir dadlau nad yw'r cystadleuwyr hyn, a'u cymeriadau, ond yn adlewyrchu'r hyn a glywan nhw'n ddyddiol ar radio a theledu a stryd, ond os dyma yw dyfodol Cymraeg llafar ac ysgrifenedig, yna rhad ar ein hiaith. Nid trwy gau ein llygaid, nid trwy droi clust fyddar, ac nid trwy waldio na gwawdio plismyn iaith y mae datrys y broblem enfawr a brawychus hon. A chan mai byd addysg a'r byd cyfryngol ydi alffa ac omega Cymraeg llafar ac ysgrifenedig heddiw, mae'n rhaid i rywun yn rhywle ysgogi ein haddysgwyr a'n darlledwyr i fynd i'r afael o ddifri â'r broblem neu, ymhen ychydig flynyddoedd, ni fydd yr heniaith fel yr adwaenwn ni hi yn ddim namyn anarchiaith.

Ac wedi'r bregeth, ymlaen â ni i gyfarfod y pedwar ar ddeg.

Abergweryd: 'Mewn Drych, Mewn Dameg . . .' (94tt.). Mae testun a theitl y gystadleuaeth hon yn gwbl amlwg a dealladwy. Trwy gynnwys cryn ddeg ar hugain o gerddi yn ei gyfansoddiad, mae *Abergweryd,* yn fy marn i, er gwaethaf ambell blwc o ysgrifennu graenus a sensitif, yn ei fwrw'i hun o'r gystadleuaeth.

Nid Carwso: 'Yn canu fel . . .' (97tt.). Un o syniadau a sgerbwd stori mwyaf gwreiddiol a dychmygus yr holl gystadleuaeth ond, gwaetha'r modd, mae angen cig a gwaed am yr esgyrn, a'r tro hwn ni lwyddodd yr awdur i gyflawni ei botensial. Hefyd, mae *Nid Carwso* yn rhy hoff o lawer o'r ebychnod – tra bo defnydd prin a dethol yn medru bod yn effeithiol, mae eu hau fel dogn helaeth o ronynnau halen ar fag o jips yn fwrn.

Nysgan: 'Encil' (57tt.). Nofel o'r ddeunawfed ganrif wedi ei lleoli yn Eifionydd. Mae gan *Nysgan* ddigon o gymeriadau i greu epig ond cymeriadau arwynebol ydyn nhw. Mae'r nofel hefyd yn rhy statig ac yn rhy gynnil o lawer i'm chwaeth i ac ni welaf fod y traethu yn y person cyntaf yn gweithio o gwbl. Gwaetha'r modd, mae gwallau iaith elfennol iawn yn britho'r deipysgrif ac mi fyddwn i'n amau a fyddai cymeriad o'r ddeunawfed ganrif yn dyfynnu o ddiweddariad 1983 o'r Beibl Cymraeg.

Un hombre de otro paraíso: 'O'r Celloedd Cudd' (114tt.). Hunangofiant yr awdur, sy'n hanu'n wreiddiol o Fodorgan ym Môn ond a ymfudodd i Ganada yn ifanc. Y teimlad a gaf i wrth ddarllen yw bod y cyfan yn ddigyfeiriad ac ar chwâl. Mae'r arddull 'ronyn bach yn hen ffasiwn a gellir camddehongli ambell frawddeg anffodus – er enghraifft: '. . . prin fu'r cyfle i mi feithrin cyfathrach ryw agos iawn gyda David . . .'. Does dim byd yn arbennig am stori *Un hombre de* . . . ond gallaf rag-weld y byddai o ddiddordeb i drigolion (a chylch papur bro) Bodorgan.

Blodyn Ebrill: 'Diarddel a Derbyn' (108tt.). Yn ddaearyddol, cafodd Cymru gyfan bron ei chynrychioli yn y gystadleuaeth hon a chyfrol a seiliwyd ar fywyd gwerinol yn Sir Benfro yn ystod yr Ail Ryfel Byd yw 'Diarddel a Derbyn'. Rhagfarn Cymru wledig y pedwar degau yw asgwrn cefn yr hanesyn ond mi ges i'r teimlad fod *Blodyn Ebrill* yn rhy agos at un (neu fwy) o'r cymeriadau a bod hynny wedi ffrwyno'i ddychymyg a thampio'i frwdfrydedd. Byddai ychwanegu mwy o ddeialog wedi bywiogi'r stori. Fel cofnod o arferion a bywyd cefn gwlad y pedwar degau a'r pum degau, mae'n ddifyr ond fel corff o waith llenyddol yn y ras am y Fedal Ryddiaith mae'n brin.

Ysgawen: Di-deitl (79tt.). Casgliad o ysgrifau sydd yma gyda blas iaith dwyrain Clwyd arnyn nhw. Eu gwerth yw eu bod yn gofnod o fywyd amaethyddol mewn cornel o Gymru sy'n aml yn cael cam ac yn cael ei hanwybyddu a'i hamddifadu o sylw llenyddol ond, fel rhyddiaith a llenyddiaeth, braidd yn ddi-fflach yw'r ysgrifau hyn.

Clochydd: 'Cwm Ifor' (53tt.). Mae 'na amryw o straeon wedi'u plethu'n gelfydd i'w gilydd gan *Clochydd* yn ei nofel. Gwraig fferm sydd yma yn cael ei rhwygo rhwng ffyddlondeb at ei gŵr a'i theulu ar y naill law a'i theimladau at ei chariad ar y llall. Yn y cefndir mae clwy'r traed a'r genau ac fe'm ces fy hun yn cymharu'r clwy' oedd ar yr anifeiliaid â'r *clwy'* oedd ar Nia. Er ei bod yn nofel ddarllenadwy, dydi hi ddim yn argyhoeddi.

Mae'r saith sydd yn weddill yn rhagori oherwydd iaith, cynnwys a mynegiant.

Fatima: 'Uchder Bol Camel' (98tt.). Daeth Fatima (o Somalia) i Gymru i weithio ar y tir ac yma y cyfarfu ag Ifan. Cyfarfu hefyd â Miriam ac mae yma, mewn gwirionedd, ddwy stori sy'n rhedeg yn gyfochrog ac yn cael eu cymharu, sef bywyd Fatima a bywyd Miriam. Ac mae'r ddwy yn byw eu bywydau mewn caethiwed. I mi, dydi'r straeon ddim yn asio nac yn cael eu cyferbynnu'n llwyddiannus.

Mali: 'Ca Nos' (117tt.). Gwibdaith drwy Gymru trwy lygaid hen wreigan sydd mewn cartref henoed. 'Fe ellid gwella'r nofel yn sylweddol trwy ei golygu'n ofalus, ei byrhau, ei chyfannu, a'i chyfeirio . . . Pan gaiff ei gwynt ati awgrymaf ei bod yn prynu siswrn go finiog a beiro goch.' Nid fy ngeiriau i ond awgrymiadau dau o feirniaid y gystadleuaeth hon yn 1999. A da fyddai i *Mali* petai wedi cymryd sylw ohonynt. Mae tri chwarter y gwaith yma yn raenus, yn ddychmygus, yn ddychanol ac yn rhagori ar ymdrechion mwyafrif y cystadleuwyr ond mae'r darnau pregethwrol yn feichus, yn arafu'r darllen ac, yn anffodus, yn gwylltio'r beirniad hwn oherwydd does mo'u hangen. Mae 'na duedd hefyd i din-droi. Mi allwn hefyd ofyn, gyda phob difrifoldeb (gan gadw un llygad ar eiriad y testun), ymhle mae'r cysylltiad amaethyddol? Mi wn fod yna res o baragraffau mewn un man sy'n amaethyddol eu naws ond pe bawn i'n hen sinig go iawn mi fyddwn yn fodlon mentro punt neu ddwy mai yn benodol ar gyfer y gystadleuaeth hon eleni yr ychwanegwyd y paragraffau hynny!

Mona Lisa: 'Dal dy Dir!' (105tt.). Mi wnes i fwynhau darllen y stori hon yn arw. O'r geiriau cyntaf, mae'r ysgrifennu yn hyderus ac yn gwneud i mi deimlo fy mod yng nghwmni sgwennwr profiadol. Mae gan *Mona Lisa* glust i ddeialog, er bod ansawdd y ddeialog honno ar brydiau yn ddigon i beri i hyd yn oed sant fel fi regi. Ond fe lwyddodd *Mona Lisa* i greu nid yn unig stori afaelgar ond hefyd griw o gymeriadau sydd, ar y cyfan, yn gredadwy. Gwaetha'r modd, mae'r cyfan yn dirywio wrth ddirwyn tua'r terfyn. Dylai *Mona Lisa* edrych o ddifri unwaith eto ar ugain tudalen olaf ei nofel a gofyn iddi hi'i hun a ydi'r tudalennau hynny yn gwneud cyfiawnder â gweddill y gwaith. Mae'r nofel hon, o'i diwygio, yn werth ei chyhoeddi.

Cris-croes: 'Agor Briw' (64tt.). I raddau, yr un ydi gwendid *Cris-croes* a *Mona Lisa.* Gyda chlwy'r traed a'r genau yn gefndir, mae tair cenhedlaeth a gwerthoedd yn dod benben â'i gilydd. Ond, wedi trafferthu i greu stori gynaladwy a chymeriadau credadwy, mae'n rhaid i'r gynaladwyaeth a'r credinedd yna barhau hyd ddiwedd y nofel. Gwaetha'r modd, dydi hynny ddim yn wir yn achos *Cris-croes* ac mae hynny'n drueni oherwydd, fel *Mona Lisa,* mae *Cris-croes* nid yn unig yn llenor dawnus ond mae hefyd yn llwyddo i argyhoeddi yn hanner cyntaf 'Agor Briw'.

Graean mân: '. . . fel mwclis' (51tt.). Gan *Graean mân* y mae ysgrifennu mwyaf synhwyrus y gystadleuaeth. Mae ei gwaith yn bleser i'w ddarllen. Math o hunangofiant sydd yma gan wraig ganol oed yn edrych drach ei chefn ar lwybrau'r daith ac rydw i'n dweud 'math' gan fod y gwaith, yn anffodus, yn syrthio rhwng dwy stôl – mae'n gymysgedd o arferion a bywyd cefn gwlad genhedlaeth neu ddwy yn ôl ac ychydig o hanes ac atgofion *Graean mân*. Mae tudalennau *Graean mân* yn berwi o gyffelybiaethau a throsiadau sy'n deffro'r pum synnwyr ac, fel y cyfeiriais eisoes, yn bleser i'w darllen. Ond – ac mae hwn yn 'ond' go fawr – ni theimlaf fod yma ffrâm na ffrwyn i'r atgofion sydd yn y gyfrol. A chan fod y cyfan mor ddigyfeiriad ac ar chwâl, does 'na ddim teimlad o undod i'r cyfanwaith. Fe fydd yn golled i'n llenyddiaeth gyfoes os nad â *Graean mân* ati i ddiwygio'r gwaith a chyflwyno'i chyfrol i gyhoeddwr rhag blaen.

A dyna bump o'r saith. Mae dau ar ôl, sef *Llwydiarth* a *Gwich un yn Gwichian.*

Llwydiarth: 'Cyw a fegir . . .' (130tt.). Dyma nofel sy'n darllen yn rhwydd iawn. Mae merch wedi dioddef ymosodiad ac mae mewn ysbyty. Mae plismyn yno'n barod i'w holi. Trwy'r holi, down i wybod am gefndir y ferch a sut a phaham y gadawodd fwynder Maldwyn cyn syrthio ar balmant y dre. Mae'r cyfan wedi ei wau a'i bwytho at ei gilydd yn gynnil a chrefftus.

Ar y darlleniad cyntaf, mi ges i dipyn bach o drafferth deall a sylweddoli mai Saeson yn siarad Cymraeg oedd y plismyn ar ddechrau'r nofel – yn enwedig o ddarllen ymhellach a sylweddoli bod cymeriad arall (hypnotydd) yn llefaru yn Saesneg. Pam gwahaniaethu? Ac rydw i'n dal heb fy argyhoeddi pam mae'n rhaid i'r plismyn ddod o Loegr yn hytrach nag o unrhyw ran arall o Gymru gan nad ydi'r ffaith honno yn ymddangosiadol ganolog i'r stori.

Ond does dim amheuaeth ynghylch dawn *Llwydiarth* fel nofelydd nac ychwaith o safbwynt ei ddawn i drin yr iaith. Dyma'r gyfrol lanaf ei hiaith yn yr holl gystadleuaeth, ac mae'r awdur wedi dyfeisio orgraff arbennig i dafodiaith hyfryd Maldwyn sy'n bleser i'w darllen.

Fe ellid dadlau bod popeth yn digwydd yn rhy gyfleus wrth i *Llwydiarth* ddirwyn ei nofel i ben, a bod y darllenydd hwn o leiaf wedi rhag-weld pen draw'r stori, ond nid yw hynny'n tynnu oddi ar gamp *Llwydiarth.* Mae wedi creu nofel ddarllenadwy sy'n haeddu cael ei hychwanegu at y corff o nofelau poblogaidd a gyhoeddir y dyddiau hyn.

Gwich un yn Gwichian: 'Brwydr y Bradwr' (75tt.). Hwn yw llenor mwyaf dychmygus y gystadleuaeth. Stori sydd yma'n cael ei hadrodd o safbwynt mochyn neu'n hytrach o safbwynt hwch sy'n fam i'r mochyn. Yn ganolog i'r stori honno, mae hanes Morgan sy'n cael ei fabwysiadu fel anifail anwes gan Mali, merch Rhydlasau, a thrwy hynny mae'n ennyn cynddaredd a chenfigen ei gydanifeiliaid. Mae'r traethu mewn iaith lafar sy'n gwbl ffonetig ac, o'r herwydd, mae'n bwrw o'r naill du nifer fawr o reolau sillafu a gramadeg Cymraeg. Pe bai'r iaith honno'n gyson drwy'r gwaith, fe fyddai'n haws ei derbyn ond go damia fo, fel cywirwr a chysonwr dyma gystadleuydd diocaf y gystadleuaeth!

Ond mae *Gwich un yn Gwichian* hefyd wedi creu alegori ac ar fy ngwaethaf roeddwn yn fy nheimlo fy hun cael fy nhynnu, fy nhywys a'm hyrddio i ganol ei stori. Cryfder *Gwich un yn Gwichian* yw ei ddawn ddiamheuol i greu cameos o olygfeydd graffig, dramatig a chofiadwy ac i greu deialog gynnil ac effeithiol. Yn wir, fe fyddwn i'n rhyfeddu pe na bai'r awdur hwn eisoes wedi gwneud ei farc ym myd y theatr yng Nghymru.

Mae'n rhaid i mi gyfaddef i mi freuddwydio'n hunllefus am y gyfrol hon ar ganol yr ail ddarlleniad a gweld (ym mhair isymwybod fy meistr cwsg) elfennau o fywyd y ddiweddar Dywysoges Diana ynddi – ac nid y moch yn unig a barodd i mi feddwl am y greadures wirion honno. Diau y bydd darllenwyr eraill yn gweld pethau eraill yn y gyfrol a dyna'i gogoniant – mae'n ei chynnig ei hun i sawl dehongliad.

Mi fûm i, yn fwy na'r ddau feirniad arall, yn pendilio rhwng *Llwydiarth* a *Gwich un yn Gwichian* ond, wedi peth trafod ac ailddarllen, mae'r tri ohonom yn gytûn mai *Gwich un yn Gwichian* fydd yn gwisgo Medal Meifod.

BEIRNIADAETH JANE EDWARDS

Braidd yn siomedig oedd y gystadleuaeth eleni a hynny'n bennaf, 'dybiwn i, am fod y testun yn gyfyng ei apêl. Wedi dweud hynny, roedd nifer dda yn cystadlu a sawl cyfrol ddifyr yn eu plith. Ond methwyd cynnal diddordeb drwodd a thro, naill ai oherwydd diffyg diddordeb ar ran yr awduron neu am eu bod yn bodloni ar gymeriadau a sefyllfaoedd stoc. Bai cyffredin arall oedd gorddefnydd o ddeialog, sy'n dangos mai o fyd dramâu sebon y teledu y caiff yr awduron eu hysbrydoliaeth, yn hytrach nag o ddarllen. Hwyrach ein bod ni fel beirniaid wedi disgwyl gormod heb sylweddoli mai dim ond unwaith yn y pedwar gwynt y ceir clasur ond, wrth gwrs, gobeithiem gael un gyfrol ddifyr, flasus a fyddai'n apelio at drwch y darllenwyr yn ogystal ag at y beirniaid. Cyn trafod y gyfrol oedd yn ateb y gofynion, gair byr am weddill y cystadleuwyr.

Un hombre de otro paraíso: 'O'r Celloedd Cudd' – hunangofiant gŵr o Fôn a ymfudodd efo'i wraig i Alberta, Canada. Newid paradwys Ifan Gruffydd am baradwys ddi-foeth, anghysbell y paith. Braidd yn arwynebol ydi'r stori a fe'm cawn fy hun yn ysu am wybod sut yr oedd Mari'r wraig yn dygymod â'r unigrwydd a'r caledi. Pan ddaeth yr ateb, fe weddnewidiwyd y stori'n gyfan gwbl. O'r diwedd, roedd hi'n gafael. Eto, ni chefais fy argyhoeddi bod y gwir, yr holl wir, wedi ei ddweud. Ac, yn sicr, dydi'r *paraíso* arall ddim yn swnio fel paradwys i mi.

Clochydd: 'Cwm Ifor' – nofel hen ffasiwn am garu, priodi, godineb a phlentyn siawns. Ac yn gefndir i hyn oll, ceir trafferthion clwy'r traed a'r genau. Braidd yn arwynebol ydi'r stori ac mae'r ddeialog yn afrwydd a checrus. Eto, mae'n nofel hawdd i'w darllen ac mae dweud hynny ynddo'i hun yn dipyn o glod.

Nysgan: 'Encil' – nofel fer wedi ei lleoli o gwmpas arfordir Gwynedd yn y ddeunawfed ganrif. Mae'n darllen yn rhwydd a cheir disgrifiadau cignoeth o dlodi ac arferion barbaraidd y cyfnod. Eto, braidd yn fratiog ydi'r stori. Ond mae yma ddefnydd nofel dda.

Nid Caruso: 'Yn canu fel . . .'. Mae rhywun yn gwybod beth i'w ddisgwyl oddi wrth y ffugenw a'r teitl: rhyw fath o ffars a chwarae ar eiriau. Stori am hogyn o'r dref sy'n mynd i weithio ar fferm *Ceinwen Hyfryd Dafis* a'i chwaer, *Meirwen Molawd Dafis*. Oes rhaid ychwanegu? Rwy'n siŵr i'r awdur gael blas wrth ei sgrifennu. Trueni na lwyddodd i gyfleu hynny i'r darllenydd.

Llwydiarth: 'Cyw a fegir . . .' – nofel am losgach a'r chwalfa fawr a achosodd hynny i deulu o ffermwyr ym Maldwyn. Cyferbynnir stori'r teulu â bywydau'r plismyn sy'n ymchwilio i farwolaeth y ferch. Mae'r pwnc yn hen a'r stori'n gyfarwydd, eto mae'n gafael. A doedd y deigryn ddim ymhell ar y diwedd. Yn sicr, mae dawn dweud gan *Llwydiarth*, a gobeithio y bydd yn cyhoeddi'r nofel yn fuan; mae angen straeon sy'n tynnu yn llinynnau'r galon o bryd i'w gilydd. Bu ond y dim iddi â chyrraedd y brig.

Mona Lisa: 'Dal Dy Dir!'. Dyma awdur sy wrth ei bodd yn rhaffu stori a llunio deialog. Yn sicr, mae ganddi glust fel y dengys y gwahanol dafodieithoedd. Ond tuedda i bwyso gormod ar ddeialog a honno'n ddeialog gegog dramâu sebon yn aml. Cefais drafferth hefyd i dderbyn naïfrwydd Mona, yn arbennig o gofio mor fydol a llac eu moesau yw'r ddwy ferch sy'n rhannu fflat â hi ac o weld tafod mor frwnt sy ganddi. Er hynny, mae ganddi stori dda y byddai cryn fynd arni o'i thwtio a'i chaboli.

Blodyn Ebrill: 'Diarddel a Derbyn' – hanes hogan ifanc yn Sir Benfro a gafodd ei diarddel o'r capel yn fuan wedi'r rhyfel ar ôl cael plentyn gan garcharor rhyfel. Ychydig cyn hynny, bu ei mam farw a throdd y gymdeithas ei chefn arni hi a'i thad. Braidd yn chwerw yw'r ymdriniaeth ac ymhyfryda'r awdur yng nghwymp ei gelynion. Hoffais yn fawr y disgrifiadau o'r fro ac arferion ac ofergoelion cefn gwlad.

Mali: 'Ca Nos' – stori sy'n dwyn i gof *Cymru Fydd*, Islwyn Ffowc Elis, am hen wraig uniaith Gymraeg sy'n gwrthod cydymffurfio. Yn wir, tipyn o rebel ydy Mali sy'n dianc o'r cartref henoed liw nos a'i *byddin* gyda hi, i chwilio am ryddid a brwydro dros yr iaith – wel, am wn i! Ond mae yma ormod o abswrdiaeth a llif gwibiog yr ymennydd i ddeall pethau'n iawn. Dim ond gobeithio, fel y dywed Mali, 'efallai y daw rhywun i'w deall rhywdro'.

Fatima: 'Uchder Bol Camel'. Merch o Somalia ydy Fatima sy wedi llwyddo i ddianc i gefn gwlad Cymru, i osgoi creulondeb ei gŵr ac arferion cyntefig ei llwyth, megis gwerthu merched ifanc i'w priodi ac enwaedu arnynt. Cyferbynnir stori Fatima â stori Miriam, gwraig ffarm, sy hefyd dan orthrwm, heblaw nad yw'r gorthrwm yma mor amlwg. Disgwyliadau gŵr a gofynion cymdeithas sy'n gosod hualau ar Miriam. Ond dyw'r gymhariaeth ddim yn gweithio. Trueni na fyddai'r awdur wedi aros efo stori Fatima, nid yn unig oherwydd ei herchylltra ond hefyd oherwydd swyn y disgrifiadau o Somalia, a'r manylion am arferion y brodorion o drin clefydau.

Abergweryd: 'Mewn Drych, Mewn Dameg'. Pererindod ysbrydol a geir yma, ymchwil i farwolaeth ac ystyr bywyd. Gwneir hyn trwy gyfrwng ambell gerdd a thraethiad. Ond does dim digon o fin i'r dweud, ac, fel y dywed yr awdur, 'Dim ond hyn a hyn ellir ei ddweud am farwolaeth'. Braidd yn hygoelus hefyd yw'r rheswm dros iddo fynd i'r weinidogaeth, dim ond i gefnu arni'n syth bin. 'Nid clustog pinnau ydw i . . . dw i'n sensitif', meddai. Gymaint cryfach fyddai'r stori pe bai wedi disgrifio'r pinnau'n cael eu trywanu i'r glustog.

Ysgawen: Di-deitl. Cyflwynwyd casgliad o ysgrifau am gefn gwlad a fyddai o ddiddordeb arbennig i gyhoeddiadau megis *Llafar Gwlad* a'r papurau bro. Er mor ddifyr yw'r ysgrifau, hoffwn weld mwy o gyffyrddiadau personol, mwy o gig a gwaed. Llafur cariad, yn wir.

Graean mân: '. . . fel mwclis' – atgofion am blentyndod merch fferm yn Arfon yn y '40au, a'r rheini'n tasgu fel marblis. Mae yma sgrifennu coeth, cywrain, a synnais droeon at gof yr awdur. Ond er cystal y sgrifennu, pytiau bratiog digyswllt a geir ac nid cadwyn. Da o beth fyddai i'r awdur fynd yn ôl at y gyfrol i gysylltu'r digwyddiadau, fel y gwnaeth Kate Roberts yn *Y Lôn Wen*, a gweld trwy lygaid plentyn.

Cris-croes: 'Agor Briw'. Diffyg amynedd a dycnwch ydi gwendidau pennaf *Cris-croes* oherwydd, yn ddiamau, dyma lenor gorau'r gystadleuaeth. Gall symud yn naturiol a rhwydd o iaith fratiog cŵl y to iau i iaith goethach y to hŷn, heb drafferth na thramgwydd. Mae'r disgrifiad o berthynas rhieni â phlant yn adlewyrchiad cywir o'r modd yr ydym yn ymagweddu at ein gilydd heddiw ac yn adlewyrchiad teg a gonest o'n dull o fyw. Ond yna digwyddodd rhywbeth anfaddeuol – fe flinodd *Cris-croes* ar ei stori, a phenderfynu tynnu'r llinynnau at ei gilydd fwyaf ffwr-bwt, drwy ddod â chymeriad, a oedd hyd yn hyn wedi bod yn ymylol, i ganol y llwyfan. A doedd hynny ddim yn argyhoeddi nac yn gwneud y tro.

Gwich un yn Gwichian: 'Brwydr y Bradwr'. Mae gen i ragfarn yn erbyn straeon lle mae anifeiliaid yn siarad a llenorion sy'n dewis ffugenwau gwirion. Ond buan iawn y bu'n rhaid i mi lyncu fy rhagfarnau wrth ddarllen hanes Morgan, y mochyn bach, yn dysgu siarad fel pobl, a thrwy hynny ennyn dig a chasineb yr anifeiliaid eraill. Mam Morgan sy'n dweud y stori a hynny mewn dull cynnes agos-atoch-chi. Ond, fel ymhob stori dda, mae yna flaidd yn curo'r drws. A'r blaidd yn y stori yma ydi Trygar y gwas – bwystfil o ddyn sy'n bodloni ei chwant fel y mynn, ac un o'r cymeriadau mwyaf anghynnes ac atgas y dois i ar ei draws ers tro. Wedi dweud hynny, dydi teulu Rhydlasau ddim yn bobl i glosio atyn nhw. A chawn rythu ar eu gwendidau hwythau a hynny'n fwy deifiol a phellgyrhaeddol am mai drwy lygaid anifail yr ydyn ni'n gweld. Er, digon o waith fod Mr Prydderch yn haeddu'r fath dynged ag a ddaeth i'w ran ar y diwedd. Gwendid bach ydi hynny mewn nofel hynod o afaelgar a darllenadwy. Mae'n ddifyr ac yn ffres ac yn datgelu llawer am ein cymdeithas. Yn sicr, mae'n peri i chi feddwl ddwywaith sut i ymddwyn pan fo anifail o gwmpas. Darllenwch hi i chi gael gweld drosoch eich hun. Rwy'n siŵr y cewch chi flas.

Heb os, y mae *Gwich un yn Gwichian* yn haeddu Medal Ryddiaith Eisteddfod Genedlaethol 2003.

BEIRNIADAETH GWYN ERFYL

Fe gafwyd pedair ymgais ar ddeg – un casgliad o erthyglau am fro, pum cyfrol hunangofiannol (ffeithiol neu ddychmygol) ac wyth nofel. Mae rhywbeth blasus ymhob un ac mae elfen o fympwy ymhob beirniadaeth. Fe'u gosodaf mewn tri dosbarth.

1. Y GWAN

Ysgawen: Di-deitl. Un ysgrif ar ddeg, a diweddglo yn ymwneud â bywyd amaethyddol, diwydiannol a chymdeithasol Ysgeifiog yng Nghlwyd. Casglodd ei ddeunydd o blith atgofion ac adroddiadau am wahanol gyfarfodydd yn ei fro. Mae'n gofnod lleol gwerthfawr o'r newid a fu ac am gyfraniad cymwynaswyr. Ceir arddull rwydd a glân ond cofnodi sydd yma, heb lawer o bwyso a mesur. Nid oes gofyn am ddawn lenyddol na dychymyg i lunio cofnod o'r fath.

Blodyn Ebrill: 'Diarddel a Derbyn'. I Sir Benfro y tro yma, yn ystod ac ar ôl yr Ail Ryfel Byd. Dyfynnaf o'r Rhagymadrodd: 'Dengys yma'r rhagfarn cul a wynebai'r rhai nad oeddynt yn ymddwyn yn barchys. Trodd cymuned gyfan yn erbyn merch a gafodd blentyn oddiwrth garcharor rhyfel o'r Almaen'. Cawn ddarlun difyr a dilys o'r cefndir amaethyddol yn Nyfed a grym rhagfarn a chulni yn ogystal â grym cariad y ddau gymeriad canolog. Nid oes gor-ramantu yma ac mae naws hyfryd a diffuant i'r cyfan. Carwn fwy o amrywiaeth yn yr arddull ddisgwrs a mwy o ddychymyg ac o ddyfnder wrth drafod y gwahanol wyntoedd croesion.

Clochydd: 'Cwm Ifor'. Stori Nia, gwraig fferm rwystredig sy'n pendilio rhwng ei theyrngarwch i'w gŵr, ei phlant, a'i chariad. Mae hi hefyd yn cael ei dal yng nghanol hunllef clwy'r traed a'r genau a holl ddyfodol y fferm yn y fantol. Mae'r cyfan yn llifo'n rhwydd ond ceir delweddu gor-ffansïol ac ambell ddisgrifiad yn mynd dros ben llestri, megis 'Teimlodd corongylch cysegredig wrth iddi ddreifio yn ôl dan ganu' neu 'llifai dagrau digter ac anhapusrwydd yn byllau i lawr ei boch'. Braidd yn ystrydebol ydi natur y gwrthdaro a'r cymeriadau.

Nysgan: 'Encil'. Rydyn ni'n ôl yn y ddeunawfed ganrif, a phedwar teithiwr mewn coets fawr yn mynd o Gaernarfon i Benymorfa. Mewn dim o dro, mae nifer cymeriadau'r nofel fer yma yn ddau ddwsin ac mae hynny'n trethu'r cof a'r amynedd. Ceir yma hefyd gamsillafu a chamdreiglo. Mae hi'n gymdeithas liwgar ei chymeriadau, a'r gwrthdaro rhwng tlawd a chyfoethog, y pechadurus a'r parchus, yn cael ei fynegi'n ddramatig ddigon. Mae yma hefyd naws cyfnod yn ei hierarchaeth a'i arferion gwledig, mewn bwthyn a phlas. Mae yma ddawn dweud stori er bod y cynllun braidd yn gymhleth.

Nid Caruso: 'Yn canu fel . . .'. Mae digon o egni a dychymyg yma – rhyw gyfuniad o 'Hafod Henri' ar y teledu ers talwm a 'Fawlty Towers' amaethyddol. 'Porthgwynfydheiddianmor' ydi enw'r fferm. Bwrlwm heb ddisgyblaeth, ffraethineb heb ffrwyn, sydd yma. Gwaetha'r modd, mae'r eirfa a'r arddull yn dioddef hefyd. Ond mae addewid yn yr anarchydd hwn!

2. Y GOBEITHIOL

Mali: 'Ca Nos'. 'Llyfr a fyddai'n gwbwl wahanol i unrhyw un a ysgrifennwyd erioed. Llyfr gan hen wraig o hipi . . .'. Dyna eiriau Mali. Fe lwyddodd! Yn ei henaint gwrthryfelgar, mae hi'n gadael cartre'r hen bobol ac ysbyty meddwl ac yn mynd ar daith derfysglyd trwy Gymru gan ddiweddu ei hoes mewn bwthyn yn ei henfro yn Nyfed – yn alltud yn ei hen gynefin. Ffantasi o daith sy'n ffrwydriad o brotest, o feirniadaeth ac o ddadrithiad. Ar ei gorau, gall drafod iaith fel consurwraig. Gwaetha'r modd, gosododd strwythur gor-gymhleth i ddweud ei stori ac erbyn y diwedd mae'r hudoliaeth wedi dirywio'n ddweud y drefn ailadroddus. Mae hi ar ei gorau wrth hiraethu'n delynegol am fore oes cyn yr ymddieithrio a'r dadrith. Ond mae ganddi iaith hyfryd. Gyda mwy o ddethol ac o gynildeb, gallai ddringo'n uwch.

Abergweryd: 'Mewn Drych, Mewn Dameg'. Profiad o golli mam ydi'r ysgogiad yma. Mae'r hiraeth hwnnw'n troi'n bererindod ysbrydol, yn ymchwil am ateb ac ystyr, yn alwad i'r weinidogaeth a'i ddadrithiad. Nid yw'r cysylltiad amaethyddol yn amlwg nac yn anghenraid. Cyfuniad o farddoniaeth a rhyddiaith ydi'r gyfrol. Dw i ddim yn siŵr a yw'r cymysgedd yn gweithio. Cerddi diffuant ond anwastad eu saernïaeth sydd yma. I un sydd mor amlwg yn anwesu ac yn parchu ei iaith ac yn hyderus wrth ei defnyddio, mae'n od gweld ymadroddion fel 'yn half way house, fel ei termid', 'hiraeth eich methu chi' neu 'yn gorfod actio'n tyff'. Rwy'n teimlo hefyd fod yr ymchwil athronyddol/ddiwinyddol yn marweiddio'r angerdd ac yn milwrio yn erbyn y cyffyrddiadau ingol. Cyfrol ddidwyll gan enaid sensitif.

Un hombre de otro paraíso: 'O'r Celloedd Cudd'. Hunangofiant yn dechrau ym Modorgan, Ynys Môn, yna ymlaen i Ganada, lle bu'r awdur yn athro ysgol. Gwaith glân a gofalus a'r stori'n llifo'n hyderus. Cawn ddarlun byw o addysg plentyn, dyfodiad yr ifaciwîs, bywyd a disgyblaeth. Mae'r cefndir amaethyddol hefyd yn arbennig o ddiddorol. Yna symud i Ganada – a darlun o gymdeithas Indiaid y Cri ym mae Hudson a dyfodiad pobol y Wladfa. Gellid hepgor rhai manylion teuluol a charwn fod wedi teimlo mwy o guriad calon! Ond ces bleser o ddarllen y cofnod pwysig hwn.

Mona Lisa: 'Dal dy Dir!'. Criw ifanc afieithus sy'n agos at y pridd mewn mwy nag un ystyr sydd yma. Yna, damwain angheuol i un ohonyn nhw yn codi sawl cwestiwn ac yn agor llifddorau annisgwyl. Cryfder y nofel yw ei gonestrwydd cignoeth a'i realaeth – a hynny'n cael ei adlewyrchu mewn sgyrsiau na adawant fawr ddim i'r dychymyg. Yfed hyd at chwydu ydy'r norm ac mi fyddai Freud yn amenio'r obsesiwn rhywiol sy'n dod i mewn i bob sgwrs bron. Ceir yma hefyd gybolfa hanner Cymraeg a hanner Saesneg – 'O maigod', 'O wot ddy hel', 'bastad-uffern-diawl'. Os yw *Mona Lisa*'n dweud mai bastardiaith fel yna bellach yw iaith ei chenhedlaeth hi, mae canlyniadau rhesymegol hynny i lenorion ifanc addawol fel hi yn frawychus. Yn sicr, mae gormod o ddeialog o'r fath yn y nofel. Ond mae yma hefyd ymateb cynnil a sensitif i'r marw ifanc sy'n ganolog i'w stori a chynddaredd cyfiawn wyneb yn wyneb â'r ystrydebau sydd mor aml yn cael eu llefaru a'u pregethu ar achlysuron o'r fath.

Cris-croes: 'Agor Briw'. Mae ymateb tair cenhedlaeth i glwy'r traed a'r genau ar Ynys Môn yn ganolog yma ond mae *Cris-croes* hefyd fel pe bai'n sôn ar yr un pryd am fwy nag un chwalfa o fewn yr uned deuluol – tyndra ac anffyddlondeb. A syniad da oedd cael un o'r teulu yn gweithio ar raglen ddogfen ar y clwy. Mae gan yr awdur ddawn arbennig i greu ambell gameo cynnil a chofiadwy. Dyma enghraifft: 'Roedd ogla Taid yn dal i hofran ar yr awyr rhywsut. Ogla hen bobol . . . cymysgedd o saim gwallt, bwyd-llefrith a thwtsh o bi-pi'. Dyna gyffyrddiad artist. Gall hefyd ddal naws bro a thref – Môn, y Felinheli a Chaerdydd. Mae ôl brys yma ac acw ond mae ganddo ddawn naturiol y cyfarwydd o ddweud ei stori. Yma eto, mae gormod o eiriau Saesneg diangen: 'Ylsars', 'egsost', 'chans' (am 'cyfle'), 'preshiar', 'wicenders', 'gyts'. Mae'r Gymraeg yn ddigon hylaw i hepgor hyn. Ac am y stori – o safbwynt uchafbwynt dyfodol y fferm – mae Robert, un o'r ddau fab, yn allweddol. Os felly, pam mae iddo le mor ymylol yn y stori, a'i bresenoldeb mor brin?

3. Y GOREUON

Llwydiarth: 'Cyw a fegir . . .'. Nofel dditectif wedi ei saernïo'n ofalus ac yn cynnal ein chwilfrydedd tan y diwedd trwy amrywio'r tempo a chyflwyno ambell dro annisgwyl. Ceir amrywiaeth o gymeriadau sy'n gwrthdaro ac yn bywiogi'r stori a chawn yma awdur hyderus a medrus sy'n gartrefol wrth drafod cyfraith, llys a phlismon. Mae naws a thirlun Maldwyn yn hydreiddio'r gwaith.

Yma, hefyd, defnyddir llediaith a thafodiaith a rhydd hynny liw i'r arddull, amrywiaeth i'r cymeriadau a blas a goslef bro. Fe gafwyd hynny gan un neu ddau o'r ymgeiswyr eraill. Mae hyn hefyd yn codi anhawster, sef sut i gyfleu'r dafodiaith mewn print – ac, yn benodol, y llafariad 'a'? Sut mae atgynhyrchu'r union sain a yngenir? Mae 'bach' yn troi'n 'bech', 'cath' yn mynd yn 'ciath' neu'n 'cieth'! Ond, mewn gwirionedd, o wrando'n ofalus, 'dyw'r sain gywir ddim yn 'a' nac yn 'e' ond rywle rhwng y ddau! (A chyda llaw, fe ysgrifennodd un o brif gymeriadau'r nofel lythyr yn y dafodiaith. Oni fyddai wedi defnyddio iaith ysgol, ddidafodiaith? Rwy'n deall yn iawn pam mae awduron yn gwneud hyn – ond mae'n rhaid wrth gysondeb a gofal).

Graean mân: '. . . fel mwclis'. Atgofion plentyn o Eifionydd wedi'u cyflwyno mewn darlun cynnes ac annwyl o arferion, cymeriadau a diwylliant bro a'r cyfan wedi'i fynegi'n raenus a thelynegol. Yma, mae'r synhwyrau i gyd ar agor i aroglau, cordiau, atseiniau a ffurfiau. A dyna ogoniant y gwaith. Mae yma dristwch a hiraeth, hiwmor a diffuantrwydd.

Mae hefyd yn gofnod gwerthfawr. Yma mae taid yn darllen *Cwm Eithin* a *Cysgod y Cryman*, a'r capel yn ddiflastod ac yn ddirgelwch, Megan Lloyd George yn troi ei chôt a Phlaid Cymru'n troi'r gornel. Fe faddeuwn unrhyw or-ramantu i un sy'n gallu cloi ei hatgofion fel hyn: 'Darluniau ar fwclis sgleiniog a lleisiau ar enfysau yn un sbloet ogoneddus: na all neb ond fi eu gweld a'u clywed. Deuent ar fysedd o liw a goleuni llachar, i gyfeiliant llu o adar. Rhain yw fy noe a'm hechdoe: rhain yw'r medd-dod y byddwn yn fodlon mynd o'r byd yn eu sŵn'.

Fatima: 'Uchder Bol Camel'. Mae merch o Somalia yn dod i weithio ar y tir i Ynys Môn ac yn syrthio mewn cariad ag un o'r ynyswyr. Nid *Fatima* ydi'r llenor disgleiriaf na'r mwyaf anturus am y Fedal. Nid yw'r mynegiant bob amser yn llifo'n rhwydd ond fe'm swynwyd gan ei sensitifrwydd. Nofel ydi hon am fan cyfarfod dau gefndir, dau wareiddiad gwahanol. Cawn ddau eithaf – swildod yr ynyswr ym Môn a chreulondeb cyn-ŵr y ferch yn Somalia; cyffyrddiad ffeind un oedd yn ei chyfarch wrth ei henw ar ôl iddi gael ei llarpio a'i henwaedu yn ei gwlad ei hun; cael ei pharchu ym Môn ar ôl bod yn ddim ond pris pum camel yn Somalia. Ceir awyrgylch cyfriniol a chyntefig wrth drafod daear ac awyr. Fe gawsom gan *Fatima* nofel i ledu gorwelion ac i lonni'r galon

Gwich un yn Gwichian: 'Brwydr y Bradwr'. Hanes Morgan a gawn yma, yn cael ei adrodd gan ei fam. Mochyn ydi Morgan, cannwyll llygad Mali, merch fferm Rhydlasau, ar Ynys Môn. Mali sy'n gwisgo amdano, yn ei faldodi ac yn ei ddysgu i siarad. Fe ddaeth ei gyfle mawr, ac fe'i collodd, yn y sioe flynyddol. Mae 'oglau clwy'r traed a'r genau a'i fflamau trwy'r stori i gyd.

Ceir yma elfen theatrig gref sy'n creu golygfeydd a sefyllfaoedd byw a lliwgar, arddull lafar sionc, a dawn gyfathrebol giamstar o storïwr sy'n amrywio'r tempo ac yn ein cadw ar flaenau ein traed.

Mae holl deulu'r buarth yn cynrychioli nodweddion gwahanol a'u perthynas â'i gilydd yn dweud llawer am y ddynoliaeth. Yn wir, ar un olwg, fe geir yma elfennau chwedlonol sy'n adlewyrchu patrymau dynol ac yn feirniadaeth arnyn nhw. Fe edliwir i ni ein traha, ein creulondeb a'n gwerthoedd simsan. (Mae ymgais Morgan, er enghraifft, i ddeall dirgelion nefoedd a daear yn fwriadol naïf a chofiadwy!).

Yma, mae 'na fochyn bach wedi edrych arnon ni, wedi tosturio wrthyn ni, wedi ei synnu ac wedi cael llond bol o hwyl am ein pen. Mae'n ffres. Mae'n wahanol. Mae'n chwa o awyr iach. Ac yn llwyr deilwng o'r Fedal Ryddiaith eleni.

Stori fer neu stori fer dafodieithol: Hunanddewisiad

BEIRNIADAETH HARRI PRITCHARD JONES

Er imi ei ddweud cyn hyn, mae'n deg imi ailddweud beth ydi hanfodion stori fer i mi. I ddechrau, wrth reswm, mae'n rhaid wrth stori, sef hanesyn am rywun neu rywrai, a sefyllfa arbennig – yn aml ar un o atalnodau bywyd. Oherwydd natur y gwaith, sef bod yn fyr, mae'n rhaid canolbwyntio ar un cymeriad neu sefyllfa neu ddigwyddiad yn bennaf. I wneud hynny, ac er mwyn crynhoi cymaint ag y bo modd i waith sy'n fyr, mae syniadau Kate Roberts yn dal yn berthnasol, sef defnyddio amwysedd awgrymog a hoelio sylw'r darllenydd ar fanylion arwyddocaol.

Ar y llaw arall, yr hyn sy'n groes i grynoder a chynildeb ydi bod yn llac, yn ystrydebol neu'n sentimental. Mae'n wir mai dim ond ychydig o fathau o storïau a sefyllfaoedd a chymeriadau sydd yna yn yr hen fyd yma ac mae awduron wedi bod yn chwarae ar amrywiaethau ohonyn nhw ers dechrau gwareiddiad. Ond mae artist yn medru rhoi rhyw wedd newydd ar hen storïau, diolch i'r drefn.

Cafwyd cystadleuaeth fywiog ond braidd yn siomedig, gyda phedwar a deugain o ymgeiswyr. Ar y cyfan, mae'r iaith a'r diwyg yn ddigon derbyniol. Mae ambell un wedi cyflwyno'i stori mewn llawysgrif, nid wedi'i theipio, ond mi lwyddais i'w darllen nhw i gyd.

Roedd y testun yn croesawu cyfraniadau mewn tafodieithoedd ac mi gafwyd nifer o'r rheini, a pheth tafodiaith mewn storïau eraill, yn enwedig mewn deialog. O'u darllen yn uchel, roedd y tafodieithoedd yn swnio'n iawn i mi ac yn cyfoethogi'r gweithiau.

Cafwyd nifer o syniadau digon da am stori ond, yn rhy aml, doedd yna ddim digon o grefft a diwydrwydd wrth lunio'r gweithiau – ac mae eisiau i ambell un brynu Cysill.

Oes, mae yma ystod eang a diddorol o storïau a themâu, a gallai sinig feddwl bod ambell gystadleuydd yn anelu at feddwl neu galon y beirniad! Pobl yn trafod Pabyddiaeth, reciwsantiaeth, Iwerddon a seiciatreg a seicoleg! Ond, er bod llawer o hyn yn ddigon diddorol a newydd yn aml, rydw i'n mynnu na ddylanwadodd ar gytbwysedd beirniadol y creadur oedd yn pwyso a mesur y gweithiau. Yn wir, mae'r creadur tlawd hwn yn casáu unrhyw elfen o bropaganda, o ddweud sut y dylai pethau fod, mewn llenyddiaeth. Mae lle pwysig i bolemig a thraethodau dadansoddol ac ati ond nid mewn llenyddiaeth greadigol. Chwarae teg, prin iawn oedd y fath beth yn y gweithiau hyn.

Un gwendid amlwg oedd bod yn rhy fyr a syml ac yn aml yn ystrydebol. Mae angen cael rhywbeth i'w ddweud yn ogystal â'r ddawn i'w ddweud o. Wedyn, ysgrifau oedd rhai o'r ceisiadau – yn aml yn ysgrifau hunangofiannol a digon diddorol ond nid dyna ydi stori.

Roedd pedair ar bymtheg o storïau yn y dosbarth isaf, am resymau fel y nodais uchod yn amlach na pheidio. Mae gen i nodyn am bob cystadleuydd: *Dandi*: Stori facabr, heb fawr o ddatblygiad nac awgrymu nac esbonio cymhelliad y drwgweithredwr. *Ffrind Peter*: Prynwr tŷ haf yn darganfod ei fod o'r ardal ond heb fod yn gwybod hynny gan i'w fam farw ar ei enedigaeth. Ystrydebol a diffiach ydi'r dweud. *Wedi-Went*: Fel mae'r awdur yn dweud: 'dim stori yw hon, ond crwydro a whali meddylie'. Mae ei iaith yn lliwgar ac mae'n cymharu ei sefyllfa gyda'r un yn *Pan Oeddwn Fachgen*, Mihangel Morgan. Ond does dim stori yma. *Robin Ffynnon Oer*: Ysgrif, nid stori, am galedi bywyd pobl yn ystod y ganrif ddiwethaf. *Garmon*: Merch o ardal yng Nghymru yn dod yn ôl o Loegr lle mae hi'n byw efo'i gŵr o Sais a'i phlant di-Gymraeg, i ymweld â'r Eisteddfod Genedlaethol yn ei hen ardal. Mae hi'n gweld hen ffrind, actores y mae hi'n gyfarwydd â hi, a merch arall sy'n cael carwriaeth gyda gŵr yr actores. Dim datblygiad storïol. *Clawddterfyn*: Hen lanc yn twyllo hen lances gyda pherchyll, ond dim datblygiad storïol. *Heulwen*: Hogyn bach nad yw'n hoffi'i frawd. Does dim arbenigedd i'r stori na'r cymeriadu. *Marblis*: Dyddiadur merch swyddfa, sydd eisiau colli pwysau er mwyn gwella'i siawns yn y farchnad serch. Braidd yn ystrydebol. *Siw*: Merch sydd heb gysylltu gyda'i mam ers deufis ar ôl y Nadolig. Mae hi wedi bod yn y carchar, fel mae'n digwydd. Ond stori fer fer, ddi-fflach sydd yma. *Dechlyg*: Dau sydd yn cydfyw ac â phlant ganddyn nhw yn symud tŷ ar ôl byw dramor. Mae'r dyn yn cael ei gyhuddo ar gam o lofruddio terfysgwr. Gormod o esbonio yn lle cyflwyno ac awgrymu. Dim arbenigedd i'r disgrifio na'r datblygiad. *Glöwr*: Glöwr yn ei dafodiaith yn sôn am gyfaill yn lladd ei hun. Dim datblygiad pendant o ran stori na chymeriadu. *Annest Lluen Wen*: Gwrthdaro rhwng merch ifanc yn Llŷn a'i brawd a'i nain ynghylch Cymreictod. Nid stori sydd yma. *Ritchie*: Bachgen ifanc yn daniwr trên ager, a'r helyntion wedyn. Iaith wallus a gormod o fanylion di-arwyddocâd. *Bryn Edern*: Ficer a'i wraig yn ymweld â hen wreigan yn ei thrueni. Hithau'n marw yn hwyrach yr un diwrnod. Ond does dim llawer o stori yma na dawn disgrifio wrth gyfleu'r tlodi. *Brith y Coed*: Hanes llun o bapur newydd, a allai fod gan Joshua Reynolds, a hen wraig y mae ei chymar wedi ei gadael. Does dim stori gyson na dawn disgrifio. Ac mae yma wallau iaith. *Dyddie Dë*: Darn am dripiau bore oes gyda mam at berthnasau, wedi'i adrodd yn nhafodiaith Dyffryn Banw. Ond ysgrif atgofus sydd yma, nid stori greadigol. *AA*: Hen filwr yn mynd â'i wraig yn ôl, unwaith eto, i fro ei febyd. Mae dyn ifanc sy'n weithredwr milwriaethus ar ran yr iaith yn gyrru y tu ôl iddo ac yn ei gythruddo'n ofnadwy, nes iddo ddioddef trawiad calon angheuol. Sefyllfa greulon o eironig ond does dim digon o ddawn dweud yma. *Gwerna*: Merch a fagwyd ym Mhenfro i fam o Gymraes ond mam-gu o Wyddeles, sydd wedi ei dysgu am Iwerddon a'i Phabyddiaeth a'i thraddodiadau. Y ferch yn mynd i Iwerddon ar ôl marwolaeth ei mam-gu, a chroesi i'r Gorllewin. Yno, mae hi'n galw mewn bwthyn, sydd fel pe bai'n gyfarwydd, ac yna'n cyfarfod â merch sydd yr un ffunud â'i mam-gu pan oedd honno'n ifanc. Dipyn yn felodramatig ydi'r stori.

Roedd yna ugain arall â'r gallu i lunio stori ond nid oedd digon o arbenigedd neu gyffro yn y disgrifio neu yn y cymeriadu neu yn y digwyddiadau. Dyma nodiadau byrion am bob cystadleuydd: *Mil Harddach*: Ymson mam yng ngŵydd ei baban, ynghylch ei dad, sy'n ewythr iddo. Mae'n cynllwynio i wneud yr ewythr yn dad-bedydd i'r plentyn er mwyn ei glymu iddi. Dim arbenigedd i'r dweud. *Gorwelion*: Hanes gwraig gŵr sy'n torri'n ariannol, a'r ddau'n diweddu'n farw. Disgrifio da o'r dillad moethus y mae hi'n hoffi eu prynu ond does dim arbenigedd i'r stori. *Pysgotwr*: Hanes hen drychineb. Disgrifio digon da ond y stori'n ystrydebol. *Siân Slei Bach*: Merch fach sy'n cael mynd gyda'i thaid am dro ar fore Sul, a hynny'n cynnwys ymweliad ganddo fo â'r dafarn. Does fawr o stori yma. *Cadno*: Gwraig fferm yn ei chael ei hun mewn car gydag Euryn Ogwen. Ond does dim stori go iawn yma. *Ab Owen*: Athrawes sydd wedi cael ei cham-drin gan ei thad dros y blynyddoedd yn ei ladd yn y diwedd. Ond mae'r stori'n rhy ystrydebol. *Ymwelydd*: Mab, sy'n un o dri, yn dychwelyd o Awstralia i gynhebrwng ei fam – ar Fedi 11, 2001. Teimladau cymysg, ond dim llawer o stori. *Santa Clôs*: Glöwr yn colli'i waith ac yn mynd i fwyty i chwilio am waith. Mae'r staff yno wedi bod yn meddwl cynnig swydd dros dro iddo fel Siôn Corn. Stori ddigon tlws ond dim arbenigedd i'r dweud na'r cymeriadu. *Cefn Gwyn*: Carcharor o derfysgwr yn disgrifio'i gyflwr ac artaith ambell un arall. Mae'n sylweddoli iddo ddioddef anafiadau erchyll i'w wyneb. Yr adrodd yn ystrydebol. *Clonc*: Stori bachgen yn cyrraedd Canolfan Waith yn hwyr. Mae'n byw ar ei ben ei hun gyda'i gath. Mae yma hiwmor a gwreiddioldeb ond fawr o stori. *Branwen*: Gwraig yn disgwyl ei gŵr yn ôl o ryfel ac yn sylweddoli iddi golli'i modrwy briodas. Stori ddigon annwyl, a syml, ond dim arbenigedd i'r dweud na'r cymeriadu. *Cyrn y Brain*: Tad a'i ferch yn ymweld â hen gartref ar ôl i rywun wthio ffotograff drwy'r drws, a hynny'n arwain at ddatgelu hanes am losgach a chreulondeb. Ond does dim dawn adrodd stori. *Glesyn Bach*: Ysbrydion yn cadw cwmni i wraig yn ei chartref newydd, pan fo'i gŵr i ffwrdd. Mae hithau'n darlunio mewn paent y ferch sy'n ysbryd. Sefyllfa ddiddorol ond does fawr o stori yma. *Gwyfyn*: Gŵr oedd yn meddwl bod ei wraig yn fethedig, ac sydd wedi'i lladd mewn damwain, yn sylweddoli bod ganddi fywyd arall a'i bod wedi bod yn anffyddlon. iddo. Sefyllfa ddigon diddorol ond does dim arbenigedd yn y disgrifio na'r adrodd. *Hen Gistadleuydd*: Merch o'r enw Mair, heddiw, yn cadw cwpanau am gystadlu. Mae un yn wahanol i'r lleill ac yn od a hynod. Cawn ein cipio'n ôl i gyfnod y Diwygiad Protestannaidd, pan oedd y tŷ y mae hi ynddo yn gartref i reciwsantiaid oedd yn trefnu i'r Offeren Babyddol gael ei chynnal yno yn ddirgel. Un o lestri'r Cymun oedd y cwpan hynod. Mae'r stori yn nhafodiaith 'wêdd, wês' Penfro. Digon diddorol ond heb arbenigrwydd yn y disgrifio na'r adrodd. *Sgotyn*: Cyfeillion yn ymwahanu: un i goleg a'r llall i Wasanaeth Milwrol yn Malaysia adeg y Rhyfel Rhyddid. Mae'r ail wedi ymddieithrio ac, yn y diwedd, yn lladd ei hun. Sefyllfa ddigon diddorol ond mae'r stori'n cael ei chyflwyno'n ystrydebol. *Mwyalchen*: Milwr yn dychwelyd o'r drin, wedi'i weddnewid yn llwyr – a di-droi'n-ôl i'w gariad. Dim arbenigedd i'r dweud. *Pantel*: Merch amddifad a gafodd driniaeth greulon gan athro ysgol wedi mynd yn nyrs erbyn hyn a'r athro hwnnw yn dod dan ei gofal. Mae ynddi ysfa i fod yn greulon wrtho. Ond, yn lle dial, mae hi'n ei ymgeleddu'n dyner. Stori annwyl ond ystrydebol. *Y Graith Las*: Hen ferch yn ymserchu'n wyllt mewn Sais sy'n iau na hi yn ei chanol oed. Dirmyg y pentrefwyr rhagrithiol. Mae yma stori flêr ond arwyddion o ddawn dweud a dychymyg gan yr awdur. *Cath mewn Cortyn*: Nofelydd wedi mynd yn hysb, a chanddo gytundeb i orffen rhyw waith arbennig. Braidd yn ystrydebol ydi'r dweud. *Pantyffynnon*: Gŵr y mae ei wraig wedi'i adael yn mynd i le bwyta, a dyn arall yn ei herio i ddeufel am ddarllen rhan o lythyr caru'r dyn at gyn-wraig y dyn arall. Daw'r cogydd i achub y sefyllfa gyda phadell ffrio! Braidd yn anhygoel ac ystrydebol.

Mae pum stori ar ôl, ar y brig. Ymysg y rhain, mae eto ystod digon diddorol o sefyllfaoedd a phobl. Weithiau, mae'r stori sylfaenol yn ddigon cyfarwydd os nad yn ystrydebol ond bod rhyw rinwedd arall yn ei hachub. Weithiau, mae yna ddrama yn y digwyddiadau sy'n ymylu ar felodrama. Weithiau, mae'r holl sefyllfa a'r chwaraewyr yn rhyfedd o wreiddiol. Ond mae gan yr awduron hyn arddull ddeniadol a stori i'w hadrodd.

Dyma nodyn ar y goreuon:

Cristin: 'Suo Gân'. Hanes hen wraig mewn ysbyty sydd, wrth farw, yn ildio llyfryn bach y bu'n dal ei gafael arno'n dynn. Ynddo, mae hi'n cyfaddef i'w merch iddi fod yn fam ddi-briod flynyddoedd yn ôl a chael gwared ar blentyn digroeso ar Ynys Enlli. Mae hyn yn esbonio i'r ferch pam y bu agwedd ei mam mor oeraidd tuag ati dros y blynyddoedd. Mae yma ddisgrifio digon byw ond weithiau'n rhy fwriadus. Mae hynny ynghyd â natur ystrydebol y plot yn wendidau.

Potrek: 'Câr dy gymydog'. Stori braidd yn gymysglyd a ffantasïol am stryd lle mae'r pethau rhyfeddaf yn digwydd, a lle mae ystyr gwahanol i'r arferol i'r gair *misglwyf*. Mae'r stori'n symud o realaeth i swrealaeth i wallgofrwydd. Mae hi'n ddigon diddorol ond mae rhaid hyd yn oed i ledrithiau a rhithfeddyliau weithio fel llenyddiaeth o ran rhyw fath o gysondeb. Dydi hyn ddim yn wir bob tro yn yr achos hwn.

Padre: 'Bill'. Hanes perthynas caplan carchar gyda charcharor gweddol syml ei feddwl a thra mewnblyg. Mae'r awdur yn consurio bywyd carchar, a lle enigmatig caplan o fewn y gyfundrefn galed o gosbi a chaethiwo. Yr un pryd, mae'n llwyddo i gyfosod iaith a meddylfryd gweinidog ochr yn ochr â rhai dwy ferch sy'n gweithio mewn siop ac yn byw yn ôl eu mympwy, yn bennaf er mwyn cael cariad. Llwyddodd i gyfleu gwagedd bywyd a breuder gobeithion yn gynnil a llwyddiannus. Ond, gwaetha'r modd, mae'r diweddglo'n llipa.

Wali Siop Fferins: 'Perthyn'. Hanes bachgen wedi'i fabwysiadu sydd yma, sy'n sylweddoli iddo gael croeso gan ei rieni ond bod ei gyraeddiadau yn is nag a ddisgwyliai'r rheini. Er bod y bachgen yn dirnad hynny, mae hefyd yn derbyn yr honiad fod plentyn mabwysiedig wedi cael ei ddewis, nid dim ond ei dderbyn. Mae'n cael trafferthion yn yr ysgol, a ddisgrifir heb droi'n felodrama na sentimentaleiddiwch. Daw'r rhieni i achub ei gam. Ac mae yntau'n bwriadu mabwysiadu llond lle o blant a'u hanwylo. Mae'r stori yn nhafodiaith Machynlleth yn ôl yr awdur ond 'fedra' i ddim bod yn sicr o gywirdeb yr honiad. Yn sicr, er hynny, mae'r iaith yn darllen yn rhwydd a'r rhythmau'n gweithio.

Blodyn Tatws: 'Y Gêm'. Mae yma stori sydd mor hen â'r ddynoliaeth bron ond wedi'i hadrodd mewn dull cyfoes a chyda thechneg fodern iawn. Defnyddir ieithwedd a thechnegau'r prosesydd geiriau yn effeithiol iawn. Sôn am ddynion yn defnyddio merched ac yn osgoi cyfrifoldeb a theimlad sydd yma ond heb i hynny fynd yn ystrydebol. Cynildeb a gwreiddioldeb ydi allweddi llwyddiant y stori. Ac mae yma fywiogrwydd arddull sy'n brin yn y gystadleuaeth.

Gwobrwyer *Blodyn Tatws*, gyda *Wali Siop Fferins* yn ail a *Padre*'n drydydd.

Y Stori Fer

Y GÊM

Dwy blaned yn rhwym i'w cylchau;
Chlywan nhw mo'i gilydd fyth

Mae'r sgrîn yn wag. Mi welwch chi hynny trosoch eich hun. Tudalen lân, ddieiriau. Ond maen nhw yno'n llechu. Y geiriau. Y llythrennau yn eu lle yn disgwyl. Disgwyl i'r bysedd eu llunio, eu rhoi â'i gilydd. Disgwyl am stori.

Mi ddechreuaf yn y munud, w'chi. 'Rôl i Mai setlo. Mae'n rhaid symud y pram yn ôl a blaen, 'nôl a blaen. Rhyw symud di-symud, yntê. Ei gwylio hi'n cau'r llygaid i fyd ei breuddwydion dibryder.

Mae gen i amser rŵan, amser i chi. Amser i lenwi'r sgrîn. Penderfynu ar y ffont, y steil, y teitl. Rhoi'r geiriau efo'i gilydd, er eu bod nhw yno'n barod. Sgwennu'r stori - y fi pia hon.

Un tro, roedd 'ne ddyn a dynes – dau gariad. Sylwch ar yr 'un tro', nid 'bob tro' – mae'n rhaid gosod y ffeithiau'n gywir. Stori garu. Stori garu iddi Hi, beth bynnag.

Hei! Na, arhoswch efo fi. Dw i'n gwybod eich bod chi'n meddwl: diflas, borin, hen stori. Dw i'n gallu darllen eich meddwl. Rhydd i bawb ei farn. Ond mae hon yn stori newydd, yn stori wahanol. Fy stori i yw hon. Fi pia hon. Er, nid y fi sy'n ei dechrau hi na'i diweddu. Y Fo sy'n gwneud hynny. Felly, mi ddechreuwn ni efo Fo.

Roedd hi'n brysur o wag, a'r lle'n llawn neb . . . neb ond y Hi. Y Fo sylwodd arni Hi, 'ylwch. Doedd o erioed wedi ei gweld o'r blaen – nid tra oedd yn effro, beth bynnag. Doedd dim disgwyl iddo ac yntau mewn clwb rygbi 'rôl gêm oddi cartref. Er nad oedd o erioed wedi'i gweld hi o'r blaen, erioed wedi siarad â hi, roedd o'n ei 'nabod hi'n iawn.

Gêm ola'r tymor oedd hi ac yntau wedi cael stormar – dau gais dan y pyst a'r tîm yn gorffen ar frig y gynghrair. Doedd hi fawr o syndod na welodd o hi'n gwylio'r gêm ac yn gwneud nodiadau manwl ar y chwarae. Cwblhau cwrs newyddiaduraeth yr oedd hi ar y pryd. Sgwennu adroddiad am y gêm.

Dw i'n crwydro rŵan. Dathlu roedd o'r noson honno. Dyrchafiad y tymor nesa'. Roedd o'n haeddu dathlu, 'n doedd? Ar ei drydydd peint yr oedd o a'r gwydr yn gwagio cyn llenwi bron. Dyna pryd y cerddodd Hi trwy'r drws. Gwallt euraidd yn donnau hyd ei hysgwyddau, crys-t digon tynn i adael i'r dychymyg hepian cysgu a jins a ddangosai ei chorff siapus i'r dim. Roedd o wedi'i hudo – fel mae'r duedd ynddyn' nhw i'w wneud, yntê! Does dim rhaid ymhelaethu ar gynnwys ei feddwl – 'gewch chi wneud hynny.

Mi ofynnodd o iddi fynd i glwb efo fo. Nid yn syth, cofiwch – na, ar ôl rhyw awren o fân siarad, holi cwestiynau, chwerthin, dod i 'nabod. Roedd o wedi perffeithio'r grefft, holi cwestiynau, gadael iddyn nhw siarad. Gadael ei feddwl o'n rhydd i ganolbwyntio ar bethau eraill.

Cusan fach ddiwedd noson. Dim mwy. Dim llai. Doedd hi ddim y math yna o ferch. Roedd yntau'n hoffi'r sialens yn hynny. 'Ta waeth, llai cymhleth, llai o egluro wrth Menna. Câi dacsi adre at Menna rŵan heb yr holi'n dwll. Doedd dychwelyd at Menna ddim mor apelgar heno. Roedd o wedi gweld yr edrychiad yna yn llygaid Menna yn ddiweddar. Yr edrychiad llygaid llo bach. Roedd arno ofn.

Bu'r gêm yn parhau rhyngddo fo a hi. Cyfnewid negeseuon ffôn ac fel yr âi'r negeseuon yn fwy cyfeillgar, roedd llawer mwy o ddeunydd darllen rhwng y llinellau nag ar y sgrîn.

Cyfarfod eto wnaethon nhw. Dau berson o gig a gwaed oeddan nhw, cofiwch.

Ellwch chi ddim eu beio. Rhyw ddiod bach i dorri'r garw ac yna pryd o fwyd. Roedd o'i heisiau hi a hithau'n cael ei chyfareddu ganddo yntau. Does dim angen rhoi'r manylion. Stori 'di hon, cofiwch, nid nofel. Does dim gofod i sôn am y dynesu. Dal dwylo. Datod. Dyheu. Dau. Defod. Digwydd. Diwallu. Ond mi ddigwyddodd a'r ddau ar dân.

Does dim lle i fanylu am yr alwad ffôn a gafodd Menna.

'Dydi pethe ddim yn gweithio, Menna . . . 'den ni'n rhy ifanc . . . ddim isio dim byd siriys . . . cael brêc . . . 'ti'n Hogan grêt . . . mi 'nei di ffeindio rhywun arall . . . dal yn ffrindiau.'

Does dim lle i sôn am ymateb Menna. Y darfod. Dadrith. Dagrau. 'Difaru. Dim.

Fe gawson nhw hwyl yr haf hwnnw – y Fo a Hi. Hwyl, chwerthin a threulio prynhawniau di-ri dan y cynfasau – yr adeg honno o'r dydd lle nad oes yno ond cleifion a chariadon. Roedd yr haul yn pelydru a'r nwydau'n wyllt.

Yn ei thŷ Hi yr oedd o'r noson honno. 'Rôl treulio diwrnod wrth y môr, y traeth yn ymestyn am byth a'r ddau yn anwybyddu blas hallt yr heli. Y botelaid gwin coch yn gwagio a'r ddau'n caru'n wyllt ac yn dyner am yn ail dan y cynfasau.

Roedd o'n cofio'n union lle'r oedd popeth yn yr ystafell yr eiliad honno yn y gwyll pan welodd o'r newid yn ei llygaid hi. Llun wedi ei rewi a phob dilledyn, gwydr, crib, potel, papur mewn lle penodol. Y cwestiwn ''Ti yn fy ngharu i, 'n dwyt?', yr ymbil am ateb, y llygaid llo bach yn godro'i diniweidrwydd. Yntau yn y cofleidio a'r ateb diogel, 'Mae genna i feddwl y byd ohonot', yn cuddio ei wyneb a'r gwirionedd yn niogelwch y gwallt euraid. Gwrthod rhoi ei deimladau allan i sychu ar y lein efo'i git rygbi.

* * *

Rhythodd Gwawr – achos dyna oedd ei henw Hi. Ddwedais i ddim, naddo? Enw da; dyfodol, ffresni, bore. Rhythodd Gwawr ar dderbynnydd y ffôn yn crynu'n afreolus yn ei llaw fel pry' copyn gwenwynig ar ei gythlwng. Y blip . . . blip . . . bregus a hithau'n hofran rhwng byw a marw ar beiriant cynnal bywyd eu perthynas. Taflodd ef fel bollt o dîn gŵydd at y wal o'i blaen ac fe chwalodd yn deilchion. Synnodd ati ei hun. Gwawr dawel, Gwawr gall yn bod mor fyrbwyll. Tybed a oedd modd casglu'r darnau ynghyd i'w hailosod? Gwyddai, fodd bynnag, ym mêr ei hesgyrn mai ofer fyddai trio.

Sut y gallai un alwad ffôn dros y gwifrau brau chwalu ei byd? Sugnwyd y gobaith o'i mewn yn raddol fel teiar â thwll araf ynddo.

'Plis, paid â gadael iddo fynd yn fflat,' ymbiliodd ar rywun, ond eto ar neb chwaith.

Disgynnodd yn sypyn blêr yn erbyn y wal a dechrau crio. Nid crio dagrau ond crio brifo. Crio crombil.

Waeth i mi heb â dweud am ba hyd y bu hi felly. Doedd amser ddim yn bod. Digon hir, fodd bynnag, i'r haul amyneddgar sylweddoli nad oedd ganddo obaith caneri o gysuro'r ferch hon, a machludodd mewn embaras.

Ymhen y rhawg, daeth at ei choed ddigon i sylweddoli bod ganddi awr cyn i Rhodri gyrraedd. A dyna'i enw fo, 'lwch – Rhodri. Cododd o'i hunfan gan flasu'r dagrau hallt ar ei gwefusau. Awyr iach, dyna yr oedd hi ei angen. Clirio'r pen. Bod yn barod. Ymddwyn yn aeddfed. Byddai'n siŵr o ddeall. Byddai popeth yn iawn. Camgymeriad oedd y cyfan, cysurodd ei hunan.

Caeodd y drws yn glep ar fabinogi ei breuddwydion ac ymlwybrodd i dir neb y tywyllwch. Dyna fuasai'r llenorion 'ma yn ei ddweud, yntê, i greu naws; dw i'n cofio dysgu hynny – delweddau estynedig.

Cerddodd dan bwysau trwy'r goedwig ac i lecyn o fryn agored i roi trefn ar ei meddyliau. Byddai'n teimlo'n well wedyn, yn barod i ddweud ei newydd, yn barod i herio'r dyfodol.

Ymgollodd yn ei byd bach gan gnoi cil a cheisio dadansoddi geiriau Rhodri. Roedd y ddau'n canlyn ers misoedd bellach a gwelai eu dyfodol yn ymestyn am byth ac ymhellach na hynny. Rhodri oedd ei byd. Roeddynt yn deall ei gilydd; yn hapus. Efallai nad oedd cyfriniaeth y mis mêl yn parhau ond doedd dim disgwyl iddo, nag oedd? Ers ailddechrau'r tymor rygbi, roedd o'n blino'n hawdd, 'n doedd – yn arbennig efo'r holl gemau oddi cartref. Cofio'r cyfnod cynnar hwnnw o chwilfrydedd, o ddyheu, fel plentyn bach yn gweld eira am y tro cyntaf ac eisiau profi holl wefr y gynfas wen. Yr hen *gliché* bod y rhyw wedi troi'n garu. Oedd, roedd Gwawr yn ei garu.

I ganol yr holl synfyfyrio, daeth cloch y ffôn yn ôl i grynu yn ei meddwl ac ystyriodd eiriau Rhodri, y geiriau hollol annisgwyl hynny a oedd fel cawl disynnwyr, dieglurhad.

'Dydi pethe ddim yn gweithio, Gwawr . . . 'den ni'n rhy ifanc . . . ddim isio dim byd siriys . . . cael brêc . . . 'ti'n Hogan grêt . . . mi 'nei di ffeindio rhywun arall . . . dal yn ffrindiau.'

Sut y gallai? Beth aeth o'i le? Roedd hi wedi anwybyddu'r bregeth byth a beunydd gan ei ffrindiau yn ei rhybuddio ei fod o'n 'dipyn o law efo'r merched . . . fel cath am laeth efo'r genod'. Hen chwedlau a geiriau gwag a drodd Gwawr yn fwy ystyfnig a phenderfynol.

Wrth orwedd yn y glaswellt uchel, teimlodd ddiferion o law yn disgyn a goglais ei choesau noeth. Sylwch sut mae'r hen dywydd yn newid bob tro i ychwanegu at y naws – cyd-fynd â theimladau. Daeth cawod drom o law i ddisgyn fel dagrau hiraeth ac wrth edrych tua'r awyr, gwelai ewin o leuad. ''Sgwn i sut y bu i'r lleuad ymdopi?' meddyliodd Gwawr. Roedd yna sôn bod yna garwriaeth fawr, angerddol rhwng y lleuad a'r haul, rywbryd ers cyn cof a chyn hynny hefyd. Y ddau efo'i gilydd ymhob man tan y dydd tyngedfennol hwnnw pan oedd pennawd traw-iadol ar dudalen flaen y ffurfafen *News of the World*aidd ryw dro yng nglas y byd.

'Y diwedd? – y lleuad a'r haul yn gwahanu'.

Bu cryn ddiddordeb gan y gohebwyr a'r wasg yn nirywiad y berthynas hon a'r manylion ar dafod pob copa walltog.

'Doedden ni ddim isio'r un pethau', oedd chwedl y lloer.

'Mynd i gyfeiriadau gwahanol', ys dywed yr haul ond y ddau'n gytûn eu bod yn dal yn ffrindiau.

Ychydig ddyddiau'n ddiweddarach, yn ôl pob golwg, roedd yr haul yn fflyrtio efo'r mynyddoedd ac wedi bod ers tro yn ôl y sôn. Efallai fod ei gydwybod yn pigo i raddau ac yntau'n sleifio'n goch at ei glustiau bob nos i gôl y mynydd cyn codi'n gochach ambell fore ar ôl noson fwy tanbaid na'r cyffredin.

Gwyddai'r reddf newyddiadurol oddi mewn i Gwawr nad oedd ei stori hi ar yr un raddfa.

* * *

Awr yn ddiweddarach, eisteddai Rhodri a Gwawr ar soffa pellafoedd eu byd a gwydrau gwag â staen gwin ddoe yn dal yn dystion triw ar y bwrdd.

'Beth am drio eto? 'Na' i newid. Dw i'n addo.' Ymbiliodd Gwawr gan geisio achub briwsion ei pherthynas. Atebodd Rhodri fel cath mewn cortyn.

'Derbyn o 'nei di, Gwawr. Dw i'n gweld rhywun arall. Mae'n rhy hwyr.'

Ceisiodd Gwawr anghofio'r stori, dechrau eto a chwilio am ddeunydd stori newydd. Ond yn y crio crombil hwnnw sy'n haneru'r baich, dyblodd ei baich hithau ac wrth fwytho'i bol yn dyner, gwyddai ei bod yn rhy hwyr, yn llawer rhy hwyr.

Mae Mai yn dechrau stwyrian. Dw i am ei gadael hi'n fan yna. Peidiwch â chael eich twyllo. Dw i'n gwybod nad ydi hi'n stori â blas siocled – eisiau mwy – ond, yn hytrach, ryw stori mwsli yn mynnu glynu rhwng y dannedd a chithau ond eisiau ei lyncu a'i dreulio. Ond waeth pa mor aml y digwyddodd hi o'r blaen, fy stori i sy'n llenwi'r sgrîn. Y fi pia'r ffwl stop y tro 'ma. Mae Mai yn deffro . . . a Rhodri'n dal i chwarae'i gêm.

Blodyn Tatws

Cyfrol o storïau gwreiddiol amser gwely i blant

BEIRNIADAETH MARGIAD ROBERTS

Mae gwir alw am gyfrolau o storïau amser gwely i blant ac rwy'n curo cefn Pwyllgor Llên Eisteddfod Genedlaethol Maldwyn a'r Gororau am osod y gystadleuaeth ac, yn wir, am lunio rhestr destunau sy'n ddifyr drwyddi draw.

Camgymeriad ydi meddwl bod ysgrifennu llenyddiaeth ar gyfer plant yn haws nag ydi ysgrifennu ar gyfer oedolion. Os rhywbeth, gellir dadlau ei fod yn anos ac efallai mai dyna pam y mae cymaint o addasu a chyfieithu storïau plant o'r Saesneg i'r Gymraeg. Ond dydi dibynnu'n ormodol ar addasu a chyfieithu storïau ddim yn mynd i wneud unrhyw ddaioni yn y pen draw oherwydd os nad ydi diwylliant yn gallu creu ei storïau ei hun, yna mae'n gyfystyr â bod yn farw.

Roeddwn i'n llawen iawn, felly, pan dderbyniais un ar ddeg o gyfrolau a chael y gystadleuaeth yn un ddifyr iawn. Trafodaf bob cyfrol fesul un.

Taid: 'Doliau Nain' – cyfrol o chwe stori am bob un o ddoliau nain yn eu tro. Ond, o edrych arnynt yn fanylach, chwe disgrifiad neu hanesyn byr sydd yma yn hytrach na chwe stori. Maent yn ddigon difyr i'w darllen ond pe bai *Taid* yn dewis un digwyddiad a chanolbwyntio ar hwnnw, rwy'n siŵr y gallai wedyn ddatblygu stori gron am bob un o'r doliau. Mae mân wallau yn yr iaith a'r mynegiant.

Prysgwal: Di-deitl – cyfrol sy'n cynnwys deg stori am Guto a Gwen a'r anifeiliaid sy'n byw ar fferm Gors Wen: Bet y ci defaid (onid gast a fyddai Bet?), Lewsyn yr oen llywaeth, Bwni'r gwningen, Morgan y mochyn, Twm y gath ddu, Siani'r Llygoden, y ceiliog cas a Lisi Jen, y ferlen fach wen. Ond, er eu difyrred, hanesion yw'r rhain eto yn hytrach na storïau crwn. Rwy'n siŵr pe bai *Prysgwal* yn dal chwyddwydr ar un digwyddiad ym mhob stori y gorfodai hynny ef i fod yn fwy dyfeisgar wrth gynllunio ac y byddai hefyd yn cael gwared â'i ddiwedd-gloeon cyfleus.

El.o.ise: Di-deitl – cyfrol sy'n cynnwys un stori ar ddeg, pump ohonynt am Seth, yr oen llywaeth. O'r holl gystadleuwyr, mae dawn y storïwr yn bendant gan *El.o.ise*. Mae'n feistr ar ei iaith a'i fynegiant, mae'n adnabod ei gynulleidfa ac mae ei storïau yn darllen fel rhuban. Serch hynny, mae tuedd weithiau i ni gael hanesion ganddo yntau hefyd ar draul storïau crwn. Ond camgymeriad *El.o.ise* oedd iddo geisio darparu ar gyfer plant o amrywiol oedran. Byddai'n well pe bai wedi ysgrifennu mwy o storïau fel 'Stori'r Paun' a 'Seth, yr Oen Llywaeth' gan hepgor yr aralleiriad o stori Arch Noa a'r storïau byrrach ar gyfer plant rhwng blwydd a phump oed.

Mrs Dynes: 'Straeon o'r Berllan' – storïau am ieir yn bennaf ac mae *Mrs Dynes* yn amlwg yn adnabod ei hieir. Cawn wyth stori ganddi sy'n sôn am helyntion

Fflosi, Heledd, Mrs B, Siani Fach, y chwiorydd Maran, y chwiorydd Warren, draenog, gwiwer, llygod y maes, hwyaid, a llu o gymeriadau eraill. Llwyddodd *Mrs Dynes* i ysgrifennu storïau bach annwyl iawn sy'n llawn disgrifiadau manwl a bywiog. Ond rhyw ofni yr ydw i fod gormod o fanylu ar draul gadael i'r cymeriadau a'r digwyddiadau yrru'r stori yn ei blaen. Mae angen cyffro a symud trwy'r amser i gadw diddordeb plentyn.

Anest: 'Helyntion Tomos a Siôn' – cyfrol yn cynnwys pedair stori am ddau frawd sef Tomos a Siôn. Mae'r pedair stori am y ddau frawd direidus yn darllen fel rhuban, yn llawn antur a chyffro ac yn ddoniol iawn. Mae'n amlwg fod *Anest* yn adnabod plant yn dda iawn ac mae'r helbulon i gyd yn gredadwy ac eithrio'r 'Tun Paent', efallai. Roedd rhywun yn gallu rhag-weld beth fyddai diwedd y stori honno o bell. Ond hoffais 'Helynt y Sbectol' yn arw ac roedd ''Molchi'r Gath' yn ddoniol iawn hefyd yn ogystal ag 'Elis ar Goll'. Llwyddodd *Anest* i greu darluniau byw a gwreiddiol iawn sydd wedi aros yn y cof. Yr unig drueni ydi na f'asa' hi wedi ysgrifennu pedair stori arall at y pedair hyn i chwyddo'r gyfrol!

Mr Jones – cyfrol ddi-deitl yn cynnwys pedair stori am ddosbarth babanod Miss Huws. Mae *Mr Jones* yn adnabod plant yn dda ac yn bendant yn athro neu athrawes go iawn (neu mi fwyta' i fy nghap!). Yn y pedair stori, cawn helyntion pedwar o blant dosbarth Miss Huws sydd newydd ddechrau'r ysgol, sef Mali, Sara, Meical a Sam, ac mae pob un yn gymeriad ar ei ben ei hun. Mae'r pedair stori yn ddarllenadwy iawn, yn wreiddiol, bywiog a doniol er bod y plant yn tueddu i siarad fel oedolion – Miss Huws yn chwip o athrawes, mae'n rhaid! Stori 'Miss Huws yn colli ei llais' yw un o'r goreuon, yn fy marn i, gyda'r disgrifiadau o'r prifathro yn dal yn fyw iawn yn y cof. Trueni na chawsom ni bedair stori arall i gael cyfrol lawnach! Melys moes mwy!

Murmur Dyfroedd: 'Blas ar Flas yr Heli' – o'r holl gyfrolau, dyma'r fwyaf gwreiddiol ohonynt i gyd. Mae'n cynnwys saith stori fyrlymus am deulu o forfilod ac amrywiol greaduriaid y môr. Mae'r gyfrol hefyd yn llawn lluniau cyfrifiadurol o'r cymeriadau. Ond gwendid y gyfrol i mi yw fod ynddi ormod o gymeriadau ag enwau diarth, anodd i'w hynganu! O hepgor y cymeriadau hynny, nad ydynt yn ychwanegu dim at y stori ei hun – e.e., Mwdiw-codi'n hwyr a'i frodyr (mwncïod), Llwcws Llwglyd Llorpiog, y llygoden (sy'n llond ceg i'w ddweud!) a Toshyn y Crwban Cefn Lledrog, ac enwi ond rhai – byddai'r stori ar ei hennill, rwy'n siŵr. Gellid hefyd hepgor Gogwgwdwl y Cogydd (un arall anodd i'w ynganu!). Mi f'aswn i'n eu chwynnu nhw i gyd gan adael ar ôl ond y dyrnaid cymeriadau sydd yn y stori gyntaf sef Moi y morfil bychan, Slembog yr octopws, Magli-di Mac yr wylan, Toras Twmffat y Morfil Mawr, Dwli Dw (mam Moi), a Hyrdigyrdi pwdu pw yr Hen Forfil. 'F'aswn i ddim yn cynnwys ebychiadau mor anodd i'w hynganu chwaith (e.e., 'lahsigobalaethus!' a 'llimigwsdynarbyleilis!'. Gormod o bwdin . . . (neu swigod mewn lemonêd, efallai?). Ond mae *Murmur Dyfroedd*, o ffrwyno tipyn arno, yn sicr yn storïwr plant dawnus iawn.

Nos Da!: 'Ble mae Tomos?' – deg stori sydd yn y gyfrol am deulu Llety'r Llysiau yn bennaf, sef Tomos Taten, Begw Betys a Marged Moronen, ac mae teimlad cynnes, braf i'r storïau. Mae llu o gymeriadau eraill hefyd fel Pyrsi Pry' Genwair, Gwenni Gwenynen, Robin Goch, Dic Draenog, Llio Llygoden, Poli Pili Pala, Dili Dylluan a Llew Llyffant ac fe lwyddodd *Nos Da!* i greu cymeriadau bach credadwy, gan ein haddysgu am fyd natur yr un pryd. Mae'r storïau'n darllen fel rhuban, yn gryno a difyr ac yn gwella o dudalen i dudalen. Yr unig fai yw fod llawer o gymeriadau ond, wedi dweud hynny, mae eu henwau'n syml a chofiadwy a phob un yn anhepgorol i'r stori. Dyma storïau sy'n barod i'w cyhoeddi fel y maent, 'ddwedwn i.

Cysga Di: 'Pwped Bach yn Dawnsio' – cyfres o wyth stori am Pitar Pwped yn llwyddo i ddianc o atig dywyll trwy gymorth ei ffrind, Cori Pry Cop, a'r ddau'n cyrraedd y ffair yn y diwedd lle maen nhw'n cael gwaith fel dawnswyr mewn sioe bypedau. Mae'r wyth stori wedi eu hysgrifennu'n ddifyr a bywiog gan storïwr crefftus nad yw ond yn defnyddio cnewyllyn bach o gymeriadau i ddweud ei stori gan roi cyfle i ninnau ddod i'w hadnabod yn dda. Cawn ddechrau bachog i bob stori ac mae pob un yn gorffen gan ein gadael ar bigau'r drain tan y stori nesa'. Ceir mân wallau iaith: 'Pwped' yn lle 'Pyped', er enghraifft, ac mae tuedd i roi '*u*' yn lle '*e*' mewn geiriau fel 'sioe' a 'caeodd'. Ond, ar wahân i hynny, dyma gyfrol o storïau amser gwely y bydd plant wrth eu bodd â hi, rwy'n siŵr.

Eifiona: 'Guto Ni!' – wyth stori am Guto, ei deulu a'i ffrind, Ifan, sydd yn y gyfrol hon ac maen nhw'n storïau cryno a thwt sydd hefyd yn foeswersi bach cynnil i blant ar sut i fod yn garedig, yn ufudd ac yn ystyriol o eraill. Mae'r storïau'n tynnu ar sefyllfaoedd real a phrofiadau y mae plant yn amlwg yn mynd i uniaethu â nhw (e.e., diwrnod mynd i'r ysgol am y tro cyntaf, methu cysgu heb tedi, ofni'r nos, mynd ar goll mewn siop fwyd fawr, ac yn y blaen). Storïau annwyl iawn yw'r rhain sy'n rhoi sylw i deimlad ac emosiwn plentyn ac mae *Eifiona* yn storïwraig grefftus, gadarn ei hiaith a'i mynegiant, sy'n adnabod plant i'r dim. Dyma gyfrol lân a graenus (sy'n barod i'w chyhoeddi) a'r storïau'n sicr o lapio'n gynnes am blant cyn iddyn nhw fynd i gysgu.

Smala: 'Hendre Hud' – cyfrol yn cynnwys deg stori a phob un am ddeg cymeriad gwahanol sy'n byw ym mhentref Hendre Hud, sef Dan y Dyn Llaeth, Plismon Puw, Tegwen Teganau, Llew Llnau Ffenestri, Prys ar Frys, Sami Swîp, Tesni Teisennau, Gari'r Gyrrwr, Guto'r Garej a Siôn Sgubwr. A chan ein bod ni wedi ein bendithio ag un Plismon Puw yng Nghymru'n barod, mi f'aswn i'n awgrymu newid ei enw i rywbeth arall ac efallai y byddai 'Sami Simne' yn Gymreiciach enw na 'Sami Swîp'. Mae ôl cynllunio manwl ar y storïau ac mae dawn y storïwr yn sicr gan *Smala*. Dyma gyfrol fach hwyliog a doniol sydd wedi ei hysgrifennu yn gryno a diwastraff.

'Cha' i ddim rhannu'r wobr rhwng *Eifiona* a *Smala* fel yr hoffwn ei wneud. Felly, mae'n rhaid dewis rhwng dwy gyfrol wahanol iawn i'w gilydd – un yn deimladwy a'r llall yn ddoniol. Dewisaf y fwyaf doniol a dychmygus o'r ddwy ac mae'n bleser gen i ddyfarnu'r wobr i *Smala*.

Erthygl hyd at 5,000 o eiriau: Mab Darogan

BEIRNIADAETH LYN EBENEZER

Bu'r ymateb i'r gystadleuaeth hon yn gymysgedd o siom a phleser; siom am mai dim ond dau a welodd yn dda i gystadlu, pleser am fod y ddwy erthygl a dderbyniwyd yn llawn haeddu'r wobr o £200. Mae'r ddwy erthygl yn amrywio'n fawr o ran cynnwys ac arddull.

An ab Senwr: Mae'i erthygl yn dangos ôl ymchwilio trwyadl gan fynd â ni'n ôl i ddyddiau Babilon, neu Irác. Does bosibl fod yr awdur yn ymwybodol wrth lunio'i erthygl y byddai ei waith mor amserol. Mae'n olrhain tarddiad darogan yng Nghymru, y rhamantu diweddarach ac yna'n troi at rai o ffigurau amlwg ein dyddiau ni, o Gwynfor Evans i Tolkien.

Rhys: Mae erthygl y cystadleuydd hwn yn dilyn trywydd llawer mwy 'poblogaidd' ei natur drwy greu llinyn uniongyrchol rhwng Owain Glyndŵr a'r 'brudiwr *reggae* Cymraeg . . . Geraint Rhys Maldwyn Jarman. Y cyfuniad o'r artist roc a'r bardd stryd, yn ymorol â'i orffennol, sy'n gwneud mab y brifddinas yn frudiwr yn canu ei genedl i fodolaeth'. Mae hon yn llawer llai academaidd ei naws ond yn llawer mwy herfeiddiol.

Un o wendidau geiriad y gofynion ar gyfer y gystadleuaeth yw'r amwysedd. Gofynnir yn unig am 'erthygl'. Byddai'n llawer gwell gen i – ac fe wnaethai fy ngwaith dipyn yn haws – pe nodid y math o gylchgrawn y bwriedid yr erthygl ar ei gyfer. Byddai eiddo *An ab Senwr*, er enghraifft, yn gweddu'n berffaith ar gyfer cylchgrawn hanes tra bo eiddo *Rhys* yn fwy addas i gylchgrawn fel *Barn* neu *Taliesin*.

O dan amodau'r gystadleuaeth, does gen i ddim hawl i rannu'r wobr. Golyga hynny fy mod i'n mynd i wneud cam mawr ag un o'r ddau gystadleuydd. Mae'r ddwy erthygl yn haeddu eu gwobrwyo a'u cyhoeddi. Mympwy felly, a mympwy yn unig, sy'n gyfrifol am i mi ddewis gwobrwyo erthygl *Rhys*.

Yr Erthygl

Y MAB DAROGAN

Brudiwr *reggae* Cymraeg yw Geraint Rhys Maldwyn Jarman. Y cyfuniad o'r artist roc a'r bardd stryd, yn ymorol â'i orffennol, sy'n gwneud mab y brifddinas yn frudiwr yn canu ei genedl i fodolaeth.

Ffurfiwyd ei ddarogan ar eingion cerddoriaeth clybiau'r New Moon a'r Casablanca yn nociau Tiger Bay yn chwe degau a saith degau'r ganrif ddiwethaf. Yng nghanol y *spliffs* a'r *joints,* gellid yn hawdd ddychmygu Crach Ffinnant o gymeriad yn yr hanner gwyll yn taflu'i hud dros y criw anhydrin. Ysgwyda'r lembo'i hun o dan y pelydrau strob fel ci brych yn ysgwyd glaw oddi ar wrych ei gefn.

Yno, yn sŵn tasgu gwreichionog nodau gitâr, taro cadarn drymiau a bît cyson y bas, y plannwyd hedyn. Yno, yn sŵn jazz o'r Dwyrain a *swing* o'r De, gyda phinsiad atgofus o emynau'r Delyn Aur, yr eginodd yr hedyn.

O adael mwrllwch y clybiau a chamu i'r oriau mân o dan fargod y sêr, fe glywir sawr y ganja melys yn gymysg â gwynt yr heli a barlys y bragdy. Ym mhen draw'r stryd, gwelir fflamau'r sgip llawn sbwriel yn dirwyn i'r wybren wrth i'r wawr dorri. Try'r fflamau yn ffocws a ffenics i feddyliau ac o'r pair daw'r gân sy'n bwrw golwg ar gyflwr y genedl, wrth i'r brudiwr gyfarch ei gariad prin ei Chymraeg, tra bo'r lleuad lawn yn gwelwi.

> Mae dy falchder yn ofynnol i dy fyd
> a diffodd yn ddolefus.
> Mae'r breintiedig yn cael cario'r Gymraeg
> ac rwyt tithau'n awyddus.
> Cau dy galon, mae penaethiaid yn gwywo.
> Egwyddorion y defaid yw.

Hyn i gyd i gefndir carthen o sŵn organ Richard Dunn yn Stiwdio Sain, Gwernafalau, Llandwrog, ym mis Medi 1978, wrth baratoi'r *LP*, 'Hen Wlad Fy Nhadau', gyda'r dewin o Sais, Simon Tassano, yn peiriannu.

Arweiniodd myfyrio uwchben llosgi sbwriel bwydydd têc-awê'r amrywiol dai bwyta cyfandirol yng nghyffiniau Stryd Caroline at weledigaeth o gyflwr Cymru.

Gynt, roedd adnabyddiaeth o rôl y mab darogan wedi ei gydnabod a'r alwad i'r gad wedi ei gwneud ar finyl yn Stiwdio Rockfield, Trefynwy, yn 1973. Trac agoriadol *LP* ei gymar ar y pryd, Heather Jones, 'Mae'r Olwyn yn Troi', yw 'Glyndŵr', yn galw i gof wrhydri sgweier plasty Sycharth ar ystad Cynllaith Owain ger y ffin 'nôl yn y blynyddoedd rhwng 1400 a 1416. Clywch garnau'r meirch yn carlamu'n ling-di-long orfoleddus o frwydr i frwydr nes cyrraedd seneddau Machynlleth a Harlech a llunio Cytundeb Tridarn a Llythyr Pennal. Dychmygwch y meirch llamsachus yn codi eu clustiau'n fain i wrando ar y sibrydion yn awelon y gwynt. Yn yr un modd, moela'r gwrandäwr ei glustiau wrth glywed llais fel cloch y Gymraes benfelen o Gaerdydd. Does dim amau'r erchylltra yn unol â phatrwm brwydrau'r cyfnod.

Bore niwlog ar y waun.
Mae cynnwrf yn y goedwig.
Sŵn cleddyfau'n taro yn y wawr.
Dal yr haul yn sychu'r gwaed,
ar gyrff y brwydrwyr ffyddlon,
ac ambell un yn gelain ar y llawr.

Glyndŵr, Glyndŵr
ac mae lleisiau'r milwyr dewr yn cadw stŵr.

Ar draws yr oesoedd, o gofio nad oes yna garreg fedd wedi ei chodi i'r gwron ac o gofio iddo wrthod derbyn pardwn hil Plant Alys, mae'r cof am Owain yn dal yn fyw a'i frwydr yn parhau gyda'r Cymry'n parhau i wirfoddoli yn y gad.

Ar ôl mynd i garchar,
wyt ti'n aros am yfory,
pan fydd cyrff dy filwyr eto'n gryf?
Pan ddaw'r bore arwain fi
drwy'r wlad a thrwy'r dinasoedd,
arwain fi i'r frwydr gyda thi.

Glyndwr, Glyndwr
ac mae lleisiau'r milwyr dewr yn cadw stŵr.

Ymrestrodd y Cynganeddwyr, y criw o gerddorion cylch Caerdydd, yn y gad, gyda'r arch-Gynganeddwr, Tich Gwilym, sy'n hanu o Ben-y-graig yng Nghwm Rhondda, yn mesmereiddio pob torf gyda'i ysgwyd gitâr wrth wasgu nodau'r anthem genedlaethol o'i chrombil. Ai hwn yw'r Crach Ffinnant modern?

Mae'r tannau'n galw i gof freuddwydion Owain Glyndŵr. Clywir yn y nodau gywydd Iolo Goch yn canu clodydd i ysblander Sycharth. Deffra'r nodau hir atgofion o huodledd hoelion wyth y pulpudau. Daw emosiwn trosgynnol yr emynyddes o Ddolwar Fach i'r fei. Adleisia'r anthem hen wae buddugoliaethau ar Barc yr Arfau. Daw cyfaredd corau meibion ar lwyfannau Eisteddfod i'r ymwybod. Wrth i grwt y Cymoedd ddisgyn ar ei benliniau i orfodi'r gitâr i ildio'i henaid, clywir athrylith y Cymry ar hyd y canrifoedd yn atsain ar hyd y nenfwd a'r trawstiau.

Ond ymrestrodd Geraint Jarman ym myddin rastaffariaeth a chanfod cyfatebiaethau rhwng y frwydr yn Jamaica a'r frwydr yng Nghymru. Dyhead ieuenctid Trenchtown oedd dychwelyd yn ysbrydol i wlad eu tadau yn yr Affrig. Arweiniai Bob Marley yr ecsodus trwy gyfrwng bît *reggae* hypnotig. Gadael Babylon a chwennych tiroedd eu tadau a wnâi pobol Jah. I gyrraedd pen y siwrne, roedd smygu cyflenwad helaeth o'r llysieuyn cannabis yn fendithiol. Roedd arogleuon strydoedd Trenchtown i'w clywed ar hyd strydoedd Butetown.

Sylweddolodd Geraint fod gan y Cymry ieuanc hwythau 'Ethiopia Newydd' i gyrchu tuag ati. Llwyddodd i drawsnewid amgylchiadau un o Ynysoedd y Caribî i Gymru gan roi gwedd newydd i hen ddyhead y Cymry. Llwyddodd i greu anthem o gân sy'n llawn o'r amwysedd sy'n gysylltiedig â'r canu brud proffwydol.

> O bu gwyneb ffawd yn sur, dim eira cariad ar y tir.
> Mor ddiwerth â deilen grin ar goeden y genedl.
> Mae'r gennod a'r hogiau'n gaeth, yn crwydro'n hir ar draws y paith.
> Y rocers â'r gwalltiau cyrliog yw dyfodol Gwalia nawr.
> Newyddion heddwch a ddaeth o Amsterdam i Moscow
> a chlustiau Cymru fach yn clywed *reggae* ar y radio,
> a gyda hyn ymhlith y miri a'r llawenydd
> daw ysfa sydyn am ryw Ethiopia Newydd.
> Dal dy dir, Ethiopia Newydd yn dyfod cyn hir,
> dal dy dir, Ethiopia Newydd yn dyfod cyn hir,
> dal dy dir, Ethiopia Newydd yn dyfod cyn hir . . .

I gyfeiliant cymanfa o organ Richard Dunn a gitâr sionc a dirdynnol Tich Gwilym, aed ar ymdaith i ledaenu'r neges ac i ymrestru'r 'rocers a'r gwalltiau cyrliog' yn y gad.

Yn ystod wythnos Eisteddfod Genedlaethol Caerdydd ym mis Awst 1978, concrwyd Clwb Tito's yn y brifddinas. Roedd cannoedd o rocers gwalltiau cyrliog yn chwys drabwd, yn unol yn y gred eu bod yn teithio ar hyd y ffordd i Ganaan. Roedd buddugoliaeth Tito's i'w chymharu â buddugoliaeth Hyddgen ym Mhumlumon yn ystod haf 1401. Ym mis Awst 1979, dri mis ar ôl methiant y Refferendwm Datganoli, concrwyd Cae'r Saeson yn ystod Eisteddfod Genedlaethol Caernarfon.

Yng ngolwg yr ieuanc, roedd yr 'Ethiopia Newydd' yn dal o fewn eu gafael er gwaethaf y methiant gwleidyddol. Doedd dôp ddim yn pylu'r ymdaith. Roedd cynnal y gân a'r bît bas hypnotig yn gyfystyr â chodi arfau mewn rhyfel. Roedd y cyffro yn cysylltu cerrynt calonnau ar hyd yr oesoedd a thrwy Gymru benbaladr.

Cyflawnai'r prif rociwr â'r gwallt cyrliog yr un swyddogaeth ag a wnaeth y Shirgar anobeithiol hwnnw, Dafydd Gorlech, y Gwenhwysyn o Dir Iarll, Gruffydd ap Dafydd Fychan a'r Monwysyn, Robin Ddu ap Siencyn Bledryd, a hwythau yn eu tro yn adlewyrchu hen draddodiad Myrddin, Taliesin a'r Bardd Glas. Rhaid oedd cadw'r daroganu yn fyw. Blodeuodd y brudiwr o Lanedeyrn i'w lawn faintioli.

Dyw'r brudiwr ddim yn ddi-feind o weithredu gwladgarol. Ar ddechrau'r wyth degau, llosgwyd nifer o dai haf mewn protest yn erbyn gwladychu ardaloedd Cymraeg ar hyd arfordir y Gorllewin. Oherwydd y galw am dai gwyliau, roedd prisiau'n codi o gyrraedd brodorion yn chwennych un cartref parhaol a hwythau'n ennill cyflogau symol. Doedd dim modd iddyn nhw gystadlu yn y farchnad dai. Ond, wrth gwrs, roedd cynnau tân mewn tŷ gwag a'i losgi'n ulw yn drosedd difrifol. Ni fedrai'r awdurdodau ganiatáu difrodi eiddo. Roedd rhaid i'r heddlu weithredu. Ar Sul y Blodau 1980, trefnwyd cyrch yn y bore bach ar gartrefi deugain o genedlaetholwyr cydnabyddedig yn y gobaith o ganfod tystiolaeth yn eu cysylltu â'r ymgyrch llosgi tai haf. Er eu harestio a'u holi, bu'n rhaid eu rhyddhau bob un wan jac heb eu cyhuddo. Erbyn yr haf fe fu'r brudiwr wrth ei waith.

Mae'r gân, sydd hefyd yn deitl i'r record hir, 'Fflamau'r Ddraig', yn delio â helynt 'y llosgi'. Yn arwyddocaol, fe'i recordiwyd yn ystod oriau'r nos yn stiwdio newydd Cwmni Sain yn Llandwrog pan oedd y llosgwyr wrth eu gwaith.

> Ma' nhw'n cuddio yn y ffos.
> Lle 'ti wedi bod trwy'r nos?
> Yn dy gwrw paid â brolio
> tra bo clustiau'r glas yn gwrando.
> Fflamau'n codi, fflamau'n codi
> yn goleuo'r nos fel tafodau tân.

Nid y llosgwyr o reidrwydd oedd yn cuddio yn y ffosydd ond yn hytrach plismyn rhwystredig yn ceisio dal y troseddwyr. Rhan o glyfrwch y gân yw'r ffaith nad oes cyfeiriad uniongyrchol at y gweithredwyr, yn arbennig o gofio'u bod yn hawlio cyfrifoldeb mewn datganiadau yn enw ' Meibion Glyndŵr'. Ceir naws sinistr afreal i'r gân, gyda'r geiriau mewn rhannau'n fwriadol aneglur a hynny fel petai'n ychwanegu at y cyffro, y cyfrinachedd a'r arwriaeth. Mae ailadrodd y geiriau 'fflamau' a 'tân', o'u cysylltu ag enw'r rhai a hawliau gyfrifoldeb – a fyddai'n wybyddus i'r gwrandawyr – yn tanlinellu'r thesis fod cydymdeimlad y datgeinydd yn gorwedd gyda'r gweithredwyr a bod ysbryd Glyndŵr yn dal i gyniwair. Does dim amau'r teyrngarwch.

Mae'r un amwysedd ffeithiol i'w glywed yn y gân werin, 'Marwnad yr Ehedydd'. Gair cudd yw 'ehedydd' am filwr (un o ddilynwyr Owain, efallai), a gollodd ei fywyd yn y frwydr. Doedd y cyfansoddwr ddim am ddatgelu ei enw rhag i'r awdurdodau neu'r gelyn sylweddoli bod yna wrthryfelwr allweddol o bosib yn gelain. Ond byddai'r cefnogwyr yn ei adnabod a'r coda yn eu cyffroi.

Ychwanegodd Myrddin ap Dafydd bump o benillion at y pennill traddodiadol gan chwarae ar yr amwysedd. Trwy drawsffurfio'r brwydrwr yn ehedydd, mae'r posibiliadau'n ddi-ben-draw. Efallai iddo'i lusgo-hedfan ei hun i ddiogelwch. Efallai fod ei ysbryd, o leiaf, yn dal i hofran yn dalog fry. Mae'n werth dyfynnu'r chwe phennill o ddaroganu traddodiadol:

Mi a glywais fod yr hedydd
Wedi marw ar y mynydd.
Pe gwyddwn i mai gwir y geirie
Awn â gyrr o wŷr ac arfe
I gyrchu corff yr hedydd adre.

Ond chwalu gwae ymysg ei gywion
Mae y bradwyr â'u sibrydion.
Mi gymeraf lw i'r Mawredd
Nad yw'n wir ei fod e'n gorwedd,
A'i fod yno'n llawn dihunedd.

Mi a wn ei fod ar y mynydd
Ar dân i ledu ei adenydd,
A bod ei nyth ef yno weithion
Iddo ddodwy ei freuddwydion,
A gwireddu ein gobeithion.

Mi a glywais ei fod eisoes
Wedi dianc gyda'i einioes,
Ni all adar ysglyfaethus
Er eu hawchio chwim brawychus
Lwyddo i ddisgyn ar un hoenus.

Mi a glywais fod yr arfog
Wrthi'n hogi'r cleddau miniog.
Ac yn ffyddlon eu lleferydd
Ar y drum er gwaetha'r stormydd
Yn dod yn haid tu ôl i'r hedydd.

Clywais adlais ei anadlu
Ac ar gynnydd mae ei ganu.
A dyheu sydd am yr adeg
Pan ddaw'r hedydd eto i hedeg
Nid achwynwn ni ychwaneg.

Clywch leisiau iasol y triawd o Faldwyn, Plethyn, yn canu'r geiriau gyda'r mymryn lleiaf o gyfeiliant.

O wrando ar yr is-leisiau yn y gân, 'Fflamau'r Ddraig', roedd pob fflam a droes dŷ haf yn wenfflam yn fflam o ffroenau'r ddraig oedd yn rhan o arfbais a baner Owain Glyndŵr. Tassano'r Llundeiniwr unwaith eto oedd y dewin yn y stiwdio.

Am ymron i ugain mlynedd, lled enciliodd Geraint Jarman nid i'r ogof ond i stiwdio deledu gan ganolbwyntio'i egni ar lunio fideos yn hyrwyddo talentau grwpiau eraill. Distawodd lladmerydd mythau'r Cymry dros dro.

Ond daeth milflwyddiant newydd a gobeithion o'r newydd. Ailgydiodd Geraint yn y dasg o gadw'r fflam yn fyw gan gynnig swcwr unwaith eto i weithredwyr. Slogan amlycaf mudiad Cymuned yw 'Dal dy dir' sydd yn ymadrodd wedi ei fabwysiadu oddi ar y gân, 'Ethiopia Newydd'. Erbyn haf 2002, daeth y slogan yn deitl prif gân cryno-ddisg 'Morladron', Geraint Jarman a'r Cynganeddwyr.

Mae'r defnydd o effeithiau soffistigedig Stiwdio Zion ym Mhontypridd yn gwahodd y gwrandäwr i rannu'r ymwybyddiaeth sy'n cael ei greu yn unol ag arfer y brudwyr *reggae*. Droeon mae'r ymadrodd 'Dal dy dir' yn cael ei ailadrodd ac weithiau mae'r geirio'n diflannu wrth i'r neges a'r gerddoriaeth dyfu'n un y tu mewn a'r tu hwnt i derfynau amser a lle.

> Dal dy dir
> Mae'n amser i ni frwydro.
> Ni ddaw diwedd ar ein hiaith am yn hir.
> Dim ond môr sy rhyngom a'n boddi
> A diogelu'r gymuned a'n hiaith.
> Prisiau tai rhy uchel i'n teulu,
> Does dim unman i ni barhau'r daith.
> Dal dy dir.

Mae'r brudiwr a fedd radd Meistr yn y grefft yn llawn clyfrwch wrth lunio cân sy'n ei chynnig ei hun fel anthem i fudiad Cymuned. Nid yw'r gân yn ei huniaethu'i hun yn uniongyrchol â mudiad Cymuned. Ni chaiff enwau'r arweinwyr eu nodi. Mae'r diffyg pendantrwydd ffeithiol yn cryfhau neges o anogaeth y gân ar gyfer pwy bynnag sydd am frwydro a hynny ym mha ddull bynnag a ddewiso.

Pan gafodd Geraint Jarman ei holi ynghylch arwyddocâd y cyfansoddiad, ei ateb oedd ''dyw'r Gymraeg heb gyrraedd mangre llawenydd'. Ateb rhyfeddol mewn cyfnod pan nad oes gan y rhan fwyaf o grwpiau ac artistiaid Cymraeg ddim i'w ddweud. Ond mae Geraint Jarman yn perthyn i hen linach sydd wedi ymdeimlo â'r cyfrifoldeb o gadw ysbryd Owain Glyndŵr yn fyw. Gwyddant mai Owain piau'r weledigaeth o sefydlu sofraniaeth Cymru gyda'i phrifysgol, ei heglwys a'i gwladwriaeth ei hun.

Goroesodd y chwedlau amdano fel ffigur a oedd mewn cysylltiad â'r goruwchnaturiol. Onid oedd ceffylau ei dad yn waed at eu hegwydydd ar ddiwrnod ei eni? Onid oedd seren fawr ysblennydd yn gwibio drwy'r awyr yn ystod anterth ei fuddugoliaethau? Onid oedd yn medru rheoli'r tywydd ac yn medru darllen arwyddion yr amserau? Ac onid yw yno yn rhywle yng nghwmni Arthur, Caswallon, Cadwaladr, Owain Lawgoch a'r criw yn disgwyl yr alwad i ddychwelyd o'u cuddfan? Deil i'n cyfarch drwy gyfrwng y beirdd fel y tystia Jim Parc-nest yn ei gerdd 'Wyneb yn Wyneb', a gyfansoddwyd ar y cyd â'r Americanwr, Jon Dressel, ar achlysur refferendwm datganoli 1997. Yn ôl T. James Jones, mae Owain yn cyfarch Robert E. Lee, gwrthryfelwr athrylithgar adeg Rhyfel Cartref America:

Pe derbyniaswn bardwn ni fyddwn wedi gallu
bod yng nghysgod y blynyddoedd,
yn obaith oesol, yn unol â dyhead rhai o'm cenedl.
Wrth fynd yn gysgod mae fy enw'n fyw,
yn datgan yr hyn a fu dros dro,
yn darogan, yr hyn a fydd, myn Duw, ryw ddydd.

Deil y brudwyr i sôn am Owain. Does yna'r un brudiwr yn gwywo heb hadu'n drwm. Mae'r fuddugoliaeth sy'n cyfateb i fuddugoliaeth brwydr Bryngias ger Trefyclo ym Mehefin 1402 eto i ddod.

Rhys

Dyddiadur Wythnos newyddiadurwr/newyddiadurwraig

BEIRNIADAETH KAREN OWEN

Un yn unig a fentrodd i'r gystadleuaeth hon ac mae hynny'n siomedig. Roedd y gystadleuaeth yn gyfle i gyflwyno dyddiaduron ffeithiol neu ddychmygol, difrifol neu ddoniol, gan newyddiadurwyr neu rai a oedd am eu dychanu. A phan feddyliwch am y sefyllfaoedd a'r straeon posibl – rhyfel Irác, streic y dynion tân a'r ymgyrch etholiadol, ac enwi dim rhai – roedd digonedd o sgôp i rywun a oedd eisiau bwrw'i fol ar hyd tudalennau cyfrinachol y dyddiadur.

Mae ysgrifennwr yn gallu dewis cosi â phluen neu golbio efo gordd ac mae'n debyg fod y dyddiadurwr yn gallu pendilio'n eofn rhwng y ddau, gan mai yn y pethau bach a mawr a ddywedir mewn ymddiriedaeth lwyr wrth ddyddiadur y geg gaeedig y cewch chi'r gwir i gyd.

Felly, roeddwn i'n chwilio am stori (fel y mae pob newyddiadurwr) a honno wedi'i gweithio'n gelfydd a'i dweud yn dda. Roeddwn hefyd yn chwilio am ddyddiadurwr â chymeriad cry' – doedd dim rhaid i mi ei hoffi ond mi fyddai'n rhaid i mi allu dod i'w adnabod a'i ddeall yn well wrth ddarllen pigion ei ddyddiadur. Mi fyddai'n rhaid i mi ddod i wybod am y bobol o'i gwmpas hefyd, am ei gyhoeddiad neu'r rhaglen y gweithiai arni, a chael rhyw fath o olwg newydd ar ei sefyllfa. Ro'n i hefyd wedi disgwyl dogn go helaeth o sinigiaeth, jôcs gwael a sylwadau 'oddi ar y record'.

Mae'n drueni na chafwyd gan yr unig ymgeisydd, *Cêt Heidi Williams*, a fu mor gynnil i chwarae ar enw'r newyddiadurwraig Kate Aidie yn ei ffugenw, yr un cynildeb yn ei dyddiadur. Dyddiadur newyddiadurwraig ifanc ar bapur lleol sydd yma, yn gweithio'n galed yn ei hardal tra mae ei Golygydd siofenistaidd, tew a moel, yn ei fwynhau ei hun yn yr Eisteddfod Genedlaethol, a'r gronfa 'egspensus', fel y dywed *Cêt Heidi Williams*, yn talu am y cwbl. Er bod yma 'sgŵp' (ddychmygol) am Aelod Seneddol Torïaidd sy'n cael affêr â'i hysgrifennydd ifanc, 'does yna ddim adeiladwaith na chymhlethdodau i'r stori, dim ond ffeithiau moel. Mae'r darn hefyd yn gorffen yn llawer rhy swta, a dydi'r frawddeg o hunan-amheuaeth y mae *Cêt Heidi Williams* yn ei brofi ddim yn gorwedd yn gyfforddus mewn dyddiadur sydd fel arall yn rhy ffwrdd-â-hi. Mae yna rai brawddegau doniol, fel: 'Trip i Sir Fôn fory i sgwennu am ddyn sy wedi ffeindio neges mewn potal ar draeth Llanddona'. Ond mae yna wallau ieithyddol a gramadegol hefyd ac maen nhw'n amharu ar y darllen.

Rydw i'n atal y wobr.

Casgliad o ddywediadau ffraeth

BEIRNIADAETH DEI TOMOS

'Pan gyll y call fe gyll ymhell', meddai'r hen air, ac mae peth o wirionedd y dywediad hwnnw ynghlwm wrth rai o ymgeiswyr y gystadleuaeth yma. Er mai'r gofyn oedd am gasgliad o ddywediadau ffraeth, casgliad o ddyfyniadau, ysywaeth, a gafwyd gan fwy nag un ac roedd ffraethineb a rhai o'r cystadleuwyr mewn dau gae gwahanol. O safbwynt y gair 'ffraeth', mae *Geiriadur Prifysgol Cymru* (y gwelwyd ei gwblhau gyda'r gair 'zwinglaidd' ddiwedd y llynedd, oedd yn dipyn o jôc), yn nodi bod *huawdl, rhugl, parablus, doniol, digrif, difyr, diddorol, pert, ysmala, digywilydd* a *brathog* yn elfennau sy'n perthyn iddo. Fedrwn ni, 'debyg, ddim disgwyl y lobsgóws yna o deimladau i gyd mewn perthynas ag un dywediad bychan, pa mor fachog bynnag y bo, ond mae rhywun yn disgwyl rhyw arbenigedd yn y dweud. Yn rhy aml, cyffredinedd sy'n teyrnasu.

Daeth saith i'r gystadleuaeth ac, er a nodais uchod, roedd 'na ryw rinweddau'n perthyn i'r casgliadau i gyd.

Campfield: Casgliad byr o gwta drigain o ddyfyniadau (yn hytrach na dywediadau), yn amrywio o Lloyd George i Ronald Reagan. Maen nhw i gyd wedi dyddio ac o'r ychydig ddywediadau a gawn, dyma un enghraifft: 'Daeth Awst, daeth nos'.

Byw ar y Ffîn: Mae ganddo 81 o ddywediadau, rhai'n ymylu ar fod yn straeon neu'n jôcs gwan ac eraill yn brin o unrhyw ffraethineb – e.e., 'I ble mae'r ffordd yma'n mynd? I unman, llonydd y gwelais hi erioed'. Ceir llawer o ddyfynnu mewn perthynas â'r capel neu'r oedfa ac mae amryw ohonyn nhw'n cystadlu â Methiwsala o ran oedran. Mae'n anghywir sôn am gerbydau yn y chwarel gyda llaw, wagenni oedd yno. Mae 'na ambell lithriad teipio ond, yn waeth, cawn rai idiomau Seisnig, fel cyfeirio at ddillad 'yn gwisgo allan'.

Un â diddordeb: Dydi'r cystadleuydd yma, mewn gwirionedd, ddim wedi casglu rhyw lawer o ddywediadau ffraeth, er bod ganddo ambell un. Casgliad o rigymau, diarhebion a choelion sydd yma gan mwyaf, heb anghofio rhes hir, alaethus braidd, o lasenwau (ac nid i gyd yn rhai Cymraeg chwaith). O Ddyffryn Banw ac ardaloedd eraill ym Maldwyn y bu'n cywain ei ddeunydd, sydd mewn llawysgrif, a heb fod wedi'i osod yn rhy ddeniadol. Dywed yn ei gyflwyniad ei fod yn gresynu bod ffraethebion a dywediadau'n cael eu colli, ac mae'n ystyried nad oes llawer o gymeriadau ar ôl bellach yng nghefn gwlad. Y tebyg ydi ei fod o'i hun yn un ohonyn nhw! Mae'r syniad sydd ganddo am gynnal nosweithiau cymdeithasol lleol i gasglu dywediadau ac enwau yn y gwahanol fröydd yn un sy'n werth ei gymell.

D'wad Chdi!: 'Yn y dweud . . .', gyda 99 o dudalennau, ydi casgliad mwya swmpus y gystadleuaeth, a'r un sydd wedi ei gyflwyno orau. Mae'r cystadleuydd wedi cloddio'n ddwfn mewn pedwar llyfr o gasgliadau yn ogystal â'r cylchgrawn *Llafar Gwlad* a chasgliad o ddywediadau a welodd olau dydd yn *Llais Ardudwy*, ac mae'n cydnabod ei ffynhonnell yn ddi-feth. Ar adegau, mae'r ymdrech i egluro ystyr y dywediadau yn syrffedus a gormodol, yn enwedig mewn perthynas â geiriau tafodiaith neu rai anghyfarwydd i'r oes. Gwell fyddai gosod y geiriau dieithr mewn mynegai ar ddiwedd y gyfrol. Mae'r ymdrech yma i ddynwared ysgolheictod wedi arwain at amlygu beiau hefyd – e.e., sôn am 'fag racs', yn hytrach nag am 'fat rags' (a gofiaf ar lawr cegin gefn neu wrth ddrws cefn fy nghartref hanner canrif yn ôl). A 'chlywais i erioed o'r blaen am feillion pinc eu lliw. Mae meillion neu glofar, fel siwgwr, naill ai'n goch neu'n wyn. A beth am y dywediad yma: 'Ma' rhyw hwrdd caglog ar gyfer pob hesben ffislog'. Mae'r dweud yn wych ond yn anghywir, ac mae'r casglwr yn cyfaddef na ŵyr ystyr 'ffislog'. 'Hislog' ddylai fod yma, o'r gair 'hislen' sef trogen defaid. Tadogir, hefyd, y stori am 'y ddishgled o de' yn anghywir i Lwyd o'r Bryn – Bob Tai'r Felin a fynnai fod paned yn hen ddigon! Byddai'r gwaith yn well ac yn ehangach ei apêl o hepgor y moesoli a'r dadansoddi a geir ar dudalennau 13 ac 14. Ond mae 'na gasgliad swmpus yn y fan yma a allai, o'i olygu a'i osod yn well, fod yn gyfraniad sylweddol. Anghofiwch y 'lluniau oddi ar silff' a ddaeth o fol cyfrifiadur!

Y Ddinas Wen: Mae yma gasgliad sylweddol; nid eu bod nhw, fwy na rhai neb arall, i gyd yn ffraeth. Nid ffraethineb ydi: 'Mae ambell un yn gwneud y byd yn fwy arbennig o fod ynddo', ond mae 'na rai da hefyd, a rhai newydd, modern ac amserol y tu allan i'r cae tatws a'r buarth: 'Gan nad ydi Saeson yn genedl ysbrydol, fe ddyfeisiwyd criced i roi iddynt y syniad o dragwyddoldeb' . . . 'O safbwynt tragwyddoldeb, dim ond ar ddechrau y mae popeth' . . . '"Dydi geiriadur ddim byd ond pentwr o eiriau", meddai Sam Goldwyn, ac meddai Syr Thomas Parry, "Dim ond ffŵl sy'n ceisio egluro ystyr geiriau".' Gwaetha'r modd, casgliad o ddyfyniadau sydd yma, yn hytrach na dywediadau, sy'n rhoi'r cystadleuydd yma yr ochr anghywir i'r ffens. Gyda llaw, fe glywsoch, 'debyg gen i: 'Mae gwrych yn wych, ond mae sens mewn ffens!' Cyn ffarwelio â'r ymgeisydd hwn, nodaf un dyfyniad arall gwerth ei gofio gan H. L. Menken: 'Gwleidydd yw'r un sy'n medru eistedd ar y ffens hefo'i ddwy glust ar y ddaear'.

Brenig: Ceir yma gant a hanner o ddywediadau, yn Gacstonaidd daclus ar bymtheg tudalen, o gyffiniau Mynydd Hiraethog. Fe'u codwyd oddi ar lafar dros gyfnod o ugain mlynedd – trueni na fyddai mwy wrthi'n lloffa dywediadau a ffraethebion fel *Brenig* ac yn eu trosglwyddo o ysgubor y cof i rywbeth mwy parhaol. Mae yma rai dywediadau sydd, o'u gweld ar bapur, yn edrych braidd yn gignoeth. Efallai y byddai'r stori am y gweinidog bach ffysi yn iawn mewn cylch dethol o ffrindiau ac yn achosi chwerthin afreolus ond nid mewn casgliad fel hwn y mae ei lle. Yn y diffyg cynildeb, efallai, y mae'r bai. Mae'n haws derbyn y dywediadau am 'fis clagwydd' a 'brecwast ceiliog chwaden', ond pam egluro ystyr un ac nid y llall? Un o feiau'r casgliad ydi gormod o straeon yn hytrach na dywediadau, er bod yr ergyd yn aml yn frathog, bachog a ffraeth. Dydi'r eglurhad chwaith ddim bob amser yn taro'n gywir. Yn yr ardal acw, os oes rhywun wedi 'ei agor a'i gau' yn ystod llawdriniaeth ysbyty, mae hynny'n golygu nad oes fawr obaith iddo, o gymharu â'r eglurhad yma: 'iddi gael llawdriniaeth i ddim byd bron iawn'.

Sachaid o'r Storws: Ar anogaeth ei weinidog y dechreuodd y cystadleuydd yma gasglu'r dywediadau a'r dyfyniadau ac mae ganddo gruglwyth da ohonynt, sy'n cynnwys llinellau cofiadwy o farddoniaeth Gymraeg. Trueni am y mân frychau yn y teipio, a'r ffaith fod y testun wedi'i osod yn wael; a pham cynnwys hanner dyfyniad a chydnabod na ŵyr ei ddiwedd? Fel gydag amryw o'r lleill, mae'r casglwr yma wrthi oherwydd y pleser a gaiff mewn geiriau a'r awydd i weld cryfder a harddwch yr iaith gyhyrog naturiol yn parhau. 'Does neb yn gweld gwerth ffynnon tan 'i bod hi'n sychu'.

'Yn y man tawel, rhaid tewi', meddai un cydweithiwr i mi ond cyn gwneud hynny, fe roddaf y wobr, er ei feiau, i *D'wad Chdi!*. Felly, nid 'ffynnon hesb a buarth gwag' sydd yma eleni.

Sgwrs ar dâp ar gyfer cylchgrawn llafar

BEIRNIADAETH RHIAN M. EVANS

Yn y lle cyntaf, carwn ddiolch i Bwyllgor Llên yr Eisteddfod am gynnwys y gystadleuaeth hon yn rhestr y testunau ac i'r pedwar cystadleuydd am gystadlu. Er mai pedwar yn unig a roddodd gynnig ar y dasg, cafwyd naw ymgais rhyngddynt. Anfonodd *Calog* dair sgwrs ar yr un casét; yr un person yw *Eli* a *Cwasi* ac o'r un ffynhonnell y daeth *Jac, Hillside* a *Ruby*, ac un ymgais a gafwyd gan *Eluned Morgan*. Yn gyffredinol, roedd safon yr iaith yn dda a chynnwys y cynnyrch yn ddiddorol. Ond, yn ogystal â'r ddau fater holl bwysig hynny, y mae beirniad hefyd yn chwilio am recordiad o ansawdd da ac, yn yr oes ddigidol hon, y mae'r gwrandäwr yn disgwyl cyflwyniad clir a di-fefl. Un awgrym: oherwydd yr amrywiaeth yn hyd y sgyrsiau a dderbyniwyd, oni fyddai'n well nodi yn y rhestr testunau yn y dyfodol pa mor hir y dylai'r sgyrsiau fod?

Jac: Taith sydd yn ein tywys drwy Gwm Afan yw'r hyn sydd ganddo. Mae'r syniad o neidio ar gefn ei feic a'n harwain heibio i fannau diddorol ei ardal enedigol yn dda ond fy nheimlad i ar ôl tuag awr a hanner o ffeithiau manwl oedd fod gormod o bwdin. O safbwynt safon y recordiad, *Jac* yw troseddwr pennaf y gystadleuaeth. Disgwyliwn i'r sgwrs agor yn syth, heb unrhyw ragymadrodd i brofi a yw'r meicroffon yn gweithio ai peidio. Ceir ambell glec swnllyd yma a thraw weithiau, ar ganol brawddeg hyd yn oed, lle bu'n rhaid golygu'r tâp; dro arall, mae'r llais yn diflannu bron yn llwyr. O'i gwtogi a'i recordio ar beiriant safonol, gallasai ymgais *Jac* fod yn ddiddorol a gwerthfawr dros ben.

Hillside: Gan mai'r un un yw *Hillside* a *Jac*, nid oedd yn syndod i mi glywed yr un brychau recordio yn y gwaith hwn hefyd. Mae hynny'n drueni mawr oherwydd yn yr ymgais yma, mae *Hillside* ychydig cynilach nag oedd *Jac* a llwyddodd i ddal fy niddordeb trwy gydol y pymtheng munud y bu'n siarad. Yr hyn sydd ganddo yw ei hunangofiant fel mab y mans a'r profiadau a ddaeth i'w ran yng Nghwm Afan, Bae Colwyn, ac wedyn yng Nghasllwchwr. Mae'n amlwg fod ganddo dipyn o feddwl o Gwm Afan. Byddai'n werth ailrecordio'r sgwrs hon a'i chynnig i rai o Bapurau Llafar y De yn enwedig.

Ruby: Er mai o'r un stabal â *Jac* a *Hillside* y daeth *Ruby*, y mae safon y recordiad yma rywfaint yn well. Yr hyn a geir yma yw cyfweliad rhwng yr ymgeisydd a'i gyfaill, Dilwyn Davies, Gorslas. Y mae llais Dilwyn yn gryfach nag eiddo'r holwr – mae'n rhaid cofio bod yn rhaid i lais y ddau siaradwr fod yn gyfartal o ran pellter oddi wrth y meicroffon. Ond y mae'r deunydd yn dda a Dilwyn yn rhoi hanes ei yrfa yn nhafodiaith Sir Gâr ar ei gorau. Mewn cyfweliad o ddeugain munud, disgwyliwn ychydig yn rhagor o gwestiynau oddi wrth yr holwr. Bûm yn disgwyl am dri munud ar ddeg i gael ei ail gwestiwn ac ugain munud arall wedyn cyn y trydydd. Gwn nad yw'r holwr i fod yn ymwthgar ond tybiais nad oedd yn bwriadu siarad eto. Mwynheais wrando ar stori Dilwyn a thybiaf ei fod yn berson cynnes a diymffrost ac fe gafwyd diweddglo hyfryd i'r cyfweliad.

Eluned Morgan: Cyfweliad â Mair Davies, Patagonia, a geir yma ac fe ddengys y gwaith dipyn o arbrofi technegol nas cafwyd gan unrhyw un arall yn y gystadleuaeth. Mae gweu cerddoriaeth i mewn i'r sgwrs yn cyfoethogi'r cyflwyniad yn fawr. Cyn clywed llais yr holwr am y tro cyntaf, clywir 'Wel, dyma hyfryd fan' yn cael ei chwarae ar yr acordion. Yna, wrth i'r gerddoriaeth gilio, fe geir y cwestiwn cyntaf sydd yn gofyn i Mair Davies roi hanes ei phererindod ysbrydol. Hoffwn awgrymu un gwelliant bach: er mwyn canolbwyntio'n llwyr ar yr hyn sydd gan Mair i'w ddweud, gwell fyddai distewi'r gerddoriaeth yn llwyr cyn gynted ag y bo Mair yn dechrau siarad. Mae tipyn o adlais ar y recordiad – hwyrach i'r sgwrs gael ei recordio mewn ystafell fawr – ac nid yw safon y peiriant a ddefnyddiwyd yn gymesur â chynnwys y cyfweliad. Y mae tystiolaeth Mair yn hoelio sylw ac yn ennyn ein diddordeb ac y mae'r plethiadau cerddorol a geir yn ystod yr hanner awr yn hynod o effeithiol, yn enwedig y darnau o'r 'Misa Criolla' tua diwedd y cyfweliad. Mae'r holi'n raenus, y sgwrs yn llifo'n naturiol a gloywder ar y mynegiant. Dyma gyfweliad a roddodd foddhad pur i mi.

Calog: Cafwyd tair sgwrs ar yr un casét. Yn y gyntaf, 'Gorffennaf 13eg', o fewn pedwar munud ar ddeg, ceir rhestr o bethau a ddigwyddodd ar y dyddiad arbennig hwnnw. Er eu bod i gyd yn ddigon diddorol, teimlaf eu bod yn ddi-gyswllt ac yn gatalogaidd. Yn 'F'ewyrth Gruffydd', mewn hanner awr o sgwrs, ceir hanes nid yn unig yr ewythr a laddwyd yn y Rhyfel Byd cyntaf ond hefyd y ddwy fodryb a fu'n gweini ar aelwyd Lloyd George yn Downing Street. Mae diweddglo annisgwyl i'r sgwrs a hyfryd oedd gwrando ar ddatganiad o 'Titrwm Tatrwm' gan Gôr Glannau Erch. Mae'r recordiad o safon uchel, y Gymraeg yn cael ei llefaru'n glir ac yn llawn o briod-ddulliau. Dyma sgwrs a roddai lawer o bleser i'r gwrandawyr. Y drydedd sgwrs oedd 'Y Drymiwr'. Arweinydd band pres un o bentrefi chwarelyddol Gogledd Cymru yw awdur y sgwrs hon a buan iawn y daeth y pedwar munud ar ddeg difyr i ben. Adroddir hanesion diddorol am ambell 'fander' a daw'r sgwrs i ben gyda stori afaelgar a chwestiwn rhethregol i'r gwrandäwr – dyma ddull effeithiol iawn. Ceir ambell ddyfyniad barddonol sydd yn cyfoethogi'r gwaith. Mae'r llefaru'n glir a phwyllog ac ansawdd y sain yn dda a gwn y buasai unrhyw Bapur Llafar yn falch o gyfraniadau gan *Calog*.

Eli: Sgwrs ar deganau a chwaraeon bore oes yn ardal Pontrhydygroes, Ceredigion, a geir y tro hwn. Yn ystod yr hanner awr ddifyr, cawn gipolwg ar y modd y byddai plant yn chwarae ers talwm – pwnc a fuasai'n siŵr o daro tant gyda gwrandawyr y Papurau Llafar. Mae cynllun pendant i'r sgwrs, dechreuad a chlo effeithiol. Mae gan y siaradwr lais clir ac arddull fywiog ac mae ansawdd y recordiad yn arbennig o dda.

Cwasi: Hanner awr o atgofion am eisteddfodau Capel Bethel, Pontrhydygroes, a Chapel Maesglas, Ysbyty Ystwyth, sydd gan *Cwasi*. Mae'r pwnc yn hynod o ddifyr a'r cyflwyno'n raenus. Ambell dro, mae'r cyflwynydd yn torri allan i ganu er mwyn rhoi enghraifft i ni o'r hen ganiadau a glywid yn yr hen eisteddfodau. Mae ganddo lais canu da hefyd ac mae'r cyffyrddiadau o hiwmor yma a thraw yn hyfryd dros ben. Ceir cynllun eglur ac mae'r dechrau a'r diweddglo yn effeithiol gyda'r dyfyniad o waith Ieuan Brydydd Hir yn rhoi pen ar y mwdwl yn daclus iawn. Mae'r llefaru'n dda, yr iaith yn gyfoethog a'r recordiad hwn eto'n plesio.

Bu'n anodd iawn penderfynu pwy oedd i dderbyn y wobr. Teimlaf fod amryw yn y gystadleuaeth yn haeddiannol. Ond, gwaetha'r modd, yn ôl rheolau'r Eisteddfod, ni chaf rannu'r wobr. Fe fydd yn rhaid i mi, felly, yn groes i'm dymuniad, ddewis un allan o nifer o rai da i dderbyn y £200. Wedi hir bendroni, penderfynais o blaid *Cwasi* ar sail ei safon uchel, sain ei recordiad, ei gyflwyno medrus a chynnwys ei sgwrs.

Casgliad o ddeg o storïau ar ffurf llên micro, rhwng 50 a 250 o eiriau yr un

BEIRNIADAETH MANON RHYS

Bu cynnydd yn apêl y stori ficro yn ystod y blynyddoedd diwethaf. Gallai'r sinig honni mai un rheswm dros ei phoblogrwydd yw ei byrder: po fyrraf y stori, lleiaf y llafur a'r ymdrech i'w llunio. A dilyn y ddadl honno ymhellach, mae llunio cerdd fer yn llai llafurus na llunio cerdd hir. Nid felly.

Mae llunio stori ficro'n ymarfer gwerthfawr i awdur rhyddiaith. Rhaid wrth ddisgyblaeth lem; rhaid wrth gynildeb, rhaid bod yn gryno. Rhaid ymwrthod â geiriogrwydd a mynegiant clogyrnaidd. Rhaid i bob brawddeg a chymal – a gair – deilyngu'u lle. Er gwaethaf byrder a chyfyngiadau ei gyfrwng, mae'n rhaid i awdur stori ficro barchu ffurf a strwythur, creu naratif caboledig, cymeriadu a deialogi. Ac mae'n rhaid arwain y darllenydd at ddiweddglo, a'i adael wedi'i foddhau neu ei gyffroi neu'n codi cwestiynau. A hyn oll mewn llai na dau gant a hanner o eiriau. Tipyn o gamp.

Derbyniwyd un casgliad ar ddeg – saith a dderbyniwyd dair blynedd yn ôl yn Eisteddfod Llanelli pan ofynnwyd am gasgliad o'r math hwn am y tro cyntaf yn y Genedlaethol. A thestun llawenydd i mi yw'r ffaith eu bod, ar y cyfan, yn gasgliadau uchel eu safon.

Mabli: Mae'r goreuon yn y casgliad hwn yn storïau digon gafaelgar, rhai megis 'Ofn', a 'Y Groglofft'. Ond teimlaf fod yn y gweddill, megis 'Traha', 'Aflonyddwch' ac 'Ai dyma'r Diwedd', duedd ormodol i athronyddu a moesoli yn hytrach na dweud stori. Byddai 'ysgrifau micro' yn well teitl iddynt, efallai.

Pwdin Plwm: Ceir gan yr awdur hwn straeon difyr sy'n deillio o brofiadau wrth deithio ar wyliau ac o sefyllfaoedd mwy cartrefol, teuluol. Hoffais 'Lili Wen Fach' a'i darlun o ferch ifanc yn annog hen wraig mewn cartref nyrsio i regi a bytheirio yn erbyn y drefn. Ceir yn y storïau ambell ymadrodd hyfryd megis 'Mwytho'i ben yn ysgafn fel 'tai o'n Ddant y Llew bregus' a 'Pwy faliai rech ffidlwr am fedru siarad fel Beirniad Steddfod Genedlaethol'. Teimlaf y medrai'r awdur dynhau ar y dweud yn gyffredinol – heblaw am 'Y Rhaff', stori dywyll sydd mor dynn â'r rhaff a ddefnyddir gan y ffermwr i gyflawni hunanladdiad.

Gwib: Storïau sy'n seiliedig ar atgofion yr awdur am ddigwyddiadau a sefyllfaoedd arbennig yw'r mwyafrif yn y casgliad hwn, fe dybiaf. Mae ambell un, megis 'Rhegi' (am daith trên go drafferthus) a 'Gyrru' (am wers yrru drychinebus) a'r stori 'Tro Trwstan' ei hun, yn sôn am droeon trwstan mewn modd digon difyr. Ond, ar y cyfan, cyfres o anecdotau a geir heb y grefft na'r saernïaeth a ddangosir gan fwyafrif awduron y gystadleuaeth. Mae'r arddull braidd yn drwsgl ar adegau.

Himeropa: Dyma storïau cynnil, cywrain a dychmygus sy'n cynnwys elfennau telynegol hyfryd bob yn ail ag eironi cryf, fel hwnnw a geir yn y stori dda, 'Yn sgil y llifogydd'. Mae gan yr awdur afael ar iaith ac fe geir ymadroddion cofiadwy megis 'goleuadau'n cynnau'n addewidion ar y gorwel'. Ceir rhywfaint o 'dro yn y gynffon', sy'n ddigon derbyniol gan ei fod yn cael ei ddefnyddio'n gynnil. Hoffais yn arbennig 'Ffarwel i'r Ehedydd', 'Pen y Daith', 'Etifeddiaeth', a 'Treigl y Tymhorau'.

Wil Tanws Dot Com: Anfonwyd rhai o'r storïau hyn i gystadleuaeth Eisteddfod 2000 a chytunaf â'r beirniad, Jerry Hunter, a ddywedodd fod 'gemau bychain' yn eu plith. (Cytunaf hefyd y dylai'r awdur fod yn fwy gofalus ynglŷn â gwallau iaith megis 'yng gwres' a 'Pan ddaeth y dyn allan, mae hi wedi nosi'.) Braw, dialedd a dioddefaint – corfforol a meddyliol – yw eu sylfaen a'r cyfan yn cael ei gyfleu'n gynnil drwy gyfrwng dychymyg byw. Mae 'Dedfryd Oes' a 'Heliwr wedi ei hela' yn wirioneddol arswydus, a'r ddwy, fel 'Damwain yn aros i ddigwydd', mor weledol fyw â golygfeydd ffilm. Meddyliau tywyll a dryswch seicolegol a bortreadir yn ambell un megis 'Mantra', 'Anrheg pen-blwydd priodas' a 'Y Stelciwr'. Oherwydd eu bod yn enghraifft o gynildeb yr awdur a'i allu i greu darluniau cofiadwy, mae'n werth dyfynnu pedair brawddeg y stori 'Y Goeden' ar eu hyd: 'Safai coeden yng ngardd ei blentyndod, yn taflu cysgod oer dros hyd yn oed ei ddyddiau teg. Yn y gaeaf, safai'n ddu-fygythiol yn erbyn wybrennau tywyll. Roedd ei fam ac yntau wastad wedi ei chasáu, yn unedig mewn ofn. Ar ôl i'w dad farw, fe'i torrwyd i lawr.'

Marla Singer: Mae nifer o storïau'r casgliad hwn yn ymylu â'r ffin denau honno rhwng rhyddiaith gain a barddoniaeth. Ystyriwch hyn: 'Ysgarlad fel esgidiau fy mam, fel rhubanau fy ieuenctid, dyna'r math o gusan oedd hi . . .'. A hyn: 'Ym mherfedd porffor y nos, rhwng clic-clician y llenni a rhincian trenau ar eu trywydd arian, fe gymerodd ei llaw . . .'. Ac mae 'Mae 'na rywbeth . . .' yn werth ei dyfynnu yn ei chrynswth: 'Mae 'na rywbeth yn y ffordd ma' dy drwyn di'n crychu fin nos, fel crensian calon. Ma' 'na rywbeth yn y ffordd rwyt ti'n llyncu dy boer, fel petai'r lloer rhwng dy ddannedd. Ac ma' 'na rywbeth yn y ffaith 'mod i'n gwrando ar y sŵn hwnnw fel petawn i'n gwrando ar fiola ar noson fioled. Oes, ma' 'na rywbeth yn hynny.' Mae yna rywbeth anesboniadwy yn y storïau hyn. Rhywbeth sydd a wnelo â'u 'barddoniaeth', fel y dywedais, ynghyd â defnydd yr awdur o iaith, o eiriau, o gytseinedd. Ond mae yma hefyd rywbeth heblaw'r dweud cywrain, disgybledig. Mae'r themâu'n procio cof a'r awdur yn llwyddo i ddenu'r darllenydd i godi cwr y llen.

Meicros Don: Storïau tafodieithol yw'r rhain, â'u cynnwys yn annisgwyl, yn gignoeth, yn greulon. Ac mae'r cymeriadau'n frith. 'Criw o lafnau â'u bryd ar ddysgu lesyn' i 'hen begor'; plismon ar drywydd treisiwr yn holi 'Be ff** sydd wedi digwydd yn fama?'; menyw sy'n lladd cathod er mwyn diogelu adar. Mae yma gydymdeimlad â'r sawl sy'n dioddef, hyd yn oed os yw hwnnw – fel yr hen filwr yn y stori ardderchog 'Niwsans', neu'r hwrgi yn y stori 'Hel merched' – yn peri gofid a dioddefaint i bobl eraill. A'r cyfan wedi'i ddweud yn gryf ac yn gynnil.

blodyn gwyn: Ceir casgliad o storïau ardderchog gan *blodyn gwyn*. Gwelwn y blodyn hwnnw yn y stori gyntaf a'i chyfeiriad cynnil at chwedl Culhwch ac Olwen: 'Dim ond blodyn bach gwyn ydoedd ond daeth ei arogl â'r cyfan nôl i ni.' Hoffais hefyd 'Taith' ac 'Adlewyrchiad', ac mae'r stori 'Mab' yn un ddirdynnol am fam yn dyfalbarhau i geisio 'deall' ei mab ac yntau'n ei herio hi i'r eithaf wrth gyflawni rhyw weithred derfynol, erchyll arni. Dyma'r llinellau olaf, amwys: '"Ti'n dallt hyd yn oed hyn?"/"Dw i'n trio". Trodd Mam i ffwrdd bryd hynny ond ddim cyn i mi weld yr agoni yn ei llygaid'.

Dalen lân: Caf yr argraff mai menyw yw *Dalen lân* a gyrhaeddodd yr oed aeddfed hwnnw pan deimla y gall edrych yn ôl ar gyfnodau o'i bywyd ac y gall drafod ei phrofiadau'n wrthrychol. Yn fy marn i, mae'r storïau gorau'n cyrraedd safon uchel iawn; gellid mynd ati, efallai, i dynhau ambell un megis 'Trwy ddrych' ac 'Ynom mae y sêr', sy'n cynnwys llinellau gwych megis 'a'r sêr yn chwarae mig â'r ddiwinyddiaeth.' Perthyn sawl rhinwedd i'r casgliad hwn: dychan (yn y stori 'Y Bardd Newydd', wrth roi clatshen i'r 'Bardd Cymraeg trendi' sy'n datgan 'Dyma fy ngherdd, genod', ac yn 'fflawntio'i ddoniau yn y bar, ei destosteron yn berwi'); sensitifrwydd (wrth sôn am farwolaeth cyfeilles yn y stori 'Dawn'); hyder (wrth drafod themâu ac wrth saernïo iaith). Hoffaf yn arbennig y stori 'Deinameit mewn drôr' sy'n sôn am fenyw yn cuddio cerdd o'i heiddo yn nrôr ei dillad isaf. Cerdd yw hi sy'n sôn am 'y dyheu am yr hyn oedd y tu hwnt i'w chyrraedd', sy'n peri i'r 'papur brau wrido', sy'n 'ffrwydryn cudd dan faes gwastad ei byw'.

Gwin coch a lasagne: Mae yna elfen fetaffisegol i'r storïau amlhaenog hyn: maen nhw'n esgyn goruwch amser a lle ac yn gosod gweledigaeth bersonol, gyfyng yng nghyd-destun profiadau a digwyddiadau ehangach. Yn ogystal â hynny, mae cynildeb ac amwysedd hyfryd yn perthyn iddynt. Fe'u darllenais droeon a chanfod, er gwaethaf eu byrder neu o'i herwydd, newydd-deb cyffrous ynddynt bob tro. Mae'r dweud yn fachog ac ymadroddion megis 'Rhyw ha bach Mihangel o rywioldeb oedd o', a 'Llynedd bu prynhawn ar draeth, a'r gronynnau'n grwn' yn aros yn y cof. Dyma'r stori 'Gan ymwrthod â phob dyn arall' yn ei chrynswth: 'A hwythau'n dathlu eu priodas aur fe ofynnodd wyres fwy powld, neu fwy chwil, na'r gweddill os bu'n anffyddlon iddo gyda gŵr arall erioed. "Naddo, 'rioed." A honno wedyn yn mynnu holi pam. A chyda gwên a gofiai wefusau eraill, gwahanol, "Am i mi ddod i adnabod eu gwragedd."' Mae un stori nad wyf yn ei hoffi, sef 'Y dyn yn yr ardd' sy'n ddameg yn seiliedig ar syniad a gafodd eisoes ei orddefnyddio. Ond mae safon y naw stori arall, yn fy marn i, yn gwrthbwyso gwendid y stori hon.

Gwenoran: Dyma gasgliad a ysgrifennwyd mewn llawysgrifen sy'n llawn cymeriad; dyma ddawn dweud egnïol sy'n eich taro yn eich talcen. Deg darn o waith llenyddol (ymbwyllaf rhag eu galw'n 'storïau'), cyfoethog eu hieithwedd, sy'n fwrlwm o gyfeiriadau diwinyddol, gwleidyddol a llenyddol ac o atgofion personol gwerthfawr. Rhwng yr ysgrif gyntaf, 'Cenwch yr utgorn', a'r un olaf, 'Waldiwch y blydi drwm', mae yma ddicter yn erbyn y drefn ac anogaeth i godi llais yn erbyn anghyfiawnder a thrais. Mae brawddeg olaf y stori olaf un yn crisialu'r math o ysgrifennu a geir yng nghorff y gwaith: 'Waldiwch y blydi drwm, cenwch yr utgorn, taenellwch y palmwydd, chwifiwch Jac yr Undeb . . . Mae'r pŵdl yn marchogaeth ar gefn ei asyn eto!' Hoffwn weld cyhoeddi detholiad wedi ei olygu o'r gwaith hwn, nid fel casgliad o storïau micro, ond fel enghraifft o ysgrifennu cydwybodol y mae ei angen arnom yn y Gymraeg.

Yn fy marn i, gellid – dylid – cyhoeddi rhai o'r straeon arbennig iawn a geir yng nghasgliadau *Dalen lân, blodyn gwyn, Meicros Don, Marla Singer, Wil Tanws Dot Com,* a *Himeropa.* Ond fel casgliad cyflawn uchel ei safon a hynod ddarllenadwy – heblaw am y stori a nodais – gwaith cynnil *Gwin coch a lasagne* a apeliodd fwyaf ataf, a hynny mewn cystadleuaeth dda.

Y Casgliad o ddeg o storïau ar ffurf llên micro

UN NOSON CHWIL

Ac fe welodd am flynyddoedd wedyn frigau'r coed uwch y lôn yn feddal fel ei fysedd a'r egin blagur bob gwanwyn yn dafodau, a dail crin yr hydref yn gyrls cochlyd o amgylch llygaid gleision y barrug. Ond ar y canllath hwnnw o lôn yn unig y gwelai hyn. 'Doedd gweddill y milltiroedd yn ddim ond arwyddion yn rhwystro goddiweddyd a llinellau gwynion yn cadw pawb ar ei lwybr ei hun a'r blodau gwylltion yn y cloddiau yn rhai wedi cael eu plannu gan weithwyr y cyngor. A daeth y gwanwyn pan nad oedd blagur ond blagur, a'r hydref hwnnw 'doedd y barrug yn ddim mwy na dŵr wedi rhewi.

GAN YMWRTHOD Â PHOB DYN ARALL

A hwythau'n dathlu eu priodas aur, fe ofynnodd wyres fwy powld, neu fwy chwil, na'r gweddill os bu'n anffyddlon iddo gyda gŵr arall erioed. 'Naddo, 'rioed'. A honno wedyn yn mynnu holi pam. A chyda gwên a gofiai wefusau eraill, gwahanol, 'Am i mi ddod i adnabod eu gwragedd.'

DYN Y DRYCHAU

Gallai oriau ddiflannu wrth iddo grwydro'r traeth yn chwilio am ddarnau o froc môr. Gallai prydau bwyd ac amser agor fynd yn angof wrth iddo rwbio'r ceinciau â phapur tywod tra'n gwylio telor y cnau yn mynd trwy'i betha'. Am flynyddoedd bu'n gosod drychau yn y darnau pren a'u cyflwyno i'w ffrindiau er mwyn i'r rheini gael eu gweld eu hunain fel y gwelai ef hwy. Yr arwydd cyntaf o'i salwch oedd iddo ddechrau troi'r broc yn glociau.

TUA DECHRAU HYDREF

Rhyw ha' bach Mihangel o rywioldeb oedd o. Am y tro cyntaf yn ei bywyd, roedd y cynigion rhyfeddaf yn ymddangos. 'Doedd hi ddim yn ymwybodol ei bod yn trin dynion yn wahanol ac eto roedd hen ffrindiau yn cyfaddef yn eu cwrw eu bod wedi ei ffansïo ers blynyddoedd – rhywbeth a oedd yn amlwg yn gelwydd. Roedd cydweithwyr newydd, gan anwybyddu'r fodrwy briodas, yn cynnig coffi a chyfarfodydd pellach dianghenraid. Byddai'n agor ei dyddiadur, a chan sylwi pa mor agos oedd Tachwedd, yn trefnu amser cyfleus.

YR EUOG A FFY

Fe ddechreuodd Dylan ymddangos yn rheolaidd yn fy mreuddwydion. Nid breuddwydion amlwg rywiol, 'doedd dim angen poeni yn y bore y gallwn fod wedi galw ei enw a'm corff yn gwingo. Ond roedd elfen o gyffwrdd ymhob breuddwyd – pasio pethau y naill i'r llall, cerdded heibio'n gilydd mewn coridorau cul, gwthio ceir ysgwydd yn ysgwydd. Dw i'n ddynas sy'n cyffwrdd â dynion yn naturiol hoffus, gyda llaw ar fraich, cusan ar foch, heb boeni hyd yn oed eu gwragedd. Ond fydda' i byth yn cyffwrdd â Dylan yn ystod y dydd.

DYDDIAU DYN

'Tylwyth teg', wfftiodd, gan feddwl am ryw Farbies o betha mewn ffrogia gwynion ac adenydd fel plu'r gweunydd. 'Y Tylwyth Teg', medda hitha, gan gofio'i phlentyndod. Edrychodd yntau yn y drych uwchben y crud gwag i fyw llygaid hen ŵr. Estynnodd ei law i gyffwrdd yng ngwallt tywyll ei wraig ond roedd hi wedi mynd yn ei blaen at y nesaf.

Y LLYNEDD

Y llynedd, bu prynhawn ar draeth, a'r gronynnau'n grwn. Roedd trysor o fewn cyrraedd eu rhawiau amryliw, a gwin y rhieni'n swigod mewn cwpanau plastig. Yn un gadwyn gyfan, safai'r cefnder a'r c'neitherod yn trochi'u traed, a finnau'n esbonio'r gorwel efo pêl. 'Diwadd y byd 'di o. Mam.' ''S'na'm ffasiwn beth, 'sti, pwt.'

UNTRO

Gwrandawodd pawb yn astud. Roedd yn stori dda, roedd yn llenwi'r bwlch rhwng machlud a gwely, roedd yn fwyd i freuddwydion. A phan mae rhywun yn dweud stori, mae'n dderbyniol i rythu, yn dderbyniol i sylwi ar gyrls yn wlyb gan chwys ar ei dalcen, yn dderbyniol i'r storïwr ddal llygaid aelodau ei gynulleidfa. Mae ganddo'r hawl dros dro i edrych arnoch fel pe bai'n eich adnabod erioed ac am eich adnabod am byth, ac mae gynnoch chithau'r hawl wedyn i gyffwrdd yn ei fraich wrth adael y stafell a diolch iddo am adrodd stori dda. 'Nid stori mohoni', a'r llygaid yn parhau â'r hyfdra a ddylai fod wedi cael ei ddiffodd wrth i'r golau gael ei gynnau.

Y DYN YN YR ARDD

Fel arfer, byddai'r cleifion, os dyna y dylid eu galw, yn sylwi arno tua'r trydydd diwrnod – y dyn tal, main, barfog yn stwna yn y gerddi. Ond byddai'r rhai a ddaeth i'r clinig i chwilio am bethau a oedd wedi marw ac wedi diflannu yn eu bywydau yn cerdded heibio iddo neu'n cyfyngu eu sgwrs i docio rhosod aballu gan dybied mai'r garddwr oedd. Gwenai yntau gan rwbio'r creithiau ar ei gledrau.

UNTRO 2

Un tro, rywbryd rhwng amser maith yn ôl a ddoe, roedd ganddi 'oriad. 'Goriad i agor a 'goriad i gau. Ond trwy flerwch, neu ryw ddymuniad yn ei hisymwybod, fe gollodd y 'goriad ac, o'r herwydd, aeth yn ddibynnol ar eraill i agor a chau'r ddôr. A dyna'r cwbl ydi'r stori, mewn gwirionedd. Dw i'n teimlo weithiau 'sa waeth imi adael pob stori fel yna. I be' yr a' i i drafferthu meddwl am enwau i'r cymeriadau ac i ddisgrifio lliw eu gwallt, eu hagwedd at gathod, eu tueddiadau rhywiol?

Just am y crac; chwarae ydi o. 'Dydi dweud y gwneith pêl fowndio yn erbyn y wal, bowndio ar y llawr ac yna cael ei dal yn fy llaw ddim byd tebyg i wneud hynny go iawn.

Agred oedd ei henw; roedd ganddi wallt melyn (wrth gwrs), 'welodd hi erioed gath yn ei bywyd. A'i thueddiada' rhywiol? Tu hwnt i'ch dychymyg (gobeithio).

Rŵan, mae'r bêl yn dy law di.

Gwin coch a lasagne

Cystadleuaeth i rai sydd wedi byw yn y Wladfa ar hyd eu hoes ac yn dal i fyw yn Ariannin. Eisteddfodau'r Wladfa

BEIRNIADAETH HAZEL CHARLES EVANS

Diolch am yr anrhydedd o gael beirniadu'r gystadleuaeth eleni. Mae'r ymateb a gafwyd yn galonogol iawn. Mae'r testun yn un penagored, a dweud y lleiaf, oherwydd fe rydd gyfle i ymdrin ag eisteddfodau Cwm yr Hydref, ys dywed un o'r ymgeiswyr, yn ogystal ag eisteddfodau'r Dyffryn, gan gynnwys y mini- a'r micro-eisteddfodau!

Tuedda rhai i grisialu profiadau personol yn unig. Nid nad yw sylwadau felly yn dderbyniol; i'r gwrthwyneb, oherwydd heb yr elfen bersonol mi fyddai'r gwaith yn ddi-liw ac yn ddihiwmor. Canolbwyntia eraill ar groniclo ffeithiau a dyddiadau pendant yn ymwneud â sefydlu'r Eisteddfod yn y Wladfa ac â'r modd y datblygodd hyd y dydd heddiw. Edrychwn, felly, am gydbwysedd iach rhwng yr hunangofiannol a'r ffeithiol.

Y tâp yw cyfrwng mynegiant dwy sy'n dwyn yr enwau *Chwaer* a *Tulipanes* ond, ysywaeth, mae ansawdd y recordio o safon isel. Prin y gellir clywed y lleisiau sydd ar y ddau dâp. I'r dyfodol, tybed a fyddai modd mynd i stiwdio leol er mwyn perffeithio'r dechneg? O safbwynt y pedwar ymgeisydd arall, teg yw nodi nad yw'r gystrawen, bob amser, yn taro deuddeg ac nad yw'r sillafu ychwaith, ar adegau, yn gwbl gywir. Ar ôl dweud hynny, prysuraf i longyfarch yr ymgeiswyr i gyd, y chwech ohonynt, am fynd ati i olrhain yr hanes. Mae eu cyfraniad yn un gwerthfawr tu hwnt.

Dyma air am y chwech fel y cawsant eu cofrestru yn Swyddfa'r Eisteddfod.

Chwaer: Dechreuodd ei thâp trwy ddarllen rhestr testunau Eisteddfod Gadeiriol Goronog Gaiman a gynhaliwyd Hydref 25, 1912. Noda mai gwerth y Gadair a'r Goron oedd chwe deg pesos. Cawn wybod beth oedd testun yr awdl a'r bryddest, yr englyn a'r ddychangerdd ac yna â rhagddi i restru'r testunau yn yr Adran Ryddiaith. Ar ôl sôn am yr Adrannau Adrodd, Cerdd, Drama a Chelf, fe ddywed un peth pwysig iawn, sef mai'r Gymraeg yn unig oedd iaith yr Eisteddfod yr adeg honno. Ar ôl cadw at y sgript gyhyd, mae'n bywhau drwyddi wrth iddi olrhain eisteddfodau ei phlentyndod a chaiff flas eithriadol ar ddisgrifio'i phrofiad o ennill cwdyn bach yn cynnwys *'dos pesos'*, sef ei gwobr gyntaf am adrodd. Ie, am adrodd ar lwyfan o blanciau pren a oedd wedi cael eu gosod ar draws sachau o wenith. Mynn roi teyrnged i'r cerddor a'r eisteddfodwr, Dalar Evans, a gwna apêl ar i bwyllgor yr Eisteddfod osod cystadleuaeth cyfansoddi emyn-dôn yn y rhaglen. Cydnebydd gyfraniad yr athrawesau Cymraeg, fwy nag unwaith, sydd wedi rhoi hwb i'r iaith ac wedi eu hannog fel pobl i ymarfer ysgrifennu. Ceir sawl cyffyrddiad diddorol ganddi ac mae llais y cofweinydd a glywir o dro i dro yn y cefndir yn ychwanegu at y naturioldeb!

Tulipanes: Holi ac ateb a geir yma – y cwestiynau yn fyr a'r atebion yn eu tro yn llifo. Gresyn na fyddai'r sawl a holir wedi bod yn nes at y meic oherwydd, ar brydiau, mae'n rhaid clustfeinio rhag colli dim byd. Mae'n amlwg ddigon, serch hynny, bod *Tulipanes* yn mwynhau adrodd yr hanes wrth alw i gof yr atgofion cynnar sydd ganddi am eisteddfota. Yn wir, mae ambell chwarddiad iach o'i heiddo yn awgrymu hynny! Cyfynga'i sylwadau cynnar i Eisteddfod y Felin ac mae hithau fel *Chwaer* yn sôn am yr hwyl a gâi'r plant yn eistedd ar y sachau gwenith. Ganol haf ym mis Ionawr y cynhaliwyd yr Eisteddfod ar ôl misoedd o ddilyn yr Ysgol Gân. Ffrwyth hyn i gyd oedd gweld corau plant ynghyd â chorau rhai mewn oed a phartïon canu. Pawb wedi dod â'u bwyd gyda nhw am y diwrnod ac wedi gwisgo'u dillad dydd Sul ar gyfer yr achlysur. Â'i thafod yn ei boch, cyfeiria *Tulipanes* at y cythraul canu a fodolai a cheir un hanesyn digri am yr hyn a olygai un beirniad yn arbennig wrth yr ymadrodd 'trwch blewyn'. Rhywbeth i ddarllen amdani yn *Y Dravod* oedd Eisteddfod y Dyffryn ond ar ôl y Canmlwyddiant yn 1965 daeth cyfle i ymweld â honno. Ni allwn lai na gwenu wrth glywed *Tulipanes* yn disgrifio holl weithgareddau'r Eisteddfod fel 'andros o neis'. Fel *Chwaer*, y mae hithau hefyd yn dyheu am i'r Eisteddfod sydd ohoni osod cystadleuaeth cyfansoddi ac, yn arbennig, cyfansoddi tonau plant. Er i *Tulipanes* ddweud ar lafar ryw ddwsin o weithiau nad oes ganddi 'lawer o go", mae'r hyn a ddarluniwyd ganddi yn profi i'r gwrthwyneb!

Gwawr: Mae'n agor ei sylwadau drwy gyfaddef bod y testun yn un eang iawn! Dywed ar y dechrau bod diwylliant Cymru, gan gynnwys yr Eisteddfod, wedi cyfoethogi diwylliant Ariannin. Gan iddi sylweddoli ehangder y maes, rhanna ei chyfraniad yn dair rhan (neu, yn ôl traddodiad y pulpud Ymneilltuol, yn dri phen!): Cyn cof (gwybodaeth wedi'i gasglu o amrywiol lyfrau); Atgofion ieuenctid; Yr Eisteddfod ar ôl 1965, sef blwyddyn canmlwyddiant y Wladfa. Ei ffynhonnell gyntaf yw *Y Drafod* (efo *f*, sylwer). Wedyn â yn ei blaen i ddyfynnu o *Ar Lannau'r Camwy*. Cawn wybod am hynt yr Eisteddfod gyntaf, un a gynhaliwyd yn Nhrelew ddydd Gŵyl Dewi, 1889. At rifyn 6 o'r *Brut* wedyn, sydd yn mynd â ni yn ôl cyn belled â Mai 1868 lle mae sôn am gais i bobl fynd â'u cadeiriau eu hunain i'r Eisteddfod. Noda nifer o ffeithiau diddorol am yr eisteddfodau cynnar. Mae'r ail ran yn bersonol ond braidd yn fyr yw'r hanes a gawn – byddwn wedi hoffi cael mwy. Melys moes mwy, onide? Mae'r drydedd adran, serch hynny, yn llawnach ac yma ceir sôn am Eisteddfod yr Ieuainc, a'r mini-Eisteddfod a ddatblygodd o ganlyniad i'r cwrdd cystadleuol. Diwedda drwy roi teyrnged i'r Eisteddfod honno, ynghyd â'i sefydlwyr draw dros y paith yn yr Andes, sef Eisteddfod Trevelin. *Gwawr* yw'r unig ymgeisydd i gynnig ei gwaith mewn llawysgrifen. Y tro nesaf, efallai, fe drefna fod rhywun yn ei deipio. Gan fod y gwaith mor ddiddorol a bod tipyn o waith ymchwil yma, rwy'n maddau i *Gwawr* am ysgrifennu ar ddwy ochr y dudalen!

Andesonia: Yn ddi-os, o'r ymgeiswyr i gyd, gan *Andesonia* y mae'r iaith gywiraf. Mae'r mynegiant yn llyfn ac yn lliwgar ac mae'r defnydd a wna o ambell frawddeg fer yn effeithiol iawn. Mae'n rhaid gofyn, wrth fynd heibio, tybed a yw *Andesonia* yn un o'r rhai hynny a fu ar ei hennill o ddilyn y dosbarthiadau

Cymraeg a ddaeth i fod yn 1997? Cydnebydd mai'r cyfarfodydd llenyddol a chystadleuol a arweiniodd yn y lle cyntaf at sefydlu'r Eisteddfod. Mae'n dwyn i gof y dyddiau cynnar yn y Cwm pan gynhaliwyd cystadleuaeth llawysgrifen a hithau'n gorfod ysgrifennu ac ailysgrifennu y Salm Fawr nes cyrraedd perffeithrwydd (ai cant saith deg chwech o adnodau?). Profiad bythgofiadwy! Cyfeiria hithau hefyd at eisteddfodau'r sachau blawd. Symuda wedyn i'r Salon Central. Dyddiau braf oedd y rheini wrth i bobl y ffermydd ddod at ei gilydd i ymarfer. 'Cerddorion wrth reddf oedd y rhan fwyaf yn y Cwm', meddai. Braf oedd darllen disgrifiad mor fyw o'r paratoi ar yr aelwyd ac am y pryder ar drothwy un eisteddfod yn arbennig am fod ei brawd yn hollol floesg. Dyna lle bu ei mam yn rwbio camffor ar ei frest a gwneud iddo yfed dŵr cynnes a mêl er mwyn cael ei lais yn ôl! Atgofion personol a geir gan *Andesonia* ar y cyfan – atgofion melys iawn er bod sôn yma eto am gythraul y canu a bod rhyw gôr wedi pwdu neu, ys dywed *Andesonia*, wedi 'monni' a bod hyn i gyd wedi peri i'r Eisteddfod beidio â bod am rai blynyddoedd wedyn. Cawn wybodaeth go gryno am Eisteddfodau'r Dyffryn, yn arbennig y rhai yn dilyn y Canmlwyddiant. Crybwyllir enwau pobl a enillodd y Gadair a cheir disgrifiad o'r llwyfan ac o'r seremonïau. Gyda dyfodiad yr athrawon o Gymru, cafwyd cystadlaethau gwahanol megis caneuon actol, dawnsio gwerin a sgetsys. Hwyrach i *Andesonia* frysio gormod tua'r diwedd ac er ei hymdrech i fanylu ni sonia ddim am ddigwyddiad hollbwysig yn y flwyddyn 2001, sef ailsefydlu Gorsedd y Beirdd. Beth bynnag am hynny, cefais fwynhad mawr o ddarllen y gwaith graenus hwn.

Esyllt: Yn ôl yr enw, merch o ymgeisydd eto! Y ffeithiol sy'n apelio ati hi o'r frawddeg gyntaf ac mae'n mynd yn ôl i'r dyddiau cynnar. Dywed i'r Orsedd gael ei sefydlu yn 1881. Gutyn Ebrill oedd yr Archdderwydd cyntaf. Yn dilyn marwolaeth y bardd hwnnw yn 1905, ni chynhaliwyd yr Orsedd tan iddi gael ei hailsefydlu yn y flwyddyn 2001. Aeth Gorsedd y Beirdd yng Nghymru ati i roi'r cyfrifoldeb o ofalu am yr Eisteddfod a'i rheolau ar ysgwyddau Cymdeithas Dewi Sant. Mae gan *Esyllt* argyhoeddiadau pendant. 'Mae'n rhaid wrth yr Orsedd', meddai, 'i gadw'r Eisteddfod'. Cawn wybod ganddi mai mewn hen long a oedd ar y traeth yn Rawson y bu'r cyfarfyddiad cyntaf. Wedyn mewn adeilad lle cedwid llysiau ac, felly, fe'i galwyd yn Eisteddfod y Cabaits. Cyfeiria ein meddyliau'n ôl at gystadleuaeth arbennig yn un o'r eisteddfodau cynnar, sef ysgrifennu 'Gwerslyfr cyntaf i ddysgu Cymraeg at wasanaeth ysgolion y Wladfa'. Richard Berwyn a ddaeth i'r brig ac fe fu ei lyfryn yn hynod ddefnyddiol am rai blynyddoedd. Ffeithiau a mwy o ffeithiau a'r rheini'n ddiddorol dros ben: arwest mewn neuadd yn Nolavon, Eisteddfod mewn pabell fawr ar dir ffarm o'r enw Rhymni, ac ati. Mae *Esyllt* yn mynd yn ei blaen i ddisgrifio'r sefyllfa bresennol hefyd. Cawn baragraff sy'n cyfeirio at Eisteddfod y Bobol Ifanc yn y Gaiman a hanner tudalen sy'n disgrifio Seremoni'r Cadeirio yn yr Eisteddfod yn Nhrelew. Cawn restr o'r cystadlaethau mewn meysydd eraill: gwaith coed; gwnïo a brodio; ffotograffiaeth a darlunio. Sonia am y Gymanfa Ganu a gynhelir yn y Gaiman drannoeth yr Eisteddfod heb anghofio'r bonws, sef yr '*asado*'! Casglwr ffeithiau yw *Esyllt*; nid llenor mohoni. Mae yma gymysgu amser y ferf ac, ar adegau, ni cheir berf o gwbl – heb sôn am gamdreiglo o bryd i'w gilydd. Ond mae'r ffeithiau o werth hanesyddol. Gyda llaw, mae un anghysondeb ynglŷn â chynnal yr Orsedd. Mae'n rhaid cyfeirio'n ôl at *Gwawr* gan iddi anfon copi o raglen Eisteddfod 1914 yn ogystal â'i gwaith gwreiddiol. Yn y rhaglen honno, dywedir 'Dan nawdd Duw a'i Dangnefedd, cynhelir GORSEDD, Foreu yr Eisteddfod . . . dan gyfarwyddyd y Dirprwy Archdderwydd, Caeron'.

Awel y Môr: Dyma'r gwaith mwyaf proffesiynol yr olwg wedi'i deipio'n berffaith a'i osod rhwng dau glawr trawiadol. O leiaf mae *Awel y Môr* wedi rhoi cryn sylw i'r diwyg. Er bod hwnnw'n bwysig, y cynnwys ei hun ac nid y fformat sy'n penderfynu a yw ef neu hi yn deilwng o'r wobr ai peidio! Pedair tudalen ar bymtheg i gyd ac, ar ben hynny, ceir chwech o luniau i fynd law yn llaw â'r sgript. O safbwynt gramadegol, fodd bynnag, mae amryw o ddiffygion o safbwynt pethau fel paragraffu a sillafu. Nid yw'r gystrawen yn tycio bob amser, ychwaith. Gwna hyn i mi feddwl mai yn yr iaith Sbaeneg yr ysgrifennodd *Awel y Môr* yn y lle cyntaf cyn mynd ati i gyfieithu'r gwaith i'r Gymraeg. Mae sawl enghraifft o hyn: '. . . Yno enillodd y gadair y Parch. Wiliam Casnodyn Rhys . . .' ac un arall: 'Nid anhofiaf argraff ddwfn wnaeth i mi yr ymgeisydd . . .'. Ond ochr yn ochr â brawddegau fel hyn, fe geir rhai sy'n gwbl gywir. Mae'r disgrifiadau o Eisteddfod y Glaw ac o'r Eisteddfod honno a gynhaliwyd yn y babell ar ffarm Rhymni yn fyw iawn ac mae ambell ddyfyniad yn cyfoethogi'r sgript (e.e., Morris ap Hughes mewn oedran teg yn dweud 'nad oedd neb wedi ennill cymaint ag ef na chwaith wedi colli cymaint ag ef mewn Eisteddfodau'. 'Dyna,' meddai *Awel y Môr*, 'sut yr oedd yn annog y bobl ifanc i ddal ymlaen i gystadlu'.

Mae'n amlwg fod yr ymgeisydd dan sylw yn hoff o ddarllen. Dechreua drwy ddyfynnu o waith Eluned Morgan ond cyfeiria hefyd at waith cyfoes fel *Hirdaith Edwyn*. Cyfaddefa ei bod, neu ei fod, wedi casglu llawer o atgofion drwy sgwrsio gyda phobl mewn oed a thrwy gribo cofnodion. Caiff y presennol yn ogystal â'r gorffennol le cytbwys gan yr ymgeisydd. Mae'r Eisteddfod a gynhaliwyd y llynedd ynghyd â'r un a gynhelir ym mis Hydref eleni yn cael lle ochr yn ochr â'r Eisteddfod a gynhaliwyd mewn cwt bach ar ben Boncyn Betsi Hughes!

Wrth sôn am yr Eisteddfod sydd ohoni, dim ond *Awel y Môr* sy'n crybwyll y ffaith y clywir ieithoedd eraill yn ogystal â'r Gymraeg a'r Sbaeneg o'r llwyfan – ieithoedd megis Ffrangeg, Almaeneg, Lladin ac Eidaleg, heb sôn am iaith y brodorion, Tehuelche. Cawn wybod am ailsefydlu Gorsedd y Beirdd yn 2001 ac am gyfraniad Clydwyn ap Aeron a gafodd ei goroni ar y maen llog. Yn wir, mae'r 'Proffesor Clydwyn' yn dipyn o arwr yn llygaid *Awel y Môr* ond, ar ben hynny, cyfeiria at gyfraniad Irma Ariannin ac â ymlaen i ganu clodydd nifer o'r to ifanc sy'n gaffaeliad i'r Eisteddfod heddiw ac sy'n weithgar yn eu cymunedau. Cydnebydd fod Prosiect y Cyngor Prydeinig, Cymdeithas Cymru Ariannin a'r Cynulliad yng Nghymru wedi bod yn hwb i'r Eisteddfod. Mae sawl cyfeiriad hefyd at yr Andes a hyd yn oed at ymdrechion Comodoro Rivadavia. Fel rhyw atodiad, ceir rhestr o enwau beirdd cadeiriol y Wladfa o'r flwyddyn 1880 tan 2002! Mater o fynd ati i gopïo'r manylion oedd hyn gan fod y rhestr ar gael, wrth gwrs ond, o leiaf, fe aeth *Awel y Môr* i'r drafferth o hel y cyfan at ei gilydd sy'n profi i mi ei fod e neu hi o ddifri ynglŷn â'r gystadleuaeth!

Llongyfarchiadau i'r chwe ymgeisydd. Gan y caniateir rhannu'r wobr o £200, mae *Awel y Môr* a *Gwawr*, am eu gwerth archifol, yn cael £50 yr un; *Andesonia* ac *Esyllt* yn cael £35 yr un ac, yn gydradd drydydd ac yn cael £15 yr un, mae *Tulipanes* a *Chwaer*.

IEUENCTID DAN 18 OED

Cywaith: Cylchgrawn Ysgol, pedair ochr tudalen A4

BEIRNIADAETH TUDUR DYLAN JONES

Tri chylchgrawn a ddaeth i law a'r tri wedi gwneud defnydd helaeth ac effeithiol o'r cyfrifiadur.

Ebychnod: Y rhyfel ag Irác sy'n hawlio sylw'r dudalen gyntaf. Mae'n darllen yn rhwydd a byddai'n sicr o apelio at ddarllenwyr ifanc. Mae yma hefyd adolygiadau o ffilm ac o gryno-ddisg. Hoffais ysgafnder y dudalen olaf yn fawr. Mae ôl cynllunio manwl ar y gwaith ond hoffwn pe bai'r criw wedi mynd ati i gywiro'r gwallau iaith sydd yn y cylchgrawn. Dyma'r unig beth sy'n gostwng y safon.

Ni'n Pump: 'Clwb Clebran Caereinion' ydi teitl y cylchgrawn hwn a pheth braf iawn oedd gweld blas lleol ardal yr Eisteddfod ar yr erthygl ar y dudalen flaen. Efallai y gellid bod wedi gwneud mwy o ddefnydd o luniau yn y cylchgrawn – dim ond dau lun bach iawn a gafwyd. Wedi dweud hynny, roedd y dylunio'n hynod o effeithiol, yn arbennig ar dudalen 3. Hoffais y stori fer, 'Nain mewn Cariad', ond mewn cylchgrawn mor fyr, efallai y gellid bod wedi dal ar y cyfle i roi tudalen yma a fyddai'n apelio at y llygad yn ogystal â'r meddwl.

Zukini's Mewn Bikinis: 'Noeth' ydi enw'r cylchgrawn – teitl bachog iawn. Mae'r cylchgrawn hwn yn llawn bwrlwm. Adolygiadau sy'n llenwi'r dudalen gyntaf – llyfr, ffilm a sengl. Mae wedi cael ei ddylunio'n effeithiol. Mae llawer o wybodaeth yma a'r dudalen heb edrych fel pe bai'n rhy lawn. Mae'r 'Sêr' yn flaenaf ar yr ail dudalen, yn ogystal â chystadleuaeth. Erthygl am bwnc dyrys iawn, sef rhyw yn yr arddegau, sydd ar y drydedd dudalen a cheir ymdriniaeth gall a sensitif o'r pwnc. Efallai y gellid bod wedi meddwl am dudalen olaf a fyddai'n apelio'n ehangach, gan mai canlyniadau un ysgol yn unig yn Eisteddfod Sir yr Urdd sydd yma. Serch hynny, dyma gylchgrawn bywiog a diddorol, sy'n llwyr haeddu'r wobr gyntaf mewn cystadleuaeth agos iawn. *Ni'n Pump* ddaeth yn ail ac *Ebychnod* yn drydydd.

ADRAN COMISIYNU YR EISTEDDFOD

Nofel i blant tua 7-9 oed gydag anifail anwes yn ganolog i'r stori . . .

BEIRNIADAETH SIÂN LEWIS

Creadur hyblyg ac amryddawn yw'r anifail anwes, fel y dengys y naw cynnig a ddaeth i law. Mae pob ymgeisydd wedi llwyddo i dargedu'r oedran priodol yn lled gywir. Dyma sylwadau ar gynnwys y nofelau, heb iddynt fod yn unrhyw drefn teilyngdod.

Dryw Eurben: 'Y Dduwies'. Cath-dduwies falch o'r hen Aifft yw Bastét. I'w chosbi am ei balchder, fe'i gyrrir drwy gyfrwng olwyn amser i Gymru yn y flwyddyn 2000. Yno, mae'n rhaid iddi brofi bywyd cath gyffredin a dysgu ei gwers cyn mynd adre'n ôl. Dyma syniad difyr gyda digon o botensial ond teimlwn fod angen symleiddio'r nofel hon. Cymeriad Bastét a datblygiad ei chymeriad yw craidd y stori ond mae'n anodd i'r darllenydd glosio at y gath gan fod yr olygfa'n newid mor aml wrth i Bastét symud o un teulu i'r llall. O ganlyniad, mae'r newidiadau yn ei chymeriad yn ymddangos braidd yn arwynebol. Mae yma gyffyrddiadau o hiwmor a digonedd o gyffro ond mae angen chwynnu'n ofalus er mwyn i'r darllenydd fedru eu gwerthfawrogi.

Gelert Wyn: 'Bonso Boncyrs'. Unig blentyn yw Elin ac mae hi'n dyheu am gael ci. Ond sut mae darbwyllo'i rhieni? Mae pob ystryw wedi methu. Serch hynny, ar ôl sgwrs gall â'i thad, mae Bonso Boncyrs yn cyrraedd y tŷ – a dyna i chi helynt! Mae hon yn stori fywiog, llawn hiwmor, y ddeialog yn gyfoes a slic, y cymeriadau'n ddifyr a chredadwy. Dim ond un amheuaeth sy gen i ynglŷn â hi. Er mai 'Bonso Boncyrs' yw enw'r nofel, dyw Bonso ei hun ddim yn ymddangos tan yr ail hanner. Felly, tybed a oes yma ddwy stori mewn gwirionedd – stori'r plentyn sy'n dyheu am gi a stori Bonso ei hun? Ac a fydd campau Bonso ym mhennod 5 yn ailadrodd campau'r cŵn yn y drydedd bennod?

Maria: 'Castell y Blaidd'. Yn y nofel hon, awn yn ôl i oes Brochwel Ysgithrog a'r dywysoges Melangell. Rina yw'r cymeriad canolog. Hi yw aeres Teyrnas y Bleidd-iaid ac eto nid blaidd cyffredin mohoni. Un diwrnod, fe'i cipir gan Brochwel a datgelir ei chyfrinach. Merch yw hi a fagwyd gan y bleiddiaid ac mae'n rhaid iddi ddewis rhwng ei theulu go iawn a'r anifeiliaid a fu mor ofalus ohoni. Mae hwn yn waith o safon gydag ôl ymchwil a chryn ddyfeisgarwch. Mae gan yr awdur y gallu i greu awyrgylch a thyndra ac i gyflwyno stori sy'n cyffroi'r dychymyg. Gwaetha'r modd, fodd bynnag, nid yw wedi dilyn amodau'r gystadleuaeth arbennig hon sy'n gofyn am sampl o 4,000 o eiriau gydag anifail anwes yn ganolog i'r stori.

Martha: 'Martha y Ferlen'. Mae Martha'r ferlen Shetland yn destun sbort i'r ceffylau mawr sy'n byw ar y fferm. Drwy gyfrwng peiriant amser, mae hi'n teithio'n ôl i dri chyfnod yn y gorffennol ac yn dysgu am gyfraniad y ferlen i'r byd amaethyddol a diwydiannol. Daw'n ôl yn llawn hyder a llwydda i achub un o'r ceffylau mawr. Mae hwn yn syniad addawol. Mae'r ferlen Shetland yn greadur bach deniadol gyda hanes diddorol ond teimlaf fod yr awdur wedi rhoi gormod o bwyslais ar gyflwyno gwybodaeth ym mhenodau 3 i 5 ar draul yr elfen ddramatig a hefyd ar draul Martha ei hun. Doedd y peiriant amser ddim yn gredadwy chwaith. Beth am gasglu gwybodaeth o lyfr neu gyfrifiadur?

Miaw: 'Niwsans'. Mae cath ryfedd yn mynnu dilyn Twm adre. Lleuadwen yw ei henw ac mae bisgeden arbennig yn hongian am ei gwddw. Ar ôl llyncu darn o'r fisgeden, mae Twm yn troi'n gathfod. Allan ag e yng nghwmni ei ffrind newydd i ymuno â chriw o gathod sy â'u bryd ar ddal y lleidr, Vernon Fain. Byddwn i wedi mwynhau darllen ail hanner y nofel hon gan fod yr amlinelliad yn addo penodau gwirioneddol ddifyr a chyffrous. Mae awgrym o'r cyffro hwnnw yn y tudalennau a ddaeth i law ond y drwg yw fod y bennod gyntaf yn llusgo braidd – gormod o bendroni a gorymateb Twm i'r ffaith fod y gath yn ei ddilyn – er bod y ddeialog yn llifo'n rhwydd a'r cymeriadau'n atyniadol.

Shauna: 'Anwesu Nodyn'. Mae Shauna wedi etifeddu Nodyn, cath ei hathrawes biano, a chyn pen dim mae hi'n seren. Nodyn sy'n gyfrifol am ei dawn anhygoel i ganu'r piano. Ond beth sy'n digwydd pan mae Nodyn yn diflannu? Mae Shauna'n tynnu'r darllenydd i mewn i'r stori o'r cychwyn cyntaf ac yn mynnu ei sylw. Hi sy'n adrodd y stori, stori hwyliog a hapus ar waethaf ambell elfen swreal megis marwolaeth yr athrawes biano! Mae yma ddigon o gyffro i ddal diddordeb y darllenydd ifanc ac addewid o fwy i ddod gyda'r tyndra rhwng Shauna a Catherine, y swot, a champau rhyfeddol Shauna ei hun. Ro'n i'n hoffi'r syniad o gael ymateb y darllenydd i ddiweddglo'r stori.

Sirius: 'Gelert'. Cymeriad hapus a phenchwiban yw Gelert y ci. Does dim yn well ganddo na chwarae triciau yng nghwmni ei ffrindiau direidus. Ond, yn dilyn damwain go egr, caiff rybudd mewn breuddwyd gan ei gyn-daid enwog, Gelert y Cyntaf. Mae'n rhaid iddo gallio a bod yn gefn i Geraint, ei hoff 'ddwy-goes'. Yn ail hanner y stori, mae'n achub Geraint o law dihirod gyda help y cŵn eraill. Mae'n bleser bod yng nghwmni Gelert a'r criw o gŵn. Dyna i chi griw llon! Mae pob un yn dod yn fyw o flaen ein llygaid, o Smwt y Westi bach tew i Ffronswâ'r pwdl. Mae'r penodau agoriadol yn llifo'n rhwydd a'r iaith yn gyfoes ac yn llawn sbonc.

Tyddynwr: 'Megan a Don'. Mae Megan yn byw ar fferm ar ochr y mynydd. I gadw cwmni iddi, caiff gi yn anrheg gan ei rhieni. Don yw'r ci hwnnw. Mae e'n gyfaill ffyddlon sy bob amser wrth law i ddifyrru Megan a'i helpu pan fydd hi mewn trybini. Mae yna anwyldeb a didwylledd yn y portread o'r berthynas rhwng Megan a Don a'u bywyd ar y fferm unig ond, ar y cyfan, mae'r nofel hon yn rhy bytiog. Mae pob pennod yn cynnwys hanesyn gwahanol – a hynny dros ystod o amser – felly, mae'n debycach i gyfres o storïau byrion.

Y Drudwy: 'Y Mochyn Bach, Y Cawr Mawr a'r Bachgen Dewr'. Gwas bach sy'n gofalu am foch y Brenin Matholwch yw Colm. Ei ffrind gorau yw Erc, y mochyn. Wrth chwarae ar y traeth, maen nhw'n gweld Bendigeidfran yn cerdded drwy'r môr ac mae'r ddau'n dystion i'r brwydro enbyd sy'n dilyn. Ymateb plentyn i bennod yn hanes Branwen – dyna a gawn ni yn y nofel hon. Mae'n stori sy'n llawn cyffro, wedi ei hysgrifennu'n dra chelfydd ond – ar sail yr amlinelliad yn ogystal â'r penodau cyntaf – doeddwn i ddim yn argyhoeddedig mai nofel am anifail anwes oedd hi. Braidd yn ymdrechgar yw'r ymgais i dynnu sylw at Erc a hwyrach y byddai'r stori'n well heb y pwyslais hwnnw.

Gofynnwyd am samplau o 4,000 o eiriau gan bob cystadleuydd. Ar sail y samplau hynny, llwyddodd tri o'r cystadleuwyr i daro deuddeg, sef *Gelert Wyn, Shauna* a *Sirius.* O'r tri, dw i am wobrwyo *Shauna.* Er bod y tri chystadleuydd wedi creu cymeriadau hoffus a bywiog, plot nofel *Shauna* sy wedi apelio fwyaf a gogleisio'r dychymyg. Pob lwc i *Shauna* gyda gweddill y nofel.

Cyfrol o storïau doniol, cyfoes i oedolion

BEIRNIADAETH HARRI PARRI

O ran crefft ysgrifennu, yr un yw gofynion y stori fer ddoniol ag un y stori fer ddwys; awyrgylch y stori ac arddull yr ysgrifennu sy'n eu gosod ar wahân. Ond mae disgwyl i'r stori ddoniol fod felly drwyddi, yn waelodol yn hytrach nag yn achlysurol ddigri.

Bu'r amod fod y storïau yn rhai 'cyfoes' yn fwy o gloffrwym i'r awduron. Ai'r iaith a'r arddull sy'n cyfoesi gwaith ynteu natur y deunydd? Profodd Wodehouse – meistr y stori fer ffraeth yn Saesneg – ei bod hi'n bosibl ysgrifennu am fyd dethol, breintiedig o'r gorffennol pell a pheri bod ei waith yn ddarllenadwy heddiw. Yr unig faen praw', mae'n debyg, yw ystyried a yw'r deunydd a'r mynegiant yn ddealladwy ar hyn o bryd.

Dyma sylwadau ar y cynhyrchion yn y drefn y daethant i law:

Rheinallt: Y prif gymeriad yn y storïau yw tyddynnwr hanner pan o'r enw Cledwyn Rhygyfarch, wedi'i ddal gan ei orffennol ac mewn hanner cariad â chymeriad yr un mor arw o'r enw Martha Mwnt. Prif ddigwyddiad y stori gyntaf, 'Mart Dydd Llun', yw prynu 'torred o foch bach' ym Mart Aberteifi oddi ar law Martha Mwnt dim ond i 'blannu'r gyllell yng ngyddfau'r perchyll' cyn iddynt brin gael eu dadlwytho. Yn yr ail stori, 'Cneua', mae Rhygyfarch yn ail-fyw ei blentyndod wrth hel cnau yn Allt Cedni cyn troi i mewn i gwrdd diolchgarwch yn Salem i droi oedfa syber yn rhialtwch llwyr. Ceir amlinelliadau o dair stori arall o'r un natur. Ar un ystyr, perthyn i hen oes y mae'r straeon hyn – dyddiau lle'r oedd 'Ffergi Fach' yn cario'i berchennog i Farchnad Aberteifi a 'thorred o foch bach' yn gwerthu am 'ddwy bunt a wheugain' yr un. Fe'u cefais yn gymaint o storïau arswyd ag o storïau doniol; mae'n cloi un stori â'r frawddeg: 'Troes i wynebu'r drws yn laddar o waed'. Hurtrwydd cymeriad a'r byd abswrd y triga ynddo yw craidd hiwmor *Rheinallt* ac mae'n llenor graenus gydag adnoddau iaith ardderchog a thafodiaith bersain i goroni'r cyfan.

Paris: Mae dwy stori'r cystadleuydd hwn, a'r samplau o'r pedair stori sydd i ddilyn, yn troi o gwmpas bywyd coleg ac anturiaethau anffodus Royston Pritchard, darlithydd yn y Coleg. Mae'r deunydd yn gyfoes ddigon – er enghraifft, cyfarfyddiad y darlithydd â merch ifanc drwy gyfrwng y we yw thema'r stori gyntaf, 'Brân i Frân', a'i ymdrech i gadw oed â hi yn y 'cwt pizza' ac addewid am noson obeithiol yn troi'n llanast llwyr. O ran ei arddull, cartwnydd yw *Paris* ac mae elfen ffarsaidd i'r doniolwch. Creodd fyd lle mae'r annhebygol yn digwydd a dychymyg yn cael ei ymestyn. Serch hynny, mae'r digwyddiadau'n aros oddi mewn i derfynau posibilrwydd a'r cymeriadau yn fwy na gwawdluniau. Ysgrifenna'n garlamus, fel y gwedda i'r math yma o ddoniolwch, gan bentyrru digwyddiadau annisgwyl i ffiniau un stori. Ar brydiau, teimlwn fod y gwead rhwng y gwahanol ddigwyddiadau yn llac a bod hynny'n mennu ar rediad y stori. Cryfder yr awdur yw ysgrifennu am fyd y gŵyr amdano a rhoddodd hynny sylfaen gadarn i waith hynod dderbyniol.

Ha Ha!: Enillodd gwaith yr ymgeisydd hwn fy serch o'r darlleniad cyntaf un ac, wedi'i ddarllen droeon, ni chefais achos i newid fy meddwl. Y miri a berthyn i Eisteddfod Gylch yr Urdd yw cefndir y stori gyntaf, 'Gwyn y Gwêl . . .', a'r hunllefau sy'n dilyn digwyddiad o'r fath pan geir mam benboeth ac ysgrifenyddes ymhen ei thennyn. Mae'r ail stori, 'Y Defaid a'u Gwynion ŵyn', yn troi o amgylch bywyd ar fferm ddefaid ar dymor bwrw ŵyn. Er nad yw'r awdur yn ysgrifennu yn y person cyntaf, arddull hunangofiannol sydd i'r straeon a'r cyfan yn llifo allan yn naturiol a chredadwy. 'Does dim dyfnder i'r gwaith nac amcanu at hynny. Pam y dylai hynny fod? Meddai Wodehouse (eto fyth) *'The comic has no message'*. Dychan yw natur yr hiwmor ond dychan hynod ysgafn gan fod y dychanwr mewn cariad â'r hyn y mae'n ei oglais. Ond mae'r amlinelliadau o weddill y straeon yn anfaddeuol o fyr; tair brawddeg gwta yw hyd yr hwyaf ohonynt. Fe hoffwn i pe bai'r awdur yn cwblhau'r gwaith a'i gyflwyno i'w gyhoeddi.

Banjar: Fel llenor, mae hwn ar ei ben ei hun yn y gystadleuaeth hon ac ym myd y stori fer ffraeth Gymraeg yn gyffredinol. O ddarllen ei ddwy stori, 'Excelsior Temprans' ac 'O, Golin, Pa Le Mae Dy Angau?', a'i samplau llawnion ar gyfer gweddill y gyfrol, ni allwn lai na meddwl am waith Brutus yn hanner cyntaf y ddeunawfed ganrif – yr un dychan at yr asgwrn, yr un arddull liwgar, yr un math o ysgrifennu hunanfodlon a gafael yr un mor sicr ar dafodiaith a deialog. Lleolodd ei straeon ym mhentre'r Hendref a'i sylfaenu ar hanes anffodus yr Hendref Excelsior Temperance Band a'r gwrthdaro ffyrnig rhwng 'maestro' y band hwnnw, Morlais Mortimer Humphreys, a'i fab, Tomi. Ond ceir dyfnach gwrthdaro na hynny yn ei waith.

Os pluen i oglais oedd gan *Ha Ha!,* cleddyf llym, daufiniog sydd gan *Banjar* a neb yn cael dianc rhag ei awch. Fel llenor, mae ei ddyfeisgarwch yn bwll di-waelod ac mae ganddo'r wybodaeth angenrheidiol (am fyd bandiau a physgota môr yn arbennig) a meistrolaeth mor lwyr ar yr iaith nes creu straeon sy'n wahanol ac yn gofiadwy. Un o'i hoff gampau yw mwyseirio enwau'i gymeriadau. Mae'r digrifwch, gan amlaf, yn y disgrifio cellweirus a'r portreadu deifiol ac amrwd ar brydiau. Dyna fo, mae creulondeb yn rhan annatod a hanfodol o unrhyw ddychan. O ddegymu'r mintys, fe ddywedwn mai temtasiwn barod *Banjar,* gyda'r holl gyfoeth iaith ac idiom sydd wrth ei benelin, yw gorlwytho'r drol a cholli mewn cynildeb ac mae'n oedi'r stori weithiau er mwyn traethu neu roi bonclust i unigolyn neu sefydliadau am nad ydynt at ei ddant ac nid am eu bod yn rhan naturiol o'r stori.

Mewn cystadleuaeth raenus, mae *Banjar* yn llawn haeddu'r wobr a'r Comisiwn sy'n dilyn hynny.

ADRAN DRAMA

CYFANSODDI

Drama Hir agored neu **Cyfres o ddramâu** ac iddynt gysylltiad

BEIRNIADAETH GWYNNE WHELDON EVANS A SIONED WILIAM

Derbyniwyd pedair ymgais. Cyflwynwn y sylwadau isod yn nhrefn darllen y dramâu.

Duende: 'Guernica'. Mae'r ddrama haniaethol hon am drychineb Guernica yn ymdrech uchelgeisiol i gyfleu'n theatrig yr hyn a ddigwyddodd ar y prynhawn trist hwnnw yn 1936. Crëwyd drama go debyg gan gwmni Brith Gof ar ddiwedd yr wyth degau ac mae'n anodd peidio â chymharu'r ddwy ddrama gan fod eu hamcanion mor debyg. Fodd bynnag, lle'r oedd 'Guernica' Brith Gof yn egnïol a deinamig, mae hon yn gallu bod yn bellennig ac undonog. Mae iddi bum symudiad: 'Y Bygwth ar y Gorwel', 'Cysgodion Canol Dydd', 'Dinistr y Dilead', 'Bys a Bai' ac 'Adwaith yr Artist'. Yn yr olygfa gyntaf, fe osodir y cefndir o wahanol safbwyntiau ac fe ddefnyddir pedwar milwr mewn dulliau gwahanol, yn rhannol i chwarae rhan corws a rhoi sylwebaeth ar yr hyn sy'n digwydd. Yn yr ail olygfa, cawn wybod bod dinistr Guernica, tref sanctaidd y Basgiaid, wedi dechrau a chawn eto ymateb ac adwaith gwahanol garfanau. Yn y drydedd olygfa, cawn effaith yr ymosodiad, gyda phobl yn cerdded trwy'r llanast yn chwilio am berthnasau, cyn symud ymlaen i olygfa o gyfweliadau â chynrychiolwyr gwahanol garfanau. Yn y bumed olygfa, cawn safbwynt Picasso parthed derbyn y comisiwn i wneud y llun, a'i eglurhad ohono, ac yna gwelwn actorion yn portreadu'r gwahanol elfennau yn y llun. Drama yn arddull y Theatr Epig Frechtaidd ydi hon. Caiff y profiadau eu cyfleu yn y gwrthgyferbynnu rhwng y gwleidyddol a'r personol. Yn yr olygfa olaf, deuwn at galon y peth, sef meddylfryd creadigol yr artist. Yn ogystal â hyn, mae arwyddocâd y llun a'r dref yn tyfu ac yn ehangu i fod yn symbol o ddioddefaint – e.e., y Galfaria fodern a holl waeau'r ddynoliaeth. Fe'n hatgoffir o Saith Marchog Llyfr y Datguddiad. Mae'n ddrama ac ynddi elfennau gweledol cryf, gyda'r llun yn y cefndir i'n hatgoffa o'r testun yn gyson. Detholodd y dramodydd ei elfennau yn gelfydd a'u trin yn ddeheuig, ac mae i'r gwaith ei rinweddau: ceir rhai delweddau geiriol a gweledol sy'n aros yn y cof, straeon gafaelgar am rai o'r pentrefwyr ac ambell olygfa lle mae'r synthesis o iaith a symud yn gweithio'n effeithiol ond, gwaetha'r modd, mae'n rhy hir o lawer.

Eilun: 'Dod i Ben'. Drama seicolegol ddwys yw hon yn olrhain y berthynas drionglog rhwng gŵr, gwraig a meistres. Ceir eironi dramatig sy'n cael ei ddwysáu pan welwn sgyrsiau rhwng y ddwy ffrind. Cawn yr un peth pan fo Iolo a Gwenan yn sgwrsio – e.e., ynghylch y gwyliau yn Sorrento. Daw cymhlethdod diddorol wrth i Enid ddatgelu ei bod yn feichiog. Ystyria Gwenan fod Iolo wedi bradychu eu cariad oherwydd hyn. Yn ystod trafodaeth am y plentyn, ymddengys fod eu trafferthion yn dod i ben a bod cyfnod newydd ar wawrio ond mae pethau'n simsanu eto rhwng Iolo a Gwenan gyda'r ddau'n dehongli'r sefyllfa mewn ffyrdd gwahanol. Daw'r berthynas i ben wrth i Gwenan roi llythyr i Iolo. Nid yw'n ei ddarllen, dim ond troi'n ôl at ei bapur newydd. Portreadir y cymeriadau a'u cyflyrau emosiynol yn fanwl ac mae'r holl newidiadau a'r stormydd emosiynol ym mhob perthynas bersonol yn y triongl hwn yn cael eu cyfleu yn dda. (Gyda llaw, pwy yw 'Elin' yng ngolygfa chwech?) Mae'r cynllun yn symud yn dda a chawn gyfeiriadau yn y ddeialog tuag at dreigl amser, elfen sy'n gysylltiedig â datblygiad cymeriad. Fodd bynnag, mae sawl nam ar y ddeialog. Ceir anystwythder yn aml trwy gyfrwng ffurfiau berfol ac arddodiadol. Yn ogystal â hynny, mae ambell wendid mewn ymadroddion a phriod-ddulliau wedi eu cyfieithu'n uniongyrchol o'r Saesneg. Mae gwreiddioldeb yn ffurf y ddrama sy'n datblygu mewn cyfres o ddeialogau ysgytwol rhwng y prif gymeriadau. Fodd bynnag, collir y tyndra dramatig mewn sgwrsio, a all droi'n brennaidd. Mae'r iaith or-ffurfiol yn gweithio yn erbyn amcanion emosiynol y ddrama sy'n ceisio rhoi profiad theatrig i ni o lanw a thrai emosiynol y cymeriadau.

Can Pedro: 'Cyffro ar y Costa'. Ffars yw'r ddrama hon ac un o anghenion pennaf y *genre* yma yw plotio cymhleth sy'n hanu o ddyheadau cymeriadau crwn. Dangosir hynt a helynt dau deulu o Gymry (Pritchard a Thomas) mewn canolfan wyliau yn Sbaen. Yn ogystal â'r ddau deulu, mae dau gymeriad arall, sef Hilda a Maldwyn. Cawn helyntion teuluol, ffraeo gyda phlant, dadlau rhwng gŵr a gwraig, yn ogystal â'r busnes arferol o fod ar wyliau. Y nod er mwyn cael gwyliau llwyddiannus yma ydi ennill cystadleuaeth 'Pâr Priod Hapusaf y Costa Del Sol'. Yng nghanol hyn oll, ymylol iawn ydi rhan Hilda a Maldwyn. Er eu holl ymdrech, ni chafodd yr un o'r ddau deulu wobr. Hilda a Maldwyn a enillodd. Daw cywilydd mawr i un teulu oherwydd fe brynodd Elwyn Thomas wyliau ffug gan droseddwyr ond na phoener – yn nhraddodiad ffars, fe gaiff ei arian yn ôl. Mae'r dramodydd yn plannu pethau, gwneud iddyn nhw dyfu ac yna medi ei gynhaeaf. Yr hyn sy'n cynnal y ddrama ydi gwrthdaro rhwng cymeriadau a'i gilydd yn enwedig o fewn teuluoedd. Mae'r cynllun yn symud yn sydyn ac fe ddelir ein sylw trwy ddefnydd celfydd ond pwrpasol o'r gwahanol lefelau a rhannau o'r safle gwyliau. Mae'r ymsoni mewnol i gyfeiriad y gynulleidfa yn ychwanegu at yr eironi dramatig. Fodd bynnag, mae anghenion y plotio yn gwthio'r chwarae ymlaen heb dreiddio'n ddwfn iawn i feddylfryd y cymeriadau. Mae'n anodd deall, weithiau, yr hyn sy'n eu hysgogi i ymddwyn mewn ffordd arbennig. Felly, gwaetha'r modd, arwynebol yw'r gymeriadaeth ar y gorau ac, o'r herwydd, mae'r elfennau ffarsaidd yn llawdrwm ar brydiau. Mae'r is-blot, sy'n datgelu yn y diwedd fod dau o'r cymeriadau hyn (Hilda a Maldwyn) yn rhyw fath o *super-sleuths*, yn anodd ei gredu. Dyw'r cefndir Sbaenaidd ddim yn taro deuddeg ychwaith. Mae naws afreal i'r cyfan.

Aderyn Llwyd: 'Wy Gog'. Comedi sy'n dechrau'n addawol iawn ydi hon ond mae'n colli ei ffordd cyn y diwedd. Mae'r prif gymeriadau, Rhodri a Margaret, yn paratoi i fynd i'r Eisteddfod Genedlaethol. Yn ddirybudd, daw Gwil, hen gyfaill i Rhodri, yno. Atynt daw cymdoges o'r enw Olivia. Yn raddol, datgelir ffeithiau a manylion am Gwil ac Olivia. Mae Gwil wedi treulio peth amser mewn carchar. Cawn wybod hefyd fod Olivia yn disgwyl cael mynd am driniaeth i'w throi o fod yn ddyn i fod yn ddynes yn swyddogol. Erbyn dechrau'r ail act, mae'r Eisteddfod wedi bod ac mae'r gwyliau a'i canlynodd ar ben. Erbyn i Rhodri a Margaret ddod adref, mae Gwil ac Olivia wedi closio at ei gilydd. Datgelir mwy am gefndir Margaret hefyd: cawsai blentyn tra oedd yn y coleg ond nid yw Rhodri'n gwybod hynny. Mae bywyd cymdeithasol y ddau yn dioddef wedyn oherwydd eu cysylltiad â Gwil ac Olivia. Daw ateb i'r broblem pan fo Gwil ac Olivia'n penderfynu symud o'r ardal. Hyd at hanner ffordd trwy'r ddrama, mae pethau'n addawol ac yn datblygu'n dda. Fodd bynnag, mae tôn y ddrama yn newid bron yn llwyr wedyn. Yn fuan yn yr ail act, mae'n tywyllu ac yn trymhau – e.e., mae Gwil yn bygwth dweud wrth Rhodri am blentyn Margaret. Daw cysylltiad â Gwil ac Olivia â phroblemau eraill i Rhodri a Margaret. Erbyn hyn, mae'n ddrama wahanol ac yn ymdebygu i drasiedi dosbarth canol Ibsenaidd. Trueni am hynny oherwydd iddi ddechrau mor addawol. Mae yna ymgais yma i drafod themâu diddorol ynglŷn â natur cyfeillgarwch, rhywioldeb a chariad. Gosodir y chwarae mewn sefyllfa hollol Gymreig: mae'r pâr canolog yn eisteddfotwyr ac yn cynrychioli Cymreictod parchus y 'pethe'. Cyferbynnir hynny gyda bywydau mwy anghonfensiynol Gwil ac Olivia. Dylai'r gwrthdaro canolog rhwng y byd cyfforddus a'r elfennau allanol anghyfarwydd greu tân gwyllt theatrig ond does dim llawer o fywyd yn y ddeialog na'r cymeriadu. Mae'n anodd uniaethu gyda'r un cymeriad gan fod angen mwy o gig a gwaed ar bob un ohonynt. Ceir llawer gormod o areithio ffurfiol ac mae yna dinc gor-lenyddol yn y ddeialog yn gyffredinol. Hanner ffordd drwy'r ddrama, fe ddatgelir cyfrinach Margaret ac mae'r dramodydd wedi ceisio defnyddio hynny i ddwysáu'r chwarae ac i ychwanegu at y tyndra dramatig. Mae hyn yn llwyddo i ryw raddau ac mae munudau olaf y ddrama'n gweithio yn syndod o dda. Fodd bynnag, arwynebol yw'r tyndra ac nid yw'r ddrama'n bywiogi digon o ystyried y deunydd crai.

Mae llawer o bethau i'w canmol yng ngwaith y dramodwyr oll. Mae elfennau da wedi eu gwasgaru trwy'r gweithiau. Fodd bynnag, nid oes yr un ddrama yn ddigon cryf o ran bod yn gyson dda gyda phob elfen sy'n angenrheidiol i gyrraedd y brig. Ysywaeth, atal y wobr sy'n rhaid er mwyn gwarchod safonau'r gystadleuaeth a'r Eisteddfod.

Drama fer agored

BEIRNIADAETH GWYNNE WHELDON EVANS A SIONED WILIAM

Derbyniwyd naw ymgais. Cyflwynwn y sylwadau isod yn nhrefn darllen y dramâu.

Halen: 'Ynys y Persli'. Drama ddychan sy'n portreadu ymateb gwladwriaeth arbennig i ynys anghysbell. Er mai dim ond persli sy'n tyfu yno, mae'n rhaid dal gafael arni er nad yw'r wlad wedi gwneud fawr ddim â'r lle ers blynyddoedd. Cawn ddadl rhwng llywodraethau a byddinoedd dwy wlad ar fater etifeddiaeth a hawl i dir. Yn y diwedd, penderfyna un fyddin ymosod a glanio ar yr ynys anghysbell hon. Gwna'r milwyr hynny a darganfod nad oes neb yno. Mae'r ddrama'n gorffen gyda'r ddwy ochr yn gwylio'r sefyllfa, yn ofni ymosodiad, a chawn synau rhyfel. Drama haniaethol sy'n ymdrin â ffolineb rhyfel ydi hon. Teipiau a gawn ymhlith y cymeriadau a deialog gynrychioladol sydd, ar brydiau, yn frathog ac yn ddychanol, gyda'r dramodydd yn arddangos ei allu arbennig yn yr olygfa sy'n cynnwys deialog y diarhebion. Mae yna elfennau abswrdaidd a Brechtaidd yn null yr ysgrifennu: y croesddweud, yr ailadrodd a'r rhythmau cynhyrfus. Mae'r awdur wedi ceisio cyfleu'r themâu canolog mewn profiad theatrig yn hytrach na llenyddol. Gwaetha'r modd, mae'r cyfan yn or-haniaethol. Does dim emosiwn, cymeriadu na thyndra dramatig i dynnu'r gwyliwr i mewn i'r chwarae. Mae rhywun yn amau y byddai gwylio'r ddrama hon braidd yn ddiflas ac undonog er bod ymgais yn yr ail hanner i symud y chwarae ymlaen dipyn trwy ddefnyddio meim a llwyfannu mwy diddorol. Mae'n rhaid canmol yr awdur hefyd am geisio ymdrin â themâu dwys mewn dull gwirioneddol theatrig.

Morgan: 'Tro ar Fyd'. Deialog arall rhwng dau gymeriad, Albert ac Ifor. Mae'n ddiwrnod pan fo Albert yn disgwyl Carol, ei ferch, i ddod i'w nôl i fynd ati i Lewes i fyw. Sôn am eu plant ac am adegau plentyndod a wna'r ddau yn eithaf cyfeillgar cyn eu bod yn anghydweld am ychydig. Wedi ymddiheuriad, deuwn yn ôl at sgwrs gyfeillgar. Daw Carol i nôl ei thad ond, yn dilyn caniad cloch drws y tŷ, dim ond agor cil y drws a wna Albert, gan gau'r drws wedyn a chymell Ifor i agor y drws i Carol. Mae'n ddrama ddiddorol gyda deialog fywiog a lliwgar mewn mannau yn cynnwys ymadroddion a phriod-ddulliau megis yr un sy'n sôn am droi bws '. . . ar dair ceiniog wen' a'r un sy'n sôn am ddandlwn rhywun '. . . gyda gofal a bwyd llwy' ond, gan amlaf, mae'r iaith yn afrwydd ac yn or-ffurfiol. Mae i'r stori ganolog beth potensial: a ddaw'r ferch i nôl ei thad er mwyn iddo ddechrau bywyd newydd yn Lloegr? Arwynebol yw'r cymeriadu, fodd bynnag, a 'dyw'r ddrama ddim yn dal dŵr yn emosiynol. Mae gormod o orymateb a chamddealltwriaeth rhwng y ddau gymeriad ac maent hwythau'n ailadrodd eu hanesion er budd y gynulleidfa yn hytrach na sgwrsio'n naturiol. Does dim ymwybyddiaeth theatrig yma o gwbl.

Craith y Gwcw: 'Bwlwirion'. Mae'r diwrnod a welwn yn y ddrama yn ddiwrnod pwysig yn y berthynas rhwng Elwyn a Llwyn. Mae'r ddau'n trin a thrafod eu perthynas a'r hyn sy'n eu poeni. Mae cyn-wraig Elwyn yn gofyn am fwy o arian ac yntau'n mynnu perthynas glosiach gyda'u plant. Yr hyn sy'n poeni Llwyn yw'r ffaith fod Elwyn yn parhau i ymddwyn fel pe bai'n dal yn briod. Daw'r ddrama i ben gyda Llwyn yn anfon Elwyn allan am beint tra bo yntau'n yfed llwnc-destun i'r dyfodol. Cawn yma syniad diddorol iawn a sefyllfa sy'n llawn potensial dramatig ond tasg anodd iawn yw cynnal tyndra dramatig mewn ymgom rhwng dau gymeriad yn unig. Mae'n hollol ddibynnol ar ddyfnder a chlyfrwch y ddeialog. Gwaetha'r modd, er bod y ddeialog yn egnïol ar brydiau ac yn arddangos cymeriadaeth, chwaraeir y cyfan ar nodau emosiynol braidd yn gyfyng gyda llawer o gyhuddo a mwy fyth o euogrwydd. Mae'r undonedd yn peri i'r chwarae fynd braidd yn ddiflas. Golyga hyn nad yw'r ddrama'n gafael yn y darllenydd. Oherwydd hynny, mae rhywun yn teimlo braidd ymhell oddi wrth y sefyllfa ganolog. Doedden ni ddim yn teimlo ychwaith fod yr awdur yma'n ymfalchïo yn y potensial theatrig. Mi allai hyn fod yn sebon ar gyfer y teledu yn hytrach na phrofiad cig a gwaed y theatr. Mae hynny'n drueni gan fod yr awdur wedi ceisio archwilio themâu dwys iawn. Mae pwysigrwydd i'r diwrnod a'r digwyddiad ac efallai nad drama yw'r ffurf fwyaf addas ar gyfer mynegi'r peth. Mae'n bosibl y byddai ffurf y stori fer yn gweddu'n well.

Ffrâm: 'Y Llun'. Drama haniaethol arall. Mae tad a'i blentyn yn chwarae mewn parc. Daw artist ato gan roi iddo lun y mae wedi ei baentio. Eglura'r pwerau sy'n symud trwy'r llun yma o gennin Pedr. Mae'n annog y tad i roi'r llun i'w fab. Wedi i'r artist ymadael, daw dieithryn at y tad a'i rybuddio i beidio â'i dderbyn rhag ofn ei fod wedi ei ddwyn - efallai y caiff y llun ei ddwyn oddi wrtho yntau yn ei dro os yw'n werthfawr. Penderfynir rhoi'r llun mewn bin a dyna a wneir ond mae'r mab yn gwrthwynebu. Yn y diwedd, mae'r tad yn tynnu'r llun allan wedi iddo benderfynu y gellir ei roi ar wal yn yr ysgol leol. Er hynny, mae'n ei anghofio ac yn ei adael ar fainc yn y parc. Mae'r themâu canolog yn datblygu mewn deialogau braidd yn glogyrnaidd. Mae'r dramodydd wedi ceisio cynnal ein diddordeb trwy gynnal dadlau brwd rhwng y cymeriadau ond, gwaetha'r modd, mae'r diffyg emosiwn, yr iaith ffurfiol a'r cymeriadu arwynebol yn ein pellhau ni fel cynulleidfa. Mae'n anodd iawn uniaethu gyda'r tad yn arbennig – cymeriad sy'n ailfeddwl bob tro y daw syniad newydd ger ei fron. 'Dyw rhesymeg y Dieithryn ddim yn gafael ychwaith. Mae gan y dramodydd amcanion uchel-ael. Mae'r ddrama'n atgoffa rhywun o *Art* gan Yasmina Reza a fu'n gymaint o lwyddiant ar lwyfan y West End yn ddiweddar. Ond does iddi mo'r un clyfrwch wrth drin ei themâu a'r cymeriadu un-dimensiwn sydd wrth wraidd y broblem. Yn *Art*, mae'r gwrthdaro rhwng cyfeillgarwch a chelfyddyd yn creu dadlau dirdynnol a all chwalu bywydau'r cymeriadau am byth. Does mo'r un tyndra yma. 'Does dim llawer o ots gan y gwyliwr na'r cymeriadau sut y daw'r ddrama hon i ben.

Terfyn: 'Anfonwch Fil'. Drama wleidyddol-ddychanol wedi ei lleoli yn y dyfodol o ran amser a geir yma, neu felly mae'n ymddangos. Mae Efi yn gyn-filwr sydd wedi troi at ffermio. Daw Sara, newyddiadurwraig ifanc, ato i'w gyf-weld am ei bod yn ysgrifennu erthygl am arwyr. Fel y datblyga'r ddrama, daw'r gwir i'r golwg: mae hi wedi cael ei hanfon yno gan yr awdurdodau i ddarganfod a ydi Efi yn fygythiad i'r wlad (na chaiff ei henwi) a'i phobl yn sgîl y trawma rhyfel y mae'n ei ddioddef. A fydd o'n arwain gwrthryfel arall? Dyna'r cwestiwn. Bu Efi'n brwydro mewn byddin a ymosododd ar brifddinas y wlad, yn brwydro yn erbyn llu enfawr ac yn ennill. Mae'r holl beth wedi gadael effaith andwyol ar ei feddwl a'i ymddygiad. Erbyn yr ail olygfa, mae'r berthynas wedi newid. Daw rhagor o fanylion i'r golwg am y brwydro a'i natur a'i bwrpas, sef amddiffyn y wlad. Cawn wybod bod Efi wedi ceisio treisio Sara ynghynt. Yn yr olygfa olaf, fe welwn Sara'n cael ei holi a'i hatebion yn cael eu llunio a'u lliwio'n fwriadol er mwyn dweud yr hyn y mae'r awdurdodau eisiau iddi ei ddweud. Er nad ydi'r wlad yn cael ei henwi, mae'n wlad sydd o fewn cyflwr meddwl unrhyw un ac fe all yn hawdd fodoli mewn sawl lle yn ein byd heddiw. Mae'n ddrama rymus sy'n ystyried cyflwr yr unigolyn, ei berthynas â'i gyd-ddyn a'i wlad ac â'r awdurdodau. Mae'r sŵn awyrennau ar y diwedd yn creu ias hefyd. Mae'r ddeialog wedi ei saernïo'n dda ac wedi ei strwythuro'n gelfydd gyda'r gwahaniaethau mewn rhythmau yn adlewyrchu'r cymeriadau ac mae'r cylchoedd deialog yn ei symud yn ei blaen. Rydym yn darganfod rhywbeth newydd ond perthnasol o hyd am y sefyllfa a'r cymeriadau. Er bod y ddrama wedi ei gosod mewn byd anghyfarwydd, mae'r dramodydd yn gafael ynom o'r dechrau trwy gyfrwng sgwrsio hollol gredadwy rhwng dau gymeriad cofiadwy iawn. Mae'r ddeialog yn rhwydd ac yn cyfleu'r emosiynau cymhleth yn gryno ac yn naturiol. Er nad yw'n hawdd deall gorffennol y cymeriadau yma, does fawr o ots, gan ein bod yn dystion i'r ddrama gyffrous sy'n tyfu rhyngddynt tra maent ar y llwyfan. Rydyn ni'n gweld dechrau, canol a diwedd y ddrama yma ac er bod cyfeirio cyson at ddigwyddiadau oddi ar y llwyfan, fe'u defnyddir yn gelfydd iawn i ddwysáu'r hyn sy'n digwydd o'n blaenau. Mae'r awdur am drafod pob math o syniadau: Beth yw natur cariad ac arwriaeth? Pwy sy'n ysgrifennu hanes? Sut y mae ymdopi â rhagrith a chelwydd rhyfel? Ceir uchafbwynt hynod o afaelgar ar ddiwedd y ddrama mewn ffrae gynhyrfus rhwng Efi a Sara. O ran syniadaeth, mae'n ddrama sy'n gweithio ar sawl lefel. Mae'n gweithio fel drama naturiolaidd, fel drama wleidyddol ac fel drama seicolegol. Ei hunig wendid yw fod yna dinc fymryn yn felodramatig yn yr ail hanner sy'n pwyso'n drwm ar y chwarae ac mi fyddai'n dda pe bai'r awdur yn medru cael gwared o'r elfen hon. Mae'n siŵr y byddai hynny'n digwydd yn naturiol pe bai'r awdur yn cael cyfle i ymarfer y ddrama gydag actorion a chyfarwyddwr.

Dan Straen: 'Hanner Ffordd . . .?'. Drama am dair chwaer sy'n byw gyda'i gilydd. Ânt trwy ddeialog yn sôn am amrywiol agweddau ar eu bywydau gwahanol. At ddiwedd y ddrama, mae'r tair yn siarad ar draws ei gilydd, yn mynegi syrffed gyda bywyd a'r hyn sy'n eu blino am eu bywydau unigol ac yn ystod eu sgwrs clywir ffôn yn y tŷ. Ar y diwedd, mae'r tair yn peidio â siarad, ac yn y distawrwydd hwnnw codir sain y ffôn cyn troi'n sŵn llinell brysur ac yna peidio pan ddiffoddir y golau'n sydyn. Dyma ddrama arall sy'n or-ddibynnol ar sgwrsio i gynnal y tyndra dramatig. Mae'r cymeriadau wedi eu llunio'n glir: mae'r tair hen wreigan yn siarad â lleisiau unigryw ond eto fe geir undonedd yn y ddeialog. Mae gormod o'r un math o gwyno a chyhuddo a does dim teimlad o wir dyndra tan ddiwedd y darn pan ddaw cyfle i weld sut y bydd pethau'n dod i ben. Gwaetha'r modd, siomedig oedd y diwedd amwys. Nid oedd yn ddigon i orffen y chwarae heb roi rhyw fath o awgrym am wir sefyllfa'r gwragedd. Ai rhyw uffern, yn null Sartre, yw eu dedfryd nhw ynteu byd mwy isel-ael a chyffredin yw hwn lle nad oes neb yn poeni am hynt yr hen a'r methedig? 'Dyw'r amwyster ddim yn ddigon gafaelgar i orffen y ddrama mewn ffordd sy'n taro deuddeg. Mae'r Gymraeg yn gyhyrog, y dafodiaith yn afieithus ar brydiau ac mae'r awdur wedi deall meddylfryd y genhedlaeth yma'n dda. Câi'r awdur yma fudd mawr o weithio gydag actorion i wella'r ddrama hon. Byddai'r profiad o glywed y gwaith a chael gwell argraff o'r diffyg datblygiad dramatig yn tanlinellu gwendidau'r ddrama tra'n caniatáu i'r awdur ymfalchïo yn rhythmau'r iaith.

Sim Sam: 'Pwy Mewn Gwirionedd?'. Mae siâp diddorol i'r ddrama hon, sef tair ymgom rhwng tri phâr o gymeriadau yn datblygu'r themâu canolog am anawsterau'r arddegau a'r berthynas anodd rhwng mam a merch. Mae gan yr awdur ddawn ysgrifennu deialog naturiol ar brydiau ac i gymeriadu'n ddifyr. Efallai fod y thema o anghydfod rhwng dwy genhedlaeth nesaf at ei gilydd yn hen drawiad ond mae'n rhywbeth sy'n digwydd. Mae yma ymdeimlad da o dreigl amser a'i effaith yn ogystal â'r ymdeimlad nad yw pethau'n cyfrif ond am gyfnod byr cyn i'r unigolyn symud ymlaen. Fodd bynnag, mae llawer gormod o areithio pregethwrol yma. Dylai'r awdur ymdrechu i glywed ei waith er mwyn deall y gwahaniaeth rhwng sgwrsio naturiol ac ysgrifennu gor-lenyddol. Gormod o siarad sydd yma eto a diffyg tyndra dramatig a theatrig. Mae'r pethau pwysig yn digwydd oddi ar y llwyfan. Mae hyn yn wendid mawr gan nad ydyn ni fel cynulleidfa yn dystion i gnewyllyn y ddrama: y gadael cartref, y garwriaeth, ac yn y blaen. Does dim ymdrech yma ychwaith i roi profiad theatrig i'r gynull-eidfa.

Rhododendron: 'John Ogwen a'r Jeli Bebis'. Comedi am ddwy ddynes yn eistedd mewn theatr yn gwylio drama ydi hon. Yn ystod y perfformiad, mae toriad oherwydd diffygion technegol a chawn gyfle i wrando ar eu sgwrs. Ffurf jôc sydd i'r ddrama o ran adeiladwaith gyda thanseiliad comig ar y diwedd pan ddaw'r ergyd: er holl drybestod ymhongar Gwladys ynglŷn â John Ogwen a Maureen Rhys, y darganfyddiad mawr ydi mai Alison sy'n adnabod John Ogwen. Gydag ef y mae hi wedi dod i'r theatr y noson honno. Pleser mawr oedd cael darllen comedi mor fywiog. Mae'n hollol Gymreig o ran naws, yn defnyddio'r theatr mewn ffordd wreiddiol ac annisgwyl ac mae'r ddeialog yn hynod o ffraeth rhwng dau gymeriad hoffus iawn. Ceir nifer fawr o linellau cofiadwy – jôcs sydd yn hanu o gymeriad ac sydd hefyd yn dangos dawn arbennig at droi llinell a chwarae gyda geiriau. Mae'r ddrama'n datgelu llawer iawn o wirion-eddau emosiynol am y cymeriadau hefyd: yn araf fe ddown i adnabod Gwladys ac Alison a'r amgylchiadau arbennig sydd wedi eu denu i'r llwyfan arbennig yma. Mae yna dro ardderchog yng nghynffon y ddrama (er ei bod yn anodd gwybod sut y gellir gwireddu'r tro arbennig yma gan bob cwmni sydd am berfformio'r ddrama hon) sy'n creu cyfanwaith hynod bleserus. Mae cryn grefft yn y ffordd y mae'r ddeialog wedi ei gwnïo at ei gilydd gyda'r sgwrs yn cael ei hadnewyddu'n gyson. Hefyd, cedwir yr hiwmor a'r comedi trwy gyfrwng y ddeialog ffraeth a'r cymeriadu manwl. Efallai y gellir dweud bod tro mewn cynffon yn siom neu'n hen dric sâl wedi cael ei chwarae gan y dramodydd ar ei gynulleidfa. Er hynny, comedi ydi'r ddrama a thueddu i chwerthin am ben Gwladys a wnawn yn hytrach na chyda hi. Mae'n rhoi teimlad o fantais i'r gynulleidfa. Mae yna dueddiad weithiau gan yr awdur i ddefnyddio ambell jôc yn llawdrwm ond mae yna ddigon o bethau eraill i'w mwynhau yma.

Elin: 'Trafferth mewn Ysgol'. Ffars wedi ei lleoli yn stafell yr athrawon mewn ysgol uwchradd yng Nghymru. Mae'r ddrama'n pefrio gyda chyd-ddigwyddiadau a chamddealltwriaethau. Mae'n rhaid i ffars fod yn hynod o glyfar er mwyn gweithio'n effeithiol. Defnyddir hen dechnegau (e.e., camadnabod) sy'n creu eirioni dramatig a thyndra. Mae yma gymeriadu cryf a deialog ffraeth. Mae'r camadnabod yn troi o gwmpas tri dyn: athro llanw, dyn technoleg gwybodaeth a dyn o'r Swyddfa Addysg. Ynghlwm wrth hyn y mae perthynas un ohonynt gyda thair athrawes wahanol sy'n ei adnabod yn ôl enwau gwahanol pob un. Yn ogystal â hynny, mae dyfodol un athrawes yn y fantol. Mae'r cynllun yn cael ei blannu'n ofalus gan y dramodydd ac erbyn y drydedd olygfa mae'r effaith yn dechrau dod i'r amlwg. Gwaetha'r modd, mae'r plotio braidd yn amlwg yma er bod yna dro annisgwyl yng nghynffon y ddrama. Does dim ymgais at foesoli ac mae'r awyrgylch yn nes at waith Ray Cooney na Molière neu Ayckbourn. Dyw hynny ddim yn wendid ynddo'i hun, wrth gwrs, ond mae'r comedi braidd yn llawdrwm ar adegau heb ddigon o ffraethineb y *farceurs* gorau. Serch hynny, mae'r ddeialog yn naturiol a hwyliog a'r cymeriadau'n glir. Mae yna rannau da i ferched. Mi fyddai'n dda iawn cael gweld hon wedi ei llwyfannu. Mae'n bosibl y byddai'r awdur yn awyddus i liniaru a gwella'r sgript ar ôl ei chlywed.

Dyna'r naw drama. Y rhai sy'n sefyll allan ydi 'John Ogwen a'r Jeli Bebis' gan *Rhododendron* ac 'Anfonwch Fil' gan *Terfyn*. Gwobrwyer fel a ganlyn: £400 i *Rhododendron* a £100 i *Terfyn*.

Trosi drama i'r Gymraeg. Trosi un ddrama o blith y rhai a ganlyn: (i) *Weekend Breaks*, John Godber (ii) *Dolly West's Kitchen*, Frank McGuinness (iii) *The Communication Chord*, Brian Friel

BEIRNIADAETH SIÂN SUMMERS

Gofynnwyd i'r cystadleuwyr eleni drosi un o dair drama. Gan na fentrodd yr un i wres cegin McGuinness, dim ond sylwadau am fydoedd a themâu Godber a Friel sydd yma.

Yr hyn sy'n debyg yn nramâu Godber a Friel yw'r diddordeb mewn cyfathrebu, a'n hanawsterau i wneud hynny fel unigolion oherwydd gwahaniaeth dosbarth, cenhedlaeth, rhagdybiaeth a phrofiad. Yn achos *The Communication Cord*, dyma'n union yw thema doethuriaeth y prif gymeriad. Lleolir y ddrama mewn bwthyn traddodiadol yng nghefn gwlad Iwerddon, a thrwy gyfres o ddigwyddiadau ffarsaidd a chymeriadau unigryw, mae Friel yn dangos arf mor anwadal yw iaith wrth gyfathrebu. Perthynas athro a chyw-sgwennwr canol oed, a'i rieni, sydd yn *Weekend Breaks*. Trwy gyfres o ôl-fflachiadau, a chan ganolbwyntio ar un penwythnos o wyliau yn Ardal y Llynnoedd, mae Godber yn archwilio'r rhwyg rhwng profiad a disgwyliadau rhieni dosbarth gweithiol a'u mab dysgedig.

Y mae'r ddwy ddrama'n perthyn i fydoedd unigryw: Donegal ddiarffordd yn berwi o gymeriadau lliwgar ac ymadroddion cyhyrog, yn achos Friel; Gogledd Lloegr ôl-ddiwydiannol gyda'i heidiau o bobl ddi-lol a di-flewyn-ar-dafod sy'n harddu traethau De Sbaen a'i thafarnau Prydeinig, yn achos Godber. Ond mae'r ddwy ddrama hefyd yn rhai y gall cynulleidfa Gymraeg uniaethu â hwy, a phob clod i'r pwyllgor eleni am eu dewis. Wedi'r cyfan, os nad yw'r gystadleuaeth hon yn ychwanegu at gorff y dramâu y gellir eu llwyfannu yn y Gymraeg, beth yn union yw ei phwrpas? Gresyn na fu mwy o ddefnydd o'i chynnyrch yn y gorffennol gan gwmnïau amatur a phroffesiynol fel ei gilydd. Wrth gwrs, ar gynhyrchu gwaith safonol a blaengar gwreiddiol y dylai'r pwyslais fod yn y theatr ond mae cryn grefft greadigol i drosi hefyd ac mae'n drueni gweld yr ymlafnio'n mynd yn ofer. Wrth ddarllen beirniadaethau ar y gystadleuaeth yma yn y gorffennol, fe'm synnwyd gan faint y ganmoliaeth i ambell gystadleuydd, ac rwy'n sicr y gallai unigolion, ac ambell gwmni, elwa'n fawr o ddatblygu neu gynhyrchu'r gwaith.

Camp fawr y troswr yw creu byd credadwy yn y Gymraeg sy'n cipio ysbryd y gwreiddiol. Y mae'n gofyn am gryn sensitifrwydd i naws, cefndir cymdeithasegol y cymeriadau, a'u lleoliad, rhythmau iaith ac ati, ac yn aml mae'r cwestiwn o adleoli'r ddrama yng Nghymru neu beidio yn un tyngedfennol (yn enwedig felly gyda dramâu cyfoes). Credaf fod modd creu trosiadau gwirioneddol afaelgar trwy ddilyn y naill opsiwn neu'r llall ond mae'n ystyriaeth bwysig na ddylid ei diystyru wrth fynd i'r afael â'r gwaith. Ac unwaith y gwneir y penderfyniad yma, y mae cysondeb ieithwedd a chyfeiriadaeth yn hollbwysig i hygrededd y byd a grëir gan y troswr.

Y mae'r ddwy ddrama eleni yn gofyn am gryn sensitifrwydd o ran mynegiant gan mai trwy wrthdaro ieithyddol yr amlygir eu themâu. Yn nrama Godber, trwy gydnabod egni a hiwmor tafodiaith ei rieni y sylweddola'r awdur rhwystredig pa mor ddi-fflach yw ei fynegiant, a'i fywyd, yntau. Y mae mynegiant pob un o'r cymeriadau yn nrama Brian Friel yn wahanol iawn, ac mae cymhlethdod ychwanegol wrth i gymeriadau gymryd arnynt hunaniaeth ei gilydd. Mae'r ddrama yn bair o'r troeon trwstan a chamddealltwriaethau sy'n nodweddu ffars ond pwysicach na dim yw'r thema o ddiffyg cyfathrebu sy'n cael ei grisialu gan ieithwedd wrthgyferbyniol y cymeriadau.

Gair am bob un o'r pum cystadleuydd.

Parnell: Dyma'r unig gystadleuydd i drosi *The Communication Cord.* Hoffais y teitl *Croes o Gyswllt* ac mae'r adleoli ym mherfeddion Llŷn yn gwbl addas. Y mae yma ymdrech i adleisio bwrlwm sgyrsiau'r gwreiddiol gydag ambell ymadrodd megis 'camddallt y dalltings' ac 'yn yr heli yn chwalpio fel rhyw forlo', ac mae yma ymgais i ganfod llais unigryw i'r cymeriadau: cawn eiliadau o rwysg y Doctor ac o dinc gwerinol Nora. Gwaetha'r modd, mae ansawdd y trosi'n anghyson, ac ar adegau'n colli ystyr, trwy ormodedd o gyfieithu llythrennol. Yr enghraifft amlycaf yw'r aml ddefnydd o 'Dyna' am '*There*!' Byddai 'Dyna ti!' yn llawer nes ati. Tuedda *Parnell* i fod fymryn yn glogyrnaidd a hirwyntog ar adegau ac, o'r herwydd, rŷn ni'n colli peth o egni gwyllt a chlec rhythm ffyrnig y gwreiddiol. Comedi ffarsaidd sydd yma, wedi'r cyfan. Wedi dweud hynny, mae'n llwyddo i ddal naturioldeb cymeriad Siwsan a natur chwareus Claire, ac yn ymdrechu'n galed i ganfod llais i'r Almaenwr o ddysgwr. Hoffwn longyfarch *Parnell* ar ymdrech glodwiw ar adegau wrth drosi gwaith heriol ofnadwy.

Eli: Dewisodd osod drama Godber yng Nghymru, gyda'r rhieni'n hannu o Ferthyr ac yn ymweld ag Eryri yn hytrach nag ag Ardal y Llynnoedd. At ei gilydd, mae'r adleoli'n gweithio, er nad ydw i'n siŵr a ddylid troi '*Ant and Dec*' yn 'John ac Alun'. Mae'r trosi hefyd yn gywir a thwt drwyddi draw ond, rywsut, try Joan a Len yn bobl lawer mwy ffurfiol a pharchus yma ac, o'r herwydd, rŷn ni'n colli peth o'r deinameg rhyngddynt a Martin. Yn ogystal â hynny, nid yw *Eli* wedi dal *patter* y comedïwr, gyda'i rythmau sgyrsiol, agos-atoch, yn ddigon clir, er mwyn cynnig math arall o fynegiant yn y ddrama. Tra 'mod i'n cymeradwyo cywirdeb ymgais *Eli*, teimlais fod angen tafodiaith ddisgleiriach a rhythmau mwy bachog nag a gafwyd yma.

Tregain: Tafodiaith ogleddol sydd yma ond dewisodd *Tregain* adael y ddrama yng Ngogledd Lloegr y gwreiddiol. Sicrhaodd hynny bod cysondeb, o leiaf, i'r byd y mae'n ei bortreadu ac, yn gyffredinol, mae rhythm ffwrdd-â-hi deialog y rhieni yn gweithio. Fodd bynnag, mae'r mynegiant ar adegau yn rhy sathredig a llac. Hwyrach fod drama John Godber yn dywyllodrus o naturiol ei hidiom ond, mewn gwirionedd, mae'n llawn o ddywediadau rhywiog. Nid bratiaith yw tafodiaith ac weithiau mae *Tregain* yn cymysgu'r ddau. Yma, hefyd, mae cyfieithu uniongyrchol ar adegau, sy'n niweidio hygrededd y cymeriadau. Siawns na fyddai Martin, ac yntau'n athro a sgriptiwr, yn gallu meddwl am sylw mwy bachog na 'Ma'n debyg o fod yn benwythnos hwyliog felly'? Dyma'r unig ymgais i gyfieithu'r teitl yn uniongyrchol, hefyd, ac mae arna i ofn nad yw 'Seibiant Penwythnos' hanner cystal â'r 'Bwrw'r Sul' a geir gan yr ymgeiswyr eraill. Tra bo peth hwyl ar y dweud yma, caiff ei lethu yn rhy aml gan gyfieithu llac ac uniongyrchol.

Ap Madog: Lleolir y ddrama yng Ngogledd Cymru eto, ym Mhen Llŷn, gyda'r rhieni'n dod o Ddyffryn Aman. Mae tipyn mwy o gysondeb ym mynegiant *Ap Madog* ac mae'r rhieni cysetlyd, cwynfanllyd yn sboncio oddi ar y ddalen. Penderfynodd Gymreigio tipyn ar y ddrama, gan newid enwau a chyfeiradau diwylliannol, ond nid yw'n gyson drwyddi draw. Mae'n crybwyll y *Saddleworth*

Coffee House, er enghraifft, sy'n perthyn yn neilltuol i Swydd Efrog, ac eto fe wêl yn dda i newid enw'r cwmni ffilm yn un mwy Cymreig. Hefyd, mae ambell ymadrodd fel 'blas y noson' yn colli eironi '*flavour of the night*'. Serch hynny, mae yna rwyddineb yn nhrosi *Ap Madog*, a llwyddodd i ddeall mai ymadrodd yn hytrach nag ystyr, bron yn ddieithriad, sy'n gwneud cymeriadau'r rhieni mor ddigri. Er gwaethaf ambell letchwithdod ac er nad yw'r darnau *stand up* yn argyhoeddi 'chwaith, mae *Ap Madog* wedi cyflwyno trosiad rhugl a chredadwy.

Cerveza: Penderfynodd *Cerveza* ymgartrefu Joan a Len tuag ochrau Abertawe. O'r eiliad cyntaf, mae'n llwyddo i bortreadu cwpwl cwbl gredadwy a bywiog sy'n perthyn yn sownd i gynefin arbennig. Mae'r dafodiaith a ddefnyddir yn rhywiog, yn rhythmig ac yn naturiol. Yn araith gyntaf Len, er enghraifft, mae'n 'cretu bod y gêr-bocs yn slipo. Alla i'm ffwrdo un newydd . . . a wedes i "Da dy bicil di y dwarnode 'ma, fydden ni'n lwcus uffernol i ga'l pogo-stick"'. Gan *Cerveza*, yn ddi-os, y cafwyd y cyfuniad gorau o dafodiaith gyfoethog a naturioldeb sgwrs. Nid yw'n trosi pob gair i'r Gymraeg ond ni lithra i'r Saesneg ond pan yw hynny'n naturiol i'r bobl a bortreadir. Yma hefyd y ceir y trosiad mwyaf llithrig o areithiau'r comedïwr, gyda rhythmau byr am yn ail â brawddegau llawn cymalau, yn arwain at y *punchline* anorfod. Bu *Cerveza* yn ofalus wrth newid lleoliad neu gyfeiriadaeth ac, ar y cyfan, mae'n llwyddo. Wrth ffeirio '*Walk miles*' am 'Clawdd Offa miles', mae'n gwella'r gwreiddiol ond yn achos y doctor Sbaenaidd sy'n ddysgwr, gedy'r olygfa yn y Saesneg, gan mai dyna fyddai realiti'r sefyllfa yn Ardal y Llynnoedd. Yr hyn sy'n bwysig iddo yw ysbryd y darn a hygrededd y cymeriadau ac, yn hynny o beth, er nad yw pob ymadrodd wedi'i drosi ganddo i'r Gymraeg, gan *Cerveza* y cafwyd y trosiad sy'n adlewyrchu'r Gymru gyfoes orau.

Llongyfarchaf yr ymgeiswyr oll am eu gwaith, ac yn arbennig *Parnell* am ei ymdrech lew gyda drama Friel, ond hoffwn ddyfarnu £300 i *Cerveza* am dafodiaith lithrig a chymeriadau credadwy, a £100 i *Ap Madog* am gysondeb ei waith yntau.

Sgript ar gyfer y teledu. Un rhaglen allan o gyfres o bump

BEIRNIADAETH MEI JONES

Derbyniwyd pum eginyn cyfres ac mae'r safon yn anwastad iawn (fel arfer). Nid oes yr un ohonynt wedi cyrraedd yr entrychion ond, ar ôl dweud hynny, mae gofynion y gystadleuaeth yn ormodol, yn fy marn i. Byddai un sgript (nid o reidrwydd o'r rhaglen gyntaf, gyda llaw) ac yna eglurhad o fwriad a chyfeiriad y gyfres, wedi bod yn ddigonol.

Siân Francis: 'Tanio! Y Gymanfa Ganu yn Cymryd Drosto'. Mae *Siân Francis* yn dysgu Cymraeg a hoffwn ddiolch iddi am ei menter a'i hymdrech. Gwaetha'r modd, nid yw ei meistrolaeth ar yr iaith, nac ar y cynnwys ychwaith, yn cyrraedd y safon ddisgwyliedig.

Reg: 'Mae'r Ddraig yn Brathu'. Nid dysgwr mo *Reg* ond, unwaith eto, nid yw ei feistrolaeth ar yr iaith, na'r cynnwys ychwaith, yn cyrraedd y safon ddisgwyliedig.

Maldwyn. Lluniodd raglen nodwedd, gydag Ann Dolwar Fach yn ganolbwynt iddi. Yn ôl ei gyfaddefiad ei hun, 'mae'n gyflwyniad theatrig i bob pwrpas', ac mae'r sgript, hefyd, yn dueddol o droi yn ei hunfan heb fawr o adeiladwaith. Serch hynny, mae'r syniad am gyfres o dan y pennawd 'Sibrydion' yn un di-fai. Efallai y dylai *Maldwyn* ystyried gyrfa fel cynhyrchydd yn hytrach nag fel sgriptiwr!

Tyc: 'Petrol a Phei'. Mae sgript y cystadleuydd hwn yn tra rhagori ar y tri uchod. Drama gyfres yw hon, wedi'i lleoli ar gampws ger traffordd, os deallais i'n iawn (buasai disgrifiad o'r lleoliad wedi bod o gymorth), sy'n cynnwys gorsaf betrol, bwyty a motel. Mae'r cymeriadau'n ddifyr, y ddeialog yn ffraeth, a'r stori'n codi chwilfrydedd. Nid yw'r brasluniau, fodd bynnag, gystal â'r bennod gyntaf – maent yn dueddol o fod yn opera-sebonaidd eu naws. Ond pwysleisiaf nad bai'r cystadleuydd ydyw hynny oherwydd bod llunio braslun cynhwysfawr yn gyfystyr ag ysgrifennu pennod orffenedig. Un nodyn bach *Tyc*: cofiwch ddarllen eich gwaith yn ofalus er mwyn osgoi gwallau teipio.

Swyn: 'Penna'. Lleolir y ddrama gyfres hon mewn siop trin gwallt ond prysuraf i ychwanegu nad 'Cutting It' Cymraeg mohoni. Mae'r awdur wedi llwyddo i greu naws ac awyrgylch hynod ac mae'r ffaith fod y cyfan yn digwydd yn y siop, a hynny ar ddydd Sadwrn bob tro, yn rhoi arddull bendant ac unigryw i'r gyfres. Unwaith eto, mae yma gymeriadau amryliw gyda deialog frathog a digrif, er y gallai stori'r bennod gyntaf fod yn gryfach. Yn wahanol i *Tyc*, mae *Swyn* wedi rhoi disgrifiad manwl o'r siop a'r cymeriadau yn ei ragymadrodd. Gwaetha'r modd, nid yw wedi cynnwys yr wybodaeth am y cymeriadau yn y sgript. Mae hwn yn wall cyffredin iawn ac yn lled hawdd i'w gywiro fel rheol. Er bod brasluniau *Swyn* yn fanylach, eto i gyd, ni theimlaf eu bod yn gwneud tegwch â'r gyfres.

Mae *Tyc* a *Swyn* yn llawn haeddu'r wobr gyntaf ond, ysywaeth, ni chaniatâ'r rheolau i mi ei rhannu. Yn fy marn fach i, nid oes gwerth ceiniog a dime rhyngddynt, heb sôn am gant a hanner o bunnoedd. Ond rhaid dewis, ac felly . . . 'dewis, dewis, dau ddwrn . . .'. Mae'n ddrwg gen i, *Tyc*. Llongyfarchiadau, *Swyn*.

Llunio sgript ar gyfer un actor/actores, 20-30 munud o hyd

BEIRNIADAETH DYFAN ROBERTS

Hen fusnes digon od ydi'r siarad efo chi'ch hun 'ma! Mi fydda' i'n dioddef ohono fo'n amal fy hun – a dydi pethau'n gwella dim wrth i mi fynd yn hŷn. Ond, wrth gwrs, mae cael actio monolog yn rhoi'r esgus perffaith i mi ymarfer fy ngwendid heb i neb sbio'n rhyfedd arna' i – a phobol hyd yn oed yn rhoi clap i mi (gan amla'!).

A dyna'r gair allweddol, yntê – esgus, neu reswm, os mynnwch chi. Mae'n rhaid i berson sy'n siarad â fo'i hun gael esgus – a hwnnw'n dal dŵr – dros wneud hynny. A dyna ydi fy sylw cyffredinol i am y tair ar ddeg o sgriptiau a ddaeth i law – ar wahân i fynegi balchder anghyffredin ym mhoblogrwydd y gystadleuaeth. Diolch i chi i gyd am lendid y cyflwyno ac am barchu'r ffaith fod rhaid cael sylfaen gredadwy wrth osod person ar lwyfan i fynd drwy'i bethau am hanner awr ar ei ben ei hun bach. Mae rhai ohonoch chi wedi bod yn hynod ddyfeisgar wrth greu amryfal resymau dros y 'bwrw bol' hwn. Mae ymdrechion eraill yn llai theatrig, yn ymdebygu mwy i ddarn o lenyddiaeth ar gyfer ei ddarllen na darn diddorol i'w berfformio. Cofiwch bob amser mai drama yw'r nod ac nid stori fer, ac o ganlyniad, dylai fod i'ch ymson siâp drama: dechrau (gosod y sefyllfa), canol (datblygu'r broblem), a diwedd (clymu'r edafedd). Diddorwch ni yn nhaith y cymeriad.

Ymlaen at y cynnyrch:

Malibu : Actor o Ganada yn gobeithio cyrraedd y brig yn Hollywood yw Vince Moccia. Gwaetha'r modd, buan y try ymson Vince yn gatalog undonog o brofiadau ail-law, fel rhyw lawlyfr twristaidd diflas. Dydi Vince, y creadur, wedi cael fawr o lwyddiant hyd yma ym myd y ffilmiau ac, wrth wrando arno'n brygowthan, nid yw'n anodd deall pam.

Arthur: Nid oes dim yn digwydd yn ymson *Arthur* chwaith, a'r awdur yn bodloni ar osod y sefyllfa yn unig, heb ddatblygiad nac uchafbwynt. Y gŵyn a gawn ganddo yw ei fod ef, fel Cymro Olaf y Byd, wedi ei gaethiwo mewn caetsh ac yn gorfod perfformio i haid o dwristiaid fel mwnci mewn sw. Sefyllfa ddigon doniol ond, ar ôl y dudalen gyntaf, ro'n i'n dyheu am iddo dorri allan o'i gaetsh a chymryd y goes. Ond wnaeth o ddim, *most y piti* . . .

Elsi: Ymgais sydd ganddi i barodïo *Hamlet*. Mae actor yn ei fflat yn mynd dros linellau Hamlet (yn Gymraeg, chwarae teg) tra, yn ei fywyd go iawn, mae argyfwng cymeriad Hamlet yn ei ailadrodd ei hun: dyn ifanc yn colli'i dad, ei fam yn cael perthynas efo'i ewythr yn syth wedyn, yntau'n casáu'r cariad newydd, etc. Braidd yn bedantig ydi'r parodïo, gwaetha'r modd, ac er bod yma ymdrech i gyfleu gwallgofrwydd, mae stranciau paranoid yr actor ar brydiau mor eithafol fel eu bod yn ddigri.

Ebeneser: Mae'n amlwg i mi fod *Ebeneser* yn 'sgrifennu am bwnc y mae'n gyfarwydd iawn ag o ac mae'n haeddu canmoliaeth am hynny. Athrawes gynradd o'r enw Ann Griffiths sydd yma (er nad wyf yn gweld y cysylltiad â'r emynyddes, chwaith). Bwrw'i bol y mae hi oherwydd bod yr ysgol yn cael ei rheoli gan ryw Anne Robinson ffiaidd o brifathrawes, a hithau, Ann G., yn dioddef sen anhygoel a diffyg unrhyw werthfawrogiad o'i gwaith nes, o ganlyniad, i'w hiechyd dorri. Sefyllfa real i lawer, sef rheolwr yn camddefnyddio pŵer. Tri gwendid sydd i'r fonolog: mae hi'n rhy hir, does fawr o ddigwydd yn y ddrama gan fod Ann o hyd yn trafod pethau sydd wedi digwydd yn y gorffennol, ac mae'r portread o'r brifathrawes mor eithafol o ddrwg nes ei bod yn anghredadwy ac yn tynnu'r cydymdeimlad oddi wrth Ann ei hun.

Cyn y wawr: Ystyr y ffugenw ydi'r awr honno cyn i'r golau dorri a dyna ydi pwnc yr ymson yn y bôn: rhyw hen foi pathetig braidd o'r enw Vernon Elias yn tin-droi wrth ddisgwyl a breuddwydio am bethau gwell i ddod. Tin-droi digon difyr, cofiwch, ac mae ambell ddramodydd go enwog wedi troi'r tin-droi 'ma'n gelfyddyd fawr! Ambell symbol cofiadwy, fel Vernon dlawd yn ei gymharu ei hun â bwrdd gydag un goes heb fod cweit yn cyffwrdd y llawr, neu'r awyren y mae'n ei dychmygu sy'n cario'i neges serch i Annabel o Galway. Ond rywsut ni chefais fy nghyffroi. Ni ddaeth cyffredinedd Vernon yn rhywbeth anghyffredin, fel petai, ac mae hynny'n drueni oherwydd mae ambell ddarn o 'sgrifennu da yma.

Marian: Ymson nerfus gwraig ganol oed sy'n golofn cymdeithas ond sydd newydd gael ei harestio am ddwyn nwyddau o archfarchnad. Mae'r pwnc yn gweddu i'r dim i fonolog, gyda'r awdur ar ddechrau'r ddrama yn mabwysiadu'n llwyddiannus yr arddull herciog honno o bobol yn siarad â hwy eu hunain mewn cyfnod dirdynnol o bwysau meddwl. Trueni, a dweud y gwir, na ddilynodd yr un arddull drwy gydol y ddrama. Gyda bod Miss Deborah Prys yn dechrau ymlacio, mae'r arddull yn newid i fod yn un eithaf llenyddol-stiff, gyda'r wraig yn cyflwyno'i stori bron fel eitem ysgrifenedig. Collwyd cynnwrf nerfus dechrau'r ddrama ac mae'r diwedd, o'r herwydd, yn disgyn braidd yn fflat.

Mr Smith: Dyma esgus da am fonolog – yr areithiwr pen-stryd neu'r *rant*. Ac mae'r rhain fel brid yn hoff iawn o'u lleisiau eu hunain. Mae gan Sara esgus ychwanegol – mae hi'n byw ar y ffin denau, finiog honno rhwng meddwdod ac anobaith. Un o fegeriaid y stryd yw Sara. Mae hi'n siarad, gweiddi, sgrechian yn gyson ar y bobol sy'n pasio ond ni welwn ni nhw o gwbwl. Maent yn ei hanwybyddu fel pe na bai hi'n bod. Fel y dywed Sara ei hun: 'Helô! Ydw i'n *invisible?*' A dyna egluro mewn dull clyfar iawn pam y gwelwn ni hi a pham mae'r lleill yn anweledig. Gresyn nad yw gweddill y fonolog mor glyfar â'r ddwy dudalen gyntaf. Mae ei sgrechfeydd a'i hymosodiadau geiriol cwynfanllyd yn dechrau mynd ar ein nerfau erbyn y diwedd.

Sam Tân: Gan hwn y mae'r potensial am y stori orau ac un fwyaf annisgwyl y gystadleuaeth. Sori, *potensial* ddywedais i, *Sam*! Diwrnod Nadolig; gwraig weddw reit ifanc yn dod adref o'r gwasanaeth; ffrindiau'n ffonio yn ei gwahodd am ginio . . .; na, mae hi'n iawn ar ei phen ei hun, diolch; amser i gofio am ei diweddar annwyl ŵr, Derec, yntê . . . Ond fel yr â'r stori yn ei blaen, synhwyrwn fod rhywbeth o'i le. Mae marwolaeth Derec yn mynd i swnio'n fwy a mwy amheus. Ar y diwedd, gwelwn y wraig yn twtio'i gwallt, a pharatoi'r bwrdd . . . i ddau! Dwy dasg sydd o flaen *Sam Tân* wrth ailysgrifennu'r ddrama hon: yn gyntaf, dylai roi awgrym cryfach pam mae'r ddynes yn casáu Derec – heb i'r gynulleidfa ddechrau dyfalu beth ydi diwedd y ddrama (os ydi hi'n rhagrithio iddi hi ei hun, beth yw'r rheswm am hynny?); yn ail, dyfeisio 'esgus' i Hannah ddweud ei stori wrth y gynulleidfa – megis y ddyfais yn 'Shirley Valentine', sef ei bod yn siarad efo'r wal.

Carel: Troedio'r tir anodd ond hynod gyfoethog hwnnw rhwng chwerthin a chrio y mae *Carel*. Cartref henoed y Noddfa ydi'r sefyllfa a Moi ydi'r mwydrwr unig, er bod dau arall yn eu cadeiriau o'i gwmpas yn syllu'n swrth a mud ar y teledu o'u blaenau. Ecstras, mewn geiriau eraill, – a phwy a wad nad oes angen rhai o'r rheini weithiau mewn sioe-un-dyn! A difyr iawn ydi paldaruo'r hen Foi hefyd, er nad oes neb arall o'r Cartref yn gwrando ar y creadur. Mae ei sgwrs yn frith o ddywediadau a doethinebau ac idiomau bach blasus. Jôcs hefyd: ''Ges i ddwy wraig, ychi . . . 'ches i fawr o lwc efo'r ddwy. Mi ddaru'r gynta 'ngadael i . . . a ddaru'r llall ddim . . .'. Ac ymysg yr hiwmor, mae yma ddweud gwirioneddau mawr sy'n cyffwrdd calon. Unig fai sgript *Carel*, am wn i, ydi nad yw hi fel petai'n mynd â ni i unlle, a'r demtasiwn wrth i Moi wthio'i gadair olwyn oddi yno ar y diwedd ydi gofyn: 'Ydi o wedi gorffen, d'wch?'

Elin: Hen wraig yn siarad efo'i chath – beth sydd fwy naturiol? Ac mae'r wreigan yn nrama *Elin* â stori fawr i'w dweud wrth Pws. Wel, stori *fach*, a dweud y gwir . . . ond mae hi'n stori fawr i'r hen wraig. A dyna ydi crefft *Elin* – codi digwyddiad distadl i dir celfyddyd sy'n dweud rhywbeth cyffredinol am hen wragedd unig sy'n byw ar eu pennau'u hunain, a'u bywydau bach llwydaidd, ac am ambell ddigwyddiad bach sy'n rhoi cynnwrf a lliw yn ôl i'w byd. Ar wahân i'r angen am ychwanegu tro yng nghynffon y ddrama fel nad yw'n darfod cweit mor swta, fy mhryder arall ynglŷn â'ch drama, *Elin*, yw ei bod, efallai, braidd yn fyr i ofynion y gystadleuaeth.

Jac: Darn tafodieithol hyfryd yw hwn, gyda rhythmau a geirfa cymoedd De Cymru fel miwsig drwyddo. Ac nid ymdrin â rhyw orffennol euraidd y mae *Jac*, chwaith. Merch ifanc gyfoes, Tracey, glanhawraig ysgol, sydd yma, yn mynd drwy'r profiad dirdynnol o orfod gadael ei baban newydd-anedig anghyfreithlon yn yr ysbyty i gael ei fabwysiadu. Mae'r arddull yn gynnil ac uniongyrchol, sy'n gweddu i'r dim i'r pwnc sensitif dan sylw – efallai fod yr arddull ychydig yn *rhy* gynnil ar brydiau. Hoffwn fod wedi deall mwy ynglŷn â beth a wnaeth i wraig briod eitha' diniwed, ffyddlon i'w gŵr ac yn barchus-ofnus o'i mam yng nghyfraith, ymgyfathrachu ag iob o ofalwr ysgol fel Derek. Mae Tracey wedyn yn rhoi ei baban bach ymaith am byth i fynd yn ôl i fyw at ei gŵr a'i fam – pris go uchel i'w dalu, 'dybiwn i. Nid dweud yr ydw i fod hyn yn anghredadwy – dim ond bod angen cael mwy o esboniad. Mi gefais i'r teimlad, gyda llaw, y buasai sgript *Jac* yn gweddu'n dda i'r sgrîn deledu.

Ynysig: Clwb dawnsio-glin (ai dyna'r term Cymraeg, tybed?). Fodd bynnag, dyna gefndir annisgwyl y fonolog fentrus hon gyda'r teitl pryfoclyd 'Noeth'. Beth sy'n mynd drwy feddwl Abigail y 'lap-ddawnswraig' wrth syllu ar yr wynebau aneglur pan mae'n hongian ar ei phen i lawr oddi ar bolyn neu wrth iddi ddiosg a dawnsio i gleient ym mhreifatrwydd ei fwth? Oes ganddi ofn i ambell gwsmer feddwl bod unrhyw beth mwy na gwasanaeth masnachol yn cael ei gynnig? A yw ei gwaith yn golygu na chaiff hi berthynas normal? A phwy sy berycla – y rhai noeth ynteu'r rhai sy'n cuddio yn y gwyll? Sut mae posib 'nabod pobol a nhwthau yn eu dillad ac yn fasgiau i gyd? Crea'r awdur isfyd bygythiol/deniadol, seler gynnes o fyd lle llifa rhyw a miwsig a pherygl yn gymysgfa feddwol. Er hynny, daw Abigail drosodd nid fel gwrthrych blys arwynebol ond yn gymeriad crwn, credadwy y gallwn gydymdeimlo â hi. Unig wendid y ddrama, yn fy marn i, yw'r cymeriad treisgar, Chris, ar y diwedd. Gan na chlywsom ddim amdano tan hynny, na dod i'w adnabod, mae ei gyflwyno fel hyn yn ymddangos braidd fel dyfais i gloi'r ddrama ac mae hynny'n gwanhau'r diwedd ryw fymryn. Ond drama afaelgar, sy'n torri tir newydd yn ei phwnc a'i dull.

Helen: Rydan ni ar gyrion tref Caernarfon, yn y presennol, yng nghwmni Helen. Pedair ar hugain oed ydi Helen, Cofi, hogan-amser-da, ar sesh cyn 'Dolig efo'r genod yn dre, ac yn ffeindio bod 'na rywbeth bach yn bod. Poen . . . chwysu . . . methu dal y lysh . . . dim awydd cario ymlaen. Ac un o genod y gwaith yn dechrau amau bod 'na draed bach ar eu ffordd . . . Yr olygfa'n symud yn sydyn i'r ward ôl-eni, lle mae Helen, wedi'r enedigaeth, yn rhoi sylwadau dirmygus ar y cyplau cariadus o'i chwmpas, tra'n sbio ar y wyrth wrth ei hochor – 'Oedd sbio arno fo'n cymyd 'y ngwynt i!' Yna'n ôl i Gaernarfon. Bedd bychan mewn mynwent, dim blodau a Helen yn tywallt ei chalon fel petai Ifan bach yn dal yn fyw. Ac adref â hi i wrando ar y crio sy'n dod o'r waliau . . .

Stori drist a allai'n hawdd droi'n foddfa o sentiment. Nid felly drama *Helen*. Mae'r awdur â'i bys ar byls bywyd ar stadau Caernarfon, lle megir pobol sydd wedi eu codi i wynebu anawsterau o'r crud ond sydd hefyd yn bobol sy'n gallu mwynhau, derbyn a symud ymlaen, yn oroeswyr. Mae dewrder mater-o-ffaith Helen wrth wynebu ei hamgylchiadau weithiau'n ymddangos yn galed, bron yn ddigri o ddihitio. Ond dyna sy'n ei gwneud mor ddeniadol – ei hagwedd ddi-sentiment, ffwrdd-â-hi, sy'n cuddio calon hynod feddal a theimladwy o dan y cwbwl. Mae Helen yn gymeriad crwn, credadwy, sy'n gwneud chi i chwerthin a chrio yr un pryd. Be' gewch chi'n well mewn drama?

Dyfarnaf y wobr gyntaf i *Helen*. Daw *Ynysig* yn ail a *Jac* yn drydydd.

Llunio sgript drama 20-30 munud o hyd addas i'w pherfformio gan glwb ieuenctid

BEIRNIADAETH MAIR TOMOS IFANS

Daeth tair sgript i'm llaw ac fe fyddai'r tair sgript yn cael derbyniad ffafriol, dw i'n siŵr, gan unrhyw glwb sydd yn chwilio am ddeunydd newydd i'w berfformio.

Columbo: 'Mae pawb ishio byw'. Drama yw hon sydd yn gwneud hwyl am ben y ddrama dditectif gonfensiynol. Ynddi fe gawn y cymeriadau disgwyliedig – yr hen ŵr cyfoethog, a'i wraig; Ivy, eu nith hunanol; gweinidog; bwtler; a'r ditectif ei hun, wrth gwrs, ond mae ynddi hefyd 'gymeriadau' eraill – llun sy'n rhoi sylwadau, cloc cwcw, a Cherddor sy'n anweledig i gymeriadau'r ddrama. Mae 'na nifer fawr o jôcs geiriol a gweledol yn y ddrama hon ac er nad ydynt bob tro yn arbennig o wreiddiol, mae'r rhan fwyaf yn gweithio ac yn ennill eu lle yn y sgript. Mae'n ddrama sydd wedi ei saernïo'n grefftus ac fe hoffais yr elfennau absẃrd yn fawr. Er bod nifer o'r cymeriadau yn 'hen', dw i'n siŵr y byddai actorion ifanc yn mwynhau ei pherfformio.

Jeremy: 'Dyna Be' Mae Pobl Isio'. Plaid Wleidyddol newydd sbon danlli ydi ffocws y ddrama hon – brown ydi lliw rubanau'r cefnogwyr ac mae'r blaid yn addo popeth i bawb o bob rhan o'r deyrnas. Mae'r sgript yn llifo'n rhwydd ac yn sylwebaeth reit syml, ond eto'n ddigon ffraeth, ar y byd gwleidyddol ac mae sawl cyfle ynddi i arddangos doniau dynwared oherwydd bod nifer o bersonoliaethau cyfarwydd y cyfryngau yn rhan o'r sgript. Mae'r caneuon yn hawlio'u lle ac yn gyfrwng i gynnwys nifer fawr o gast pe bai angen. Ac, wrth gwrs, ma' 'na dro ar ddiwedd y stori!

Begeli: '<u>Ff</u>ransis <u>W</u>na <u>B</u>uddug <u>T</u>wm <u>O</u>lwen <u>L</u>oydi (yr hen wan tŵ)'. Pêl-droed ydi cefndir y ddrama hon (fel yr awgryma llythrennau blaen y teitl – er nad ydynt yn y drefn gywir i sillafu'r gair *ffwtbol*!) ond nid drama am bêl-droed ydi hi. Cyfrwng ydi'r gêm i drafod perthynas drionglog rhwng Wna, Olwen a Loydi – ac wedyn Buddug: beth yn union ydi ei bwriadau hi, tybed? Mae cymeriadau'r ddrama hon yn ifanc ac fe fyddai'n sgript addas iawn pe bai clwb yn chwilio am ddrama ar gyfer cast bychan o ran nifer. Dw i'n teimlo y byddai'r ddrama'n gwella pe bai'n cael ei golygu unwaith eto – chwynnu ambell beth dianghenraid ac ystwytho ychydig ar y ddeialog.

Gobeithio y bydd y tair drama yn cael eu llwyfannu – mae digon o alw am sgriptiau ar gyfer clybiau ieuenctid o bob math. Gwaetha'r modd, dim ond un sgript a gaiff ei gwobrwyo a dw i am ddyfarnu'r wobr i *Columbo*.

ADRAN FFILM A THELEDU

Ysgoloriaeth Geraint Morris

Sgript neu driniaeth ffilm fer *neu* Driniaeth ar gyfer cyfres boblogaidd ar gyfer y teledu ar bwnc o ddewis yr unigolyn

BEIRNIADAETH EIFION LLOYD JONES

Gydag ysgoloriaeth gwerth £500 gan Cyfle tuag at gostau wythnos o hyfforddiant yng nghwmni sgriptwyr a chriw cynhyrchu, roedd angen sicrhau teilyngdod go iawn cyn dyfarnu buddugwr – o gofio na cheid rhannu'r wobr na dyfarnu rhan ohoni'n unig.

Tair sgript neu driniaeth a ddaeth i law a'r calondid cynta' oedd canfod bod y tri awdur yn deall pwysigrwydd y gweledol a gallu'r gweledol i gyfleu ystyr – heb orfod dibynnu ar eiriau. Y cam nesa' oedd canfod i ba raddau yr oedd y tri wedi datblygu hynny i gyflwyno sefyllfa, stori, sgript neu ddeialog lwyddiannus.

Glaw: Triniaeth ddwy dudalen a mymryn yn unig a gafwyd ond y gwendid penna' yw diffyg gwreiddioldeb y cynnwys a'r driniaeth. Mae James, 41 oed, yn fab fferm sy'n cael awr o ryddhad wythnosol mewn pwll nofio oddi wrth ei fam sy'n diodde' o glefyd Alzheimer. Rwy'n siŵr y byddai'r gweledol yn gweithio'n dechnegol ond rwy'n amau a fyddai gan unrhyw un ddiddordeb yn y digwydd di-ddigwydd.

Ebrill: Mae cynnwys a thriniaeth pum tudalen a hanner *Ebrill* o ferch ifanc sy'n dymuno newid siâp ei thrwyn yn fwy gwreiddiol ond yn annhebygol o ennyn digon o ddiddordeb na chydymdeimlad at ei chyflwr. Gyda 23 o olygfeydd byrion iawn, tua'u hanner yn cynnwys deialog, sy'n dechrau a gorffen yn 2003, mae'r pendilio rheolaidd rhwng 2002 a 2001 wedi drysu'r awdur, heb sôn am adwaith tebygol y gwyliwr. Yna, 'dydi'r cyfarwyddyd fod Heidi'n 'ysgwyd ei phen' ddim yn rhoi unrhyw awgrym pa un ai cytuno ynteu anghytuno a noda'r ysgwyd hwnnw! Ac yn ola', pam mae'n rhaid cael meddyg o Sais o hyd – onid oes yna feddygon Cymraeg?

Dr Terwilliker: Yn sicr, mae'r sgript 28 tudalen yma yn fwy sylweddol o ran cynnwys a thriniaeth, er bod ganddi hithau ei gwendidau: mae trafferthion cyrraedd priodas mewn pryd yn ystrydebol o hen ffasiwn. Ond camp fawr yr awdur yma yw gwneud y sefyllfa honno'n ddiddorol, yn dderbyniol ac yn ddoniol. Tair chwaer y briodasferch sydd mewn cerbyd pan fo'r gyrrwr yn cael trawiad . . .

Mae'r lluniau agoriadol yn gosod y sefyllfa yn gelfydd a'r ddeialog agoriadol yn cyflwyno'r cymeriadau yn eglur. Yna, ceir datblygu'r sefyllfa'n bur wreiddiol gydag elfennau dramatig sy'n dderbyniol gan amla' yn eu cyd-destun, ynghyd â chynnal deialog naturiol lafar sy'n ddifyr a doniol. Ond, o dderbyn y byddai Eidales ddi-Gymraeg a di-Saesneg yn yr un cerbyd â'r chwiorydd, rwy'n amheus iawn o werth ymddangosiad dirybudd Cymraes arall sy'n neidio i'r car ac yn gallu ymgomio yn Eidaleg â hi! Gormod o bwdin – neu basta, hwyrach.

Rydw i hefyd yn ymwybodol o'r gwallau iaith ac acennu sydd yn y cyfarwyddiadau a'r diffyg nodi sillgoll ac atalnodi sydd yn y ddeialog. Tra bo'r ddeialog honno'n gwbl addas a naturiol fel tafodiaith lafar – ar wahân i'r gair teyrngarwch' annhebygol, yr ymadrodd 'braich gloff', a'r defnydd o 'hyll' yn hytrach na 'salw' yn nhafodiaith y De – ystyrier y geiriau hyn: *da, fyd, yn, a, di, ffon, drych, dan, os.* Nid yr ystyr arferol a fwriedir ar gyfer yr un ohonyn nhw ond byddai cynnwys sillgoll yn y mannau priodol yn cyfleu'r ystyr cywir ar unwaith gan hybu dealltwriaeth ac ymateb y darllenydd heb ffurfioli'r mynegiant o gwbl.

Mae'n rhaid ychwanegu na fyddwn i'n edrych ymlaen at gyfarwyddo'r ffilm sydd wedi'i lleoli bron yn llwyr mewn cerbyd ar ffordd brysur: o ran dilyniant, byddai'n anodd yn llonydd, yn anos yn teithio, a bron yn amhosibl wrth osgoi damweiniau o drwch blewyn!

O ystyried y gwahanol wendidau hyn, a ellir cyflwyno £500 i'r awdur? O gofio awydd y diweddar Geraint Morris i annog, meithrin a hyrwyddo awduron profiadol a newydd, rwy'n tybio bod cyfiawnhad. O sylweddoli'r angen dybryd am sgriptwyr comedi yn Gymraeg, ac o gydnabod fy mod i wedi chwerthin wrth ddarllen y gwaith, rydw i am fentro gwobrwyo *Dr Terwilliker* yn llawen.

ADRAN DYSGWYR

CYFANSODDI I DDYSGWYR

Llunio deg cwestiwn i'w gofyn i berson enwog. Lefel: 1

BEIRNIADAETH ANN JONES

Mae'n dda dweud bod pedwar ar ddeg wedi rhoi cynnig ar y gystadleuaeth hon. Llongyfarchiadau iddynt i gyd. Wrth feirniadu, roeddwn yn chwilio am dri pheth: iaith syml, weddol gywir o fewn gofynion Lefel 1; cwestiynau yn amrywio amserau'r ferf; rhywfaint o ddilyniant yn yr holi i greu cyfweliad syml yn hytrach na rhes o gwestiynau digyswllt.

Bysedd y Cŵn, Tonwen, Twm Twrch: Mae gan y rhain gwestiynau difyr i gymeriadau diddorol ond maent wedi bod yn llawer rhy uchelgeisiol i'w gallu ieithyddol. Gall camddefnyddio Geiriadur fod yn beryglus ac mae'r tri yma wedi syrthio i'r fagl o feddwl yn Saesneg a cheisio ysgrifennu yn Gymraeg.

Cat Woman, Mêl, Dora Emily: Mae'r iaith yn fwy addas ond mae nifer o wallau iaith yn eu gwaith.

Delilah Puw, Nia, Y Forwyn o Fynytho: Roedd iaith gywir, addas ar gyfer Lefel 1 gan y rhain ond doedd dim digon o ymgais i greu cyfweliad.

Martin Bashir: Ymgais ddiddorol i holi Saddam Hussein ond, er y cyflwyno lliwgar, roedd nifer o wallau ieithyddol.

Anwen o'r Glyn: Cyfweliad difyr iawn gyda Mererid Hopwood ond mae llawer mwy na deg cwestiwn yn y gwaith yma. Rwy'n teimlo y gallai gystadlu ar lefel uwch na Lefel 1.

Dyma'r tri a ddaeth i'r brig:

Hen Nyddwr Llwyd: Ymgais ddiddorol i ddod i wybod mwy am Syr Kyffin Williams ond mae nifer o wallau iaith yn y darn (e.e., Pwy oedd eich arlunydd ffefryn chi . . .?).

Pluen Llwyd: Hoffwn glywed yr atebion i nifer o'r cwestiynau hyn i Dylan Thomas (e.e., 'Pam dach chi'n yfed cymaint?') ond nid yw'r iaith mor sicr ym mhob un o'r cwestiynau.

Homer Simpson: Syr Anthony Hopkins sy'n cael ei holi'r tro hwn. Mewn ymgais dda i greu cyfweliad, ceir amrywiaeth o gystrawennau ac iaith eitha cywir ar gyfer y safon. Gofynnir ambell gwestiwn crafog (e.e., Dach chi'n mwynhau bod yn enwog a chyfoethog?).

Mae'r wobr yn mynd i *Homer Simpson* am ei fod wedi llwyddo i greu cyfweliad o fewn terfynau ei allu ieithyddol.

Darn o ryddiaith: Taith. Lefel: 2

BEIRNIADAETH GERAINT JONES

Daeth chwe ymgais i law. Cefais bleser mawr yn eu darllen. Llwyddodd pob un ohonynt i'w mynegi eu hunain yn y Gymraeg yn ddigon rhwydd ac effeithiol. Bwriadaf ddweud ychydig eiriau am bob un ohonynt o barch i'r ymdrech fawr oedd ei hangen ar gyfer cymryd rhan mewn cystadleuaeth fel hon.

D. ap Ifor: 'Taith Ofnadwy'. Hanes y sgrifennwr yn ceisio cyrraedd y dosbarth nos Cymraeg sydd yma. Ceir ambell dro trwstan yn ystod yr ymdrech i gyrraedd. Ar ôl cyrraedd, dim dosbarth – y tiwtor wedi ennill y loteri! Mae'r mynegiant yn weddol rwydd yma heb ddim ond ychydig o wallau ieithyddol yn eu hamlygu eu hunain yma ac acw. Mae'r mynegiant ar y cyfan yn dda iawn. Daw hiwmor y sgrifennwr yn gryf iawn trwy'r stori.

Aerona: 'Taith ofnadwy'. Hanes yr awdur yn mynd gyda'i merch ar daith i Lundain yw hon. Awn gyda hi i ymweld â rhai o leoedd diddorol y brif ddinas. Mae'r stori'n llifo'n eithaf rhwydd ac mae *Aerona* yn amlwg wedi ymdrechu i gadw'r mynegiant cyn gywired ag y gallai, heb ddim ond ambell wall hwnt ac yma. Diolch am gael dod ar y daith.

Meta: 'Taith drwy fy meddyliau'. Mae'r llif meddwl yma yn ddifyr iawn ac yn gywir iawn ei fynegiant. Mae gan y cystadleuydd afael gadarn iawn ar y cystrawennau a'r gallu i fynegi syniadau a theimladau cymhleth yn effeithiol dros ben. Taith trwy hanes Cymru a hanes y Cymry sydd yma. Meddylia'n ôl am yr hyn a fyddai wedi dylanwadu ar fywydau'r Cymry dros y canrifoedd. Mae llawer wedi ymadael ac yna wedi dychwelyd drachefn. Dyma neges gref *Meta*. Diolch am y gwaith.

Tarty Pants: 'Diwrnod allan y dosbarth Cymreig'. Diolch am gael mwynhau hwyl y stori hon. Pleser oedd cael darllen a cheisio creu darluniau yn y meddwl o'r wibdaith hynod hwyliog sydd yn ganolog i'r stori. Awn o ganeuon Tom Jones, i 'Dau Gi Bach', i gi bach go iawn yn bwyta bicini un o'r teithwyr! Mae mynegiant y cystadleuydd yn rhwydd iawn, heb ddim ond ambell wall yn ymddangos yma ac acw. Y peth trawiadol yw'r cyflymder arbennig y llwyddir i'w gynnal trwy'r darn. Diolch am stori hwyliog iawn.

Mrs Efrog: 'Taith'. Taith o amgylch Bae Caerdydd sydd yma. Wrth deithio o amgylch y Bae fel y mae heddiw, cawn ein hatgoffa o'r gorffennol, dyddiau'r 'aur Du' fel y dywed *Mrs Efrog*. Llwyddodd i'w mynegi ei hun yn effeithiol iawn. Bach iawn yw'r nifer o wallau ac yn sicr nid ydynt yn effeithio ar y llif mewn unrhyw fodd. Diolch am ymgais gywir a difyr.

Delilah: 'Taith'. O fewn cwmpas cymharol fach, llwydda *Delilah* i ddweud llawer. Down i wybod llawer amdani, cawn olwg ar ei bywyd ac rydym yn uniaethu, yn cydymdeimlo, yn mwynhau, ac yn rhannu ei balchder. Stori am rywun yn dysgu Cymraeg sydd yma, a'u taith tuag at fod yn rhugl. Mae'r elfen o ddod i adnabod a deall rhywfaint am yr awdur yn gosod y stori hon ar lefel uwch. Mae'r elfen hon yn bresennol yng ngwaith *Meta* hefyd ond teimlaf ei bod yn gryf iawn yng ngwaith *Delilah*. Mae'r mynegiant yn rhwydd, yn llithrig ac yn naturiol. Mae fel pe bai'n crynhoi'r ymdrech a'r llwyddiant y mae pob un o'r awduron hyn wedi ei brofi – yr ymdrech i ddysgu ac i ddefnyddio'r Gymraeg a'r llwyddiant o'i defnyddio'n hyderus. *Delilah* sy'n mynd â hi, gyda llongyfarchiadau gwresog.

Darn o ryddiaith: Noson Fawr. Lefel: 3

BEIRNIADAETH EMRYS ROBERTS

Testun gwych, a disgwyliwn bethau mawr! Ymgeisiodd deg ac mae'r safon ar y brig yn foddhaol iawn. Diolch i'r tri chystadleuydd cyntaf y soniaf amdanynt am eu hymdrech werth chweil.

Llinos: Mae'n sôn amdani hi ei hun yn mynnu golchi llestri cyn i'w gŵr ruthro â hi am yr ysbyty gan fod y babi'n daer am gael ei eni! Ymgais go dda i gyfleu'r panig cyn i Gillian Rose gyrraedd, ond nid yw'r fam yn rhy gartrefol, hyd yma, wrth sgwennu yn Gymraeg. Dalied ati.

Brynhyfryd: Cafwyd dechrau da i'r gwaith yma pan fo'r awdur yn sôn am gymryd rhan mewn cyngerdd yn Llundain. Mae'n ysgrifennu'n ddifyr ac yn bur raenus wrth gyfleu cyffro'r paratoi ond nid yw cystal wedyn. Gresyn na chadwyd safon yr agoriad ar hyd y ffordd gan gystadleuydd dawnus.

Amserhwylio: Hanes bachgen a gawn yn edrych ymlaen at hwylio'i gwch ym Mae Llanbedrog ond yn teimlo fel tagu Michael Fish, gŵr y tywydd, am ddweud celwydd a difetha'i gynlluniau. Mae'r arddull yn fywiog pan yw'r awdur ar ei orau a cheir ambell gymhariaeth loyw. Ond ceir gormod o fanylu a throi yn yr unfan ar brydiau.

Mae safon gwaith y tri ymgeisydd nesaf ychydig yn uwch.

Rowan: Mae prysurdeb wyna wedi ei gyfleu'n eithaf cyffrous a'r sgwennu, ar y cyfan, yn fywiog. Gresyn am yr ôl brys, ond mae'r pryder am Blodwen, y ddafad, yn gredadwy. Diolch am waith cryno a difyr pan yw'r awdur ar ei orau. Pe bai'r cyfan o safon y diweddglo, byddai'n wych.

William Owen: Dyma un arall sydd wedi meistroli'r Gymraeg yn bur dda. Mae yma sgwennu diwastraff yn rhannau gorau'r gwaith. Ceir dechrau difyr a phendant ond gresyn am ormod o fanylion wrth fynd ymlaen ac mae hynny'n difetha'r mwynhad o ddarllen. Mae yma fannau canmoladwy wrth i'r awdur sôn am y cyngerdd Nadolig ym mhafiliwn Llangollen a'r parti annisgwyl ar ôl dod adref.

Nain Gog: Ymgeisydd pur ddawnus ac un arall sy'n sôn am wyna. Gresyn am ychydig o ddiofalwch yma a thraw ond mae yma ysgrifennu pwerus wrth i'r awdur greu'r ias o weld golau rhyfedd ac arswydus yn yr awyr ac yna'r rhyddhad o ddeall nad oedd dim i'w ofni yn y diwedd. Ceir sgwennu cryno a blasus ym mannau gloywa'r gwaith.

Eu hiwmor, a gwell gafael ar eu crefft, sy'n codi'r ddau gystadleuydd nesaf un gris eto.

Ffion Huws: Mae'r darn bywiog yma o ryddiaith yn sboncio fel ebol blwydd mewn mannau. Mae'n dal ein diddordeb yn syth ar y dechrau: 'Ro'n i mor despret i gael dyn ar ôl deg noson anobeithiol efo'r Asiantaeth Ganlyn'! Mae sawl paragraff yn llifo'n naturiol a'r Gymraeg yn bur raenus ar y cyfan gan un sy'n mwynhau creu gyda geiriau. Ond gresyn am frawddeg braidd yn od tua'r diwedd: 'Ro'n i'n chwerthin fel mochyn pan wnaeth o ofyn i mi ei briodi'!

Cadwr: Dyma ysgrifennu llawn sbort gan un sy'n dipyn o ges. Nid am noson fawr y parti y mae o'n disgwyl ond am un 'fawredig'. A meddyliwch am rywun yn rhoi'r enw Llanfairpwllgwyngyll . . . (yn llawn) ar gi, ac yn gorfod galw 'Tyrd yma, bach', arno pan yw'r creadur yn gwrthod hel defaid wrth i'w feistr weiddi'r enw hir arno! Ac y mae hanes y ficer yn berl. Gresyn i'r gwaith fynd ar wasgar braidd tua'r canol,

Mae dwy ymgais ar ôl.

Gwyddfid: Dyma ysgrifennu dwys a chofiadwy am y noson y mae merch yn penderfynu gadael ei theulu a'i gwlad a dod i Gymru i astudio mewn prifysgol. Cawn rannu ei theimladau wrth i'r uned deuluol newid am byth, a cheir portread o'r tad yn rhythu ar y teledu heb ddangos dim emosiwn a'i mam ffwdanus yn chwilio am rywbeth i'w wneud i guddio'i siom a'i phryder. Mae'r iaith, ar y cyfan, yn ganmoladwy ac mae'r pumed paragraff yn fendigedig. Gyda mwy o brofiad, bydd yr ymgeisydd yma'n sicr o sgwennu'n gyffrous gan fod yma addewid bendant a dawn arbennig.

Seren Wib: Darn o ryddiaith gynnil gan un sy'n trin geiriau'n ofalus a chrefftus. Cawn ddarlun o'r cyffro a'r disgwyl, y partïon a'r gloddesta ar y noson fawr cyn gwawr y mileniwm newydd. Gall saernïo brawddeg yn dwt: 'Goleuwyd y nefoedd gan y tân gwyllt a chrynodd y ddaear i rythm y dawnsio'. Ond nid yw'r awdur yn hapus gan y synhwyra ei bod i gael profiad dyfnach na'r rhialtwch arwynebol o'i chwmpas. Ac fe'i caiff yng ngorfoledd unigrwydd. Mwynheais ddarllen y gwaith ardderchog hwn a ddaeth i'r brig yn syth ac aros yno ar ôl i mi ddarllen y cyfansoddiad lawer gwaith. Hyderaf y deil i fflachio'n ddisglair.

Y Darn o Ryddiaith

NOSON FAWR

Noson fawr? Dim un fawr fuasai hi y tro yma, medden nhw – ond un enfawr. Y fwyaf erioed, medden nhw. Dyna fuasai'r unig gyfle yn ein hoes i ddathlu efo gweddill y byd – y Mileniwm newydd!

Am y tro cyntaf, trwy dechnoleg lloeren, buasai hi'n bosib i ni i gyd wylio'r parti o'i ddechrau ar un ochr y byd a'i ddilyn ar ei gwrs o gwmpas y byd nes iddo orffen yn ôl lle dechreuodd oriau'n gynt.

Am fisoedd ymlaen llaw gorlifai'r siopau efo pob math o geriach fel hetiau, cardiau, dillad, siampên, bwyd, a llawer mwy ar ben hynny, a phopeth ar gael wedi'i wneud a'i lapio yn arbennig at y Mileniwm. Fedrech chi ddim peidio â chael y parti gorau erioed, na fedrech?

Prynwyd teledu Sky gan fwy o bobl nag erioed er mwyn ymuno â'r parti byd-eang. A theithiodd miloedd ar filoedd o bobl i lefydd lliwgar ledled y byd er mwyn cynnal eu dathliadau . . . bu yna ras i gyrraedd copa'r mynydd uchaf a gwaelod y ceunant dyfnaf fel ei gilydd – erbyn hanner nos, ar ei ben.

Wedyn, o'r diwedd, daeth y noson fawr. Fel ton fechan yn y dŵr, lledodd y partïon bach o bentrefi i drefi . . . wedyn o drefi i ddinasoedd . . . hyd yn oed o wledydd i gyfandiroedd . . . nes i'r hyn a ddechreuodd yn y Môr Tawel deithio drwy Asia, Awstralia, Affrica, Ewrop ac America. Wedyn, daeth yn amser i ni ganu 'Auld Lang Syne'. Goleuwyd y nefoedd gan y tân gwyllt a chrynodd y ddaear i rythm y dawnsio.

Y noson fawr. Y noson orau erioed. Yr un oedd i fod mor arbennig, yn gyffrous. Wedi'r cyfan, medden nhw, y Mileniwm newydd oedd hi, y digwyddiad rydan ni wedi aros amdano ers mil o flynyddoedd. Ond i mi, ni theimlai mor arbennig na chyffrous chwaith. Roedd pawb arall yn canu ac yn dawnsio. Roedd pawb arall yn hynod o hapus. Ond dim fi – i mi roedd rhywbeth ar goll. Roedd rhywbeth eto i ddigwydd i mi – rhywbeth a ddylai newid fy mywyd, roeddwn i'n siŵr. Ond beth? A phryd?

Es i allan i'r ardd, i'r tywyllwch dudew, a sylweddolais nad oedd neb arall o'm hamgylch. Roedd y noson yn hollol glir, yn ddigwmwl. Ac wedyn digwyddodd fy ngwyrth. Edrychais i fyny ac roedd y weledigaeth yn yr awyr mor hardd, mor syfrdanol. Prin y medrwn i anadlu, teimlwn fel pe bawn i'n sefyll yng nghanol y bydysawd efo rhyfeddodau'r greadigaeth o amgylch. Doeddwn i erioed wedi gweld cymaint o sêr yn y nefoedd, a phefrient fel diemwntau gwerthfawr yn erbyn cefndir meddal â golwg felfed arno. Roedd hi'n bosib gweld gogoniant gwaith Duw, ac roedd y cyfan yn berffaith.

Sylweddolais fy mod i yn fy nagrau ac roedd fy nghalon yn llawn hyd yr ymylon. Ond roeddwn i ar ben fy nigon erbyn hyn. Doedd dim angen dweud na gwneud dim byd.

Ces i fy noson fawr.

Seren Wib

Cerdd: Y Ffin. Lefel: Agored

BEIRNIADAETH CYRIL JONES

Denodd y gystadleuaeth hon 16 o ymgeiswyr. Mae'r safon yn ganmoladwy ac fe hoffwn i longyfarch pob un am ysgrifennu cerddi yn eu hail iaith. Dyma rai sylwadau am bob cerdd.

Gareth R. Thomas: Ysgrifennodd gerdd sy'n rhoi rhestr o'r ffiniau sy'n bodoli yn yr ymennydd i ddechrau. Yn yr ail bennill, rhestrir y pethau nad oes ffiniau iddyn nhw – gwybodaeth, athrylith, gwallgofrwydd, ac yn y blaen. Fe fyddai'n llawer gwell pe bai wedi canolbwyntio ar un o'r rhain ac ysgrifennu am ddigwyddiad neu gymeriad.

Cigfran: Mae cerdd y cystadleuydd hwn braidd yn gymysglyd. Mae'n dechrau drwy sôn am griw 'mor ddu â brain' yn croesi ffin ond dydi'r gerdd ddim yn siŵr a ydyn nhw wedi croesi'r ffin ynteu a oes dŵr ymhobman. Ar y diwedd, sonnir am geffyl pren Troea yn methu mynd yn ei flaen am fod y ffordd ar gau, ond mae blodau bob ochr iddi! Mae gobaith ac anobaith yn cydfodoli ar y ffin. Dalied ati i ddatblygu ei ddawn.

Llais y Pren: Cyfansoddodd gerdd eitha hir ond byddai'n llawer gwell pe bai wedi canolbwyntio ar un agwedd o'r ffin. Ceir ambell bennill eitha da ynddi: 'Ar y ffin mi gaethon nhw freuddwyd –/Roedd gobaith yn disgleirio/Dros y wlad/pan dorrodd y wawr.'

Rhosyn Gwyrdd: Mae'r bardd 'ar waelod pwll du' ac yn methu croesi'r ffin i'r lle mae 'pobl yn chwarae yn yr haul.' Mae rhywun 'yn gollwng rhaff geiriau caredig' ond mae rhywun arall yn ei gicio yn ôl! Druan â hi/fe.

Merch o Essex: Mae pob pennill yn sôn sut y mae'r rhain i gyd yn ffiniau: croen, tŷ, tir, môr, tân, ac yn gorffen drwy honni 'Mewn gwirionedd, bywyd yw'r ffin . . .'. Unwaith eto, byddai'n well pe bai wedi canolbwyntio ar un ffin.

Aderyn y Nos: Mae hon yn bryddest o gerdd hir ac mae'n amlwg ei fod yn hen law ar ysgrifennu Cymraeg. Credaf y buasai'r gerdd hon ar ei hennill pe bai'n cael ei chynilo a'i byrhau, yn enwedig y caniad rhagarweiniol sy'n sôn am ddyddiau diniweidrwydd cyn iddo sylweddoli'i Gymreictod a phlymio i '[d]ddyfroedd disymud Capel Celyn'. Mae cywasgu iaith yn un o nodweddion barddoniaeth dda ac fe geir gormod o linellau hir, rhyddieithol yn y gerdd.

Glas y Gors: Unwaith eto, mae cerdd hir *Glas y Gors* yn cyfeirio at nifer o ffiniau ac yn mynd ar hyd ac ar led. Buasai'n llawer gwell pe bai'n canu am un profiad neu ffin bersonol yn hytrach na chwmpasu'r byd cyfan.

Gŵydd yr Eira: Mae'r gerdd hon yn llawer gwell am fod y bardd wedi ceisio cyfleu un profiad ysbrydol. Hoffaf yr elfen storïol. Mae'n dechrau â disgrifiad o'r 'eglwys faen yn nythu' a'r offeiriad yn dod i weddïo – 'Ar y munud hwnnw,/ Doedd dim ffin,/Roedd nef a daear yn un'. Unwaith eto, buasai'r gerdd hon yn llawer gwell pe bai'r bardd wedi bod yn gynilach wrth lunio'i stori.

Sarah: Dau ddarlun hollol wahanol a geir yn y gerdd hon. Yn y cyntaf, mae 'bachgen pymtheg oed' yn marw o newyn ar y 'sgrîn yng nghornel y lolfa'. Drwy'r ffenest, mae'r bardd yn gweld merch ifanc bedair ar ddeg yn cerdded i lawr y stryd – 'Cofleidiai ei jîns tyn/Ei ffurf main fel croen neidr'. Er bod y ffin rhwng tlodi a chyfoeth yn amlwg yn y gerdd, mae'n drueni nad ydi'r bardd wedi llwyddo i gysylltu'r ddau ddarlun yn well.

Cadwr. Does dim angen yr is-deitl, 'Ffiniau dy fywyd', mewn gwirionedd. Mae'n ceisio teithio o enedigaeth i farwolaeth mewn tua phymtheg llinell. Unwaith eto, mae'n well glynu wrth un ffin.

Lleuad Fedi: Buasai'n well gosod y geiriau '(Ysgol Pant Glas 1869)' yn is-deitl i'r gerdd hon yn hytrach na'u cynnwys ar y diwedd. Cerdd hanesyddol yn disgrifio profiad plant yn yr ysgol yng nghyfnod y *Welsh Not.* At ddiwedd y gerdd, mae'r Un Diofal yn gorfod aros ar ôl i gael y gansen ond mae'r 'gweddill ohonom/Yn ôl dros y ffin tuag at ryddid'. Mae'r cyfan braidd yn rhyddieithol ond tasg anodd yw 'sgrifennu am ddigwyddiad mewn hanes.

Dyma'r goreuon:

Cerridwen J: Cyflwynodd un o gerddi mwyaf diddorol y gystadleuaeth. Y pumed dimensiwn ydi ei thema hi. Mae'n rhoi enghreifftiau ohono: 'gwefr cusan gyntaf/ crac/ŵy yn ergydio'r llawr/gwaed milwyr yn gwrthdaro mewn rhyfel'. Mae'n dychmygu'r pumed dimensiwn yn cael ei farchnata yn y dyfodol: 'Bargen yr wythnos: pumed dimensiwn: dwy noson am bris un'. Hoffaf yr ergyd yn y diwedd hefyd.

Glan Aber: Cerdd ddiddorol sy'n sôn am y bardd mewn gwahanol leoliadau ar y ffin rhwng Cymru a Lloegr – er enghraifft: 'Ro'n i'n cysgu ar gors y Ddyfrdwy,/ Lle bu'r gïach yn isel i'r pridd'. Yn y diwedd, mae'n clywed 'Llais cyfaill, llais cynefin,' yn ei gyfarch ac yn gofyn y cwestiwn treiddgar: 'Lle mae'r ffin yn dechrau –/Yn y meddwl neu ar y map?'. Yn fy marn i, fe fyddai'n well pe bai'r gerdd yn gorffen â'r pennill hwn.

Dafydd Pen Tîn: Fel y mae'r ffugenw yn ei awgrymu, mae hon yn gerdd ddoniol a dychanol am fyw a theithio yn nhir y ffin rhwng Cymru a Lloegr. Dyma enghraifft: 'Byw ar y ffin yw/clywed y Gymraeg bron pob dydd ar strydoedd Tre Oswallt ond/Dydd Sadwrn yn unig yn y Trallwng – os 'dach chi'n lwcus'. Ac mae'r pennill olaf am y daith ar y trên gan 'igam-ogamu' yn ôl a blaen dros y ffin yn ardderchog.

Hannah: Telyneg serch wyth llinell o hyd. Mae hon yn batrwm o gynildeb gan un o feirdd mwyaf addawol y gystadleuaeth. Dyma hi: 'Dywedodd hi;/Os taw awyr sy'n fy nghyfyngu/Wedyn ti yw'r lleuad –/Ma's o fy nghyrraedd./Ysgrifennodd e nôl;/Mae'r lleuad wastad/O fewn cyrraedd –/Gofodwyr serch'. Cadwodd yr un ddelwedd drwyddi ac fe ddylai *Hannah* ddal ati i ddatblygu'i dawn mewn cerddi hirach.

Miniog: Rwy'n dyfarnu'r Gadair a'r wobr i gerdd y cystadleuydd hwn. Mae hon hefyd yn gerdd serch ac yn cyfarch y Gymraeg fel yr 'eneth anwadal' a 'geneth fympwyol' sy'n anfodlon croesi'r ffin tuag ato, er gwaetha'i ymbiliadau.

Y Gerdd

Y FFIN

O, Gymraeg, rwyt ti'n feistres galed,
I Sais sy eisiau agosáu atat ti.
Efo llais fel cân ar awel yr haf,
Eneth anwadal, rwyt ti wedi fy hudo i.

Rwyt ti'n gwybod 'mod i newydd ddod o hyd i ti,
Ond does dim dianc. Rwyt ti'n rhy brydferth.
Er mwyn i mi dy gadw yn fy nghofleidiad,
Mae fy enaid tragwyddol ar werth.

Rwyf yn teimlo dy wefusau ar fy ngwefusau,
Ac anadl dy lais yn fy nghlust.
Dim ond am eiliad ac wedyn mynd yn syth,
Gadael i mi deimlo mor drist.

Rwyf yn boddi yn dy fagl dyner.
Rwyf yn gwynio dan faich cariad mor anfodlon.
Trwy gydol bob nos rwyf yn sibrwd dy enw.
Rhiannon, dewines Cymru, tyrd ata i'r wythnos hon.

Ar dy ffin rwyf yn sefyll a chrynu,
Gan 'mod i bron byddar a mud.
Cwyd fi i fynwes dy wybodaeth,
Fel plentyn diniwed o'r crud.

Annwyl eneth hyfryd, geneth fympwyol,
Yng nghynllwyn dy dreigladau rwyf yn meddwi.
Profa i mi nad oes ffin o gwbl.
Wnei di, Dywysoges fy nghalon, ymuno â mi?

Miniog

Darn o ryddiaith: Darganfod. Lefel: Agored

BEIRNIADAETH BETHAN GWANAS

Derbyniais naw ymgais, gan awduron hynod amrywiol eu cynnyrch. Mae'n dda gen i ddweud bod safon Cymraeg pob un ohonyn nhw yn ganmoladwy dros ben, a diolch yn fawr iddyn nhw am fod â'r dewrder i fentro ysgrifennu'n greadigol yn eu hiaith newydd. Ychydig iawn o Gymry Cymraeg a allai wneud yr un peth.

Roedd y gwaith yn amrywio o fod yn ddarnau cwbl ddychmygol i fod yn ddarnau ffeithiol, hunangofiannol, ac felly doedd dewis rhyngddyn nhw ddim yn hawdd. Dyma baragraff byr am bob ymgais:

Glas y Gors: Roedd ganddo syniad da ac uchelgeisiol am stori. Mae'r awdur yn disgrifio brodor o'r fforestydd glaw yn chwilio am ddyn gwyn i gael dial arno am lygru a llosgi ei amgylchfyd. Mae'r disgrifiadau'n effeithiol iawn a gwres a lleithder y coedwigoedd glaw i'w teimlo'n gryf drwy'r cyfan. Ond teimlaf nad yw'r awdur eto'n barod yn ieithyddol i fynd i'r afael â darn mor uchelgeisiol. Mae'r brawddegau'n aml yn rhy gymhleth ac yn creu problemau diangen iddo. Gocheler, hefyd, rhag dibynnu'n ormodol ar eiriadur. Ond ymgais dda iawn, a dewr.

Alltwen: Darn hunangofiannol, syml, a gonest am yr awdur yn chwilio am rywbeth a oedd ar goll yn ei bywyd. Gwyddai mai Cymro oedd ei thad-cu ond 'wyddai hi ddim fod ganddo gysylltiad â'r hyn roedd hi'n chwilio amdano nes i waith ei gŵr ei harwain i Gymru ac at yr iaith Gymraeg. Mae'n dyfynnu Gwenallt: 'Ni wyddom beth yw'r ias a gerdd drwy'n cnawd/Wrth groesi'r ffin mewn cerbyd neu mewn trên:/Bydd gweld dy bridd fel gweled wyneb brawd,/ A'th wair a'th wenith fel perthnasau hen . . .'. Dyfynnu arbennig o addas ac effeithiol ac ysgrifennu da drwyddo draw. Da iawn, *Alltwen*.

Mama Arran: Hanes yr awdur yn prynu beic ac yn darganfod byd a bywyd newydd wrth ddechrau teithio drwy gefn gwlad a phentrefi Cymru ar ddwy olwyn. Mae'n ddarn byr, syml, gyda Chymraeg da, ac mae'r awdur yn llwyddo i gynnwys mwy na hanes y beicio. Mae'n cymharu dwy ran wahanol o Gymru, hefyd, a hynny'n onest a chynnil. Dw i'n digwydd cytuno efo'r awdur yn hynny o beth – a'r beicio, wrth gwrs, ond mae'n ddarn a ddylai ysbrydoli unrhyw un i fynd ar gefn ei feic.

Hen Ddyn y Môr: Hunangofiant dychmygol gŵr o'r enw Dafydd Lloyd a gawn yma. Mae'r cynnwys yn ddiddorol a'r iaith yn gywir dros ben. Mae yma rannau hyfryd o gynnil – er enghraifft, y disgrifiad o'i dad ar ôl bod yn garcharor rhyfel yn Siapan: 'Ar ôl y rhyfel daeth fy nhad adre ond doedd e ddim yr un dyn adawodd y cartref bedair blynedd ynghynt . . . roedd e'n treulio ei amser sbâr yn ei gadair yn darllen y Beibl. Doedd dim amser 'da fe i fynd am dro gyda fi.'

Mae yna dristwch tawel yn rhedeg drwy'r darn ond mae'n gadarnhaol ar yr un pryd. Doeddwn i ddim yn or-hoff o'r dull o rannu'r gwaith yn benodau byrion. Credaf y byddai'n llawer mwy effeithiol ar ffurf ymson, sef Dafydd Lloyd yn adrodd hanes ei fywyd wrthyn ni mewn un llif naturiol.

Coch y berllan: Syniad bendigedig am stori: does gan Elin druan ddim hunan-hyder ond wrth iddi fynd am dro gyda'i nain ar hyd 'y lôn dywyll', mae'n cael agoriad llygad. Mae ei nain a'r lôn dywyll yn dangos iddi gymeriadau sy'n gwneud pethau y mae hi'n eu hedmygu'n fawr ac yna mae'n cerdded i mewn i ddrych . . . Mae'r cwbl wedi ei adrodd yn syml a thrawiadol, a dw i'n arbennig o hoff o'r diweddglo. Da iawn, gydag iaith ganmoladwy hefyd.

Annie: Traethawd syml a gonest am yr awdures a'i theulu yn dod o hyd i'r cartref delfrydol yng Nghymru ar ôl gwerthu eu tŷ yn Sussex. Mae'r disgrifiad o'r tŷ y daethon nhw o hyd iddo yn y diwedd fel rhywbeth allan o freuddwyd ond mae'r paragraffau olaf yn gwneud i'r darllenydd deimlo'r gwres rhyfeddaf, a ffydd llwyr yn nyfodol yr iaith Gymraeg. Mae ganddyn nhw bedwar o blant sy'n siarad Cymraeg iaith gyntaf, mae hi wedi mopio efo'n diwylliant, ac meddai 'Rhaid i mi gyfaddef, 'dan ni'n teimlo hi'n fraint i'r eithaf i fod yn rhan o fywyd Cymreig y pentref yma'. Da iawn, *Annie*, diolch am sgwennu a diolch yn arbennig am ddysgu.

Mabli: Darn byrraf y gystadleuaeth ond mae ei safon ymysg y goreuon. Mae *Mabli* yn awdures ddawnus sy'n gwybod sut i adrodd stori yn gelfydd a chynnil. Mae hi'n sôn am yr achlysur pan ddaeth ei gŵr o hyd i fom yn y gors, ac mae *Mabli* wedi llwyddo i ddod â'r cwbl yn rhyfeddol o fyw ar bapur. Mae'r manylion yn hyfryd ond cefais fy mhlesio'n arbennig gan yr hiwmor – er enghraifft: 'Gwelon ni rywbeth rhyfedd iawn [eglura ei gŵr] – tipyn bach fel bom, dw i'n meddwl!' 'Bom?' meddais i, 'pam ydych chi'n sefyll mor agos?' A dyna ddiwedd y paragraff. Mae *Mabli*'n gwybod sut i beidio â dweud gormod a gadael i'r darllenydd lenwi'r bylchau. Ardderchog.

Elin Benarian: Llythyr gan Wyddel hynafol o'r enw Brendan at y tywysog Madog ap Owain Gwynedd sydd gan yr ymgeisydd yma. Doeddwn i ddim yn siŵr beth i'w wneud o hwn. Mae'n swreal a hynod od. Mae'r Gymraeg yn raenus iawn, yn llifo'n naturiol ac yn llawn idiomau gwych – ambell un yn gwbl newydd i mi. Hefyd, mae yma ffraethineb a hiwmor arbennig. Ond mae'n gorffen yn rhy swta at fy nant i – felly, mwy o stwffin y tro nesa, os gwelwch yn dda, *Elin Benarian*.

Bendramwnwgl: Mae gan hwn hyder bendigedig yn ei Gymraeg; mae'r cyfan yn llifo'n naturiol a'r arddull yn sgwrsiol a ffraeth. Mae'n llwyddo i roi gogwydd newydd ar bethau fel yr Eisteddfod a dysgwyr i ni'r Cymry iaith gyntaf ac mae ei hiwmor yn chwa o awyr iach. Dw i'n arbennig o hoff o'r darn am y pedwerydd treiglad a'r hyn a ddigwyddodd i'r awdur druan ar ôl hanner awr o chwysu cyn mentro gofyn am daten drwy'i chroen ar faes ei 'Steddfod gyntaf. Do, mi gefais fwynhad mawr o ddarllen y darn yma. Efallai fod yma ormod o dalfyrru – er enghraifft, mae'n well gen i 'hefyd' na ''fyd'; 'deud wrtha i' na 'deud'tha i'. Mae'n haws i bawb o bob rhan o Gymru ei ddeall wedyn. Dyna rywbeth i chi ei gofio cyn i chi ddechrau gweithio ar nofel hunangofiannol dysgwr, *Bendramwnwgl.* Mae'r deunydd a'r gallu gynnoch chi – felly, ewch amdani!

Mae'r wobr gyntaf a'r tlws, felly, yn mynd i *Bendramwnwgl,* gyda *Mabli* yn ail a *Coch y berllan* yn drydydd. A llongyfarchiadau i'r chwech arall am ei gwneud hi'n gystadleuaeth mor ddifyr. Daliwch ati, yn greadigol ac yn ieithyddol!

Y Darn o Ryddiaith

DARGANFOD

Fi oedd 'run olaf i sylweddoli'r perygl, wrth gwrs. Roedd pawb arall 'di hen ddiflannu cyn i Dewi (yn edrych yn hynod o bert mewn sgert hir, las) ddechrau sbïo o'i gwmpas o.

'Hei!' daeth y sgrech, wrth iddo ffitio'n daclus i mewn i'w rôl, 'blydi merched Beca 'dan ni i fod! Dim fi ar fy blydi pen fy hun! Reit, chdi a chdi, 'lly – brysiwch, hogia, mae'r rali 'di dechrau – mae 'na sgertiau'n fan'na, siolau'n fan'na, dewch *ymlaen!'*

O leia, roedd 'na rywun arall digon di-glem wedi'i dynnu i mewn. Ac yn sydyn, roedd 'na bobl eraill i'n helpu ni i wisgo, 'di dod allan o nunlle fel 'tai. Rhyfedd iawn, dw i ddim yn meddwl. A dyma fi'n sefyll yno, felly, lle eiliad yn gynt ro'n i 'di bod yn trio dwyn perswâd ar bobl i ymaelodi, yn ymestyn coes i weld a oedd y lliwiau'n mynd efo'i gilydd – trowsus glas, sgert werdd, siôl lwyd, a wyneb hynod o goch. 'Fydda i byth, byth eto'n mynd ar gwrs Wlpan, 'wnes i addo i mi fy hun yn chwerw.

* * *

Wrth gwrs, nid mewn pabell ar faes y Steddfod y dechreuodd y gyfres o gamgymeriadau a oedd yn mynd i arwain at y sgert werdd fythgofiadwy 'na. Na – mae'n rhaid i ni fynd yn ôl ddwy flynedd i stafell ym Mhlas Laura, Aberystwyth, a finnau unwaith eto'n sefyll yn goch ac yn teimlo'n dwym ac yn anghyfforddus.

'Ble'r ŷch chi'n byw?'
'Tre'r Ddôl,' medda fi, wrth edrych ar 'nhraed.
'Beth ydi'ch oedran chi?'
'*Thirty-one.*'
'Reit, *you're going into Intermediates, then.*'
'*But I don't speak Welsh!*' meddai fi, mewn panig.

Am dric cas, 'dŷch chi ddim yn meddwl? Dyfalu o'n i, 'na i gyd, a digwydd gwybod y geiriau 'byw' ac 'oedran'. A dyma oedd y dechreuad – i ffwrdd â fi ar daith i ailddarganfod fy etifeddiaeth golledig, taith a oedd yn aml iawn i ddod â'r coch i 'mochau. Ni ddylai sgertiau 'Steddfod Tyddewi fod wedi dod yn gymaint o sioc i mi wedi'r cyfan.

Mi fedra i fesur fy nhaith tuag at yr iaith mewn eisteddfodau cenedlaethol ac mae dysgwr yn darganfod rhywbath newydd ym mhob un eisteddfod. Llanelli oedd fy un gyntaf, a 'wnes i ddarganfod bod 'na ofn enfawr arnaf o bobl a oedd yn siarad Cymraeg. Ia, 'rŷch chi'n iawn, wnaeth o ddim helpu rhyw lawer. Hanner rhedeg o gysgod i gysgod a wnes i, yn gwneud fy ngorau glas i guddio oddi wrth unrhyw un a oedd yn edrych fel 'tasen nhw'n debyg o siarad Cymraeg. Os ŷch chi'n meddwl eich bod chi wedi blino'n rhacs ar ôl diwrnod yn y 'Steddfod erioed, y cyfan fedra i ei ddeud ydi nad ŷch chi wedi profi dim byd. Hyd heddiw, mae clywed yr enw 'Llanelli' yn gwneud i 'nghoesau frifo.

Yn waeth byth, ar ddiwedd y diwrnod, mi dreulies i ryw hanner awr (bron â marw isio bwyd) yn gweithio allan y treigladau yn y frawddeg, 'Ga i *d*aten yn ei *ch*roen, os gwelwch yn *dd*a?' Hanner awr, cofiwch, heb air o gelwydd. Mae dysgwyr yn hunanwybodol iawn ynghylch treigladau, yn enwedig y pedwerydd. 'Dŷch chi ddim 'di clywed am y pedwerydd treiglad? Y Treiglad Posibl. Mae'n dod ar ddechrau pob gair Cymraeg ac yn swnio'n rhyfeddol o debyg i beswch.

Hanner awr o ofn a chwant bwyd. A'r ateb ges i? '*Wha's tha'? You wanna a potato, or wha'?*'

* * *

Erbyn fy ail Eisteddfod, roedd 'na fwy o siâp arnaf. Ro'n i'n gwybod beth i'w ddisgwyl, felly – er enghraifft, siawns go dda y byddai 'na Gymry Cymraeg o gwmpas. Ro'n i'n barod amdanyn nhw y tro 'ma – ar ôl chwe mis o aelodaeth ffyddlon o'r Côr lleol, ro'n i 'di dysgu bod pesychu'n aml, mwmian a deud 'Ia?' yn uchel ar ddiwedd pob brawddeg yn hen ddigon i guddio fy niffyg Cymraeg. Gan amlaf, roedd yn gweithio gan yrru pobl i ffwrdd, yn enwedig ar achosion pan wnes i besychu a phoeri yn fwy nag oedd yn *gwbl* angenrheidiol. Brwdfrydedd y dysgwr, wyddoch chi.

Dyma fi, felly, yn cyrraedd Dinbych yn llawn hyder ac yn barod am hwyl. 'Bechod, y creadur . . .' – ia, mi fedra i'ch clywed chi'n deud. Roeddech chi'n gwybod yn barod, 'doeddech? *Doedd neb 'di deu'tha i am law ac Eisteddfodau.* Doedd 'na ddim glaw ar fy niwrnod yn Llanelli! Doedd y syniad ei bod hi'n medru glawio mewn Eisteddfod erioed wedi croesi fy meddwl. Beth yn union, ga' i ofyn, ydi pwynt a phwrpas yr Orsedd, felly, dudwch? Derwyddon, wir!

Efallai mai dyna lle dechreuodd y deffroad pwysig, a'r ddealltwriaeth sydyn, a oedd yn aros amdanaf yn Nhyddewi. Nid fy mai i oedd o, wrth gwrs – y cyfan oedd ar fy meddwl i oedd y glaw, a sut i gael bod allan ohono. Y peth mwyaf deniadol ynghylch y babell benodol honno oedd y ffaith ei bod yn babell. Ac wrth sefyll yno, yn gwbl ddiamddiffyn, yn wlyb ac yn oer ac yn llawn o hunan-dosturi, doedd gen i ddim ffordd i wrthod ymaelodi. Ches i mo'r cyfle i orffen sgwennu'r siec, hyd yn oed – 'Mae blanc yn iawn,' meddai rhywun a oedd yn hawlio mai ei enw oedd 'Rocet'. Roedd yn amlwg i mi fy mod i 'di cael fy mabwysiadu gan un o'r cwlts 'na y mae rhywun yn clywed amdanyn nhw. Mae Mam 'di bod yn disgwyl rhywbath tebyg ers blynyddoedd. Siawns na fyddwn i'n cael fy ngorfodi i gymryd enw newydd, run fath ag 'Enjin' neu 'Misail' neu rwbath.

Tybed ydi'r straeon fod 'na genod drwg a llawer ohonyn nhw yn y cwlts 'ma'n wir, meddylies, wrth gerdded i ffwrdd yn wlyb ar ôl i'r glaw roi sioc i bawb trwy ysgafnhau rywfaint.

'Sut oedd y Steddfod?' meddai Mam, ar y ffôn. ''Dwn i'm. Gormod o law i fedru gweld,' meddai finnau, yn bwdlyd. 'Mae'n wastad yn glawio mewn Eisteddfodau.' Grêt – roedd hyd yn oed fy Mam i'n gwybod. Diolch am y *rhybudd,* Mam. 'O, dw i'n aelod o rywbeth. Lle mae o? Ia, Cymuned.' 'Run fath â cwlt, ydi o?' meddai Mam. 'Dwn i'm. Ond dw i'n croesi 'mysedd.'

Efallai eich bod yn iawn – efallai nad oedd man cychwyn i weledigaeth annisgwyl Tyddewi. Tyfu allan o'r gwynt a glaw y mae patrymau, yn troi'n enfys gyda'r posibilrwydd lleiaf o haul; neu ni'n hunain sy'n eu gweu nhw at ei gilydd i greu straeon bychain cynnes ac i gadw oerni mawr y noson dywyll i ffwrdd.

Ond 'ta waeth – Tyddewi amdani.

Tyddewi. Fy Steddfod gyntaf. [Ia, iawn, peidiwch â sôn, dw i'n gwybod – fy nhrydedd Steddfod. Ond mae 'cyntaf' yn swnio'n fwy barddonol, a fi sy'n gwneud hyn oll i fyny; felly, os nad oes ots gynnoch chi, mi wnawn ni drio hynny eto.] Tyddewi. Fy Steddfod gyntaf. Dydd Iau, dydd Gwener, dydd Sadwrn – yn aros dros nos am y tro cyntaf [hapusach?], yn glyd a chynnes yng nghefn fy nghar, wedi cuddio ym maes parcio Tafarn yr Harbwr, Solfach, efo breuddwydion a chwedlau a diodydd yn nofio o 'nghwmpas. Tyddewi, lle gwnes i ddisgyn i mewn i fywyd igam-ogam y peth mawr, ffug sydd mor agos at wir sylfaenol y Cymry. Colli fy hun yn llwyr yn y cyngherddau a thafarndai a'r losins a phosteri a dosbarthu taflenni a phrotestio a'r losins a'r hen, hen iaith yn cael ei hail-greu bob bore gyda'r wawr. A'r losins. Dianc ond unwaith, a hynny er mwyn cynnau cannwyll i 'nhad yn yr Eglwys Gadeiriol. Mi fydda fo 'di llawenhau i 'ngweld i'n yfed mor ddwfn o fy myd newydd personol, cymdeithasol a chenedlaethol.

Dyna fy esgus i, felly. Rhywun a oedd wedi meddwi'n llwyr ym mhob ystyr o'r gair ac a fethodd redeg i ffwrdd yn ddigon cyflym pan ddechreuodd Dewi chwifio'i sgertiau o gwmpas. Mae'n aros yn glir iawn yn fy nghof. Cerdded yn araf tuag at y dorf ger Pabell Llywodraeth y Cynulliad, dau – sori – *dwy* ohonon ni yn gafael yn y giât, a ninnau'n goch a gwyrdd a glas a swil dros ben; isio cribo 'ngwallt, isio siecio nad oedd 'mhen-ôl i'n edrych yn rhy fawr. Ac o flaen y dorf, a Dewi yn codi'r morthwyl, a finnau'n sylweddoli ei fod yn anelu'n syth at fy llaw, ac nad o'n i isio bod yn ferthyr. Amhosib i gael ffydd yn y ddynes fawr, wirion 'na - pa mor aml oedd hi wedi *ymarfer* chwalu'r giât, o'n i isio gweiddi'n sydyn. Oedd ganddi *gymwysterau,* felly? Oedd chwalu giatiau'n rhedeg yn y *teulu*? A phwy oedd yn mynd i brynu llaw newydd i mi fel arall?

Wel, chwara teg i'r eneth, mae'n rhaid 'i fod o *yn* rhedeg yn y teulu. Os ydi hi'n bosib chwalu giât yn farddonol, dyna a wnaeth [neu, o bosib, y fi sydd yn gorymateb braidd i'r ffaith lawen bod gen i ddwy law o hyd]. A dyna pryd y digwyddodd – a minnau wedi llithro'n ôl i gefn y dorf lle'r oedd rhai yn ddigon cwrtais i smalio nad oedden nhw ddim yn chwerthin am fy mhen, a bod gwyrdd yn fy siwtio i – 'no . . . rîli' – ac yn sydyn y gwnes ei ddarganfod.

Beth, yn union?

Mi fedra i ei roi o mewn un frawddeg [sydd fel arfer yn anodd iawn i mi]. Ar ôl dwy flynedd o ddysgu'r iaith, ar ôl tair Eisteddfod, ar ôl tridiau o dyfu i fyny'n ieithyddol tra 'mod i'n cwympo i lawr yn feddwol, mi o'n i wedi darganfod un peth heb os nac oni bai. Waeth beth mae pobl yn ei ddeud am hen draddodiadau'r Cymry, waeth beth mae Rhodri Morgan yn ei ddeud fod dathlu'r iaith a mynnu dyfodol iddi yn amherthnasol yn yr Eisteddfod, mi o'n i wedi profi rhywbath na fydda i fyth eto'n ei anghofio, ac a fydd yn fy ngorfodi fi i ailedrych ar fy mywyd i gyd.

Ia. Mae dillad genod yn gynhesach. Ac yn eithaf cyfforddus, 'fyd!

Bendramwnwgl

YSGOLION

Blwyddyn 7, 8, a 9

Prosiect personol: Fy Myd

BEIRNIADAETH WAYNE WILLIAMS

Cafwyd saith ar hugain o gystadleuwyr ar y gystadleuaeth hon – i gyd o'r un ysgol. Mae'n rhaid llongyfarch aelodau staff Adran y Gymraeg Ysgol Uwchradd Llanfair Caereinion am eu parodrwydd i gyflwyno'u disgyblion i ddiwylliant yr Eisteddfod ac am eu gwaith diflino, ychwanegol, wrth gasglu a threfnu cyfraniadau arbennig o raenus. Mae'n rhaid llongyfarch y disgyblion eu hunain hefyd am brosiectau amrywiol, diddorol a hynod o safonol.

Anodd iawn oedd dewis gwaith buddugol, gan fod o leiaf dri phrosiect yn deilwng o'u gwobrwyo. Dymunaf, felly, longyfarch *Cath* ar ei buddugoliaeth haeddiannol iawn. Roedd ei phrosiect yn llawn hiwmor, barn bersonol, sylwadau craff ac aeddfed ac o lefel ieithyddol uchel iawn.

Gresyn nad oes mwy o ysgolion uwchradd yn manteisio ar y cyfle i'w disgyblion gystadlu ar y gystadleuaeth hon, yn enwedig gan fod y disgyblion yn cyflawni gwaith ar destunau tebyg yn gyson yn eu cyrsiau Cymraeg ail iaith. Mae'n gyfle hwylus iawn i gyflwyno ein pobl ifanc i ddiwylliant a chyfoeth yr Eisteddfod gan agor drws iddynt ar ran allweddol o'u hetifeddiaeth.

Blwyddyn 10 ac 11

Dyddiadur wythnos o brofiad gwaith; gall fod yn ddychmygol

BEIRNIADAETH RICHARD ROBERTS

Rhoddodd pedwar ar ddeg o ddisgyblion gynnig arni ac roeddent, yn ddieithriad, wedi meistroli'r grefft o amrywio ffurfiau berfol ac wedi ysgrifennu eu dyddiaduron yn drefnus a hynny'n gwneud eu gwaith yn hawdd i'w darllen.

Fodd bynnag, mecanyddol braidd oedd ysgrifennu llawer o'r ymgeiswyr â'u gafael ar yr iaith yn ddigon cadarn ond eu mynegiant yn aml yn ddi-liw.

Dechreuodd ambell un yn gryf iawn gyda'i hiwmor yn gafael yn syth yn y darllenydd, yn arbennig felly *Seren* ond chwythodd ei phlwc ar ôl ysgrifennu am y diwrnod cyntaf!

Roedd gwaith *Twpsyn, Helo!, Carwyn* a *Beti* wedi'u nodwedddu gan iaith a oedd, at ei gilydd, yn gywir ac yn ddisgrifiadol fyw gydag elfennau megis hiwmor, mynegi emosiwn a barn yn amlwg. Roedd dyddiadur *Sali* hefyd yn cynnwys yr elfennau uchod ond llwyddodd hi i gynnwys mwy o fanylion am ei phrofiad gwaith, gan agor llygad lleygwr o ddarllenydd i fyd y milfeddyg.

Dyfarnaf y wobr i *Sali* gan ganmol y gweddill am eu hymdrechion.

Blwyddyn 12 ac 13

Casgliad o waith ar unrhyw thema yn cynnwys mwy nag un ffurf o ysgrifennu

BEIRNIADAETH WAYNE WILLIAMS

Dymunaf yn gyntaf adleisio sylwadau Hywel Jones yn ei feirniadaeth ar yr un gystadleuaeth yn Eisteddfod Genedlaethol Sir Benfro, Tyddewi. Gan fod pob ysgol uwchradd yng Nghymru sydd yn dysgu'r Gymraeg fel ail iaith yng nghyfnod allweddol 5 yn paratoi disgyblion at gyflawni gwaith tebyg ar gyfer eu harholiadau CBAC, pam nad oes mwy yn mynd i'r drafferth o lungopïo'r cyfansoddiadau a'u cyflwyno i gystadleuaeth yr Eisteddfod Genedlaethol? Mae'n rhaid llongyfarch y pwyllgorau testun sydd yn dewis testunau addas fel nad oes mwy o waith a chyfrifoldeb yn disgyn ar athrawon a disgyblion ond mae'n rhaid gresynu bod cyn lleied o'n hadrannau Cymraeg â'r weledigaeth i sicrhau mynediad i'w disgyblion i ran allweddol o fywyd y genedl Gymraeg.

Oni wneir hynny'n barod, hoffwn awgrymu y dylai'r Eisteddfod anfon copïau o'r cystadlaethau ar gyfer dysgwyr yn uniongyrchol at bob ysgol sy'n dysgu Cymraeg fel ail iaith ac at bob Ymgynghorydd y Gymraeg, gan eu hannog i berswadio'u hysgolion i gystadlu. Mae hawl sylfaenol gan ein disgyblion ail iaith i gael mynediad i'r profiadau ieithyddol a diwylliannol hyn. Mae'n rhan hanfodol o'u hetifeddiaeth.

Cafwyd pump yn cystadlu ar y gystadleuaeth hon eleni ac roedd eu cyflwyniadau yn hynod o ddiddorol, amrywiol a graenus dros ben. Mae'r pump ohonynt yn haeddu eu canmol am safon eu gwaith ac amrywiaeth eu themâu.

Serch hynny, roedd un yn amlwg ar y blaen a dymunaf longyfarch *Jo* ar ei llwyddiant. Roedd ei chasgliad o waith ar y thema 'Dylai pobl allu addoli yn eu mamiaith' yn dangos dyfnder ffydd Gristnogol a dealltwriaeth o anghenion ieithyddol pobl y tu hwnt i'w hoedran. Cafwyd amrywiaeth o ffurfiau ysgrifennu gan gynnwys holiaduron a'u dadansoddiadau, adroddiadau, adolygiadau, cyfweliadau a dyddiadur. Roedd y cyfan yn adlewyrchu ymrwymiad ffydd a mwynhad y ferch ifanc hon a'i dealltwriaeth o ofynion crefyddol pobl eraill. Roedd yn bleser darllen y gwaith.

PARATOI DEUNYDD AR GYFER DYSGWYR

Agored i ddysgwyr a siaradwyr Cymraeg

Deunydd darllen ar gyfer Cyfnod Allweddol 2 (oed 7 i 11)

BEIRNIADAETH SIÂN HAWKINS

Gwn fod talent a phrofiad sylweddol gan lawer yn y maes hwn ac felly roeddwn wedi gobeithio y byddai dwsinau o ymgeiswyr yn cystadlu. Er mawr siom, dim ond pedair ymgais a ddaeth i law. Mae angen deunydd darllen ffres, bywiog, fydd yn denu plant cynradd ail iaith i fwynhau llyfrau yn y Gymraeg, a hynny mewn iaith, er yn syml, sy'n parchu lefel eu datblygiad meddyliol ac yn apelio at eu dychymyg.

Beaumont: Casgliad o hanesion bychain a geir yma, sy'n esbonio diarhebion a dywediadau traddodiadol. Er bod y gwaith yn ddiddorol, nid yw *Beaumont* wedi ystyried gallu ieithyddol plant cynradd ail iaith; ni cheir ailadrodd patrymau allweddol ac ofnaf fod y cystrawennau'n rhy gymhleth o bell ffordd.

Bryn: Pedwar llyfryn sydd yma am anturiaethau ci o'r enw Ben a'i deulu – Dad, Alun a Caren. Mae'r llyfr cyntaf, *Ben*, yn sôn am y ci'n dod i fyw gyda'r teulu a sut i ofalu amdano. Nid yw'r copi a ddaeth i law yn ei ffurf orffenedig ond deallaf fod swigod siarad, lluniau, a thestun i fod ar bob tudalen. Mae'r ail lyfr, *Dysgu Ben*, a'r trydydd, *Ben yn Siopa*, yn dilyn yr un fformat; mae'r pedwerydd, sef *Ben yn datrys Problem*, ar ffurf dyddiadur. Llwydda *Bryn* i osod y Gymraeg ar lefel hollol addas i'r gynulleidfa darged; ceir digonedd o ailadrodd patrymau a geirfa allweddol a hynny mewn sefyllfaoedd amrywiol. Mae'n rhaid i mi gyfaddef fy mod yn casáu cŵn ond fe wnes i chwerthin a mwynhau'r storïau'n fawr. Edmygaf y ffordd y mae *Bryn* yn ymgorffori negeseuon pwysig yn y gwaith – gofalu am anifail anwes; siopa synhwyrol, diwastraff; pleserau syml; problemau pobl eraill – a hyn oll ag ysgafnder ac o fewn cyrraedd ieithyddol plant ail iaith cynradd. Mae *Bryn* yn haeddu clod mawr am y gyfres.

Gertie: Cyfres o ddeg llyfryn, 'Plant y Gwledydd', ar gyfer plant Blwyddyn 3 a 4 sydd yma. Mae'r fformat yn ddeniadol (A5), y ffont yn eglur, a digon o ddar-luniau (arfaethedig). Mae'r llyfrynnau'n cynnwys gwybodaeth ffeithiol megis bwydydd, gwaith, diddordebau, baneri, ac yn y blaen, y gwahanol wledydd. Ceir digon o ailadrodd patrymau cyfarwydd, gan gynnwys ambell ddefnydd o'r neg-yddol (ac ambell wall teipio!). Mae rhestr eirfa Cymraeg-Saesneg ar dudalen gefn pob un. Mae'n amlwg bod *Gertie* yn adnabod gofynion lefel darllen y plant targed. Ond mae rhywbeth yn fy mhoeni am y cynnwys, sef y duedd at yr ystrydebol: Iain o'r Alban yn bwyta *haggis* ac yn gwisgo cilt; tad y teulu Cymraeg yn pysgota mewn cwrwgl a'r teulu'n mwynhau picnic o fara brith a phice ar y maen, a chawl cennin i swper. Hwyrach y byddai un neu ddwy o dudalennau ymhob llyfryn wedi bod yn ddigon i gyflwyno'r wybodaeth werinaidd, fel y gallai *Gertie* fynd ar ôl materion cyfoes fel enwogion y gwledydd (byd pop/chwaraeon/arloeswyr); siopa; eu hanifeiliaid prin, ac ati. Serch hynny, mae'n rhaid canmol *Gertie* am ymgais dderbyniol ac rwy'n siŵr y byddai'r gyfres o ddefnydd mewn dosbarth o blant o 7 i 9 oed.

Sali Mali: Un stori sydd yma, sef 'Ffasiwn!' wedi'i hysgrifennu ar gyfer plant Cyfnod Allweddol 2, lefel 4/5 yn ôl disgrifiad yr awdur. Ceir swigod siarad, lluniau (arfaethedig), a thestun ar bob tudalen, yn ogystal â chymorth (Cymraeg-Saesneg) ar waelod rhai tudalennau. Thema gyfarwydd, gyfoes, a geir yn y stori: mae Tania wedi diflasu ar ei dillad ac eisiau rhywbeth cŵl i'w wisgo i fynd i'r sinema. Lefelir yr iaith yn briodol a chynhwysir ystod o amserau'r ferf ac amrywiaeth o batrymau ieithyddol. Nid oeddwn yn sicr wrth ddarllen y dudalen gyntaf a oedd Tania'n mynd i'r sinema *gyda'r* actor, tal, golygus, neu beidio – bydd angen newid trefn y frawddeg – ac, ar ddiwedd y stori, dylai Tania edrych ymlaen *at*, nid *i*, weld y ffilm. Hefyd, mae angen cywiro'r treiglo (*ei phen-blwydd*). Fe wnes i fwynhau'r stori yn fawr ac rwy'n siŵr y byddai'n apelio at blant yr oedran targed. Gydag ychydig o fân newidiadau, dylai'r stori hon fod yn ddefnyddiol yn y dosbarth fel deunydd darllen a hefyd fel sbardun trafodaeth am ddillad a ffasiwn.

Hoffwn longyfarch y cystadleuwyr ar eu gwaith ymroddgar ond yr un sy'n sefyll allan yw *Bryn* am yr ysgafnder ystyrlon y mae arnom ei angen yn y maes hwn. Rhodder y wobr i *Bryn*.

Deunydd darllen ar gyfer Cyfnod Allweddol 3 (oed 11 i 13)

BEIRNIADAETH GLENYS JONES

Dim ond un ymgais gafwyd yn y gystadleuaeth hon, er ei bod yn agored i ddysgwyr a siaradwyr Cymraeg.

Sali Mali: Ymgom a geir yn 'Swyddfa'r Heddlu' rhwng Mrs Watkin-Smythe a Sarjant Huws. Mae'n wirioneddol ddoniol ac iddi dro annisgwyl ar ei diwedd. Mae'r iaith yn naturiol a rhwydd fel y disgwylid mewn sgwrs ac fe grëwyd dau gymeriad byw a gwahanol mewn ychydig frawddegau. Pe bai hon yn gystadleuaeth ysgrifennu stori fer ar ffurf ymgom neu pe bai tair neu bedair o storïau tebyg o ran hyd ac ansawdd wedi eu hychwanegu at yr un yma, gwobrwywn *Sali Mali* yn syth. Ond fel y mae, rhyw damaid i aros pryd ydyw a dim yn dilyn y tamaid blasus hwnnw i fodloni archwaeth unrhyw ddarllenydd.

Felly, 'does dim amdani ond atal y wobr ac annog awdur 'Swyddfa'r Heddlu' i gyfansoddi mwy ar yr un llinellau a chyhoeddi llyfr a fyddai'n rhoi boddhad a phleser nid yn unig i ddysgwyr yn eu harddegau ond i ddarllenwyr cyffredinol hefyd.

Deunydd darllen ar gyfer Cyfnod Allweddol 4 (oed 14 i 16)

BEIRNIADAETH LIZ WILLIAMS

Yn gyntaf, hoffwn ddiolch o galon i bwyllgor dysgwyr Eisteddfod Maldwyn a'r Gororau am gynnig cymaint o gystadlaethau dychmygus yn Adran y Dysgwyr. Siom, felly, oedd derbyn dim ond un ymgais yn unig ar gyfer y gystadleuaeth hon, yn enwedig gan fod y gystadleuaeth yn agored i ddysgwyr a Chymry rhugl. Ydi hyn yn adlewyrchiad o'r ffaith fod ein hathrawon Cymraeg o dan gymaint o bwysau gyda'r holl waith papur? Go brin nad oes gan athrawon gwerth eu halen stôr o ddarnau pwrpasol yn eu ffeiliau, a allai fod wedi ateb dibenion y gystadleuaeth! Gresyn hefyd na fyddai rhai o'n dysgwyr brwd wedi rhoi cynnig arni. Gwn trwy brofiad nad oes prinder o ddysgwyr da a allai baratoi defnydd diddorol a phwrpasol ar gyfer y lefel hon.

Wrth i mi ystyried goblygiadau'r gystadleuaeth, meddyliais mai stori, erthygl, llythyr, dyddiadur, ysgrif neu ddarn o ryddiaith yn cyflwyno gwybodaeth fyddai'n apelio at yr ymgeiswyr. Disgwyliwn dderbyn darnau diddorol i ymestyn iaith y dysgwr drwy ddarllen personol. Byddai ymgom, dyweder, yn fwy addas ar gyfer atgyfnerthu'r iaith mewn grwpiau yn y gwersi neu'r sesiynau iaith.

Sali Mali: Mae'n eglur mai dysgwr da yw *Sail Mali*. Dewisodd ysgrifennu deialog fer rhwng tair ffrind ac mae'r iaith, ar y cyfan, yn eitha' graenus a'r ddeialog yn dangos tipyn bach o ddychymyg ond ofnaf nad yw'n cyrraedd lefel 4 o bell ffordd. Dydi'r iaith ddim hanner digon ymestynnol i blant rhwng 14 ac 16 oed. Gresyn hefyd i'r ymgeisydd ddewis ysgrifennu deialog.

Er mawr siom, ofnaf fod yn rhaid i mi atal y wobr.

Deunydd darllen ar gyfer oedolion lefel 1 neu 2

BEIRNIADAETH HELEN PROSSER

Hoffwn yn gyntaf longyfarch Pwyllgor Dysgwyr Maldwyn a'r Gororau am ddewis cystadleuaeth a allai arwain at greu mwy o ddeunydd darllen ar gyfer dysgwyr lefelau 1 neu 2. Dyma'r dysgwyr sydd yn gyfarwydd â phynciau pob dydd. Bob tro y gofynnwch i'r dysgwyr hyn pa adnoddau yr hoffent eu cael i'w cynorthwyo i ddysgu'r Gymraeg, y mae deunydd darllen yn agos iawn at frig y rhestr.

Pum ymgais a ddaeth i law, yn amrywio o un sgets estynedig i gasgliad cynhwysfawr o storïau. Cynigir gair byr am bob un ohonynt.

Cadwr: Gan yr ymgeisydd hwn y cafwyd y sgets – sef y sefyllfa yn ystod gwers gyntaf dosbarth nos (ond nid dosbarth ar gyfer dechreuwyr, wrth reswm). Pedwar o ddysgwyr ac athro o'r enw Owain Glyndŵr yw'r cymeriadau ac, fel pob sgets, mae'n llawn jôcs ac yn gorffen gyda pharodi o 'Hen Wlad fy Nhadau'. Cynigir cyfres o gwestiynau yn seiliedig ar y sgets i orffen ond nid yw'n hawdd gwybod bob tro at ba ran o'r sgets y cyfeiriant.

Dagnal: Cyfres o ysgrifau taith a bywgraffiadau pobl enwog o fyd chwaraeon fel Syr Alex Ferguson sy gan *Dagnal*. Er bod yr ysgrifau'n darllen yn ddigon difyr, mae'n amlwg nad oes gan yr awdur unrhyw ymwybyddiaeth o'r math o ffurfiau a ddefnyddir gyda dysgwyr na beth yw ystyr 'dysgwyr lefel 1 neu 2'. Mae'r arddull yn y darnau yn llenyddol ac yn llawn ffurfiau fel *rwyf*, *chwi*, *cyraeddasom*, *paham*, na fyddai dysgwyr ar y lefelau hyn wedi dod ar eu traws. Sylwais hefyd fod rhai o'r ffeithiau y cyfeirir atynt wedi dyddio.

Mici: Un peth a apeliodd ataf am y gwaith hwn oedd fod yr awdur wedi graddio'r darnau yn ôl hyd. Tipyn o gamp yw hi i ddysgwyr newydd ddarllen o gwbl ac felly mae'r syniad o ddechrau gyda deialogau byrion a symud ymlaen at storïau yn un da. Bydd y deialogau byrion hyn yn ddefnyddiol iawn ar gyfer eu perfformio mewn dosbarthiadau. Mae hiwmor yn brigo i'r wyneb yn y darnau hyn – eto rhywbeth sy'n dda iawn mewn darnau mor elfennol yn ieithyddol. Teimlaf fod angen cryn waith ar y casgliad hwn cyn y gellir ei ddefnyddio'n eang mewn dosbarthiadau neu gyda dysgwyr – ceir rhai ffurfiau anghyfarwydd i ddysgwyr lefel 1 neu 2 megis *euthum* ac *ni ddwedodd*. Mae'r eirfa'n anodd iawn ac ni chynigir unrhyw arweiniad. Yn olaf, y mae angen cywiro a golygu er mwyn dileu'r gwallau.

Llwynog: Casgliad o storïau'n dilyn un thema sy gan *Llwynog*, a'r thema honno yw'r goruwchnaturiol neu bethau rhyfedd, anesboniadwy sydd wedi digwydd i bobl. Dywed y nodiadau rhagarweiniol i'r holl storïau gael eu seilio ar y gwir. Ceir arweiniad yn y nodiadau hefyd i'r ffurfiau a ddefnyddir a noda'r awdur ei benderfyniad i beidio â threiglo'n llaes yn dilyn *a*, ac eithrio mewn ymadroddion cyffredin. Mae'n amlwg bod gennym awdur yma sy'n gyfarwydd iawn â maes Cymraeg i Oedolion ac sydd wedi meddwl o ddifrif am ei ffurfiau ieithyddol cyn dechrau ar yr ysgrifennu. Y ddolen gyswllt rhwng pob un o'r storïau yw person yn codi mewn cyfarfod Pont i adrodd ei stori. Glyna'r awdur yn wych wrth y ffurfiau a ddewiswyd ond teimlaf fod angen cryn waith ar y gyfrol hon cyn y gellir ei chyhoeddi. Mae rhai gwallau y mae angen eu cywiro; mae'r eirfa ar adegau yn anodd dros ben; ac er y ceir adran ar eirfa ar ddiwedd pob stori, dylid chwilio am bob cyfle i symleiddio; mae rhai o'r esboniadau yn yr adran ar eirfa yn rhyfedd ac, yn olaf, mae nifer o ymadroddion annaturiol yn torri ar draws rhediad y storïau. Ond y mae potensial yma o ran defnyddio'r storïau hyn mewn dosbarthiadau. Byddai 'Ysbryd y Nos' yn dda iawn fel rhagarweiniad i sgwrs ar ysbrydion a chefais flas arbennig ar 'Negesau Angel'.

Llinos: Erys un gyfrol o storïau o'r enw 'Y Gath Fawr a Storïau Eraill i Ddysgwyr'. Yma, ceir storïau gan berson sy'n deall Cymraeg i Oedolion a lefelau'r gystadleuaeth arbennig hon. Mae'r ffurfiau a ddefnyddir yn wych a'r storïau i gyd yn ymwneud â digwyddiadau pob dydd ym mywydau pobl gyffredin. Nid ydynt yn addas ar gyfer dysgwyr lefel 1 ond yn her ar gyfer dysgwyr lefel 2. Ymhlith y themâu a drafodir y mae colli pwysau, ymgyrch i achub ysgolion bach, yr Eisteddfod Genedlaethol a gwyliau teulu. Byddant yn dda fel deunydd darllen annibynnol ond hefyd mewn dosbarthiadau fel rhagarweiniad i drafod rhai pynciau. Gobeithio y gwelant olau dydd mewn cyfrol neu fel rhan o gyrsiau Cymraeg. Fodd bynnag, cyn hynny, mae angen ychydig o waith. Y mae rhai gwallau y mae angen eu dileu, rhai ffurfiau y mae angen eu cysoni, a dylid symleiddio'r eirfa lle bo hynny'n bosibl. Dyfernir y wobr i *Llinos.*

ADRAN CERDDORIAETH

CYFANSODDI

Emyn-dôn i eiriau'r Parchedig John Pinion Jones

BEIRNIADAETH J. CEURWYN EVANS

Derbyniwyd 34 o gynigion eleni – dipyn yn llai nag yn y blynyddoedd diwethaf. Mae'r emyn gan y Parchedig John Pinion Jones yn gosod naws arbennig ac yn gofyn am ymdriniaeth gerddorol a gofalus gan y cyfansoddwyr. Mae'r pedwar pennill yn agor trwy gydnabod y gwahanol rinweddau a berthyn i Grist ac yn esgyn i ddwy linell glo sy'n erfyniad am chwistrelliad adnewyddol grefyddol i gyflwr presennol ein byd. Mae'n emyn sydd wedi cael ei saernïo'n ofalus a'r hyn a geisiwn, wrth gloriannu'r tonau a ddaeth i law, oedd tôn a fyddai'n priodi'n dda â'r geiriau ac yn creu naws ddefosiynol gyffrous. Teimlaf fod y cynigion yn rhannu'n bedwar dosbarth.

Yn y pedwerydd dosbarth, mae'r tonau hynny sydd, efallai, wedi cael eu cyfansoddi wrth yr offeryn, gan daflu cordiau at ei gilydd heb fawr o ymdeimlad o batrwm na chywair.

Yn y trydydd dosbarth, ceir ymwybyddiaeth dda o fydr yr emyn ac mae'r cordio'n lân ond braidd yn unffurf a diddychymyg, gyda symudiadau harmonig anghyfforddus mewn rhai ohonynt.

Gosodaf naw o donau yn yr ail ddosbarth, sef (yn y drefn y rhifwyd hwy gan Swyddfa'r Eisteddfod) *Myllin (i)*, *Myllin (ii)*, *Siani*, *Siôn Efrog*, *Cwmfelin*, *Briallen*, *Maestegfryn*, *Emrys* (A leiaf) ac *Aberpwll*. Mae'r rhain yn donau canadwy iawn ac yn symud yn naturiol i fydr yr emyn ac yn datblygu i'r uchafbwynt yn gwbl effeithiol. Mae tuedd ynddynt i dorri'r emyn i fyny'n llinellau mewn gwahanol ffyrdd, un ai trwy gymalu amlwg neu trwy drawsgyweirio fesul llinell.

Rwy'n hynod o falch o allu dweud bod wyth tôn yn hawlio lle yn y dosbarth uchaf. Maen nhw'n donau sy'n dangos crefft arbennig iawn fel tonau unigol ond poen meddwl i mi oedd penderfynu pa un oedd yn gweddu orau i'r emyn arbennig hwn. Mae'r rhain yn dwyn yr enwau (eto yn y drefn y rhifwyd hwy gan y Swyddfa): *Rhos y gilwen*, *Luc*, *Emrys*, *Gwallter*, *Iorwerth*, *Owain*, *Parc-y-Mynach* a *Crianlarich*. Mae'r cyfansoddwyr hyn, yn amlwg, yn rhai profiadol ac mae ganddynt feistrolaeth ar drafod harmonïau lliwgar ond teimlaf nad yw crefft o'r fath yn gwbl gyfforddus yn yr emyn arbennig hwn. Mae'r emyn eleni yn wahanol i emynau Eisteddfod y gorffennol agos. Emyn o ddeisyfiad sydd yma yn hytrach na gorfoledd ac, i mi'n bersonol, mae'n gofyn am ddwyster myfyriol

(Parhad ar dudalen 218)

Yr Emyn-dôn Fuddugol 2003

(i eiriau'r Parchedig John Pinion Jones)

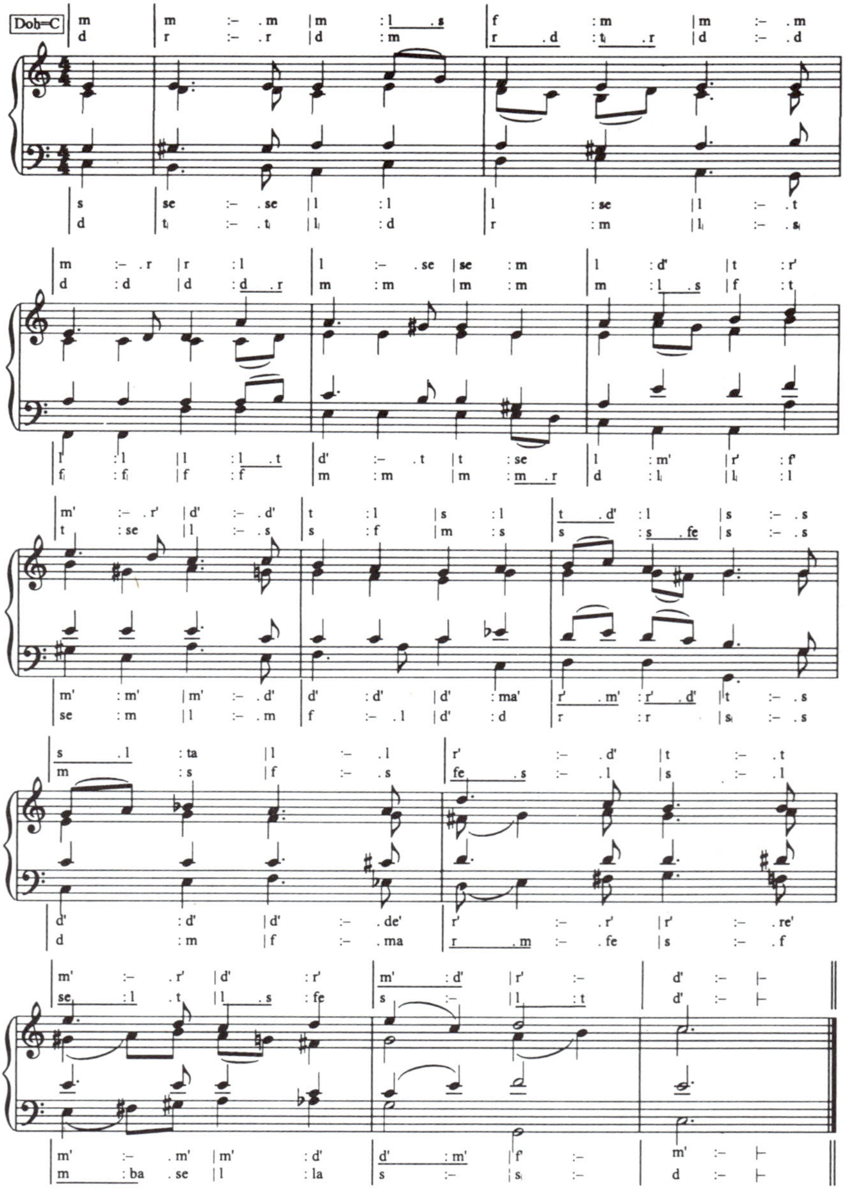

Rhos y gilwen

O Grist, ein bara ydwyt Ti
Sy'n cwrdd â'n holl anghenion ni,
Rhoist fara i'r newynog blin,
A thorraist dorth wrth rannu'r gwin.
Rho fara'r nef i ni yn awr
Yng nghanol gwarth ein newyn mawr.

O Grist, Tydi y ffynnon bur
A dyrr ein syched, lleddfa'n cur,
Ac ar ein pererindod ni
Gorffwyswn ennyd ger dy li.
Rho'r dyfroedd bywiol in o hyd
Yng nghanol sychder mawr ein byd.

O Grist, Tydi yw'r drws at Dduw,
O ddyfod atat, ni gawn fyw,
Mae croeso ar dy riniog di
I bawb i mewn i'th fythol fri.
Rho inni weld ar agor nawr
Y drws i mewn i'th Deyrnas fawr.

O Grist, goleuni'r byd wyt Ti
A dreiddiodd drwy'n tywyllwch ni,
O atal raib y rhewynt mawr
Â dwyfol wres dy fythol wawr.
Rho fwrlwm haf, – gorfoledd ffydd,
A thro bob nos yn olau ddydd.

(Parhad o dudalen 215)
yn agoriad pob pennill a chloi gyda deisyfiad pendant. Y dôn sy'n fy argyhoeddi fwyaf yw eiddo *Rhos y gilwen.* Mae'r tyfiant melodig yn gweddu'n naturiol i rediad ystyr yr emyn ac mae'r datblygiad yn y gynghanedd hefyd yn adeiladu'n effeithiol i'r uchafbwynt yn y ddwy linell olaf. Fe ddylai'r emyn a'r dôn fod yn dderbyniol iawn i unrhyw gynulleidfa. Diolch i bawb am gystadlu – cefais lawer o fwynhad wrth wneud y gwaith. Gwobrwyer *Rhos y gilwen.*

Amrywiadau ar unrhyw Garol Plygain allan o lyfrau Geraint Vaughan Jones ar gyfer y delyn

BEIRNIADAETH ELINOR BENNETT

Siomedig fu'r ymateb i'r gystadleuaeth hon gan mai dim ond dau gyfansoddiad a ddaeth i law, a'r ddau ohonynt yn dra gwahanol i'w gilydd o ran arddull gerddorol.

Dewisodd *Eryl* lunio cyfres o bedwar amrywiad yn arddull John Parry Ddall neu Edward Jones, Bardd y Brenin, ar y Garol Blygain 'Malldod Dolgellau', tra ysgrifennodd *Y Pibydd* wyth amrywiad diweddarach o ran arddull ar 'Dyddiau Difyr'. Roedd rhyddid i ddewis unrhyw un o'r carolau ac mae'r dewis yn bwysig er mwyn llunio gwaith newydd, diddorol ar gyfer y delyn yn ein hoes ni, yn seiledig ar hen alaw Gymreig.

Eryl: Ni cheisiodd fod yn uchelgeisiol ond, yn hytrach, cadwodd at batrwm cyfres o amrywiadau arferol rhyw ddwy ganrif a mwy yn ôl. Gallaf weld defnydd i gyfansoddiad o'r fath fel gwaith addysgol i delynorion. Mae ganddo ddealltwriaeth o ysgrifennu ar gyfer y delyn ac, yma ac acw, cefais yr argraff mai ar gyfer y delyn deires y bwriadwyd y gwaith. Hoffwn pe bai wedi cymryd mwy o drafferth i orffen y gwaith a nodi mwy o effeithiau a dulliau perfformio. Moel a diarwydd yw'r nodiant cyfrifiadurol. Hefyd, dylid edrych eto ar y diweddglo. Nid yw'n gweithio fel yr ysgrifennwyd ef ac mae'n peri i mi gredu bod *Eryl* wedi bod ar frys i orffen y darn ar gyfer y dyddiad cau! Ond mae agweddau cadarnhaol a deniadol yn yr amrywiadau, er nad ydynt yn torri tir newydd mewn unrhyw ffordd.

Y Pibydd: Ysgrifennwyd y gwaith â llaw (nid ar gyfrifiadur) ac mae'n dangos llawer o waith manwl a gofalus. Cyfres o amrywiadau lawer mwy cyfoes sydd yma ar alaw lai diddorol ac ailadroddus. At ei gilydd, mae'r amrywiadau'n gorwedd dan y bysedd yn gyfforddus ac yn gofyn am safon a chyrhaeddiad uwch nag a ddisgwylir yng ngwaith *Eryl.* Mae'n amlwg fod gan y cyfansoddwr/wraig yma hefyd grebwyll eithaf da o safbwynt ysgrifennu ar gyfer y delyn. Mae pob amrywiad yn wahanol iawn i'w gilydd ac yn adeiladu i uchafbwynt yn yr un olaf. Fel gwaith technegol, mae'n weddol ddiddorol ond, yn fy marn i, ofnaf nad yw'n gweithio fel darn o gerddoriaeth. Nid wyf yn teimlo fod *Y Pibydd* wedi cyfansoddi gwaith a all ddod yn fyw mewn perfformiad ac a all ddal dychymyg telynor/telynores a chynulleidfa.

Y cwestiwn a erys yw a yw *Eryl* yn haeddu'r wobr? Darn o waith syml a gyflwynodd ond rwyf wedi mwynhau ei ganu ar y delyn. Fe ddylai fod wedi rhoi llawer mwy o gyfarwyddyd perfformio ac mae'n rhaid edrych eto ar y diweddglo. Ond, yn fy marn i, y darn hwn yw'r gorau yn y gystadleuaeth a dyfarnaf y wobr gyntaf i *Eryl*.

Ensemble offerynnol, addas i'w berfformio yn arholiad TGAU

BEIRNIADAETH J. GLYNNE EVANS

Yr oedd wyth ymgeisydd yn y gystadleuaeth hon ac, ar y cyfan, roedd rhywbeth ym mhob darn i ddiddori'r gwrandäwr. Serch hynny, mawr oedd y gwahaniaeth rhwng y goreuon a'r gweddill.

Rhoslyn: Ysgrifennodd ddarn syml iawn i ddau offeryn heb enwi'r offerynnau. Syniadau da ond yr oedd tueddiad i ailadrodd. Hefyd, fe aeth dros yr amser caniataëdig.

Gerallt: Dyma ddarn i ffliwt neu obo gyda cello neu fasŵn. Gwaetha'r modd, o safbwynt chwaraewyr y chwythbrennau, anghofiwyd rhoi cyfle iddynt anadlu. Defnyddiwyd dilyniannau yn effeithiol ond yr oedd yr iaith harmonig yn gyfnewidiol a'r ysgrifennu'n lletchwith ar brydiau.

Tudno: Yr oedd digon o ddychymyg yma a chynigiodd *Tudno* gyfres o dri darn byr heb fynd dros yr amser caniataëdig. Yr oedd y gallu harmonig yn gryf a gallai'r cyfansoddwr drin yr offerynnau yn hyderus. Dangosodd wybodaeth ac adnabyddiaeth o idiomau o sawl cyfnod ac roedd y darn yn ddeniadol iawn.

Bugail: Darn i ddau biano y tro hwn. Mae'r darn, sy'n rhythmig ac yn gynhyrfus, wedi'i drefnu mewn adrannau pendant ac mae'r cyfansoddwr wedi llwyddo i greu gwead lliwgar. Mae dylanwad jazz yn gryf trwy'r darn ac mae'r ysgrifennu yn hyderus iawn.

Seren: Darn arall sy'n effeithiol heb fod yn rhy uchelgeisiol. Mae'r dechneg a'r gynghanedd mewn arddull draddodiadol ac mae'r cyfan yn amlygu crefft ofalus.

Yr Amaethwr: Enw'r darn yw 'Y Symffoni'. Ysgrifennwyd ef ar gyfer ffliwt, dau glarinét, dwy ffidil, recorder a phiano. Mae'r ysgrifennu braidd yn gyfyngedig a hefyd yn ailadroddus. Er hynny, mae'r darn yn ddigon effeithiol ond mae angen datblygu'r themâu a'r harmoni.

Math fab Mathonwy: Mae'r darn, 'Diwrnod Arall', ar gyfer triawd piano wedi'i gyfansoddi gan gerddor profiadol. Mae'r ysgrifennu yn feistrolgar ac mae'n dangos celfyddyd harmonig a gwrthbwyntiol. Efallai fod yr arddull braidd yn geidwadol ond, er hynny, mae'n ddeniadol dros ben ac yn arddangos cryfder mawr.

Pluen Euraidd: Dyma bedwarawd syml ar gyfer offerynnau pres sy'n cynnwys llawer o ailadrodd. Mae angen datblygu'r deunydd a chofio gadael ychydig o fannau distaw i roi i'r offerynwyr y cyfle i anadlu ac i frawddegu'n naturiol.

Mae pob un o'r cystadleuwyr yn deilwng o glod ond mae un yn sefyll allan, sef *Math fab Mathonwy*.

Trefniant modern o unrhyw Gân Werin ar gyfer llais ac unrhyw gyfuniad o offerynnau

BEIRNIADAETH LINDA HEALY

Daeth pum trefniant i law sy'n nifer digon parchus ar gyfer cystadleuaeth fel hon, 'dybiwn i. Roedd pob un o safon uchel ac roedd ôl treulio cryn amser ac egni arnyn nhw. Daeth cryno-ddisg gyda dau ohonynt ond trefniant ar bapur yn unig a gafwyd gan y tri arall ac roedd hynny'n gwneud y gwaith o feirniadu'n anodd iawn, yn arbennig pan ddefnyddid nifer fawr o offerynnau. Gair bach am bob un yn unigol, felly.

Versil: Cafwyd trefniant o 'Cariad Cyntaf' ar gyfer gitâr glasurol, pedwarawd llinynnol a cherddorfa linynnol – trefniant manwl a safonol gan gerddor dawnus iawn, mae'n amlwg. Roedd y defnydd o'r gitâr glasurol yn effeithiol iawn ac roedd y tempo'n amrywio i weddu'r geiriau. Roedd y darn yn adeiladu tuag at ddiweddglo dramatig. Teimlais, serch hynny, mai trefniant clasurol oedd hwn ar y cyfan yn hytrach nag un modern, er y gellid dadlau bod y gitâr yn ychwanegu dimensiwn modern.

Cissian: Cafwyd dau gynnig gan y cystadleuydd hwn, sef trefniant o 'Hosanna Mwy' ar gyfer llais, ffidil, fiola, cello, telyn a phiano a threfniant o 'Mae Blodau Ffein', y tro hwn ar gyfer llais, ffliwt, obo, cello a phiano. Roedd y ddau drefniant yn ddigon tebyg o ran natur ac unwaith eto o safon uchel iawn. Dewiswyd offerynnau traddodiadol ond roedd naws gyfoes iawn i'r ddau drefniant. Mae'r ddwy alaw a ddewiswyd yn rhai hyfryd iawn ac roedd y dewis diddorol o gordiau yn ychwanegu at y naws. Gwaetha'r modd, dim ond y pennill cyntaf a gafwyd gyda'r ddau ddarn a chan fod yna benillion eraill yn y caneuon roedd y cyfan braidd yn anghyflawn rywsut. Roedd y driniaeth o'r penillion cyntaf yn codi awydd i glywed mŵy!

Adiemus: Dewisodd gyflwyno trefniant modern o 'Sosban Fach' a chafwyd trefniant cywrain a manwl ar gyfer dwsin o offerynnau gan gynnwys trwmpedi, symbalau, trionglau, ffliwt, llinynnau, piano, 'roto toms' a 'sampler' – tipyn o gamp! Mae gen i deimlad fod *Adiemus* ychydig yn iau na'r cystadleuwyr eraill ond mae yma ddeunydd cerddor addawol iawn. Roedd yna gyffyrddiadau gwreiddiol megis y defnydd o symbalau ar ddiwedd y darn i greu effaith chwiban ar ddiwedd gêm rygbi. Efallai fod y dewis o gân braidd yn anffodus gan ein bod fel Cymry mor gyfarwydd â chlywed fersiynau cyffrous o'r gân hon ond, ar ôl dweud hynny, byddai trefniant *Adiemus* yn ddigon teilwng i'w ddefnyddio i godi ysbryd torf y Strade unrhyw bryd!

Gwydion: Cafwyd trefniant o 'Lisa Lân' ar gyfer piano a llais tenor, trefniant syml a hynod effeithiol yn gwneud defnydd cyfoes o offeryn traddodiadol. Roedd yna gordiau annisgwyl ac anghyffredin a oedd yn cyfleu i'r dim natur hiraethus y gân. Roedd hwn yn drefniant diddorol a oedd mewn harmoni llwyr â geiriau'r gân. Roedd yna ddatblygiad cyson tuag at bennill olaf hyfryd a hynod deimladwy. Roedd y trefniant hwn yn gyfanwaith effeithiol dros ben.

Roedd hi'n gystadleuaeth glòs ond rwyf am roi'r wobr gyntaf o £200 i *Gwydion* am ei drefniant celfydd iawn o 'Lisa Lân', a diolch o galon i'r gweddill am eu gwaith safonol.

Cân ar gyfer unrhyw lais mewn arddull Sioe Gerdd, wedi ei seilio ar unrhyw chwedl o'r Mabinogi

BEIRNIADAETH SHÂN COTHI

Roedd yn siomedig mai dim ond un ymgeisydd oedd yn y gystadleuaeth hon gan gofio mor boblogaidd yw'r arddull sioe gerdd. Diolch i'r Eisteddfod am gynnwys cystadleuaeth o'i bath yn y rhestr testunau ac am groesawu arddull sioe gerdd i lwyfan yr Eisteddfod Genedlaethol.

Mab fath Mathonwy: 'Cân i Branwen'. Cyflwynwyd 'Cân i Branwen' ar ddisg a chafwyd perfformiad sensitif gan lais merch i gyfeiliant piano mewn arddull briodol yn ôl gofynion y gystadleuaeth. Cân yn dilyn strwythur o dri phennill a chytgan sydd yma gyda thrawsgyweiriad rheolaidd yn y canol.

Gosodir naws emosiynol y gân gan ragarweiniad y piano ac mae'r asiad sy'n datblygu rhwng y geiriau a'r alaw yn ddigon derbyniol. Hoffais natur dweud-stori'r penillion ond teimlaf nad yw'r gytgan yn cydio gystal. Tuedd i or-ddefnyddio'r un cwmpawd o nodau sy'n tarfu ar ddatblygiad yr alaw ac, o ganlyniad, yn cyfyngu'r gytgan rhag datblygu'n uchafbwynt. Mae'r dewis o eiriau yn gosod her i'r cyfansoddwr oherwydd natur yr ysgrifennu ynghyd â llond ceg o eiriau (i'w canu) ar brydiau. Teimlaf fod yna ymgais gydwybodol i ysgrifennu nodau sy'n cyfateb i bob sill ac, o ganlyniad, mae'r gân yn colli'r cyfle i fod yn gofiadwy o ran alaw oherwydd prysurdeb y lleisio.

Serch hynny, cafwyd perfformiad canmoladwy iawn o'r gân ar ddisg. Dalier ati i astudio a datblygu'r arddull. Canmoliaeth uchel i *Mab fath Mathonwy* sy'n llawn haeddu'r wobr gyntaf.

Unawd wreiddiol yn defnyddio un o emynau Ann Griffiths

BEIRNIADAETH ALWENA ROBERTS

Dim ond pedwar a aeth ati i gystadlu, sy'n siomedig o ran nifer. Mwy siomedig fyth yw bod dau o'r pedwar wedi bod yn cyfansoddi neu ailwampio geiriau yn ogystal ag alaw, gan ei gwneud hi'n anodd iawn eu gwobrwyo. 'Wele'n sefyll rhwng y myrtwydd', neu addasiad o'r emyn hwnnw, oedd dewis tri chystadleuydd, tra oedd geiriau'r pedwerydd yn seiliedig ar 'Er mai cwbwl groes i natur . . .'.

Emyr: Unawd ar gyfer tenor a gafwyd gan *Emyr*. Mae'n gystadleuydd mentrus o ran ei arddull ac mae'r cyfeiliant yn fedrus ar y cyfan. Ond mae'r rhan leisiol yn offerynnol iawn gyda llawer o neidio diangen. Y gwendid mwyaf, serch hynny, oedd bod y geiriau wedi colli pob tebygrwydd mewn mannau i fersiwn Ann Griffiths o 'Er mai cwbwl groes i natur . . .'.

Esgair Wen: Aeth y cystadleuydd hwn gam ymhellach eto oddi wrth y gwreiddiol, trwy ddechrau gyda'r llinell 'Wele wrth y drws yn curo' a gyfansoddwyd, yn ôl fy llyfr emynau i, nid gan Ann Griffiths ond gan Ieuan o Lŷn. Wedi hynny, fe ddown yn ôl at 'Wele'n sefyll rhwng y myrtwydd'. Hyd yn oed heb y dryswch hwn, nid wyf yn teimlo bod gosod y geiriau wedi dod yn rhwydd i'r ymgeisydd a braidd yn ddigyfeiriad yw'r cyfansoddi fel cyfanwaith. Mae'r cyfeiliant yn eithaf effeithiol yn rhan gyntaf y gân ond yn mynd braidd yn ddiddychymyg erbyn yr ail ran.

Catmi: 'Wele'n sefyll . . .' yw'r dewis yma hefyd ac mae hon yn gân hyfryd fel cyfanwaith. Mae'r cyfeiliant yn bianistig iawn ac yn sylfaen gadarn i'r llais. Mae yma harmonïau celfydd ac mae dylanwad Meirion Williams i'w weld yn glir mewn rhai mannau. Gwaetha'r modd, roedd tipyn o ôl brys ar y diwyg nes bod rhywun yn gorfod dyfalu yn aml ba nodau yn union a fwriedid. Gofynnaf yn garedig i *Catmi* fynd yn ôl at y gân a thacluso'r llawysgrif, gan fawr obeithio y gwêl yr unawd hon olau ddydd.

John: Cân ysgafn, grefyddol yw'r 'Wele'n sefyll . . .' a geir yma a honno'n weddol debyg i'r fersiwn o 'O, Nefol Addfwyn Oen' sydd wedi dod mor boblogaidd yn ddiweddar. Rwy'n siŵr y gallai hon ennyn yr un poblogrwydd. Mae ei hapêl yn ei symlrwydd a'i diffuantrwydd.

Buaswn wedi hoffi dyfarnu cyfran o'r wobr i *John* ond gan mai dyfarnu un wobr yw'r cyfarwyddyd, mae'r £200 yn mynd i *Catmi*, am gyfansoddiad a all fod o werth parhaol er gwaetha'r brychau a nodwyd.

Cyfansoddiad gwreiddiol ar gyfer band pres

BEIRNIADAETH GWYN MEREDYDD EVANS

Yn gyntaf, hoffwn ddiolch i Bwyllgor Cerdd yr Eisteddfod am ddewis y gystadleuaeth arbennig hon. Gwelwyd twf aruthrol ym maes cyfansoddi ar gyfer bandiau pres yn ddiweddar gyda chynnyrch nifer o gyfansoddwyr clasurol yn adlewyrchu'r diddordeb cyfoes. O gadw hynny mewn cof, ac ar sail newydd-deb y cyfansoddiad a dawn y cyfansoddwr i wneud y gerddoriaeth yn bleserus i'r chwaraewyr a'r gwrandawyr fel ei gilydd, yr euthum ati i feirniadu'r gystadleuaeth hon.

Gwelwn o'r cychwyn cyntaf fod amrywiaeth eang o gyfansoddiadau gan y saith cystadleuydd eleni, o arddull yr ymdeithgan draddodiadol i drefniannau mwy soffistigedig gyda symudiadau'n darlunio awyrgylch a lliwiau amryliw. Nid oedd pob cyfansoddwr yn hyddysg nac yn gwbl gartrefol o safbwynt cwmpawd rhai o offerynnau'r band pres a byddai hynny, wrth reswm, yn llesteirio bandiau wrth iddynt geisio perfformio rhai o'r gweithiau hyn.

Gerwyn: 'Snowdon Sunrise'. Fel un sydd yn edrych allan dros y Fenai ar ogoniant Eryri bob dydd, teg fyddai dweud y gallaf amgyffred naws a gwead yr hyn y mae teitl y darn yn ceisio'i bortreadu. Fodd bynnag, teimlaf nad yw'r cyfansoddwr wedi llwyddo i greu'r awyrgylch priodol yn yr adran agoriadol ac wrth i'r darn ddatblygu fe rwystrir y gystrawen wrth i ni gael gormod o ailadrodd. Y mae i'r gerddoriaeth rythmau cryf ond gwelir diffyg ffurf mewn ambell gymal. Efallai y byddai unawd gan ambell offeryn yn ychwanegu at liw'r gerddoriaeth. Pam na chynhwyswyd offerynnau taro?

Alun: 'Canzona'. Y mae'r defnydd o'r offerynnau fertigol – e.e., y corn tenor, y bariton, yr iwffoniwm a'r bas – yn y pedwar bar agoriadol yn rhoi cynhesrwydd ac ehangder i'r gerddoriaeth ac yn darlunio'r maestoso i'r dim. Defnyddir effaith y canon yn gynnil ond ceir diffyg llif yn y llinell gerddorol. Byddai gwell dealltwriaeth a gwybodaeth o sgorio lleisiol o gymorth i arddull y gerddoriaeth. O sylwi ar y teitl, sylweddolwn yn syth fod arddull cerddoriaeth canzona yn arfer cael ei ganu ar organ eglwys flynyddoedd yn ôl. Gyda threfnu effeithiol a chydbwysedd teimladwy, mae'n syndod sut y gall band pres gynhyrchu sŵn fel organ Eglwys Gadeiriol.

Boris: 'March Quarry Men'. Y mae saernïaeth y darn hwn yn gweddu i arddull a ffurf ymdeithgan. Fodd bynnag, y mae'n amlwg nad yw *Boris* yn ddigon cyfarwydd â chanllawiau sgorio ar gyfer band pres – er enghraifft, pam ysgrifennu mor isel ar gyfer cornet 2 a 3 yn y barrau agoriadol pan ellid eu rhoi i'r cyrn tenor? Yn ogystal â hynny, y mae diffyg rhythmau sylfaenol a'r rheini i mi yw asgwrn cefn ymdeithgan dda. Pam yr holl farrau gwag mewn sawl adran yn y band? Canlyniad hynny yw cerddoriaeth dameidiog, gyda diffyg o ran siâp a llif. Ceir gwelliant yn adran y trio gyda chyfeiliant rhythmig i linell yr unawd ond pam rhannu'r alaw rhwng cynifer o offerynnau? Teimlaf y byddai wedi bod yn well aros gyda'r iwffoniwm, fel ar ddechrau'r darn, er mwyn osgoi brawddegu digyswllt.

Esyllt: 'Mawlgân'. Fel yr awgryma'r teitl, dyma gân o fawl sy'n agor gyda ffanffer motiff gan y cornedau, y cyrn tenor a'r trombonau. Cafwyd ymdrech i lunio gweadau a lliwiau amrywiol ar gyfer gwahanol adrannau o'r band. Gwaetha'r modd, braidd yn fyr yw'r darn ar gyfer cystadleuaeth o'r fath, dim ond 34 bar i gyd. Sylwaf mai dim ond am ddeg bar y mae'r adran bas yn chwarae a phrin iawn yw'r offerynnau taro. Yn y gystadleuaeth yn gyffredinol, sylwais ar ddiffyg marciau legato a chymalau – rwy'n amau a ŵyr ambell gyfansoddwr am legato neu efallai na wyddant am y botwm cywir ar y cyfrifiadur! Y mae amrywiaeth o becynnau cyfrifiadurol ar y farchnad heddiw ond mae'n rhaid bod yn gyfarwydd â phob agwedd ynglŷn â'u defnyddio.

Y Pibydd: 'Meicrosimffoni i Fand Pres'. O'r saith cyfansoddiad, dyma'r unig un mewn llawysgrif ar bapur erwydd ac yr oedd yn hynod o daclus a chywir. O edrych ar y sgôr, roedd rhaid gofyn pa mor gyfarwydd yw'r cyfansoddwr â chwmpawd pob offeryn? Efallai ei fod yn adnabod rhai chwaraewyr corned arallfydol! Y mae'r rhannau yn hynod o uchel. Byddai angen gwefusau haearn ar hyd yn oed arbenigwyr y nodau uchel i ddygymod â rhai o'r darnau. Fodd bynnag, hoffais y gerddoriaeth yn fawr. Cawn ddarnau rhythmig ysgogol ac mae'n rhaid canmol y defnydd celfydd o acenion a chanu glân sy'n gaffaeliad i'r rhythmau trawsacennog. Hoffais yn arbennig y newid awyrgylch ym mar 49 sy'n adeiladu at yr Allegro Vivace. Gyda dirnadaeth o gwmpawd cyfforddus pob offeryn, teimlaf fod addewid fawr yma ar gyfer y dyfodol, ond ni allaf lai na meddwl am yr ambiwlans yn cyrraedd yr ystafell ymarfer i adfywio'r chwaraewyr corned wrth iddynt lewygu erbyn bar 90!

Bilbo Baggins: 'Yn Llyvyr Hwnn': Y mae tri symudiad i'r darn hwn, gyda'r ail a'r trydydd yn gryfach na'r symudiad cyntaf. Teimlwn mai braidd yn undonog oedd y symudiad cyntaf, yn enwedig yn llinell y bas. Parodd y cyweirnod, sydd yn F fwyaf traw cyngerdd, benbleth i mi oherwydd bod y gerddoriaeth, o wrando arni, yn G leiaf traw cyngerdd. Unwaith eto, cafwyd sgôr wedi ei gynhyrchu ar raglen gyfrifiadurol. Hoffwn ddiolch i *Bilbo Baggins* am y crynoddisg a anfonodd ataf. Er bod beirniad yn gallu clywed darn wrth ei ddarllen, gall recordiad gyflymu'r broses. Gwylier rhag i synau'r cyfrifiadur amharu ar y modd yr ysgrifennir y gerddoriaeth. Mae'n rhaid cymryd gofal oherwydd byddai'r rhannau sydd wedi'u hysgrifennu ar gyfer offerynnau taro yn gwbl ddieithr i'r cerddorion. Byddai'n fuddiol cael dealltwriaeth gyflawn o offerynnau taro a sut y chwaraeir hwy – wedi'r cwbl, dyma adran o'r band pres sydd wedi datblygu'n aruthrol dros y blynyddoedd ac y mae dyddiau drwm bas, drwm gwifrau a symbal yn unig wedi hen ddiflannu. Gwelir cyfoeth o offerynnau taro'n cael eu defnyddio erbyn heddiw, megis marimbas, glockenspiel a fibraffonau.

Versil: 'Casgliad y Cambrian'. Wedi ei gyflwyno ar bapur A3, edrychai clawr y darn hwn yn drawiadol, ac felly'r cynnwys. O'r barrau cyntaf un, daeth yn amlwg yn syth fod gan *Versil* ddealltwriaeth gadarn o gyfansoddi a sgorio ar gyfer band pres. Ysgrifennwyd y gwaith mewn tri symudiad ac fe'm cyffyrddwyd gan ansawdd uchel y gerddoriaeth a oedd yn archwilio gwead a lliwiau'r band yn fynych. Creodd yr effaith cloch yn y cyfeiliant o gwmpas llythyren C gryn argraff arnaf. Y mae'r newidiadau effeithiol i'r tempo yn gwneud y darn hwn yn ddiddorol ac anturus ar gyfer chwaraewyr a gwrandawyr. Hoffais yr ymdeimlad Celtaidd yn llythyren F. Daw siâp a saernïaeth grefftus y gerddoriaeth i'r amlwg eto yn yr ail symudiad wrth iddo adeiladu at y maestoso urddasol. Roedd yr ysgrifennu deallus ar gyfer yr offerynnau taro yn gaffaeliad amlwg i'r gerddoriaeth – efallai y gellid bod wedi eu cynnwys yn amlach. Mae'n rhaid canmol egni'r trydydd symudiad gyda'i rythmau cyffrous o amgylch llythyren U sy'n adeiladu at uchafbwynt nerthol a dramatig. Fy unig gŵyn yw nad oes newid cyweirnodau oherwydd gallai hynny fod wedi ychwanegu newydd-deb a ffresni at y gerddoriaeth, yn enwedig rhwng symudiadau. Fodd bynnag, dyma gyfansoddiad safonol y bydd angen band o safon uchel i'w berfformio; edrychaf ymlaen at fod yn bresennol yn y perfformiad cyhoeddus cyntaf o 'Casgliad y Cambrian'. Yr wyf yn gwbl argyhoeddedig fod *Versil* yn deilwng o'r wobr gyntaf am ddarn o gerddoriaeth afaelgar a grymus.

Tlws y Cerddor: Cyfansoddiad gwreiddiol ar gyfer unawd piano mewn unrhyw ffurf heb fod yn hwy na chwe munud

BEIRNIADAETH IWAN LLEWELYN-JONES A JOHN JONES

Y dasg a osodwyd eleni oedd cyfansoddi unawd ar gyfer y piano – priodol iawn, gan ein bod yn dathlu canmlwyddiant genedigaeth tri o fawrion y byd pianyddol, sef Rudolf Serkin, Claudio Arrau a'r anfarwol Vladimir Horowitz.

Offeryn cymharol ifanc yw'r piano â'i gwreiddiau'n ymestyn yn ôl i'r ddeunawfed ganrif. Ers hynny, mae'r piano wedi mynd trwy dri chan mlynedd o arbrofi cyn cyrraedd y fersiwn presennol, yr offeryn hardd naw troedfedd a welir ar lwyfan y Brifwyl. A beth am yr holl gerddoriaeth a gyfansoddwyd ar gyfer yr offeryn gan rai o feistri'r byd cerddorol – consiertos Mozart, sonatas Beethoven, nosganeuon Chopin, preliwdiau Debussy, dawnsfeydd gwerinol Bartok, a darnau arbrofol jazz Keith Jarrett. Ydi, mae'r piano wedi ysbrydoli cenedlaethau o gyfansoddwyr ac yn gonglfaen hanfodol o'n hetifeddiaeth gerddorol.

Ac felly mae'r broses o gyfansoddi gwaith gwreiddiol heddiw yn un herfeiddiol. Mae'r dylanwadau yn fyd-eang a'r arddulliau yn niferus. Gyda repertoire mor gyfoethog, fe gyfyd y cwestiwn: pa fath o gynulleidfa fyddai â diddordeb mewn gwrando ar gerddoriaeth bianyddol newydd? Sut mae mynd o'i chwmpas hi i ysgrifennu fel bod y gynulleidfa'n cael eu cynnwys yn y perfformiad ac fel nad yw'r gerddoriaeth yn pellhau'r gwrandawyr?

Dyma rai o'r materion y buom yn eu trafod wrth ddechrau ar ein gwaith o feirniadu. Beth fydden ni, pe baem yn aelodau o gynulleidfa, yn ei fwynhau ac yn elwa ohono wrth wrando? Roeddem hefyd yn chwilio am wreiddioldeb, dychymyg, meistrolaeth ar ffurf, a'r ddawn i greu cyfanwaith llwyddiannus a chytbwys, a fyddai'n dangos dealltwriaeth o brif nodweddion y piano.

Aeth deg cystadleuydd ati i dderbyn yr her a osodwyd – cymysgedd eang o weithiau ac, er mwyn hwylustod, fe'u gosodwyd mewn tri dosbarth.

Rhoddasom gyfansoddiadau *Brithwaith*, *Harri Ifor*, a *Saint y Brid* yn Nosbarth 3. Er bod y tri darn yn dra gwahanol eu naws a'u harddull, teimlem fod yma ddiffyg cyffredinol mewn gwreiddioldeb, syniadau gafaelgar, a chryfder ffurfiol.

Brithwaith: Cafwyd gwaith adrannol mewn sawl arddull – yr alaw agoriadol yn swynol a Rhamantaidd ond yna'r 'brithwaith' yn mynd braidd ar wasgar, gan ymlwybro o gyweirnod i gyweirnod, gydag ystrydebau tonyddol yn cael eu dilyn gan adrannau digywair, a'r cyfan yn swnio braidd ar goll.

Harri Ifor: Crëwyd darluniau dwys a grymus yn 'Brasluniau'r Môr Gerwin'. Mae'r darn yn canolbwyntio ar agweddau ergydiol y piano, ac er bod cyfeiriad rhythmig y darn yn effeithiol, braidd yn drwchus oedd llif yr harmoni, yn orddibynnol ar gordiau clòs tri nodyn, a'r cyfanwaith yn swnio'n drymaidd.

Saint y Brid: Dewisodd ysgrifennu 'Extremis' ar ffurf *perpetuum mobile*, h.y., y gerddoriaeth yn symud yn gyflym yn ôl a blaen o law i law a'r deunydd yn cael ei ailadrodd a'i ddatblygu drwy brosesau dilyniannol. Mae'r syniad yn dda ond mae angen ystyried cyfeiriad y cyfanwaith ac adeiladu'r darlun gyda mwy o ddychymyg a chyffro – braidd yn ddiddiwedd oedd y patrymau a'r adran ganol leddf yn ddim ond seibiant byr iawn cyn neidio'n ôl i ailadrodd yr adran agoriadol fel diweddglo. Mae sawl enghraifft ardderchog o'r math hwn o ddarn – e.e., 'Toccatas' gan y cyfansoddwyr Prokofiev, Khatchaturian a Pierre Sancan.

Ceir pedwar cyfansoddiad yn Nosbarth 2 – casgliad diddorol ac amryliw o ddarnau, yn dangos addewid a chryfder technegol.

Carl Cox: Yn 'Dau Dimensiwn Cymhleth i'r Piano', mae'r cyfansoddwr wedi arbrofi gyda gweadau tryloyw a seiniau a chyffyrddiadau pianyddol i greu beth a eilw'r Ffrancwyr yn 'Deux Études de Sonorite'. Cyfansoddwyd y ddau ddarn mewn arddull Neo-fynegiadol, h.y., marciau manwl iawn ar y sgôr yn dynodi sut i chwarae pob nodyn, a 'Dimensiwn 1' yn ein hatgoffa o ganfasau'r arlunydd Jackson Pollock yn ei gymhlethdod – sy'n dod â ni at un o'r problemau. Ar yr olwg gyntaf, mae'r sgôr yn edrych yn gymhleth iawn – pedwar erwydd, arwyddion amseru gyda churiad lled-hanner-cwafer, rhythmau cyfansawdd pendant iawn sy'n gwrthdaro â'r cyfeiriad ynghylch tempo ar y dechrau, sef 'Cyflym(aidd) ond gyda 'rubato', ac yna rhannau lle mae'r gofynion cwmpawd yn rhy lydan o lawer i'r llaw arferol. Rhaid mynd yn ôl i ddadgymhlethu er mwyn gwneud y gwaith yn fwy chwaraeadwy.

Rhys Bach ac *Arthur*: Yng ngweithiau'r ddau hyn, arddull syml, donyddol/modalaidd a gafwyd, y ddau gyfansoddiad wedi eu hadeiladu ar ffurfiau confensiynol – *Rhys Bach* yn dewis ffurf ABA a'r darn i gyd yn seiliedig ar y pum nodyn cyntaf; *Arthur*, yn yr un modd, yn seilio'i ddarn, 'Llyn Llydaw', ar syniad pum nodyn ond yn dewis arddull fwy gwrthbwyntiol. Er bod y gweithiau'n gryno ac yn ddeallus, teimlem fod yma or-ddibyniaeth ar yr un 'syniad' ynghyd â gorddefnydd o dechnegau datblygu fel ailadrodd, dilyniannau, a newid cyweirnod er mwyn creu diddordeb. Braidd yn gul oedd y cwmpawd pianyddol – mae angen arbrofi mwy gyda seiniau a thechnegau pianyddol cyfoes.

Nant-yr-Allor: Cawsom werth ein harian, fel petai, gan y cystadleuydd hwn – dilyniant o bedwar darn ysgafn eu naws: 'Prelude', 'Tarantella/Burlesca', 'Blues', a 'Toccata'. Defnyddiwyd y naid o nawfed fel llinyn cyswllt i'r pedwar symudiad a llwyddodd y cyfansoddwr i roi cymeriad gwahanol ac unigryw i'r syniad syml hwn ar bob cyflwyniad. Mae teimlad hamddenol braf i'r gwaith, gyda harmonïau a chyffyrddiadau diddorol – e.e., deunydd deugywair yn y Tarantella yn ein hatgoffa o Milhaud. Teimlem fod y cyfansoddwr yn hapus iawn o fewn byd cyfoes jazz/blues y tri symudiad cyntaf ond braidd yn fformiwläig oedd yr arddull yn y 'Toccata', a'r syniadau'n cael eu cyflwyno heb ddatblygiad. Efallai fod gormod o gerddoriaeth yma wrth gofio gofynion y gystadleuaeth – darn o chwe munud – ac, o ganlyniad, rhai syniadau ac alawon na chaent ddigon o amser i wneud argraff sylweddol.

Felly, at y tri chystadleuydd olaf, sef *Hapnod*, *Pryderi* a *Y Swyngyfareddwr*. Mae'r tri wedi dewis eu testun yn ofalus ac wedi mynd ati i greu gweithiau hynod ddiddorol sy'n dangos medr a thalent ond, yn bwysicach na dim, yn amlygu cryn addewid.

Hapnod: I fyd natur yr â ef am ei ysbrydoliaeth, gan roi adlewyrchiad o Iâ, Dŵr, ac Ager mewn tri symudiad. Mae'r portreadau'n syml: 'Iâ': cordiau hir yn ymestyn mewn brawddegau o bedwar bar yr un – rhai harmonïau diddorol yma yn creu tirlun agored (cymharer gweithiau'r cyfansoddwr Awstralaidd, Carl Vine); 'Dŵr': rhediadau rhwng y dwylo a'r harmonïau agoriadol yn briodol iawn – ond, o far 8 ymlaen, mae *Hapnod* yn cyflwyno syniad sy'n seiliedig ar y raddfa tôn gyfan ac yn ei ddefnyddio'n ormodol, gan ddwyn cymhariaeth anffafriol gyda gwaith fel 'Reflets dans l'eau' gan Claude Debussy; 'Ager': Eto, syniadau diddorol ac ymdrech i greu patrymau brysiog byrfyfyr i ddynodi 'ager', ond yr harmoni'n dal yn seiliedig ar y raddfa tôn gyfan a'r defnydd ohono yn naïf. Mae *Hapnod* wedi dangos dychymyg yn ei waith ond mae angen arbrofi ymhellach gyda gwahanol fathau o harmonïau a rhythmau er mwyn gwella ar y cynnydd.

Pryderi: Darn digywair mewn arddull bwyntilistaidd a gafwyd, yn creu awyrgylch arbennig. Mae'r gerddoriaeth yn syml ac yn araf er mwyn rhoi cyfle i bob nodyn gael ei glywed ac i bob patrwm wneud argraff ar y meddwl. Y teitl yw 'Swyngyfaredd II' ac mae'r eirfa fynegiadol a welir drwy gydol y darn yn tan-linellu'r elfennau arbrofol a chyfriniol a deimlir. Er bod seiniau diddorol i'w clywed, teimlwn nad yw'r darn, o bosib, yn bianyddol yn ei wead. Braidd yn unffurf ydyw, fel petai'n symudiad allan o waith ehangach lle byddai rhai o'r syniadau a gyflwynir yma'n cael eu datblygu mewn arddull fwy grymus.

Y Swyngyfareddwr: Cyflwynwyd 'Y Delweddau-Gudd', sef cyfres o dri darn gyda'r teitlau: 'Y Castell-Gudd', 'Cancri 55', a 'Y Dŵr Anarferol'. Mae'r cyfansoddwr wedi meddwl yn ofalus am gynnwys y casgliad, gan iddo greu tri phortread cryf a lliwgar sy'n uno i wneud cyfanwaith llwyddiannus (yn y sgôr, fe gawn ffoto-graff ar dudalen flaen pob symudiad). Yn 'Y Castell-Gudd', cawn elfennau argraffiadol yn dynwared tirluniau natur – dŵr, niwl – a dafad neu ddwy tua'r diwedd! Mae'r cystadleuydd yn amlwg yn deall arddull bianyddol ac yn gallu cyfuno alawon a chyfeiliannau mewn ffordd ffres a phersonol. Rhyw fath o intermezzo neu symudiad o seibiant yw 'Cancri 55' – syniadau o'r symudiad cyntaf yn cael eu dinoethi a'u gwasgaru – e.e., y pumed cywasgedig. Symudiad cyffrous gyda phatrymau rhythmig yn bwrw'r gerddoriaeth ymlaen a gawn yn 'Y Dŵr Anarferol'. Mae'r ysgrifennu'n gwbl idiomatig i'r piano ac yn ymestyn y gofynion hyd yr eithaf, gan adeiladu'n ffurfiol tuag at ddiweddglo ysgytiol. Wrth edrych ar y cyfanwaith, gellir gweld sawl dylanwad ar y cyfansoddiad – y gweadau yn 'Y Castell-Gudd' yn dod â Debussy, Ravel, ac yn enwedig John Ireland a William Mathias, i'r cof, a 'Y Dŵr Anarferol' gyda'i ostinati a'r alaw agoriadol yn dwyn atgof o sonatas Bartok a Prokofiev. Serch hynny, mae llais personol *Y Swyngyfareddwr* yn gryf ac, yn ein tyb ni, mae'r gwaith yn dangos arddeliad cadarn ac addewid bendant. Felly, mae'n bleser gennym ddyfarnu Ysgoloriaeth a Thlws y Cerddor yn Eisteddfod Maldwyn a'r Gororau 2003 i *Y Swyngyfareddwr*.

IEUENCTID

Cystadleuaeth i ddisgyblion ysgolion uwchradd a cholegau trydyddol dan 19 oed

Dau ddarn cyferbyniol i unrhyw gyfrwng na chymerant fwy na phum munud i'w perfformio

---

BEIRNIADAETH SIONED WEBB

Chwe ymgais a ddaeth i law ac mae hynny'n siomedig o ystyried bod arholiadau TGAU, Lefel UA a Lefel A i gyd yn gofyn am yr un math o ffolio, sef dau ddarn cyferbyniol, a'r rheini ar gyfer unrhyw gyfrwng. Cymeradwyir yr ymgeiswyr a anfonodd dâp neu gryno-ddisg gyda'r sgôr – gall hynny fod o gymorth mawr i glywed sut y byddai'r cyfansoddwr am i'r gwaith gael ei berfformio, yn enwedig pan fo marciau mynegiant yn brin. Gyda Thechnoleg Gwybodaeth a Chyfathrebu (TGCh) mor hwylus mewn ysgolion y dyddiau sydd ohoni, braf gweld bod pob ymgeisydd ond un wedi manteisio ar hynny, naill ai i recordio'r gwaith neu i nodi'r gerddoriaeth ar bapur. Ar y llaw arall, nid oedd hynny'n un o ofynion y gystadleuaeth a phrysurir i ddweud na thynnwyd marciau ar unrhyw gyfrif am beidio â'i ddefnyddio. Y perygl pennaf wrth ddefnyddio TGCh yw i'r cyfansoddwr syrthio i'r fagl o gyfansoddi darn ar gyfer offerynnau synthetig hyblyg, heb ystyried gofynion yr offerynnau 'byw' (er enghraifft, nad yw'r ffliwt yn medru chwarae'n is nag C ganol!).

Gair byr, felly, am bob ymgais:

Adiemus: 'Gavotte' ac 'Yng Ngolau'r Lleuad' (sgôr a chryno-ddisg). Mae'r darn cyntaf wedi ei gyfansoddi gan ddefnyddio ffurf un o ddawnsfeydd y Gyfres Baroc (a hynny, gyda llaw, oherwydd dylanwad arholiad Cerddoriaeth UA). Wedi dweud hynny, ymgais i ddefnyddio fframwaith y ddawns yn unig sydd yma ac mae'r ymgeisydd wedi creu cyfansoddiad deniadol iawn mewn idiom neo-glasurol. Ar y llaw arall, efallai mai Bourée yw'r ddawns sydd agosaf at arddull y darn hwn oherwydd yr amseriad cyflymach. Mae'r offerynwaith yn hynod o addas a cheir nifer o fotifau a syniadau sy'n adlewyrchu'r Cyfnod Baroc. Er hynny, mae'n rhaid cofio, os defnyddir TGCh, fod yr ysgrifennu ar gyfer offerynnau 'byw' i fod yn idiomatig a hygyrch, ac nid oedd hynny'n wir bob tro – er enghraifft, gofynnir i'r harpsicord chwarae sawl lled-hanner-cwafer mewn tempo cyflym iawn.

Credaf y gallai'r ail ddarn, 'Yng Ngolau'r Lleuad', fod wedi ei gyfansoddi yn arddull Debussy a'r Argraffyddwyr ac yn cyferbynnu'n effeithiol â'r darn cyntaf. Dewis da o offerynnau, eto'n cyferbynnu â'r Gavotte, ac yn ceisio adlewyrchu'r teitl. Ceir nifer o seiniau synthetig ac o sampl, eto'n cael eu defnyddio'n effeithiol iawn, er imi amau'r defnydd o ddrwm 'Taiko' o Siapan a oedd yn torri ar y cyfuniad ariannaidd, arallfydol braidd. Rhoddir marc cwestiwn hefyd wrth yr offeryn 'sampler' – hynny yw, sampler o ba sain yn union? Mae'r darn wedi ei saernïo'n ofalus mewn ffurf ABA – efallai'n rhy ofalus, gan mai ffurf rydd, mewn dull Fantasia a fyddai'n gweddu i gerddoriaeth destunol fel hon, efallai. Mae'r darn yn gorffen gyda choda cyflym, sy'n creu, yng ngeiriau'r cyfansoddwr 'ddiweddglo hapus a chyflym' – onid gorffen yn amwys a chyfriniol fyddai'n gweddu orau? Yr argraff gyffredinol yw fod y darn yn rhy iach o ran naws i deitl o'r fath ac efallai y byddai wedi gweithio'n well drwy roi iddo deitl amgenach.

Boris: 'Tan y Ddraig' a 'A Dog: Gus?' (sgôr a thâp). Cymerwyd yn ganiataol mai *Tân*, nid *Tan*, yw'r gair cywir yn y teitl o ystyried anian y gwaith. Ysgrifennwyd y darn cyntaf mewn arddull 'roc-gwerin' ac mae'n adlewyrchu'r teitl yn gampus, gan gynnwys offerynnau fel bodhrán, gitâr fâs, ffidil a phicolo, a'r olaf yn adlewyrchu sain chwiban. Oherwydd yr arddull a fwriadwyd, onid gwell felly fyddai cynnwys y delyn neu'r acordion fel yr offeryn harmoni yn hytrach na'r piano, ac o ystyried y sgorio, byddai wedi gweithio i'r dim. Roedd nifer o syniadau organig yn tyfu a datblygu wrth i'r darn fynd rhagddo a'r cyweiredd moddawl yn gweddu i'r dim. Gellir rhagweld y byddai'r darn yn swnio'n llawer iawn gwell hefyd o'i berfformio'n fyw. Daw'r gwaith i ben gyda diweddglo grymus, er bod y picolo yn isel iawn o ran cwmpas.

Mae'r ail ddarn, 'A Dog: Gus?', yn cyferbynnu'n effeithiol iawn. Ensemble ar gyfer offerynnau pres yw'r gwaith ac ymgais yw'r darn, o bosib, i ddisgrifio Gus y ci yn ei holl agweddau. Mae'r darn yn cynnwys llawer iawn o ddarluniau gwahanol o fewn fframwaith cymalog ac mae yma hiwmor ac adleisiau o ddyddiau diog y cymeriad. Gellir gweld bod y cyfansoddwr wedi gosod yr offerynnau mewn ffurf antiffonïaidd ac efelychiadol hefyd ar adegau, fel pe bai'r ci a'i berchennog yn rhannu jôc neu sgwrs. Mae yma gyffyrddiadau gwir wreiddiol yn gymysg â hen drawiadau'r bandiau pres. Roedd yn ddarn a'm plesiodd oherwydd ei wreiddioldeb a'i alawon 'tafod mewn boch'.

Seren: Dau ddarn cyferbyniol (sgôr a thâp). Pan welais gyflwr y sgôr i ddechrau, ychydig wyddwn i fod y fath bleser yn f'aros i. Does dim teitl ar y darnau, nemor yr un marc deinameg na chymalau ac, yn wir, roedd yn rhaid craffu i weld ar gyfer pa gyfrwng yr oedd y ddau ddarn. Ar ôl clywed y tâp, roedd hi'n amlwg, fodd bynnag, fod y cyfansoddwr nid yn unig wedi sicrhau offerynwyr byw i wireddu'r darnau ond wedi eu cyfarwyddo hefyd.

Mae'r darn cyntaf yn arddull y Baroc eto ac ar gyfer pedwarawd llinynnol (sy'n croesddweud i raddau – 'ta waeth). Mae'r harmoni a'r arddull yn afaelgar ac er mai darn pastiche yw hwn, mae'r cyfansoddwr yn feistr ar deithi sylfaenol cerddoriaeth. Mae mewn ffurf sy'n ymddangos droeon yng Nghyfnod y Baroc, sef 'Agoriad – lento' ac 'Allegro' yn dilyn. Mae'r rhan araf yn briodol yn nhraddodiad yr hen Agorawd Ffrengig gyda'r rhythmau dot, a'r rhan gyflymach ar ei ôl yn llawn dyfeisiadau clyfar fel efelychiadau canonig ac adrannau ffiwgato.

Mae'r ail ddarn (eto'n ddienw) ar gyfer unawdydd soprano a chôr ac yn gosod geiriau gwreiddiol, fe dybiwn, ar gân. Ar un wedd, nid oes dim yn wreiddiol iawn yn y gwaith, ond eto, mae yma wir gerddoriaeth yn llifo drwy bob gwythïen yn y gwaith. Mae'r darn yn agor gydag unawd soprano, y côr yn ymddangos yn yr adran ganol gydag obligato lleisiol gan yr unawdydd, a'r cyfan yn ymuno yn y diwedd. O geisio olrhain dylanwadau, caf yr argraff fod y gwaith wedi ei ddylanwadu gan gerddorion fel Rutter neu gyfansoddwyr sioeau cerdd cyfoes. Fe sicrhaodd y cyfansoddwr eto unawdydd, côr a phiano i berfformio'r gwaith. Oherwydd safon gerddorol y gwaith, mae'n embaras bron fy mod yn cystwyo am safon y diwyg! Ond does dim yn waeth na chyfansoddwr blêr. Os cyhoeddir y gwaith, ac fe ddylid gwneud hynny, mae'n rhaid meddwl am gyhoeddwyr a pherfformwyr y dyfodol a chofio na fyddwch chi fel cyfansoddwr yno i gyfarwyddo y tro nesaf . . . llongyfarchiadau, fodd bynnag, ar waith da iawn.

Myrddin: 'Dau Ddarn mewn arddull Sbaeneg – Siesta a Carnaval' (sgôr yn unig). Rwy'n hoff iawn o'r syniad o ddau ddarn wedi'u cyflwyno gyda'i gilydd i wneud un set; er y gall y ddau ddarn yma gael eu cyflwyno fel un gwaith, y maent yn ddigon gwahanol i'w cyflwyno a'u perfformio hefyd ar wahân. Mae'r ddau ar gyfer trwmped yn Bb (traw cyngerdd) a phiano, a'r ddau yn adlewyrchu sefyllfaoedd sydd yn cynnwys yr awyrgylch Lladinaidd yn hynod o lwyddiannus. Mae'r darn cyntaf, 'Siesta', yn ceisio darlunio naws lonydd a diog y prynhawniau. Mae'r piano mewn mydr pendant, tra bod y trwmped yn cael triniaeth fwy byrfyfyr ac anfydryddol, a'r ysgrifennu offerynnol ar gyfer y ddau offeryn yn addas ac idiomatig iawn. Mae yma fotif penodol sydd yn rhedeg drwy'r darn i greu undod thematig ac er ei fod yn fyr, dyma un o'r darnau sydd wedi ei saernïo orau yn y gystadleuaeth. Mae mewn ffurf ABA a daw'r ail A yn ôl gyda newidiadau bychan ond cynnil iawn.

Mae'r ail ddarn, 'Carnaval', fwy neu lai yn dilyn yn ddi-dor ac yn defnyddio'r modd Phrygiaidd (E-E') sydd yn hollol nodweddiadol o gerddoriaeth Sbaenaidd neu Arabaidd. Mae'r prif syniad hefyd yn dilyn tueddiadau naturiol cerddoriaeth y fflamenco, sef llafarganu melismataidd o gwmpas y nodyn tonydd neu nodyn cyntaf y modd. Trueni na fyddai'r cyfansoddwr wedi manteisio ar y cyfle i greu rhythm ychydig yn fwy Lladinaidd yn y cyfeiliant gan arbrofi ychydig gyda thrawsacenion yn hytrach na rhythmau rheolaidd, ond ceir yma eto gyfansoddiad sydd wedi bod drwy nifer o ddrafftiau, yn amlwg, er mwyn ei fireinio a'i berffeithio i fod yn gyfansoddiad da iawn.

Maggie Simpson: 'Canon 2002' a 'Fantaisie' (sgôr a thâp). Dau ddarn, mi gredaf, gan un sydd wedi mentro creu gweithiau a ffurfiau 'diogel', sydd yn ein hatgoffa o ddarnau eraill. Wedi'r cwbl, dyna sut y mae unrhyw gyfansoddwr yn dysgu'r grefft. Mae'r darn cyntaf, 'Canon 2002', yn adleisio'n gryf y 'Canon yn D' enwog gan Pachelbel gyda rhai newidiadau, sef newid cywair, newid gwrthdroadau'r cordiau, a newid hyd y patrwm wyth bar yn saith bar. Mae'r olaf, yn enwedig, yn rhoi pleser mawr i'r gwrandäwr, yn enwedig pan fo'r glust gyfarwydd yn disgwyl clywed y patrwm wyth nodyn mewn wyth bar, a hwnnw'n torri'n fyr. Mae wedi ei sgorio ar gyfer pedwarawd llinynnol, er mai piano a glywir ar y tâp. Mae yma egin gyfansoddwr da iawn – mae'r marciau mynegiant yn glir a manwl ac mae'r cyflwyniad yn hynod o ddestlus. Pe bai'r sgôr yn cael ei berfformio fel mae'r copi'n dynodi ac nid fel y mae i'w glywed ar y tâp, byddai'r darn yn llawer gwell – mae yma amrywiad naws, tempo a rhythm. Ceir hefyd gyffyrddiadau bach clyfar fel lleihad a mwyhad clasurol, lle mae'r prif syniad yn cael ei chwarae mewn hanner amser (neu ddwbwl amser), a phe bai'r cyfansoddwr yma wedi meddwl am syniad gwreiddiol fel ysbrydoliaeth, a chynnwys yr holl ddyfeisiadau uchod, byddai wedi bod yn gyfansoddiad gwerth chweil.

Mae'r ail ddarn, 'Fantaisie', ar gyfer cello a phiano ac yng nghywair C leiaf, cywair cythryblus rhai o weithiau enwocaf y cyfansoddwyr mawr. Mae yma hefyd emosiwn aflonydd a diflino ac mae'r darn, fel yr awgryma'r teitl, yn rhydd a dilyffethair. Rhai manion y gellid edrych yn fwy beirniadol arnynt yw'r rhagarweiniad hir gan y piano, a'r cyfeiliant yn gyffredinol. Mae alaw'r cello yn un dlos eithriadol, a gellir edrych ar gyfeiliannau eraill am syniadau er mwyn atgyfnerthu'r alaw hyfryd sydd i'r offeryn unawdol. Ychydig yn rhy syml a chyfyng, efallai, yw'r dewis cordiau ond mae'r harmoni trwyddo yn bendant a chywir. Daliwch ati i gyfansoddi ar bob cyfrif – y mae yma ddeunydd cyfansoddwr da maes o law.

Llanc y Llyn: 'Pièce de Renaissance' a 'Rondò d'emozione' (sgôr yn unig). Yr un cyfansoddwr, gellir tybio, â *Myrddin*. Cyflwynodd ddau ddarn sy'n cyferbynnu'n hynod o effeithiol. Mae'r darn cyntaf ar gyfer trwmped yn Bb a phiano ac mewn arddull draddodiadol, nid neo-ddadeni o angenrheidrwydd (er bod y teitl yn lled awgrymu hynny), ond fe'n hatgoffir droeon o ddarnau tebyg i'r 'Trumpet Voluntary' gan y cyfansoddwyr hynny a ysgrifennodd ddarnau yn y cyfnodau cynnar. Clywir y brif thema'n cyhoeddi'r gwaith yn glir ar ôl y cadenza – ac efallai y byddwn i wedi ailadrodd yn *pp* ym mar 15. Mae'r darn mewn tair rhan, ABA, ac eto, nid yw'r cyweiriau'n dilyn y patrwm gwasaidd bob tro – mae'r rhan ganol yn y cywair perthynol lleiaf ac yna yn yr uwchdonydd mwyaf. Ceir adlais ar brydiau hefyd o'r concerto grosso o'r Cyfnod Baroc lle clywir y gerddorfa lawn yn ailadrodd yr unawdwyr. Mae'r harmonïau'n gadarn ac mae'n amlwg fod yma gerddor sydd yn gallu ymdrin â'r teithi sylfaenol. Efallai y dylid, felly, fod wedi arbrofi gydag ychydig mwy o wrthbwynt eto – nodwedd amlwg o gyfnod y Dadeni a'r Baroc aeddfed – rydych yn ddigon o gerddor i wneud hynny'n rhwydd a byddai hynny wedi rhoi ychydig mwy o ddyfeisgarwch i'r gwaith. Darn deniadol tu hwnt gyda thipyn o her i unrhyw drwmpedwr, mi gredaf.

Mae'r ail ddarn, 'Rondò d'emozione', yn cyferbynnu'n hynod o effeithiol, sef darn ar gyfer pedwarawd pres mewn amseriad araf a'r marc 'dolente' ar ddechrau'r gwaith. Yma, fe welir efelychiant ac antiffoni rhwng yr offerynnau ac mae'r ail drwmped yn aml yn adleisio alaw'r trwmped cyntaf yn y cymal atebol. Mae'r rondo yn dychwelyd drwy'r gwaith ac er nad oes llawer o ysbrydoliaeth wreiddiol yma, mae'r darn yn gadarn o ran harmoni ar y cyfan, er y gellid amau'r ymdriniaeth o'r gohiriant yn y bar olaf ond un. Trueni na allwn fod wedi clywed perfformiad o'r gwaith.

Dyfernir y wobr gyntaf i *Seren* gyda llongyfarchiadau calonnog ond rwyf am i *Myrddin* gael £50 am y ddau ddarn Sbaenaidd effeithiol ac unol tu hwnt.

ADRAN CERDD DANT

CYFANSODDI

Gosod ysgrifenedig – Dau osodiad cyferbyniol

BEIRNIADAETH BETHAN BRYN

Un ymgais a ddaeth i law sef eiddo *Pandy*. Mae'r ddau osodiad, 'Yr iaith a Garaf' gan Waldo Williams ar y gainc 'Coetmor' gan Menai Wiliams, a 'Hi' gan Dai Rees Davies ar y gainc 'Deulyn' gan Owenna Hughes, yn rhedeg yn rhwydd ac eithaf esmwyth. Ond cainc dri phennill i'r cylch ydi 'Deulyn' ac, felly, dylid bod wedi gosod y gerdd naill ai fel 1122 neu fel 1222. Mae'r acennu a'r corfannu yn ddigon diogel er nad ydw i'n bersonol yn hoff o'r daliadau dros y prif guriad – e.e., 'O ennyd fy llawenydd'. Mae yma ymgais dda i liwio geiriau ac mae siâp ac adeiladwaith ymhob pennill. Hoffwn y syniad o osod dwy gerdd sydd yn ymwneud â'r un testun. Gwaetha'r modd, oherwydd bod anian y ddwy gerdd a'r ddwy gainc yn debyg iawn, ni chafwyd y cyferbyniad disgwyliedig yn arddull y ddau osodiad. Nid yw'r ffaith fod un yn unsain a'r llall yn ddeusain yn ddigon. Ni chredaf, felly, fod yr ymgais hon yn cyfarfod â gofynion y gystadleuaeth ac mae'n rhaid atal y wobr.

ADRAN DAWNS

CYFANSODDI

Cyfansoddi Dawns i dri neu bedwar o drioedd (bachgen a dwy ferch)

BEIRNIADAETH VALERIE JAMES

Tair dawns a dderbyniwyd a chroesawyd y cyfle i gael dawnsiau newydd ar gyfer triawdau. Gallai llawer mwy fod wedi cystadlu a hynny'n llwyddiannus.

Yr Amserwr: Dawns i bedwar triawd yw 'Troi'r Clociau' ar ffurf croes o drioedd yn wynebu gyda'r cloc. Dengys y diagram o'r ffigur hwn fod angen cymhwyso'r safleoedd cychwynnol. Disgwylir i Triawd 1 fod ar ben yr uned, sef yr agosaf at y gynulleidfa. Hefyd, ymhob triawd, disgwylir i Merch A gychwyn ar ochr dde'r bachgen. Effeithiodd y camleoli ar y ddawns drwyddi. Yn gyfeiliant, nodir dwy alaw werin allan o *Canu'r Cymry II*, sef 'Calennig' a 'Philomela'. Mae'n angenrheidiol cael copïau o'r alawon gyda'r cyfarwyddiadau gan fod priodas annatod rhwng y naill a'r llall. Fel arfer, defnyddir alawon o'r un mesur a hyd gyda'i gilydd ac fe nodir sawl bar o gerddoriaeth sydd ar gyfer pob ffigur. Priodol oedd dechrau a gorffen y ddawns gyda'r brif alaw. Ceir digon o symud a newid ffurf effeithiol o fewn saith rhan y ddawns. Mae'r Seren Fawr yn batrwm agoriadol hwyliog ac eang ac mae ei ddefnyddio eilwaith i gloi'r ddawns yn cyfoethogi'r cyfanwaith. Serch hynny, mae'r cyfansoddiad yn anorffenedig fel y saif ar hyn o bryd. Byddai'n fuddiol i'r cystadleuydd olygu'r gwaith yn ofalus.

Maldwyn: Cyflwynwyd 'Triawdau Trefaldwyn' ar ffurf pedwar triawd yn wynebu pen yr uned. Yn ogystal â hynny, ceir unedau sgwâr a chroes o driawdau, yn ystod y ddawns, cyn gorffen fel y cychwynnwyd. Cynigir 'Llancesau Trefaldwyn' fel prif alaw i'r ddawns, ynghyd â dewis o jigiau 32 bar o gerddoriaeth. Ceir cyfarwyddiadau clir a diagramau mynych, gofalus i hwyluso'r dehongli. Ac eithrio bod y merched yn llonydd yn ystod ffigurau wyth y dynion, am 16 bar agoriadol y ddawns, mae'r cyfan yn fwrlwm o symud bywiog. Ceir patrymu clòs, cytbwys ar gyfer traed nwyfus. Ceir strwythur disgybledig i'r ddawns. Tybed, felly, a ellid ystyried hepgor y carlamu dwy law a'r promenâd o'r uned groes, rhag tarfu ar naws ac unoliaeth y cyfanwaith? Mae dyfeisgarwch celfydd y ddawns hon yn sicr o ennill derbyniad eiddgar iddi.

Tri Tri Naw: Yn wahanol i'r ddwy ddawns flaenorol, ar gyfer tri thriawd y mae 'Triawdau Meifod'. 'Hafoty'r Fraich Ddu', gan Nansi Richards, Telynores Maldwyn, yw'r brif alaw – dewis teilwng a phriodol. Gellir ei chyplysu gyda jigiau eraill 32 bar o gerddoriaeth. Rhennir y ddawns dan y penawdau: 'Mawreddog', 'Hwyliog', 'Patrymog', a 'Bywiog', a lluniwyd patrymau addas i gyfleu'r naws wahanol sydd iddynt. Ceir cyfarwyddiadau gofalus ynghylch sut i rannu'r gerddoriaeth ar gyfer pob patrwm. Mae symudiadau traddodiadol, amrywiol, megis cyfarch, mantoli, pontio a phlethu, yn cysylltu'n esmwyth. Ceir diagramau i gynorthwyo'r cyfarwyddiadau ond gellid gwella eu diwyg. Rhif Wyth yn bendant yw 'Pleth Llanofer' – methodd y diagram ddangos hynny'n ddigonol ar ddechrau trydedd ran y ddawns. Yn ôl y diagramau o symudiadau'r dynion o dan fwâu'r merched yn Rhan 2, Ffigur 1, ymddengys nad yw llwybr dawns Dyn 1 yn gytbwys gyda llwybrau'r ddau ddyn arall. Ceir uchafbwynt yn llawn asbri cyn tawelu drachefn a gorffen fel y dechreuwyd. Ceir addewid bendant yma am ddawns ddiddorol i'w pherfformio a'i gwylio.

Canmolir ymdrech y tri ymgeisydd ond y mae profiad dau ohonynt yn amlwg. Mae'r wobr yn mynd i *Maldwyn* am gyfanwaith celfydd 'Triawdau Trefaldwyn'.

ADRAN GWYDDONIAETH

AGORED

Llunio tudalennau Cymraeg ar y We er mwyn cyflwyno ac egluro unrhyw destun neu weithgaredd mudiad, ymgyrch neu gorff

BEIRNIADAETH ALWYN R. OWENS

Un ymgeisydd a fentrodd i'r gystadleuaeth, sef band o'r enw *Mozz*, ar www.mozz.org.

Wrth agor y safle, cawn gyfle i fynd ymlaen mewn Cymraeg neu Saesneg ond nid yw'r cyswllt Saesneg yn bodoli! Ymlaen, felly, ar y cyswllt Cymraeg i'r dudalen groeso, sy'n rhoi'r dewis: Cartref (sef y dudalen yr ydym eisoes arni), Newyddion, Gigs, Hanes, Sain a fideo, *Text*, Lluniau, Celf, ac E-bost. Mae'r dudalen Gartref yn un ddigon addawol, gydag enw'r band yn fawr, lluniau graffeg o gerddorion a'u hofferynnau ac, yn y gornel chwith, pentwr o ardaloedd hirsgwar yn cynnig cysylltu â'r tudalennau eraill.

Wrth symud o'r naill dudalen i'r llall, mae'r catalog o ddewisiadau yn ymddangos yng nghornel chwith uchaf pob tudalen ac yn ei gwneud hi'n hawdd i symud o un dudalen i'r llall. Ond nid oes dim i'w gael ar dudalen 'Celf' – 'stwff ar y ffordd' yw'r neges! Wrth edrych ar y tudalennau eraill, mae'n amlwg fod y band wedi colli diddordeb yn y safle (pwysau arholiadau, efallai?); mae'r 'Newyddion' yn hen hanes, yn cyfeirio at raglen Radio Cymru ar 19 Mawrth 2003 fel rhywbeth yn y dyfodol ac eto yn addo gig ar 22 Mawrth. Mae'r un peth yn wir am y dudalen 'Gigs': addo gig ar 22 Mawrth 'yn y clwb peldored aberystwyth' [*sic*]. Cofier bod hon yn safle fyw ar y We – nid trwy'r post y derbyniodd y beirniad y deunydd i'w adolygu, ac mae'r safle'n agored i unrhyw un ei gweld ar y We ym mis Mehefin, o leiaf!

Efallai mai'r dudalen nesaf, 'Hanes', yw gwendid mwyaf y safle. Yma, cawn druth hirfaith ac anniddorol yn cofnodi pob digwyddiad ar daith y band i geisio enwogrwydd. Mae'n ddarn rhy hir i ffitio ar un dudalen ond yno mae o; fe fyddai wedi bod yn llawer gwell rhannu'r darn yn benodau, pob un ar is-dudalen, gyda chyswllt ar waelod pob un i symud i'r nesaf, ac un arall i symud yn ôl i'r dechrau. Gwendid mawr arall yw'r dewis, neu'r diffyg dewis, o ffontiau. Dim ond *Times New Roman* sy'n cael ei defnyddio i'r holl dudalennau testun, lle byddai amrywiaeth wedi creu safle lawer mwy diddorol yn weledol, ac yn haws ei ddarllen.

Mae'r dudalen 'Sain a fideo' yn cynnig cysylltiadau i wrando ar bytiau o ganeuon y band ac i weld fideo o'r band yn perfformio yng nghystadleuaeth bandiau Uned 5. Mae'r cysylltiadau yma'n gweithio'n dda. Siomedig yw'r dudalen lluniau – fe ddylai lluniau da ddweud rhywbeth wrthym am y band, ond dyna fo, mae'n anodd tynnu llun o sŵn! Cyfweliad rhwng aelodau'r band ac Einion Dafydd sydd ar y dudalen '*Text*'. Eto, yr un hen wendidau – truth hir a allasai fod wedi ei ddosbarthu ar draws sawl tudalen, gyda gwell dewis o ffontiau.

Fe fyddai ychydig o loywi iaith wedi bod yn fendithiol, hefyd! Dyma enghraifft o'r math o gyflwyniad a geir: 'Wnes i'n siŵr fy mod i'n cymryd y troead iawn a ddim cario 'mlaen i gyfeiriad Aberaeron a doeddwn i ddim yn hwyr iawn pan ddes i mewn i bentref tawel Llanddeiniol, ychydig mwy na phum milltir tu allan i Aberystwyth. Ac wrth i fi gyrru lan y rhyw serth i'r hen dy, roedd sŵn y band yn ymarfer yn atseinio trwy'r dyffryn. Yn sicr o ni yn y lle iawn, dydy bandiau cyffredin ddim yn swnio fel hyn.' A dyna'r siom fwyaf, efallai – safon wael y Gymraeg drwyddi draw ar y wefan, yn arbennig o gofio mai ymgais ar gystadleuaeth yn yr Eisteddfod Genedlaethol yw hon a bod aelodau'r band yn ddisgyblion ysgol a sefydlwyd fel ysgol Gymraeg. Siawns na allasent fod wedi cael gafael ar gopi o'r rhaglen CySill i gywiro rhai o'u gwallau cystrawen a'r llithriadau sillafu amlycaf!

Fel cyflwyniad 'pop', nid yw'r ymgais yn un wefreiddiol, efallai, ond nid dyna yw'r maen prawf yn yr achos yma. Y testun a osodwyd oedd 'cyflwyno ac egluro . . .', ac o fewn terfynau'r gystadleuaeth nid wyf yn teimlo bod yr ymgais yma yn haeddu ei gwobrwyo.

Golygu a chyfieithu gwaith wedi ei gyhoeddi i greu erthygl yn null y *New Scientist*

BEIRNIADAETH DERI TOMOS A MEGAN TOMOS

Daeth pedair erthygl i law, pob un ohonynt yn addas ar gyfer y gystadleuaeth ac yn ddiddorol. Gobeithio, yn wir, fod hyn yn awgrymu bod dyfodol i newydd-iaduraeth wyddonol yn y Gymraeg. Wedi dweud hynny, roedd arddull wahanol pob un yn adlewyrchu, yn hollol gywir, y gwahanol arddulliau sy'n ymddangos yn yr wythnosolyn. (Efallai ei bod yn ffodus nad oes gan Tam Dalyell gysyllt-iadau â'n gwlad!) Gobeithio y bydd pob un o'r erthyglau yn gweld golau dydd – a hynny, efallai, trwy wefan ardderchog Canolfan Edward Llwyd.

Roedd dau ymgeisydd, *Nidan* a *Mererid*, wedi dewis dilyn yr awgrym enghreifft-iol, sef gwaith Freda a Dennis Hawkes ym Mhrifysgol Morgannwg. Roedd y ddau arall, *Tincar* a *Chwilen*, wedi dewis gwyddonwyr o Brifysgol Cymru, sef Peter Williams o Fangor a Ross King o Aberystwyth.

Mae'r teulu Hawkes yn ymchwilio i'r defnydd o dreuliad anaerobig gwastraff biolegol i greu tanwydd – megis methan. Nid yn unig y mae hyn yn ffordd ddefnyddiol o gael gwared â'r gwastraff ond y mae'n rhan o'r ymgyrch hollbwysig i leihau ein dibyniaeth ar danwydd ffosil. Hoeliodd arddull agos-atoch-chi *Nidan* ein sylw o'r frawddeg gyntaf: 'Magwyd Nain mewn bwthyn ar gyrion Cors Ddrygan'. Arweiniodd hynny'n naturiol at sôn am wartheg fel ffynhonnell naturiol methan a chawn rybudd direidus i beidio â thanio matsen pan fo buwch yn torri gwynt! Yna, cawn gipolwg ar y gwaith a wneir ym Mhontypridd gan ganolbwyntio, mae'n debyg, ar un erthygl a gyhoeddwyd yn 1987. Mae'r arddull yn gyhyrog ac yn llifo'n naturiol – un o erthyglau 'ysgafn' byr y *New Scientist,* efallai?

Mae *Mererid* yn cynnwys mwy o fanylion am y gwaith sy'n golygu, efallai, na fyddai ei nain hithau mor gartrefol â'r cynnwys. Mae'r ficrobioleg a'r fiocemeg wedi'u cyfleu'n glir a chawn sylwadau Freda a Dennis Hawkes a Malcolm Hughes, Cyfarwyddwr Hufenfa De Arfon, i osod y gwaith mewn cyd-destun cymwys. Yn wahanol i *Nidan,* y mae wedi cynnwys lluniau a siartiau perthnasol i ddisgrifio'r prosesau. Hefyd, adlewyrchir arddull y *New Scientist* yn y teitl gafaelgar, *Gwastraff trydanol.* Gellir dysgu llawer drwy ddarllen yr erthygl hon. Y mae yma wallau teipio – 'cymhelth' a 'ffracswin' – ac nid yw ei arddull mor Gymreig ag arddull *Nidan* – e.e., 'pan ei losgir' lle gallai fod wedi dweud yn syml 'wrth iddo losgi'.

Tu hwnt i'r genom oedd testun *Chwilen* – crynhoad o waith Ross King. Yma eto, cawn luniau a siartiau (gan gynnwys un o awdur yr ymchwil, yr Athro King). Cawn ddyfyniadau wedi'u pwysleisio yn fras yn null y *New Scientist,* a hyd yn oed eirfa. (Byddai hyn *yn* ddefnyddiol yn yr wythnosolyn!) Llwyddwyd i dywys y darllenydd i faes bioleg y gell ar gyfrifiadur. Oherwydd yr holl fesuriadau sydd bellach yn bosibl ar weithrediad celloedd, mae angen trywydd newydd i ddeall yr holl oblygiadau. 'Biogwybodeg' yw enw'r trywydd hwnnw. Disgrifia *Chwilen* y prosesau o gloddio data a dysgu peiriannol. A ninnau ar fin cyfarwyddo â'r genom (a'i 50,000 genyn mewn dyn), cyflwynir cipolwg inni ar y proteom (a'r 500,000 aelod) a'r metabolom! Gwendid cynnwys gwyddonol erthygl *Chwilen,* efallai, yw'r bwlch rhwng y jargon a'r neges i'r darllenydd lleyg. Nid yw gafael yr ymgeisydd ar y Gymraeg yn sicr bob amser – ceir enghreifftiau o gamdreiglo – e.e., 'un cell', 'well ddealltwriaeth', 'gwblhau'r gylch' ac ymddengys yr hen wall cyffredin, sef defnyddio 'canolig' pan olygir 'canolog'. Er hynny, rhaid prysuro i ychwanegu mai gwaith bach fyddai golygu'r erthygl er mwyn medru ei chyhoeddi.

Bywgraffiad trylwyr o waith Peter A. Williams – *Gorau arf, esblygiad* – sydd gan *Tincar.* Trwy adolygu cyhoeddiadau chwarter canrif, rhydd yr awdur gipolwg cywrain a sylwgar ar y broses ymchwil ei hun. Mae'n llwyddo i'n diddori ym manylion llwybrau cataboleg – nid tasg hawdd – trwy ddefnyddio dull naratif. Daw bacteria o Awyrlu America a gwyddonydd o Feneswela, a'i facteriwm sy'n byw ar orimwlsiwn, i'r llwyfan. Mae *Tincar* yn ein hatgoffa am y 'Cylch Carbon' cyfarwydd cyn ein syfrdanu wrth inni ystyried na welodd yr un organeb fyw folecylau megis TNT cyn y bedwaredd ganrif ar bymtheg. Gwelwn sut y bu i'r Athro Williams, yn raddol, adeiladu damcaniaeth. Gwelwn, yn wir, sut y mae esblygiad yn digwydd 'o dan ein trwynau'. Cawn luniau, siartiau a dyfyniadau yn null y *New Scientist.* Cawn lyfryddiaeth a chyflwyniad i wefan yr Athro Williams. Mae hon yn erthygl sy'n llawn manylion a fyddai'n ddefnyddiol ar gyfer dosbarth tiwtorial tra, ar yr un pryd, yn llwyddo i bontio'r gagendor ac apelio at y darllenydd lleyg. Y mae'r mynegiant yn darllen yn rhwydd ac wedi ei olygu'n dda, er y ceir ambell lithriad – e.e., 'treuan' am 'traean' a'r 'i' ddiangen yn ymwthio gan ddangos dylanwad y Saesneg – 'cyfraniad yr Athro Williams i'r maes yw *i* ddarganfod' yn hytrach nag '. . . yw darganfod'.

Tincar biau'r wobr gyntaf o £1000 eleni. Caiff *Mererid* yr ail wobr o £350. Hoffem rannu'r drydedd wobr a rhoi £75 yr un i *Nidan* am erthygl ddarllenadwy a hwyliog ac i *Chwilen* am ei ymdriniaeth drylwyr â maes sy'n datblygu'n gyson.

ADRAN IEUENCTID

Cyfansoddi Cân

BEIRNIADAETH OWEN POWELL

Sasgwats: 'Barman'. Dydy 'barman' y teitl, yn amlwg, ddim yn gymeriad hoffus o gwbl, gyda'i 'wefus ar dy greithiau di' ac mae trefniant prysur y gân a bwrlwm y geiriau yn creu'r cyffro sydd ei angen. Mae prif alaw'r llais yn ddiddorol, gyda'r newid sydyn mewn rhythm yn dal diddordeb. Efallai y byddai'r syniad yn gryfach gyda rhyw fath o ailadrodd y teitl i bwysleisio targed y gân. Mewn cân gyda chymaint o eiriau a hyd yn oed amser i unawd ar y sacsoffon, trueni nad oedd lle ar gyfer cytgan effeithiol. Dylid bod wedi gwneud mwy o ailadrodd y geiriau ''fydd e'n ddim i ti ond atgof mân'. Dyma botensial ar gyfer cytgan, *hook* gorau'r gân.

Bwbws: 'Mr Freestyle'. Dyma drefniant symlaf y gystadleuaeth – llais a phiano yn unig ond trefniant a oedd yn gweddu'r gân i'r dim. Roedd y llais hyfryd yn defnyddio'r alaw araf yn dyner ac yn dangos nad oes angen bloeddio na gorganu i dynnu sylw. Unwaith eto, roedd angen cytgan gref i godi'r gân ar ôl pennill a oedd yn addo cymaint. Gwnaed defnydd da o eiriau a chafwyd odli annisgwyl, yn enwedig lle cyflëir hiwmor, fel yn 'Mr Gwallt fel Robert Plant a dant sy'n hanner cant'. Dyma lais gorau'r gystadleuaeth ond un a oedd yn haeddu cytgan wych i goroni'r perfformiad a'r gân.

Plentyn: 'Gweld dy Wyneb'. Dyma gân orau'r gystadleuaeth â'r cynhyrchiad/perfformiad mwyaf proffesiynol. Mae'r trefniant yn efelychiad perffaith o arddull Nick Drake tuag adeg rhyddhau albwm 'Five Leaves Left'. Ceir sŵn gitâr hudolus Drake ynghyd â threfniant llinynnau yn codi'r ail bennill fel sydd gan Robert Kirby ar 'Fruit Tree' a 'Way to Blue'. Dw i'n ffan aruthrol o waith Nick Drake ond nid hynny sy'n gwneud 'Gweld dy Wyneb' yn gân mor dda. Wedi'u canu mor dyner, mae'r geiriau bron yn niwlog rywsut – mae'r ystyr yn eilradd i deimlad ac effaith y gân, wedi'i gadw'n fwriadol aneglur. Ceir gwirionedd y gân yn y llinell agoriadol, 'Mae hi'n berffaith wir fy mod i'n dy garu di'. Ychydig iawn o eiriau sydd i'r gân ond maent wedi'u defnyddio mor effeithiol.

Cerddwr: 'Dilyn Harddwch'. Cynhyrchiad tebyg iawn i'r gwaith buddugol, ond ag arddull fwy modern. Mae'r gân yn fwy geiriog ond yn llai effeithiol. Syniadau syml iawn sydd wrth wraidd pob cân dda a thrwy ailadrodd llinellau yn dechrau 'Teirgwaith . . .' ac 'Unwaith . . .', ceir cytgan effeithiol tu hwnt, gyda'r alaw yn dilyn y geiriau er mwyn aros yn y cof. Trefniant syml, traddodiadol sydd yma, gyda'r llais a'r gitâr acwstig yn plethu trwy'r alaw. Ond mae nifer y geiriau'n tynnu gormod o sylw. Byddai geiriau syml efallai'n fwy effeithiol fyth i'r gân yma.

Biffrow: Di-deitl. Cân blws araf yw hon â theimlad a sŵn y chwe degau iddi, gyda threfniant grŵp roc traddodiadol, a'r offerynwyr yn chwarae'n fyw. Llais da wedi'i dracio ddwywaith i greu sŵn tebyg i blws seicadelig Prydeinig y '60au. Dylid cofio mai cystadleuaeth cyfansoddi cân ac nid cystadleuaeth offerynnol ydi hon achos mae *Biffrow* yn tueddu i or-chwarae ar adegau. Mae geiriau'r gân hon yn arbennig o addas ar gyfer blws araf, yn llawn euogrwydd a thristwch sy'n cydweddu'n dda ag arafwch y gerddoriaeth.

Dyfarnaf mai *Plentyn*, am ei gyfansoddiad, 'Gweld dy Wyneb', sy'n ennill y wobr gyntaf.